Добротолюбие : Святой Антоний Великий и Святой Макарий Великий

도브로토류비예, 선에 대한 사랑 1 : 성 대 안토니우스와 성 대 마카리우스

〈지식을만드는지식 고전선집〉은
인류의 유산으로 남을 만한 작품만을 선정합니다.
읽을 수 없는 고전이 없도록 세상의 모든 고전을 출판합니다.
오랜 시간 그 작품을 연구한 전문가가
정확한 번역, 전문적인 해설, 풍부한 작가 소개, 친절한 주석을
제공합니다.

Добротолюбие :
Святой Антоний Великий и Святой Макарий Великий

도브로토류비예, 선에 대한 사랑 1 :
성 대 안토니우스와 성 대 마카리우스

은수자 페오판 주교(Святитель Феофан затворник) 엮음

러시아기독문화연구회 옮김

대한민국, 서울, 지식을만드는지식, 2025

편집자 일러두기

- 이 책은 아토스 성산의 성 니코디모스와 고린도의 성 마카리우스가 4~15세기 정교회의 영성 대가들의 글을 모아 엮은 그리스어판 《필로칼리아(Philokalia)》의 러시아어 번역본 《도브로토류비예(Добротолюбие)》를 은수자 페오판 주교가 새로 번역하고 증보한 신판 중 제1권의 성 대 안토니우스와 성 대 마카리우스 부분을 우리말로 옮긴 것입니다. 본 번역은 2014년 모스크바 시비르스카야 블라고즈보니차 출판사에서 출간한 판본을 원전으로 삼았습니다.
- 페오판 주교가 집필한 부분은 주석이나 고딕체로 따로 표시했습니다.
- 단행본에 실린 짧은 글이나 논문, 책 속의 한 챕터 등은 〈 〉로 표시하고 단행본, 잡지 등은 《 》로 표시했습니다. 단, 성경은 단행본이나 예외적으로 따로 표시하지 않고, 권명만 〈 〉로 표시했습니다.
- 성경 구절은 (재)대한성서공회로부터 저작물 사용 허가를 받아 공동번역 성서를 인용했습니다. 단, 가독성을 위해 문맥에 따라 합쇼체를 해라체로 교정했습니다. 또한 불특정 다수에 대한 명령인 간접명령의 경우, 어법에 따라 어간에 명령형 어미 '-라'를 붙이고, 띄어쓰기 역시 어법과 교정 원칙에 따라 교정했습니다.
- 필요한 곳에 괄호를 치고 원어를 병기했습니다. 원어 병기는 가장 필요한 곳에 한 번만 하되 필요에 따라 중복하기도 했습니다. 괄호 안에 다시 괄호가 나올 때나 괄호 밖의 한글이 괄호 안의 한자와 다르게 읽힐 때는 대괄호를 사용했습니다.
- 말씀 출처 등의 주석은 모두 원전의 것을 옮긴 것입니다. 필요한 경우, 옮긴이가 성경 구절을 덧붙였습니다. 그 외 '(옮긴이 주)'로 표시된 주석은 독자의 이해를 돕기 위해

옮긴이가 단 것입니다.

- 한, 두, 세 등으로 읽히는 숫자는 스물까지는 한글로 적고 그 이상은 아라비아 숫자로 적되 백, 천, 만 등의 단위는 한글로 적었습니다. 일, 이, 삼 등으로 읽히는 숫자는 모두 아라비아 숫자로 적었습니다. 관용적인 표현은 한글로 적었습니다.
- 외래어 표기는 현행 한글 어문 규범의 외래어 표기법을 따랐습니다. 단, 성경 속 인물 및 지명 표기는 공동번역 성서를 따랐습니다.

차 례

도브로토류비예, 선에 대한 사랑

서문[1)]

영적 독서를 좋아하는 사람들 사이에서 잘 알려진《도브로토류비예》를 증보해 러시아어 번역본으로 출판하면서 이 책에 대해서 간략히 설명하고자 한다.

'도브로토류비예(Добротолюбие)'는 그리스어 제목 '필로칼리아(Philokalia)'를 번역한 것인데, 그 말의 뜻은 '가장 아름답고 고귀한 선에 대한 사랑'이다. 이 말은 "주 예수 그리스도 안에서의 내밀한 삶"을 가장 유사하게 설명하고 있다. 우리 주 예수 그리스도 안에 감추어져 있는 진실한 그리스도인의 삶은 성부 하느님의 거룩한 뜻과 그리스도인 안에 거하시는 거룩한 성령의 은혜의 역사, 언제나 우리와 함께할 것이라고 언약하신 주 예수 그리스도의 인도하심에 따라서 시작되고 펼쳐지면서, 각 사람에게 알맞은 정도로 온전함을 향해 나아간다.

하느님의 은혜는 모든 이들을 이러한 삶으로 부르고 계신다. 이 삶 속에 그리스도교 신앙의 본질이 담겨 있으므

---

1) 러시아어판《도브로토류비예》1권의 서문으로 러시아어판 편역자인 은수자 성 페오판이 직접 썼다. (옮긴이 주)

로 모든 사람이 이 삶을 소유하는 일은 가능할 뿐만 아니라 의무이기도 하다. 부르심을 받은 모든 이들이 이러한 삶에 참여하지는 않으며, 이러한 영적 삶에 참여한 사람들이라고 해서 똑같은 정도로 참여하는 것도 아니다. 선택받은 이들은 이 삶에 깊이 들어가 그 단계에 따라 영적으로 성장한다.

이 삶의 발현은 그것이 펼쳐지는 영역만큼이나 풍요롭고, 일상생활의 현상만큼 풍성하고 다채롭다. 그 속에 존재하는 모든 것을 분명하게 이해하고 명료하게 묘사하는 것이 가능하다면, 그것은 사탄의 침입과 유혹, 싸움과 이김, 쓰러짐과 일어섬, 영적 삶의 다양한 발현이 시작됨과 강해짐, 지성과 마음의 공통된 진보의 단계들과 각 단계의 고유한 상태, 모든 것에서의 자유와 은혜의 협력, 하느님이 가까이 혹은 멀리 계시는 느낌, 모든 것을 붙들고 계신 주님의 섭리에 대한 느낌과 끊임없이 노력하는 행위 속에서도 결국 나의 모든 수단을 내려놓음으로써 결정적이고 돌이킴 없이 주님의 권능의 손 안에 나를 맡기는 느낌 등일 것이다. 만일 이 모든 것, 그리고 그리스도 안에서 진실한 삶에 늘 수반되는 많은 것을 명확하고 분명하게 표현할 수 있다면, 그것은 세계 일주 여행에 대한 매력적이면서도 교훈적인 안내서라고 할 수 있을 것이다.

여행자는 자신이 여행에서 경험한 주목할 만한 모든 것

을 여행 수기에 기록한다. 하느님의 선택을 받은 사람도 영적 삶의 모든 좁은 길을 다양한 방향 속에서 찾아 나가는 가운데 그 어려운 여정에서 자신이 경험하고 만나는 모든 것들을 기록해 왔다. 그렇지만 여러 가지 수기의 운명과 용도가 모두 같지는 않다.

여행 수기를 읽음으로써 세계 일주 여행을 할 여건이 안 되는 사람도 자기가 있는 곳을 떠나지 않고도 다른 나라에 대한 대략적인 이해와 지식을 충분히 얻을 수 있다. 왜냐하면 모든 인간의 삶의 형식은 그가 어느 나라에서 살든지 거의 유사하기 때문이다.

그러나 영적 삶의 체험은 그렇지 않다. 그 삶의 여정을 지나가 보아야만 그것을 이해할 수 있다. 영적 삶에 들어가 보지 않은 사람에게 그것은 완전히 이해할 수 없는 학문과 같고 그 속으로 들어간 사람도 그것을 갑자기 한순간에 이해할 수는 없다. 영적 삶에 관한 이해와 지식은 영적 나라로 깊이 들어가는 정도에 따라 더 분명해진다. 영적인 삶을 직접 체험하는 정도가 더 커질수록 거룩한 영적 스승들이 기록한 체험들이 우리에게 알려 주고 있는 것이 무엇인지 더 분명하게 이해할 수 있게 된다.

거룩한 영적 아버지들의 글에 담겨 있는 영적 삶의 다양한 모습을 서술한 책은 모든 그리스도인에게 꼭 필요한 선물이다. 이 책에 기록된 것, 즉 그리스도인을 위해 설정

된 삶의 방식을 그리스도인 자신이 스스로 체험하지 않는다면, 비록 그가 양심에 순응하며 살고 있다 하더라도 더 이상 바랄 것이 없고 더 이상 높은 곳으로 나아갈 필요도 없는 완전무결한 온전함을 결코 얻을 수 없음을 이 책을 통해 알 수 있다. 이 책은 그리스도인에게 영적 성장에 대한 열망을 불러일으키며 현재 위치보다 더 높은 곳을 제시하면서 앞으로 나아가라고 손짓한다.

이 책은 최상의 완전한 길로 들어선 사람들이 어찌할 바를 모르고 혼란스러워할 때 필요한 가르침을 준다. 경험 있는 영적 지도자가 당장 없어서 단호한 결정을 내리지 못하고 혼란스러워할 때, 이 가르침은 이 길을 걸어가고 있는 사람들에게 마음의 동요를 없애 줄 것이다. 주변 상황을 잘 알고 있는 경우에는 실수하지 않고 어디로 어떻게 발걸음을 내디딜지 아는 것이 매우 중요한 일이다. 이 책에 기록된 영적 아버지들의 말씀은 마치 캄캄한 밤에 앞을 비춰 주는 등불처럼 빛을 비추면서 어두움을 몰아낼 것이다.

이 책은 믿는 사람이 영적 삶의 현상에 관한 가르침을 읽으면서 의식과 마음을 통해 들어가는 영적 온실과 같다. 이 온실 속에서 고양된 관상에 뚜렷이 영향을 받으면서 독자는 빛을 발하는 생생한 어떤 다른 대기 속에 자신이 존재하고 있음을 느낀다. 이것은 참으로 기쁜 순간이다. 이 순간이 지속되는 동안 영적 삶의 나무에 어린 가지가 생겨나고 또 자라난다. 그러므로 마치 이익을 추구하는 사람이 그것이 보장되는 곳으로 가고, 기분 전환이 필요한 사람이 위로를 제공하는 곳으로 서둘러 가는 것처럼 이 기쁨을 경험한 사람이 시간이 날 때마다 영적 삶의 체험을 기록한 책을 읽고 싶어 하는 것은 전혀 놀라운 일이 아니다. 더 자주 책을 읽음으로써 자신에게 활력을 주고 위로를 주는 영적 공기를 마시고 싶어 하게 될 것이다. 이것은 단순히 호기심을 채우기 위해서가 아니라, 우리의 영이 복되게 성장하기 위해 꼭 필요한 본질적인 요소다.

예전부터 진실한 그리스도인들은 거룩한 영적 아버지들의 삶에 관한 글을 항상 곁에 간직하고 싶어 했고 지금도 마찬가지다. 그런 욕구는 칭찬할 만한 일이며 그럴 만한 의무와 능력이 있는 사람들에 의해서 반드시 충족되어야만 한다. 이 욕구는 성 대 마카리우스,[2] 시리아의 성 이삭,[3] 시리아의 성 에프렘,[4] 사다리의 요한[5] 그리고 다른

2) 4세기 이집트에서 활동한 초대 그리스도교 은수자로 대(大) 마카리우스, 혹은 사막의 등불로 불린다. (옮긴이 주)

3) 7세기 아시리아와 시리아에서 활동한 네스토리아 동방교회의 주교로 니네베의 성 이삭으로도 불린다. (옮긴이 주)

4) 4세기 아시리아 지역에서 활동한 초대 그리스도교 은수자로 찬송가 작사자와 신학자로 유명하다. (옮긴이 주)

많은 성인의 글 모음집의 출판을 통해서 항상 충족되었다. 이러한 글 모음집 중에 가장 훌륭한 것으로 모든 이들에게 인정받는 책이 바로《도브로토류비예》다.

이제《도브로토류비예》가 어떤 책인지 잘 알았을 것이다. 이 책은 우리에게 말씀, 거룩한 근신의 기초, 즉 영적 삶의 고유한 모든 발현과 행위를 포함한 내적 삶에 관한 짧은 금언과 온전한 판단을 제공한다. 이 책은 영적 성장을 갈망하는 사람들의 영적 필요를 만족시킬 수 있도록 구성되어 있다. 이 책을 읽는 사람들은 그 속에 영적 지혜에 관한 커다란 보고가 숨겨져 있다는 것을 알고 있기 때문에, 책을 읽으면서 큰 즐거움을 얻는다. 그러나 한편《도브로토류비예》를 읽으면서 즐거움을 얻고 교훈을 얻으면서도 독자들은 탄식을 감출 수가 없었다. 내용의 깊이나 고결함 때문에 책의 내용을 이해하기 어려워서가 아니라, 번역이 너무 구태의연했기 때문이다. 그래서 이 책을 새로 번역할 필요성은 너무도 명백하다.

이러한 필요성은 이미 오래전부터 인식되었다. 잡지《그리스도교의 독서》[6]가 창간되고 나서 처음 몇 해 동안

---

5) 7세기 이집트 시나이산 수도원의 그리스도교 수사로 시나이의 요한이라고도 불린다. (옮긴이 주)

6) 1821년부터 상트페테르부르크 신학원에 의해서 발간된 러시아 정교

《도브로토류비예》에 수록된 몇 편의 글들이 그 잡지에 번역되어 실리고, 또 《도브로토류비예》에 수록된 몇 편의 글들이 개별적인 기사로 출판됨으로써[예를 들면 성 막시무스의 〈사랑에 대해〉(이 글은 그리스어판 《도브로토류비예》에도 실려 있다)와 예루살렘의 성 헤시키우스, 다마스쿠스의 성 베드로의 글] 어느 정도 그 필요가 충족되었다. 여러분이 읽고 있는 이 선집의 편집자가 처음에 의도했던 것은 단지 이전에 번역된 글을 확인하고 번역되지 않은 부분을 끝까지 번역함으로써 그리스어판을 완역한 러시아어판 《도브로토류비예》를 독자들에게 제공하려는 것이었다. 그러나 그 후 편집자는 그리스어판 《도브로토류비예》의 총량을 넘어서는 확장된 러시아어판 《도브로토류비예》를 만들 필요가 있다고 확신하게 되었다. 비록 그리스어판 《도브로토류비예》가 슬라브어판보다 양이 많기는 하지만 여전히 그것은 영적 삶을 지도하기 위해서 거룩한 영적 아버지들이 우리에게 전해 주었던 모든 것, 그리고 이 책 읽기를 사랑하는 사람들에게 유용하고 만족을 주는 모든 것을 담고 있지 않았다. 이런 이유로 《도브로토류비예》 증보판을 출간하게 된 것이다.

회 신학 잡지다. 1917년 폐간되었다가 1991년 복간되었다. (옮긴이 주)

우리가 만드는 이 새로운 선집은 이전에 출판되었던 《도브로토류비에》의 뒤를 따르고 있다. 그렇지만 이전 선집에 실린 영적 아버지의 다른 글들이 있다는 것을 알게 되면 그 글들을 살펴보고, 그 글들이 이 책의 성격과 일치되는 것이라고 판단되면 그것들도 수록할 것이다. 글이 인용되기만 했던 영적 아버지들 가운데 영적 삶에 관한 글을 남겼던 분이 있었다는 사실이 드러나면, 그들의 글을 실어서 우리 선집을 더욱 풍요롭게 하고자 한다. 이전 《도브로토류비에》에는 성 대 안토니우스의 글 중에서 170장으로 된 가르침만 실려 있었는데 우리 선집에는 성 대 안토니우스의 다른 글도 포함되었다. 성 대 마카리우스의 글은 이전 판 《도브로토류비에》에는 빠져 있었는데(그 글에는 메타프라스테스[7]가 쉽게 풀어 쓴 가르침 150개의 장이 있었는데, 우리 판본에는 일곱 개의 글로 실었다) 신판에서는 풀어 쓴 성 대 마카리우스의 글이 아니라, 그가 전한 말을 그대로 체계적인 순서로 제시할 것이다. 이전 판에는 은수자 이사야[8]의 짧은 금언 27개만 실려 있었는데, 신판에는 그의 유명한 말씀 29개 모두가 새로운 번역으로

---

7) 시메온 메타프라스테스는 10세기 말 비잔틴에서 활동한 작가이자 성인전 수집가다. (옮긴이 주)

8) 5세기 말~6세기 초 이집트의 금욕가다. (옮긴이 주)

실릴 것이다. 폰토스의 에바그리우스[9]와 고행 성자 마르크[10]의 글도 마찬가지다. 마지막 글이 모일 때까지 다음 선집도 이와 같은 방식으로 편집될 것이다.

《도브로토류비예》 신판은 이전 판본의 예를 따르되 이 책의 애독자들에게 하느님을 따르는 삶을 사는 데 꼭 필요한 지침을 줄 수 있는 글을 찾게 되면 하나도 빠뜨리지 않고 새로 추가해 옛 선집을 보충할 것이다.

어떤 글을 이 선집에 실을 때 그 글의 전문을 다 싣는 방식은 취하지 않을 것임을 밝히는 것이 마땅한 도리라고 생각한다. 글을 발췌해 선집에 싣는 것이 훨씬 더 편리하기 때문이다. 어떤 방식이든 체계적 순서에 따라 발췌된 글을 실을 테지만 개별적인 금언 형식의 글은 발췌가 아닌 전문을 실을 것이다. 그러나 어떤 경우든 성자들의 가르침 자체는 그들이 직접 전한 말로 실을 것이다.

이제 《도브로토류비예》 선집의 제1권을 독자들에게 제공할 수 있게 되었다. 이 속에는 첫째, 성 대 안토니우스의 글, 둘째, 성 대 마카리우스의 대화 발췌본, 셋째, 은수자

---

9) 4세기 폰토스에서 활동한 그리스도교 신학자로 '고독자 에바그리우스'로 알려진 인물이다. (옮긴이 주)

10) 안티오키아 학파에 속한 5세기 그리스도교 신학자로 성 요하네스 크리소스토무스의 제자다. (옮긴이 주)

이사야의 말씀, 넷째, 고행 성자 마르크의 가르침, 다섯째, 수도사 에바그리우스의 글이 담겨 있다.[11)]

그리스어판 《필로칼리아》도 이 순서와 동일하다. 다만 그리스어판에서 에바그리우스와 성 마르크 사이에 실렸던 성 요한 카시아누스[12)]의 글이 신판에서는 다음에 출판될 제2권에 실릴 것이다.

영적 독서를 사랑하는 분들이 이 선집을 읽으면서 진정으로 편집자가 전하고자 했던 내용이 무엇이었는지 발견하게 되기를 바란다.

---

11) 본 번역서에는 성 대 안토니우스의 글과 성 대 마카리우스의 대화 발췌본만 실었다. (옮긴이 주)

12) 요하네스 카시아누스는 4세기 말~5세기 초에 활동한 갈리아 지방의 수도사 및 성경학자다. (옮긴이 주)

성 대(大) 안토니우스

ΑΝΤΩ
ΝΙΟC.
Ο ΜΕΓΑC.
ΕΙΔΟΝ ΕΓΩ ΤΑC
ΠΑΓΙΔΑC ΤΥ ΔΙΑ
ΒΟΛΥ ΗΠΛΩΜΕΝΑ
ΤΙC ΔΥΝΑΤΑΙ ΕΚ

소개 : 성 대 안토니우스의 삶과 서신[1]

사막 은둔 수도 생활의 기초를 세운 위대한 성 대 안토니우스는 하느님을 기쁘게 해 드리는 본보기를 자신의 삶을 통해서 제시했다. 그뿐만 아니라 그는 이러한 방식의 수행을 원하는 모든 사람이 그리스도교 신앙에 의해서 제시된 것, 즉 이 땅에서 사는 동안 우리가 최고의 완전함을 향해 나아가야만 하는 길을 알려 주었다.

성 대 안토니우스의 전기는 성 아타나시우스에 의해서 쓰였고[2] 《독서용 성자전》[3] 1월 17일 자에 거의 축약 없이 실려 있다. 그 내용에 대해 자세히 알고 싶은 분들은 그 책을 참고하기를 바란다. 이 글에서는 단지 성자전의 일반적 특징만을 말씀드리겠다.

하느님께서 그가 수행할 일을 위해 성 대 안토니우스를 택하신 것은 그의 어린 시절부터 드러난다. 그는 차분하

---

1) 편역자인 은수자 페오판 주교가 쓴 글이다. (옮긴이 주)

2) 그의 저작 제3권 참조.

3) 성자들의 삶의 이야기와 설교 등을 월별로 나누어 읽을 수 있도록 정리한 정교회 성자들에 관한 러시아어 성자전이다. (옮긴이 주)

고 따뜻한 마음씨를 가졌지만 혼자 지내는 것을 좋아했기 때문에 떠들고 장난치는 또래 아이들과 어울리지 않았고 그를 보호하는 부모님의 양육하에 집에서 지냈다. 그는 교회에 갈 때만 집 밖으로 나올 정도로 사람들과 떨어져 자랐다. 이런 생활 분위기와 습관 속에서 세례 때 받은 하느님의 은혜는 그가 스스로 특별히 어떤 노력을 기울이지 않았는데도 아무런 방해 없이 역사해 그의 영을 빚어 나갔다. 성 아타나시우스의 말처럼 성 대 안토니우스가 어린 나이부터 하느님을 따르는 삶의 달콤함을 경험하고 하느님에 대한 열망으로 가득 찼던 것은 매우 자연스러운 일이었다.

그의 부모도 같은 영을 소유한 분들이었기에 그에게는 가정에서 그런 삶을 사는 데 어떤 장애도 없었다. 부모님이 살아 계셔서 세상의 걱정과 근심에서 벗어날 수 있도록 그를 지켜 주는 동안에 그는 집을 떠나고 싶은 마음이 전혀 없었다. 그러나 부모님이 돌아가신 후 가장이 된 안토니우스는 집안일을 돌보고 누이를 부양하는 일을 떠맡아야만 했다. 그 때문에 그는 하느님 안에서의 삶과 많은 것을 돌아보아야만 하는 이 세상의 삶 사이의 차이를 깨닫게 되었고, 모든 것을 내려놓고 하느님만을 위해 살고자 하는 굳건한 열망을 가지기 시작했다. 이러한 생각들로 가득했을 때 그는 교회에서 다음과 같은 주님의 말씀을 듣게 되었다. "네가 완전한 사람이 되려거든 가서 너의 재산을 다 팔아 가난한 사람들에게 나누어주어라. 그러면 하늘에서 보화를 얻게 될 것이다. 그러니 내가 시키는 대로 하고 나서 나를 따라오너라."[4] 그리고 "내일 일은 걱정하지 마라"[5]라는 말씀도 들었다. 이 말씀들은 그의 열망을 받아주시는 하느님의 인장(印章)이었다. 자신의 영적 갈망에 대한 하느님의 응답을, 그리고 마음속에 숨겨져 있는 열망과 갈망을 실현하라는 하느님의 명령과 축복을 성경 말씀을 통해 들었기 때문이다. 그는 추호의 망설임도 없이 단호하게 결심했고 모든 재산을 나누어 준 후에 하느님 한 분만을 위해 살기 시작했다.

세상을 거부한 삶을 살기 시작한 처음 몇 년 동안 성 대 안토니우스는 당시 널리 알려진 은수자들의 수도 방식을 배우며 독수 생활을 시작했다. 세상의 근심을 다 버리고 "어떻게 하면 주님을 기쁘게 해 드릴 수 있을까?"[6]에 대해서만 온전히 몰두하면서 은수 수행을 하는 것은 하느님의 교회가 설립될 때부터 본질적으로 필요한 교회의 제도로 여겨졌으며 그 제도에 대한 주요한 규정을 사도들이 만들

---

4) 〈마태오의 복음서〉 19장 21절.

5) 〈마태오의 복음서〉 6장 34절.

6) 〈고린토인들에게 보낸 첫째 편지〉 7장 32절.

었다는 것은 잘 알려진 일이다. 금욕 수도자[7]들은 초기에는 세상과 세상의 근심에서 떠나 자기 집에 머무르며 살다가, 기도와 하느님에 대한 묵상, 금식, 밤샘 기도, 그리고 여러 가지 다른 수행을 할 때는 어디든 눈에 잘 보이지 않는 곳으로 가서 그곳에서 은수했다. 그러나 시간이 흐르면서 그리스도교 신앙의 경계가 확대되고 신자들의 수가 많아지면서 많은 은수자들이 가족을 떠나서 도시 혹은 마을에서 먼 벽촌으로 가 그곳에 있는 자연 동굴이나 방치된 무덤 속에서, 혹은 스스로 독수방(獨修房)을 만들어서 은수 생활을 하게 되었다. 성 대 안토니우스도 성심을 다해 그들의 삶을 따랐다.

수행의 삶은 수련 수행 과정[8]으로 시작되었다. 성 대 안토니우스는 은수자들에게 순종하며 그들의 삶을 따라 배우며 은수 생활을 통과해 갔다. 수련 수행 과정의 본질은 그리스도교의 덕이 무엇인지 마음속에 확실히 새기고 경험 많은 수도자의 지도를 받으며 수도자로서 삶의 질서를 자기 것으로 만드는 것이었다. 성 대 안토니우스는 그리스도교의 덕을 배워 나갔다. 이제 그는 하느님 안에서

---

7) 세상을 멀리하고 영적인 삶을 따르는 사람들이다. (옮긴이 주)

8) 정교회에서 수도 생활을 시작하려는 사람이 자질이 있는지를 살피는 점검 기간이다. (옮긴이 주)

열심히 살아가기 위해서는 어떠한 수도 방법이 필요한지 찾아내야 했다. 이를 위해서 그는 당시 유명한 은수자들을 찾아다니며 그들의 수도 방법을 배우고 익힌 후에 그렇게 얻어 낸 것들을 마치 전리품처럼 은수처로 가지고 돌아오곤 했다. 이렇게 해서 성 아타나시우스가 언급한 것처럼 성 대 안토니우스는 지혜로운 벌처럼 이곳저곳에서 영적 꿀을 따서 영적 벌집인 자신의 마음속에 모아 나갔다. 한 은수자에게서는 음식을 엄격하게 절제하고 맨땅 위에서 잠을 자고 쉼 없이 밤샘 기도를 하는 습관을 배웠으며, 다른 은수자에게서는 피로를 모르고 기도하기, 주의 깊게 사고하기와 하느님에 대해 묵상하기 등을 배워 익혔다. 또 다른 은수자에게서는 근면과 규칙에 충실할 것과 인내의 모범을 배웠다. 그리고 모든 은수자에게서 주 예수 그리스도에 대한 굳건한 믿음과 모든 이들을 향한 형제애를 배웠다. 그리고 자신이 만난 영적 아버지 중 각 사람이 특별히 다른 이들보다 잘하는 수도 방법이 무엇인지를 살핀 후에 그 모두를 자신 안에서 하나로 결합하기 위해 노력했다.

타인의 삶을 통해 자신을 점검하고 영적 스승으로부터 지도받는 일 없이는 그 누구도 수행하는 삶의 최고 단계에 도달할 수 없다. 위에 언급한 은수자들을 통해서 성 대 안토니우스는 자신의 삶을 점검했으며 그들의 지도를 받으며 온전함으로 굳건히 나아갔다.

성 대 안토니우스는 마을 뒤에 있는 무덤 안에서 살면서 15년 동안 여러 은수자의 지도를 받으며 독수 생활을 했다. 처음에는 마을에서 그리 멀리 떨어지지 않은 무덤에서 지냈으나 점차로 마을과 더 먼 곳에 있는 무덤을 찾아가 살았다. 평소 그를 따르던 마을 사람이 무덤에 찾아와 빵(성 대 안토니우스의 유일한 음식)을 전해 주었고 그 보답으로 성 대 안토니우스는 직접 만든 수공예품을 전해 주었다. 성 대 안토니우스는 손수 노동하며 생활했다. 수공예품을 만드는 시간 외에는 기도와 성경 속 하느님의 진리에 대해 묵상하는 것으로 모든 시간을 보냈다. 한번은 우울의 영이 찾아와서 성 대 안토니우스를 괴롭히고 있었는데 때마침 하느님의 천사가 나타나 성 대 안토니우스의 모든 행동을 보고 그를 인정해 주었다.

당시 성 대 안토니우스가 어떠한 삶을 살고 있었는지 소조멘[9]은 그의 저서 《교회사》 제1권 13장에서 다음과 같이 기술하고 있다. "습관으로 만들어진 선한 삶이 비록 처음에는 어렵지만 유쾌한 삶이 된다는 것을 경험하고 나서, 그는 더욱더 엄격한 수행 방식을 고안해 냈고 매일매일 더

9) 5세기 팔레스타인 태생의 교회 역사가로 《교회사》의 저자다. (옮긴이 주)

절제하는 삶을 살면서 항상 이제 막 새롭게 시작하는 것처럼 그것에 다시 열심을 냈다. 노동으로 육체의 쾌락을 잠재우고 지혜로운 증오로 무장해 정신적 욕망을 막아 냈다. 그의 양식은 빵과 소금이었고, 음료는 물이었다. 식사 시간은 해 질 무렵이었다. 그러나 이틀에 하루 이상 자주 음식을 먹지 않고 지내기도 했다. 그가 밤샘 기도를 드렸다는 것은 밤새도록 기도하면서 해를 맞이했다는 것을 의미했다. 땅을 잠자리로 삼았고 잠시 눈을 붙일 때도 대체로 맨땅 위에서 누워 잤다. 육신의 편안함을 떨치기 위해 성유(聖油)를 바르거나 씻지도 않았고 어떤 편리한 물품의 사용도 스스로 허용하지 않았다. 또한 게으름 피우는 것을 스스로 용납하지 않았고 거의 온종일 두 손에서 일감을 놓지 않았다."

이렇게 성 대 안토니우스는 매우 힘든 길을 지나갔다. 그러나 우리 모두 잘 알고 있듯이 그림자 없이 빛이 있을 수 없고 영적 싸움 없이 그러한 삶을 통과할 수는 없다. 우리 안에 죄가 없고 사탄이 없다면 우리 속에는 선만이 나타나서 막힘없이 자라날 것이 아니겠는가? 그러나 죄와 유혹은 우리 안에 자리 잡고 각자의 권리를 주장하기 때문에 누구도 그 싸움을 피해 갈 수 없다. 더 멀리 자유롭게 가기 위해서는 죄와 유혹을 무력화하고 승리해야만 한다. 그러지 않으면 올바른 길로 가기를 원하는 모든 사람의 팔다리는 죄와 유혹의 사슬에 묶이게 될 것이다. 하느님께서 성 대 안토니우스를 영적 싸움으로 이끄신 것은 영적 싸움으로 그를 시험하신 후에 용광로 속의 금처럼 그의 정신력을 강화하고 또 그의 정신력이 활동할 수 있는 넓은 공간을 주시기 위해서였다. 원수들이 성 대 안토니우스의 마음속에 찾아왔으나, 언제나 내면의 보이지 않는 힘이 그를 지켜 주었다.

성 아타나시우스는 성 대 안토니우스의 전기에서 이 싸움을 웅장하게 묘사했다. 원수의 화살이 아주 매서웠지만 용맹한 전사는 조금도 흔들림 없이 그것을 격퇴했다고 기록했다.

처음에 원수는 세상을 떠나온 것을 후회하도록 성 대 안토니우스를 흔들어 대며 시험했다. 그는 고귀한 집안에서 출생해 멸시당하는 일 없이 부족함을 모르고 살면서 적지 않은 재산을 가지고 있었는데, 원수는 그의 마음속에 돈이나 모든 생활의 편리함을 버린 것에 대한 애석함과 공허함이 일도록 했다. 그리고 사람들에게 버림받고 특히 자신의 지원과 보호, 위로를 받지 못한 채 다른 사람의 손에 맡겨진 누이에 대한 공연한 죄책감을 불러일으켰다. 다른 한편으로는 이제 막 시작한 재미없는 삶의 고단함과 혹독함, 그런 어려움을 견뎌 내지 못하는 몸의 미숙함과 끈기 부족을 일깨우며 끝이 보이지 않는 그 생활이 한없이 길어질 것이라는 생각과 끝없이 자아를 죽이며 그 어떤 위로도 받지 못한 채 사람들로부터 멀리 소외되었다는 생각을 그에게 불러일으켰다.

원수가 불어넣는 이러한 생각들은 강력한 폭풍을 만들어 냈다. 그러나 자신의 결심 속에 흔들림 없이 서 있던 성 대 안토니우스는 단호하게 사탄을 물리쳤고 위대한 신앙으로 사탄을 쫓아냈다. 그가 절제하고 포기했던 모든 것은 오직 하느님만을 따르는 삶을 택한 사람들을 위해 하느님께서 준비하신 무한한 은총과는 비교할 수도 없는 것이었다. 세상과 물질의 모든 족쇄에서 풀려난 사람에게는 하느님을 기쁘게 해 드리는 일이 더 편했다. 그의 내면에 가장 달콤한 영적 위안을 가져다주었던 끊임없는 기도로 사탄은 가장 하찮은 존재로 전락했다.

싸움에서 패배한 원수는 이 젊은 용사를 다른 방식으로 공격하기 시작했다. 젊은이를 무너뜨리는 일에 익숙했던 원수는 육체의 정욕을 이용해 밤에는 젊은이의 마음을 어지럽히고 낮에는 불안하게 만들면서 공격하기 시작했다. 이 전투가 어찌나 지독하고 오래 걸렸던지 다른 사람들까지 그것을 알아챌 정도였다. 원수는 더러운 생각을 집어넣었고 성 대 안토니우스는 기도로 그것을 물리쳤다. 원수가 그의 신체 기관들을 달아오르게 만들면 그는 금식과 밤샘 기도와 몸이 상할 정도의 과도한 노동으로 그 열기를 식혔다. 밤에 사탄은 여인의 모습으로 나타나서 온갖 교활한 방법으로 욕망을 불러일으켜 그를 유혹했다. 성 대 안토니우스는 천국의 아름다움을 관상하고, 우리의 본성이 주 예수 그리스도 안에서 보장해 주는 우리의 고상한 신분을 생생하게 의식하면서 고결한 환희에 젖어서 원수의 기만적인 유혹을 떨쳐 버렸다. 저주받은 원수는 달콤한 쾌락의 감정을 불러일으키려 했지만 축복받은 성 대 안토니우스는 영원한 불 가운데서 지치지 않는 벌레들로부터 당할 무서운 고통을 미리 떠올렸고, 그래서 아무 해를 입지 않았다. 이 끈질기고 추악한 공격은 이 싸움을 하는 그의 마음속에 원수의 온갖 더러운 움직임에 대한 혐오감과 매우 큰 분노를 일으켰다. 그래서 더 이상 원수는 성 대 안토니우스에게 가까이 다가가거나 심지어 멀리서라도 이전과 같은 방식으로 그를 유혹하고 괴롭히는 것이 불가능해졌다. 왜냐하면 마음속 정욕의 움직임에 대해서 혐오감이나 증오심을 갖는 것은 사탄을 불태워 버리는 불화살이었기 때문이다. 교활한 원수는 이 싸움에서도 정열적인 육체를 지닌 청년에게 패배당해 수치스럽게 물러서고 말았다. 왜냐하면 "내가 오늘의 내가 된 것은 하느님의 은총의 덕이다. 하느님께서 나에게 주신 은총은 헛되지 않았다. 과연 나는 어느 사도보다도 더 열심히 일했다. 그러나 이것은 내가 한 것이 아니라 나에게 주신 하느님의 은총으로 된 것이다"[10]라고 모든 수도자가 함께 고백하는 사도 성 바울로의 말씀처럼, 우리를 위해 육체를 지니셨고 그 육체 속에서 원수의 모든 능력을 멸하시는 주님께서 친히 당신의 종과 함께 계셨기 때문이다.

그러나 인간을 미워하는 원수의 모든 화살이 전부 소진된 것은 아니었다. 젊은 용사를 향한 하느님의 보호하심을 보고 그 보호하심이 겸손한 사람에게만 축복으로 임한다는 것을 알고 나서, 원수는 그 젊은 용사의 마음에 자만심을 불러일으켜서 그것을 빼앗아 버리려는 계획을 세웠다. 원수는 시커먼 어린 소년의 모습으로 나타나 성 대 안토니우스에게 거짓된 낮은 자세로 "여러분이 나를 이겼다"라고 말했다. 원수는 성 대 안토니우스가 이 승리를 자신의 것으로 여기며 스스로 자만해짐으로써 그를 도와주고 계신 하느님을 분노케 할 것이라 생각했다. 그러자 성 대 안토니우스는 "도대체 너는 누구냐?"라고 물었다. 원수가 대답했다. "나는 육체를 달아오르도록 자극해서 육체의 죄에 빠지게 만드는 음란의 영이다. 나는 순결 서원을 한 많은 사람을 유혹했다. 육체를 오랫동안 억제한 많은 사람을 내가 넘어뜨렸다. 그러나 너 때문에 나의 그물들

10) 〈고린토인들에게 보낸 첫째 편지〉 15장 10절.

이 다 찢기고, 화살들이 다 꺾여 버렸다. 그리고 나는 쫓겨났다." 그때 성 대 안토니우스는 자신의 구원자이신 하느님께 감사드리면서 다음과 같이 외쳤다. "야훼께서 내 편이 되어 도와주시니 나 정녕 원수들이 망하는 꼴을 보게 되리라."[11] 그리고 두려움 없이 원수를 쳐다보고 나서 말했다. "나의 하느님께서 시커먼 너의 악한 생각 때문에 네가 나에게 시커먼 모습으로 나타나는 것을 허락하셨고 너의 무력함 때문에 네가 소년으로 나타나는 것을 허락하셨다. 그러므로 너는 온갖 멸시를 받기에 합당하다." 이 말을 하자 사탄은 마치 불에 타 버린 것처럼 도망갔고 다시는 성 대 안토니우스에게 가까이 오지 않았다.

정욕에 대한 승리는 무욕에 더 가까이 가게 한다. 무욕이 강해지는 만큼 영혼의 평화가 온다. 기도와 하느님에 대한 묵상을 통해 주어지는 달콤한 영혼의 평화는 마음속에 영적인 따뜻함을 불러일으킨다. 영적인 따뜻함은 혼과 영, 육신의 모든 힘을 모아서 그 사람을 내면으로 인도한다. 내면에 자리를 잡은 사람은 한 분이신 하느님과만 홀로 있고 싶은 물리칠 수 없는 욕구를 느낀다. 하느님 앞으로 향하는 이 물리칠 수 없는 내면으로의 이끌림은 두 번

---

11) 〈시편〉 118편 7절.

째 단계의 영적 진보다. 이제 성 대 안토니우스는 그 단계로 다가가고 있었다.

그때까지 성 대 안토니우스는 대부분 은수처에서 독수 생활을 하고 있었다. 그러나 성 대 안토니우스를 마음으로 따르는 사람들이 마을에서 이따금 찾아오곤 했고 그도 역시 영적 스승들을 찾아가거나 전례(典禮)를 드리기 위해서 마을 성당에 가곤 했다. 이 모든 것들도 그 나름의 영적 위로를 주었지만, 내면에서 거북함을 느낀 성 대 안토니우스의 영은 아무것도 보지 않고 아무것도 듣지 않는 단호한 은수를 강하게 요구하기 시작했다.

수행의 길을 똑바로 걸으면 영혼은 자연스럽게 이곳으로 오게 되어 있다. 결정적으로 그런 변화를 촉진한 것은 자기 부인의 강한 충동이었다. 성 대 안토니우스를 향한 악령들의 공공연한 공격이 그런 충동을 갖게 하는 계기가 되었다. 더 이상 더러운 생각을 불어넣어서 성 대 안토니우스의 맑은 영혼에 영향을 미칠 가능성이 없어지자 악령들은 외부로부터 보이게 나타나서 그에게 해를 끼치고 그의 선한 의도를 흔들 수 있는 일을 만들어 냈다. 이러한 사건을 통해서 높은 영적 수준에 도달하는 길이 성 대 안토니우스에게 열리고 수도 생활의 진보가 이루어질 것을 예상하신 하느님께서 이것을 허락하신 것이다. 동시에 하느님은 유혹하는 악령을 다스리는 힘을 그에게 공급하셨다.

실제로 그런 일이 성 대 안토니우스에게 일어났다.

이런 상황 속에서 가장 결정적인 순간은 성 대 안토니우스가 사나운 악령의 공격으로 정신을 잃었다가 마을 교회 입구에서 깨어나 겨우 숨을 내쉬면서 친구에게 "나를 다시 은수처로 데려다주게!"라고 말했던 때였다. 이런 말을 함으로써 성 대 안토니우스는 하느님을 기쁘게 해 드리는 유일한 삶이라고 자신이 인정하는 삶을 살기 위해서 자기를 죽음에 넘겼다는 것을 표현했던 것이다. 이는 주님을 위해서 실제로 죽을 준비가 되어 있음을 밝힌 것이다.

주님을 위해 죽음을 각오하고 주님을 기쁘게 해 드리는 일을 하는 것은 모든 것을 이기는 무기다. 이렇게 각오한 사람을 무엇으로 유혹하고 위협할 수 있겠는가? 이러한 마음가짐이 수도 생활의 최초 출발점이며 그것을 계속할 수 있도록 하는 보루라고 할 수 있다. 구세주이자 우리 '수행의 기초를 놓으신 분'[12]이신 주님은 지상에서 머무시는 동안 줄곧 자기 앞에 준비된 죽음을 바라보셨지만, 겟세마니 동산에서 기도의 싸움을 하실 때 자신의 인성(人性)으

---

12) 원어는 "포드비고폴로즈니크(Подвигоположник)"로, 인간 구원을 위한 수행의 예를 보여 주신 신인이신 예수 그리스도 이름의 하나다. 그리스도인 수행의 심판자이며 책임자라는 의미를 가지고 있다. (옮긴이 주)

로써 최종적으로 죽음을 이기셨다. 그리고 말씀하신 것을 고난과 십자가의 죽음을 통해 그곳에서 실제로 이루셨다. 그 후 영광스러운 부활 직전 사흘 동안 '육체의 안식'[13]이 이어졌다. 주님을 따르는 모든 영혼은 이 길을 지나간다.

이 길을 시작하는 첫 번째 발걸음은 자기 부인이다. 자기 부인이 아무리 작은 첫걸음이라고 해도 그 속에는 죽음에 대한 각오가 일정 부분 존재한다. 그 때문에 자기 부인이 커지는 것은 죽음에 대한 각오가 커지는 것이다. 결국 죽음에 대한 각오는 자기 부인의 정신이라고 할 수 있다. 겟세마니 동산에서 구세주가 지니셨던 정도의 각오를 가진 사람에게는 그 즉시 영 안에서 십자가로 상승하는 일과 영적 안식이 이루어진다. 그 후에 주 예수의 영광 가운데 영의 부활이 이루어진다. 성 대 안토니우스의 영 속에 이제 이것이 이루어진 것이다. 자신이 그토록 괴로움을 당했던 바로 그곳으로 다시 옮겨 달라고 친구에게 건넨 말을 통해서 성 대 안토니우스는 구원자께서 겟세마니 동산에서 기도를 마치신 직후에 제자들에게 "일어나 가자. 나를 넘겨줄 자가 가까이 와 있다"[14]라고 말씀하셨던 것과 같

---

13) 《교회 슬라브어 대사전》은 예수님의 '육체의 안식'을 "예수 그리스도의 무덤 속에 거하심"으로 해석하고 있다. (옮긴이 주)

14) 〈마태오의 복음서〉 26장 46절.

은 마음이 자신의 영 안에도 존재하고 있음을 보여 주었던 것이다. 이 말을 한 후에 그는 머나먼 광야로 떠나 그곳에서 20년간의 침묵 은수 생활을 했다. 이것은 영 안에서의 그의 십자가와 육체의 안식이라고 부를 수 있는 것이었다.

주거지를 떠나 광야로 향하는 2~3일의 여정이 진행되는 동안에 성 대 안토니우스는 악령들이 만든 고통에서 회복되었다. 그는 버려진 오래된 이방인의 사원에서 은수하며 지냈다. 그곳에는 우물이 하나 있었고, 그의 친구가 반년 동안 그에게 빵을 얻어다 주었다. 성 대 안토니우스가 이곳에서 어떤 노동과 수행을 했는지, 그리고 그에게 무슨 일이 일어났는지 아무도 보지 못했다.

이후 그가 은수 생활에서 어떤 모습으로 나왔는지 판단해 보건대, 이 기간은 그의 영혼이 성령에 의해서 영적으로 성장하던 시기였다고 결론을 내려야 할 것이다. 마치 애벌레가 번데기로 변할 때의 일이 그에게도 똑같이 일어났다. 이때 애벌레에게 무슨 일이 일어나고 있는지 누구도 알지 못한다. 벌레는 아예 죽은 것처럼 보인다. 그러나 그동안에도 만물을 소생하게 하는 자연의 힘은 그 속에서 움직이고 있다. 그리고 때가 되면 번데기에서 아름다운 작은 나비가 나와 날기 시작한다. 성 대 안토니우스도 마찬가지였다. 그에게 무슨 일이 일어났는지 아무도 모른다. 그러나 성령께서는 누구도 보지 못하게 하면서 성 대 안토니우스 자신도 깨닫지 못하는 사이에 그를 창조하신 분의 형상을 따라서 그의 내면에 새로운 사람을 만들어 세우셨다. 영적 성장의 기간이 끝났을 때 그는 신자들을 섬기라는 명령을 받았다. 그래서 성령의 여러 가지 은사를 받은 성 대 안토니우스는 세상으로 나갔다. 그리스도께서 아버지의 영광 속에서 죽은 자 가운데서 부활하신 것처럼 성 대 안토니우스도 이제 영적으로 새로워진 생명을 지니고 세상으로 나왔다.

이렇게 해서 마침내 성 대 안토니우스의 영이 단련되는 과정이 끝났다. 그 후 이어진 그의 삶은 생애 초기 두 시기에 심었던 씨앗들의 열매를 맺는 것이었다. 세 번째 시기는 신자들을 돌보라는 사명을 받아 은혜로운 교회를 위해 사목하는 시기였다. 그의 사목이 얼마나 많은 열매를 맺고 그 영역이 넓었는지는 성 아타나시우스가 쓴 기록을 통해서 모든 사람에게 알려졌다. 성 대 안토니우스는 성령께서 주신 모든 은사를 가지고 사목했다. 그는 어떠한 은총의 선물을 받았을까? 그는 기적을 행하는 능력, 귀신과 자연의 힘 그리고 동물들을 제압하는 능력, 생각을 꿰뚫어 아는 능력, 먼 곳에서 일어난 일을 보는 능력, 그리고 계시와 환상을 보는 능력을 받았다. 이 모든 은사 중에서 가장 많은 열매를 맺고 널리 사용한 것은 말씀을 전하는 은사였다. 하느님의 말씀을 전하는 능력으로 성 대 안토니우스는 나약한 형제들을 섬겼다.

성 아타나시우스는 하느님께서 성 대 안토니우스에게 마음속 깊은 곳까지 뚫고 들어가는 강력한 말씀을 전하는 능력을 주셨다고 기록하고 있다. 그래서 그는 각 사람에게 꼭 필요한 말을 큰 권위를 가지고 전할 수 있었다. 그 결과 군인과 유력 인사들과 큰 부자 중에서 삶의 무거운 짐을 지고 있던 많은 사람이 수도자가 되었다. 깊은 슬픔에 빠져 성 대 안토니우스를 찾아왔던 이들 모두가 위로받고 가벼운 마음으로 돌아갔다. 죽은 사람을 그리워하며 슬픔에 눈물을 흘리며 찾아왔던 이들도 즉시 눈물이 멈추었다. 또한 분노한 상태에서 찾아왔던 사람들도 온유한 마음을 가지게 되었다. 성 대 안토니우스의 거처에서 함께 지내던 수도사들도 태만에 빠져 있다가 그의 말씀을 듣고 다시 수도 생활에 매진했다. 성 대 안토니우스를 만나서 그의 말씀을 들은 젊은이들은 이 세상의 즐거움을 거부하고 순결을 사랑하기 시작했다. 이미 약혼자가 있는 처녀 중에서 많은 이들이 그저 멀리서 안토니우스 성자를 보기만 해도 그리스도의 신부의 지위로 옮겨 갔다.

이러한 기록을 보면 성 대 안토니우스는 하느님께서 주신 지식의 원천이 무엇인지 감추지 않았음을 알 수 있다. 사람들은 진리의 말씀을 듣고 그것을 받아들이고 자신에게 합당한 가르침을 발견하기 위해서 그에게 찾아왔다.

그러면 성 대 안토니우스는 사도들의 모범을 따라서 그들을 가르치고 꾸짖으며 권면의 말을 전해 주었다. 성 아타나시우스는 《성자전》에서 "어떤 때에는 성 대 안토니우스에게서 말씀이 마치 큰 여울처럼 쏟아져 나오곤 했다"라고 기록하고 있다. 또 어떤 경우에는 스무 개의 짧은 단어들로만 이루어진 간단한 말씀을 전하기도 했다. 그러나 대부분은 의미와 능력으로 충만한 짧은 금언으로 말씀을 전했다. 후에 이 짧은 금언들은 수없이 많이 입에서 입으로 전해지면서 수도 생활을 위한 일반 규칙이 되기도 했고 마침내 영적 스승들의 가르침을 전하는 선집에 수록되었다. 이따금 성 대 안토니우스가 자신의 영적 자녀들이나 여러 수도원의 수도사들에게 편지를 보내기도 했다. 이 편지에는 예수 그리스도의 삶의 특징이 총체적으로 묘사되기도 했고 또 형제들의 개인적인 연약함에 대한 치료의 지침이 적혀 있기도 했다. 성 대 안토니우스가 구술로 전한 것, 편지로 전해져 온 것, 그리고 그가 썼던 모든 것들은 교훈을 구하는 모든 이들에게 복된 양식을 제공할 것이다. 장문의 글 이외에도 전기 속에 수록된 많은 글이 우리에게 전해져 왔다. 전기에 수록된 글은 수도사에게 보낸 스무 통의 편지, 선행과 악덕에 관한 스무 편의 짧은 말씀, 선행에 관한 170장의 글, 두 개의 부록이 딸린 수도사를 위한 규칙, 그리고 성 대 안토니우스가 구술로 전한 많은 금언과 말씀들을 담고 있다. 그것들은 여러 편의 '간략한 형식의 교부 성자전'[15]에 흩어져 있던 것으로 항상 덕을 세우며 교훈을 주는 글들이다.

러시아어 번역으로 된 성 대 안토니우스의 서신과 글은 《그리스도교의 독서》에 초기 몇 년간 실렸고, 그 장들은 《도브로토류비예》에 포함되었다. 성 대 안토니우스의 금언과 말씀은 《고대 교부 성자전》[16]의 첫 부분을 구성한다. 이 모든 것들은 미뉴 신부가 편집한 《헬라어 교부학(Patrologiae Graecae)》[17] 제40권에서 원전 그대로 찾아보고 읽을 수 있다. 본 선집 속에 수록된 성 대 안토니우스의 모든 글은 그 책에서 가져온 것이다. 여기서 독자들에게 다음의 글을 주목해서 읽기를 제안한다.

---

15) 그리스어로 'Paterikon'이라고 하며 짧은 형식으로 쓴 교부들의 성자전을 말한다.

16) 혹은 《성인 및 복자 교부들의 수행에 관한 기념할 만한 이야기들》.

17) 1857~1866년에 걸쳐 프랑스 신부 자크 폴 미뉴(Jacques Paul Migne, 1800~1875)가 총 161권으로 편집한 책으로, 동방교회 교부들과 3세기에 서방교회에서 라틴어가 주로 사용되기 전에 그리스어로 글을 썼던 서방교회의 저자들의 글이 포함되어 있다. 사도들에게 배운 교부들, 클레멘트 제1, 제2 서신, 헤르마스의 목자서, 유세비우스, 오리게네스, 그리고 카파도키아 교부들, 즉 카이사리아의 바실리우스와 나지안주스의 그레고리우스, 그리고 니사의 그레고리우스의 글이 실려 있다.

제1장 편지와 말씀

제2장 선한 행실과 거룩한 삶에 대한 170장의 교훈

제3장 은수(隱修)의 삶을 위한 규정

제4장 성 대 안토니우스의 금언과 그에 대한 일화

제5장 성 대 안토니우스의 사후 그의 몇 가지 금언에 대한 한 장상의 설명

성 대 안토니우스의 가르침 : 그리스도 안에서의 삶

제1장. 편지와 말씀[18)]

1. 일을 시작한 후 나약해지지 말고 수고하면서 낙심하지 말고 '우리는 이미 오랜 시간 동안을 수행[19)]했다'고 말하지 말라. 오히려 매일 하루를 시작하면서 더욱 열심히 수행하라. 모두에게 이런 마음 씀씀이가 있어야 할 것이다. 미래의 시간과 비교하면 인간의 삶 전체란 매우 짧은 것이며 우리의 모든 것은 영원한 삶 앞에서 아무것도 아니다. 세상의 모든 물건이 가치에 따라서 팔리고, 모든 것은 동등한 가치를 지닌 것과 교환되지만 영생의 약속은 훨씬 적은 것을 주고 사는 것이다. 성경에는 "인생은 기껏해야 70

---

18) 성 아타나시우스가 쓴 《성 대 안토니우스의 전기》에 실린 말씀 중에서 선정한 그리스도 안에서의 삶에 관한 성 대 안토니우스의 가르침이다. (옮긴이 주)

19) '수행'으로 번역한 단어는 성경에서 여러 차례 등장하고 있는데, 그에 대한 우리말 번역은 고통, 힘쓰는 것, 싸움 등이다. (옮긴이 주)

년, 근력이 좋아야 80년, 그나마 거의가 고생과 슬픔에 젖은 것, 날아가듯 덧없이 사라지고 만다"[20]라고 기록되어 있다. 그래서 우리가 평생 80년 혹은 심지어 100년을 수행한다 해도 우리는 꼭 100년만큼만 살게 되는 것이 아니라 영원한 삶을 살게 되는 것이다. 게다가 지상에서 수행한 것에 대해 이 땅에서 하느님의 유산을 받는 것이 아니다. 우리는 천국의 언약을 소유하고 있다. 썩어 버릴 육체를 벗고 나면 우리에게 썩지 않을 육체가 있다는 것을 알게 될 것이다. 그러므로 낙심하지 말고 마치 우리가 오랫동안 수행을 했다거나 혹은 위대한 일을 했다고 생각하지 말라. "장차 우리에게 나타날 영광에 비추어 보면 지금 우리가 겪고 있는 고통은 아무것도 아니"[21]다.

2. 또한 세상을 바라보며 마치 우리가 뭔가 대단한 것을 버린 것처럼 생각하지 말라. 왜냐하면 이 땅 전체는 온전한 하늘 앞에서는 매우 작은 것이기 때문이다. 그러므로 만일 우리가 온 땅의 주인이었다가 그것을 버렸다 해도 이것 역시 하느님 나라와는 비교할 수도 없는 하찮은 것이라 할 수 있다. 그러므로 황금 100드라크마[22]를 얻기 위해서

---

20) 〈시편〉 90편 10절.

21) 〈로마인들에게 보낸 편지〉 8장 18절.

구리 1드라크마를 버린 사람처럼 온 땅의 주인으로 있다가 그것을 버리는 사람도 많은 것을 버리는 것이 아니라 그보다 100배나 더 많이 받게 되는 것이다. 온 땅이 하늘과 비교될 수 없는 것이라면, 네다섯 데샤티나[23]의 땅을 버린 사람은 마치 아무것도 버리지 않은 것과 같다. 만일 그 사람이 그 외에도 집과 많은 황금까지 버렸다 해도 자랑하거나 낙담해서는 안 된다. 다른 식으로 생각해 보자. 만일 우리가 가지고 있는 것을 선행을 위해서 내어놓지 않더라도 나중에 죽을 때는 어떤 식으로든 그것을 놓고 떠나게 될 것이다. 〈전도서〉의 기록[24]처럼 우리는 종종 우리가 원치 않는 이에게 자신의 소유를 남기고 가게 될 수도 있다. 그렇다면 우리가 하느님 나라의 유산을 받기 위해 선행을 베풀지 않을 이유가 무엇이겠는가?

---

22) 고대 그리스의 화폐 단위로, 1드라크마는 대개 숙련 노동자의 하루 일당 정도로 여겨진다. (옮긴이 주)

23) 토지의 단위로 1데샤티나는 1.092헥타르다. (옮긴이 주)

24) 〈전도서〉 4장 8절, "아들도 형제도 아무도 없이 외톨이로 사는 사람이 있다. 끝없이 일만 할 뿐 재산을 모으고 또 모아도 만족할 줄 모르는 사람이 있다. 그런 사람은 '누구 좋은 일 시키려고 아무 즐거움도 모르고 이 고생을 했는가?' 하게 될 테니 이 또한 헛된 일이라, 보기에도 딱한 노릇이다."

3. 이러한 이유로 우리 중 그 누구도 무엇인가를 얻으려는 욕구를 마음속에 품지 말아야 한다. 가지고 갈 수도 없는 것을 얻는다고 우리에게 아무런 이득이 되지 않기 때문이다. 분별, 공의, 순결, 용기, 배려, 사랑, 가난한 이웃 돌보기, 그리스도에 대한 믿음, 화내지 않기, 나그네 사랑하기 등과 같이 우리가 가질 수 있는 것을 더 얻기 위해 왜 노력하지 않는가? 이런 선행을 쌓아 간다면, 그러한 행동들이 우리보다 먼저 가서 온유한 이들의 땅에서 우리를 위한 안식처를 준비하고 있음을 발견하게 될 것이다.

4. 모든 사람이 이런 생각을 가지고 낙심하지 않도록 스스로 다짐하라. 주님의 종임을 고백하며 주님을 위한 일을 해야만 한다고 생각하는 사람들은 더욱 그렇다. 어떻게 종이 "어제 내가 일을 했으니 오늘은 일을 하지 않겠다"라고 감히 말할 수 있겠는가? 지나간 노동 시간을 계산한다고 해도 종은 다음 날 일하는 것을 멈추지 않을 것이다. 복음서에 기록된 대로 그는 자기 주인을 즐겁게 하고 또 가난해지지 않기 위해서 매일 열심히 일하는 것이다. 우리가 하루를 나태하게 지내면 주님께서는 지난날 우리가 수고한 것 때문에 우리를 용서해 주지 않으시고 그날 태만했던 것에 대해 분노하신다는 것을 알고 매일 인내하며 노력하라. 우리는 예언자 에제키엘이 다음과 같이 말씀하신

것을 들었다. "옳게 살던 자라도 그 옳은 길을 버리고 악하게 살다가 죽는다면 그것은 자기가 악하게 산 탓으로 죽는 것이다."[25] 이렇듯 유다는 지난날 그가 애썼던 모든 것을 하룻밤에 망쳐 버리고 말았다.

5. 이처럼 수행의 삶을 시작했으면 낙심하지 말라. 왜냐하면 "하느님을 사랑하는 사람들 곧 하느님의 계획에 따라 부르심을 받은 사람들에게는 모든 일이 서로 작용해서 좋은 결과를 이룬다는 것을 우리는 안다"[26]라는 말씀과 같이 하느님만을 바라보고 따르는 삶을 통해서 우리는 주님의 협력자가 되기 때문이다. 이를 위해, 즉 우리가 소심해지지 않기 위해 우리는 다음과 같은 사도 성 바울로의 말씀, 즉 "나는 날마다 죽음의 위험을 당하고 있다"[27]라는 의미심장한 말씀을 마음속에 지녀야 한다. 왜냐하면 매일 죽는 사람처럼 우리가 살아간다면 우리는 죄를 짓지 않게 될 것이기 때문이다. 이 말씀이 의미하는 것은 매일 일어나면서 우리가 저녁까지 살지 못할 수도 있다고 생각하고 또 잠자리에 들려고 할 때 깨어나지 못할 수도 있다고 생

25) 〈에제키엘〉 18장 26절.

26) 〈로마인들에게 보낸 편지〉 8장 28절.

27) 〈고린토인들에게 보낸 첫째 편지〉 15장 31절.

각하라는 것이다. 본질상 우리는 삶의 경계가 어디까지인지 알 수가 없고 하느님의 섭리가 우리의 삶을 매일 어느 분량만큼 정해 줄지 알 수 없기 때문이다. 그런 마음가짐을 가지고 매일 그렇게 살아간다면 우리는 죄를 짓지도, 무엇에 대한 정욕에 사로잡히지도, 타인에 대한 분노로 불타오르지도 않고 이 땅에 자신의 보물을 쌓아 두려고도 하지 않을 것이다. 오히려 매일 죽음을 예상하고 있는 사람처럼 우리는 욕심을 부리지 않게 되고 모든 이의 허물을 용서하게 될 것이다. 여자에 대한 정욕이나 혹은 다른 어떤 더러운 만족에 한순간도 사로잡히지 않을 것이다. 오히려 심판의 날을 바라보면서 임종 직전에 사투를 벌이는 사람처럼 어떠한 쾌락도 한순간에 지나가 버릴 것으로 여겨 즉시 외면하게 될 것이다. 지옥의 고통에 대한 큰 두려움과 근심이 쾌락의 즐거움을 없애 버리면서 파멸로 기울어 가는 영혼을 회복시켜 줄 것이기 때문이다.

6. 이처럼 구원의 일을 시작하고 또 선행의 길로 이미 들어선 우리는 앞에 있는 것을 얻기 위해 더욱 달려가야 한다.[28] 마치 롯의 아내처럼 뒤를 돌아보지 말고 더욱 앞으

---

28) 〈필립비인들에게 보낸 편지〉 3장 14절.

로 달려 나가자. 왜냐하면 주님께서 다음과 같이 강조하며 말씀하셨기 때문이다. "쟁기를 잡고 뒤를 자꾸 돌아다보는 사람은 하느님 나라에 들어갈 자격이 없다."[29] 뒤를 돌아본다는 것은 다름 아닌 세상을 떠나온 것을 후회한다는 것이며, 다시 세상의 것을 지혜로운 것이라고 여기기 시작한다는 것이다.

7. 선행에 대해 듣고 두려워하지 말고 그 명칭에 놀라지도 말라. 왜냐하면 그러한 일은 우리에게서 멀리 있거나 우리 외부에 있는 것이 아니라 우리 내부에 있기 때문이다. 그리고 우리가 원하기만 한다면 그 일은 우리에게 감당할 만하게 될 것이다. 그리스인들은 학문을 배우기 위해 다른 나라로 가고 바다를 항해하기도 했다. 그러나 우리는 하늘나라를 찾으려고 다른 나라로 갈 필요도 없고 선행을 하기 위해서 바다를 건널 필요도 없다. 왜냐하면 주님께서 "하느님 나라는 바로 너희 가운데 있다"[30]라고 말씀하시면서 우리가 세상을 돌아다니지 않도록 하셨기 때문이다. 그러므로 선행을 하기 위해서는 단지 우리의 결심만이 필요할 뿐이다. 왜냐하면 천국은 우리 마음속에 존재

---

29) 〈루가의 복음서〉 9장 62절.

30) 〈루가의 복음서〉 17장 21절.

하고 있으며 우리 안에서 이루어지기 때문이다. 우리의 지혜로운 영이 정상적인 곳에 있으면 그 즉시 우리 내부에 선행이 존재하기 때문이다. 우리의 영은 창조된 상태, 즉 선과 정의로 창조된 상태로 존재하면 정상적인 곳에 있게 된다. 그러므로 여호수아는 백성들에게 계명을 주면서 다음과 같이 말했다. "그러면 이제 여러분은 여러분 가운데 있는 남의 나라 신들을 버리고 이스라엘의 신 야훼께 마음을 바치시오."[31] 그리고 세례자 요한도 "너희는 주의 길을 닦고 그의 길을 고르게 하라"[32] 하고 말했다. 영의 분별력이 자연스러운 상태에 있으면 영혼은 올바르게 된다. 영혼이 다른 길로 빗나가고 본성이 요구하는 질서를 왜곡할 때, 그것을 영혼 속에 있는 악이라고 부른다. 이처럼 선행은 어려운 일이 아니다. 왜냐하면 우리가 창조된 상태로 있으면 우리는 선행을 하는 상태에 있게 되기 때문이다. 그러나 악한 일을 계획하면 우리는 악인이라고 불리게 되는 것이다. 만일 선행을 하는 것이 외부에서 무엇인가를 빌려 와서 하는 일이라면 물론 그것은 어려운 일일 것이다. 그러나 만일 그것이 우리 내부에 존재하는 것이라면 우리는 그저 악한 생각에서 자신을 지키고 자신의 영혼을

---

31) 〈여호수아〉 24장 23절.

32) 〈마태오의 복음서〉 3장 3절.

주님께 받은 것으로 여기며 주님을 따르기만 하면 된다. 그렇게 하면 주님은 우리의 영혼이 주님께서 창조하신 상태 그대로 있는 것을 보시고, 우리 영혼을 자기 피조물로 인정해 주실 것이다.

8. 분노가 우리를 괴롭히고 음욕이 우리를 지배하지 못하도록 자기 자신과 싸워야 한다. 왜냐하면 "화를 내는 사람은 하느님의 정의를 이룰 수 없다. 그리고 욕심이 잉태하면 죄를 낳고 죄가 자라면 죽음을 가져온다"[33]라고 성경에 기록되어 있기 때문이다. 그리고 "무엇보다도 네 마음을 지키라. 그것이 바로 복된 삶의 샘이다"[34]라고 기록된 말씀처럼 그런 삶을 살면서 굳건하게 깨어 있도록 하라. 왜냐하면 우리는 무섭고 매우 사악한 원수와 악한 귀신들을 상대하고 있기 때문이다.

9. 사도 성 바울로가 "우리가 대항하여 싸워야 할 원수들은 인간이 아니라 권세와 세력의 악신들과 암흑 세계의 지배자들과 하늘의 악령들이다"[35]라고 말했듯이 우리에게

---

33) 〈야고보의 편지〉 1장 20절과 15절.

34) 〈잠언〉 4장 23절.

35) 〈에페소들에게 보낸 편지〉 6장 12절.

는 악한 영들과의 싸움이 존재한다. 공중에 존재하면서 우리를 둘러싸고 있는 이들은 거대한 무리다. 게다가 이들은 우리에게서 멀리 떨어져 있지도 않다. 그들 사이에도 서로 커다란 차이가 있다. 그들의 본질과 차이에 대해 말하자면 매우 길어질 것이므로 이에 관해서는 우리보다 높은 분이 말해 주는 것이 더 적절할 것이다. 이제 우리는 우리를 적대하는 그들의 간계가 무엇인지를 지체하지 않고 알아낼 필요가 있다.

10. 첫째, 우리는 악마들이 악한 상태로 창조된 존재가 아니라는 것을 알고 있다. 하느님께서는 악한 것은 하나도 창조하지 않으셨기 때문이다. 그들도 선한 존재로 창조되었다. 그러나 그들은 하늘의 지혜를 버리고 내려와서 이 땅의 주변을 맴돌면서 환영(幻影)으로 헬라인들을 미혹했고, 우리 그리스도인들을 질투하면서 자신들이 내려온 그곳으로 우리가 들어가지 못하게 하려고, 우리가 하늘에 올라가는 것을 방해하기를 원하면서 모든 일을 하고 있다. 우리는 "어느 것이 성령의 활동인지를 가려내는 힘"[36]을 성령으로부터 받아야만 악령들에 대해서 알 수 있다.

---

36) 〈고린토인들에게 보낸 첫째 편지〉 12장 10절.

우리는 그들 중에 어떤 것이 덜 악하고 어떤 것이 더 악한지, 그들 중에 어떤 악마가 어떤 일에 관심이 있는지, 그리고 그들 중에 어떤 악마의 지위를 박탈해서 쫓아낼 수 있는지를 분별할 수 있도록 기도해야 한다. 왜냐하면 악마들의 간계는 기묘하고 중상하는 술책도 교활하기 때문이다. "그러면 우리는 이제 사탄에게 속아 넘어가는 일이 없을 것이다. 우리는 사탄의 책략을 다 알고 있지 않은가?"[37) 라고 말씀하신 사도 성 바울로와 그를 따르는 사람들은 이것을 잘 알고 있다. 우리가 악마에 의해 어떤 유혹을 받고 있는지 서로 경고해 주어야 한다. 나도 부분적으로 악마들의 간계에 시험을 당했기 때문에 마치 자녀들을 가르치듯이 여러분에게 말하고 있는 것이다.

11. 악마들은 모든 그리스도인, 그중에 특히 꾸준히 수행하고 영적으로 성장하는 수도사를 발견하면, 무엇보다 먼저 계략을 꾸며서 그들을 유혹의 길로 가도록 한다. 이들의 유혹은 악한 계교일 뿐이다. 그러나 우리는 그들이 불어넣는 생각을 두려워해서는 안 된다. 기도와 금식과 주님에 대한 믿음으로 즉시 악마들을 쫓아낼 수 있기 때문이

---

37) 〈고린토인들에게 보낸 둘째 편지〉 2장 11절.

다. 그러나 쫓겨나서 불안해진 악마들은 다시 중상과 간교한 일에 즉시 착수한다. 더러운 열망으로 우리 마음을 유혹하지 못하면 그들은 다른 방식으로 다시 공격한다. 여러 가지 환영(幻影)을 만들어 내어 겁을 주거나, 여인이나 기어다니는 짐승, 거인, 수많은 군대의 모습으로 변형해 나타나는 등 다양한 방식을 사용한다. 그러나 그런 환영을 보고 겁을 먹어서는 안 된다. 왜냐하면 만일 우리가 즉시 믿음과 성호로 자신을 보호하기만 하면 그들은 곧바로 사라져 버리는 아무것도 아닌 존재이기 때문이다. 그럼에도 악마들은 뻔뻔하고 매우 염치가 없다. 만일 이 일에 실패하면 다른 방식으로 다시 공격한다. 그들은 예언자의 모습으로 변장한 채 며칠 후의 일을 예언하기도 하고, 생각으로 미혹시킬 수 없는 사람을 만나면 환영으로라도 붙잡기 위해서 존귀한 자의 모습으로 그의 앞에 나타난다. 우리는 낯선 악마의 말을 듣지 말아야 한다. 기도하는 중에 악마들이 우리를 충동질하고 심지어 금식하는 중에 우리에게 말을 건다고 해도 듣지 말라. 모든 일을 교활하게 처리하는 악마들에게 속아 넘어가지 말라. 그들이 우리를 공격하며 죽이겠다고 위협해도 두려워하지 말라. 그들은 협박하는 것 외에 더 이상 아무것도 할 수 없는 무력한 존재이기 때문이다.

12. 육신의 달콤함에 영혼이 미혹되지 않고 육신을 영혼에 가까이 따르게 하기 위해서 육신보다 영혼에 더 마음을 써야 한다. 육체를 배려하는 데 짧은 시간을 사용하고 다른 모든 시간은 영혼을 배려하는 데 사용해서 반드시 영혼의 유익을 구해야 한다. “그러므로 나는 분명히 말한다. 너희는 무엇을 먹고 마시며 살아갈까, 또 몸에는 무엇을 걸칠까 하고 걱정하지 말라. 목숨이 음식보다 소중하지 않느냐? 또 몸이 옷보다 소중하지 않느냐?”[38] 그리고 “그러니 무엇을 먹을까 무엇을 마실까 하고 염려하며 애쓰지 말라. 그런 것들은 다 이 세상 사람들이 찾는 것이다. 너희의 아버지께서는 이 모든 것이 너희에게 있어야 할 것을 잘 알고 계신다. 너희는 먼저 하느님의 나라를 찾으라. 그러면 이 모든 것도 곁들여 받게 될 것이다”[39]라고 주님께서 우리에게 전하신 말씀의 뜻이 바로 이것이다.

13. 주님을 믿고 그분을 사랑하라. “배부르게 먹는 유혹에 지지 말라”[40]라는 말씀처럼 육체의 만족으로부터 자신을

---

38) 〈마태오의 복음서〉 6장 25절.

39) 〈루가의 복음서〉 12장 29~31절.

40) 〈잠언〉 24장 15절. [이 구절은 러시아 교회 슬라브어 성경의 〈잠언〉 24장 15절 말씀이다. 현재 러시아 정교회에서 사용되는 시노달 성경과

지키고 또 더러운 생각으로부터 자신을 지키라. 허영심을 버리고 쉬지 말고 기도하고 성경 속의 계명을 공부하고 취침 전과 후 〈시편〉을 노래하라. 그리고 성인들이 보여 주었던 하느님에 대한 열정과 사랑으로 여러분의 영혼을 위한 모범이 되는 성인들의 행적을 늘 마음에 기억하라. 특히 "화나는 일이 있더라도 죄를 짓지 말라. 해 질 때까지 화를 풀지 않으면 안 된다"[41]라고 하신 사도 성 바울로의 가르침을 기억하도록 노력하라. 그리고 해 질 때까지 분노뿐만 아니라 다른 죄도 해결해야 한다는 점에서 이 말씀을 모든 계명과 관련된 말씀으로 여기라. 낮에 행한 우리의 잘못을 해가 비난할 일이 없고 밤에 행한 죄악과 악한 생각마저도 달이 비난할 일이 없는 것은 좋은 것이며 마땅한 것이기 때문이다.

14. 이런 일로부터 자신을 지키기 위해서는 "여러분은 자기의 믿음을 제대로 지키고 있는지 스스로 살피고 따져보라"[42]라고 하신 사도 성 바울로의 말씀을 듣고 마음속에

공동번역 성경의 〈잠언〉 24장 15절 말씀은 "착한 사람의 보금자리를 노리지 말고 그가 사는 집을 망쳐 놓지 말라"로 번역되어 있다. 역자는 원문대로 교회 슬라브어 성경으로 번역했다. (옮긴이 주)]

41) 〈에페소인들에게 보낸 편지〉 4장 26절.

새기는 것이 좋다. 그러므로 각 사람이 매일 낮과 밤의 자신의 행적에 대해 점수를 매겨 보라. 그리고 만일 죄를 지었으면 죄짓는 일을 멈추고 죄를 짓지 않았으면 그것을 자랑하지 말라. 그리고 선을 행하고 태만에 몸을 맡기지 말라. 은밀한 것을 주의 깊게 보시는 "주님께서 오실 때까지"[43] 이웃을 판단하지 말고 자신을 의인이라 여기지 말라. 우리가 행하는 일을 우리 자신도 깨닫지 못하는 경우가 종종 있다. 우리가 알지 못한다고 해도 주님은 모든 것을 보고 계신다. 그러므로 주님께 판단을 맡긴다면 우리는 서로를 불쌍히 여기게 되고 또 "서로 남의 짐을 져"[44] 주게 되며, 자기 자신을 엄하게 꾸짖으면서 부족한 부분을 채우려고 노력하게 될 것이다.

15. 죄로부터 자신을 보호하기 위해서 다음과 같이 행하라. 각 사람이 자기 행동과 영적 감동들에 관해서 마치 서로에게 알리려는 의도를 가진 것처럼 의견을 말하고 기록해 보라. 알려지는 것이 부끄러워서라도 죄를 짓는 것과 생각으로라도 무언가 나쁜 것을 품는 것을 중단하게 될 것

---

42) 〈고린토인들에게 보낸 둘째 편지〉 13장 5절.

43) 〈고린토인들에게 보낸 첫째 편지〉 4장 5절.

44) 〈갈라디아인들에게 보낸 편지〉 6장 2절.

이다. 우리가 죄를 지을 때 다른 사람들이 보는 것을 원하는 사람이 누가 있겠는가? 그리고 죄를 짓고 나서 그것을 숨기기 위해서 차라리 거짓말이라도 하지 않으려는 사람이 어디 있겠는가? 우리가 서로를 관찰할 때는 음란하게 행하지 않듯이, 만일 서로에게 알리려는 의도를 가지고 자기 생각을 기록하게 된다면, 알려지는 것이 부끄러워서라도 더러운 생각에서 벗어나도록 자신을 살피는 게 더 쉬울 것이다. 결국, 이런 기록은 우리 동료 수행자들의 시선을 대신하게 될 것이다. 기록하면서 사람들이 우리를 쳐다볼 때 갖게 되는 부끄러움을 느낄 수 있으므로 우리는 생각으로라도 악한 것을 품지 않으려고 할 것이다. 만일 우리가 이런 방식으로 자기를 깨끗이 한다면 자신의 육신을 복종시키고 주님을 기쁘게 해 드리고 원수의 올무를 짓밟아 버릴 수 있는 상태에 이르게 될 것이다.

16. 온전히 하느님만을 따르기로 마음먹고 수행 초기부터 굳게 서서 싸움에서 이길 때까지 절대로 원수에게 자리를 내어 주지 않겠다고 마음을 정한 사람은 하느님께서 주시는 성령의 은혜를 더 빨리 충만하게 받는다고 생각한다. 그러나 수행자들을 부르신 성령은 처음에는 그들이 참회의 수행에 들어가는 것을 위로하시기 위해서 모든 상황을 편하게 해 주시지만, 나중에는 모든 진리 가운데 노력을

다해야 하는 수행의 어려운 길을 그들에게 보여 주신다. 모든 일에서 그들을 도와주시면서 성령께서는 그들이 어떤 참회의 수행을 해야 하는지를 마음에 새겨 주신다. 그리고 자신의 창조주인 하느님께 온전히 향할 때까지 육체와 마찬가지로 영혼에도 이루어야 할 한도와 모습을 결정해 주신다. 그들의 몸과 영혼이 똑같이 거룩해진 후에 영원한 생명의 기업을 받을 만한 자격을 갖출 수 있도록 성령은 수행자들에게 몸과 영혼의 수고를 끊임없이 촉구하신다. 몸의 수고는 지속적인 금식과 노동 그리고 꾸준히 밤샘 기도를 하는 것이며, 영혼의 수고는 몸으로 하는 모든 봉사와 노동에 수반되는 영적인 훈련에 매진하는 것이다. 이 일에 열매 맺기를 원한다면, 몸으로 행하는 모든 일을 수행할 때 어떤 일에도 태만하지 않고 하느님에 대한 두려움을 가지고 성실히 노력해야 한다.

17. 참회자를 수행으로 부르신 성령은 그를 인도하시면서 위로하시고 그가 뒤돌아서지 않고 이 세상의 어느 것에도 집착하지 않도록 가르치신다. 이를 위해 성령은 그에게 영혼의 눈을 열어 주시고 참회의 노동을 통해서 얻어지는 순결함의 아름다움을 볼 수 있게 해 주신다. 이를 통해서 성령은 몸과 영혼이 모두 깨끗해지도록 온전히 성화되고자 하는 열성에 불을 지펴 주신다. 몸과 영혼을 온전히 깨

끗하게 해 원수의 것이 하나도 남아 있지 않도록, 원수의 질투 때문에 뒤죽박죽이 되어 버린 모든 것들을 다 근절한 이후에 수행자의 몸과 영혼을 타락 이전에 존재했던 처음 상태로 이끌어 가는 것이 성령의 이끄심의 목적이기 때문이다. 그때에야 "나는 내 몸을 사정없이 단련하여 언제나 민첩하게 움직일 수 있게 한다"[45]라는 사도 성 바울로의 본을 받아서 성령으로부터 계속해서 가르침을 받으면서 먹을 때나 일할 때나 잠을 잘 때나 다른 무엇을 할 때도 언제나 엄격하게 몸을 지배하는 이성의 명령에 전적으로 순종하는 상태에 이르게 된다.

18. 몸속에는 세 종류의 신체적 움직임이 있다는 것을 알아야 한다. 첫 번째는 타고난 자연스러운 움직임인데, 이것은 영혼의 동의 없이는 아무 일도 행하지 않고(양심을 괴롭히는 죄를 짓거나 하는) 단지 그것이 몸속에 존재한다는 사실을 느낄 수 있게만 하는 움직임이다. 두 번째 움직임은 음식과 음료를 지나치게 많이 섭취해서 발생하는 움직임이다. 이런 움직임이 만들어질 때는 몸속에 있는 피의 열기가 영혼을 거슬러 전쟁을 일으키고 영혼을 더러

45) 〈고린토인들에게 보낸 첫째 편지〉 9장 27절.

운 음욕으로 기울어지게 만든다. 그래서 사도 성 바울로는 "술 취하지 말라. 이는 방탕한 것이니"라고 말했다. 마찬가지로 주님께서도 복음서에서 당신의 제자들에게 다음과 같은 계명을 주셨다. "흥청대며 먹고 마시는 일과 쓸데없는 세상 걱정에 마음을 빼앗기지 않도록 조심하라."[46] 수도사의 직분을 가지고 온전한 거룩함과 순결함을 얻기를 열렬히 바라는 사람들은 사도 성 바울로처럼 "나는 내 몸을 사정없이 단련하여 언제나 민첩하게 움직일 수 있게 한다"[47]라고 말할 수 있도록 항상 자신을 잘 지켜야만 한다. 세 번째 움직임은 악한 영에게서 오는 움직임이다. 질투심을 가진 악한 영은 이러한 움직임을 통해서 순결함을 추구해 수도사가 된 사람들을 시험하고 나약하게 하거나 옆길로 빠지도록 음모를 꾸민다.

19. 그러나 만일 어떤 사람이 하느님께서 주신 계명에 흔들림 없이 충실하고 인내심으로 무장되어 있다면, 성령은 악한 움직임들로부터 몸과 영혼을 어떻게 깨끗이 할 수 있을지를 이성을 통해 그에게 가르치신다. 만일 그가 자신이 들었던 계명과 명령에 대해 스스로 태만한 마음을 허용

---

46) 〈루가의 복음서〉 21장 34절.

47) 〈고린토인들에게 보낸 첫째 편지〉 9장 27절.

해서 나약해진다면, 악령들은 그를 자기의 것으로 만들기 시작하고 몸의 모든 지체에 들어앉는다. 악령들은 지친 영혼이 어디로 가야 할지도 모르고 절망 속에서 어디에서 도움이 오는지 보지도 못할 정도로 그를 더럽히기 시작한다. 그제야 미몽에서 깨어난 이의 영혼은 다시금 하느님 계명의 편에 서게 되고 그 짐을 받아들이고(혹은 의무의 힘을 인식하고) 성령께 자신을 맡긴다. 그러면 그의 영혼은 다시 구원의 열망으로 충만하게 된다. 그때에야 영혼은 오직 하느님 안에서만 안식을 찾아야 하며 영혼의 평안은 그런 방식으로만 가능하다는 것을 깨닫게 된다.

20. 완전한 순결함을 추구하면서 영혼과 몸 모두 똑같이 참회하는 것이 필요하다. 이성이 은혜를 얻어 자기 연민과 관용 없이 정욕과의 싸움에 돌입하면, 성령이 생각을 불어넣어 주시고 지시하시며 힘을 북돋워 주신다. 이성은 성령의 도움으로 마음의 음욕에서 나오는 모든 더러운 공격을 자신의 영혼에서 성공적으로 물리치기 시작한다. 인간의 영과 결합한 성령은 하느님이 지시하신 계명을 엄격하게 실천하는 결단력을 보고, 이성이 영혼으로부터 모든 정욕, 즉 육체에서 영혼으로 섞여 들어간 정욕과 육체와 독립되어 영혼에 내재한 정욕 모두를 몰아내도록 이끈다. 성령은 이성이 머리부터 발끝까지 질서 있게 몸을 유지할

수 있도록 가르치신다. 눈은 순결함을 지니고 사물을 보며, 귀는 세속적인 것을 들으면서도 비방, 험담 그리고 욕설을 즐거워하지 않으며, 혀는 각각의 단어에 무게를 두면서 그 어떤 불결하고 정욕에 찬 대화에도 끼어들지 않으며 오직 복된 것만을 말하고, 손은 기도 속에서 행하는 일, 관대한 베풂과 자비를 행하는 데 사용된다. 또한 배는 정도 이상으로 자신을 즐겁게 하는 탐심과 정욕을 허용하지 않으면서 단지 몸을 유지하기 위해서만 필요할 정도의 음식과 음료를 섭취하며, 발은 착한 행실로 섬기기 위한 곳으로 향하면서 바르게 서고 하느님의 뜻에 따라 걷는다. 이런 방식으로 온몸은 온갖 선에 익숙해지고 성령의 권위에 복종하면서 변화한다. 그래서 육체는 의인들이 부활할 때 받게 되는 영적 몸의 특징을 어느 정도 갖게 된다.

21. 인간의 영혼은 교만, 시기, 질투, 분노, 우울 등 타고난 본질적 성정을 가지고 있다. 영혼이 온 힘을 다해 자신을 하느님께 드리면 모든 것을 후히 주시는 하느님께서는 그 영혼에 진정한 회개의 은총을 주시며 영혼을 모든 정욕으로부터 깨끗하게 하셔서 정욕을 따르지 않고 그것을 극복할 힘을 주신다. 또한 시험을 통해 다시 우리를 자신의 것으로 약탈하려 하며 그 영혼 앞에 장애물을 설치하는 것을 멈추지 않는 원수들에게 승리할 수 있도록 힘을 주신다.

만일 영혼이 회개를 가르치시는 성령을 향해 선한 순종 가운데 굳건히 선다면, 자비로우신 하느님께서는 궁핍함과 불편함으로(오랜 금식과 꾸준한 밤샘 기도로 하느님의 말씀을 배우며, 끊임없는 기도로 세속의 모든 즐거움을 멀리함으로써, 깨끗한 마음으로 모든 이를 섬김으로써, 영혼의 겸손함과 가난함 속에서) 수고하는 그 영혼을 불쌍히 여겨 주신다. 만일 그 영혼이 이 모든 일을 행하며 견고하게 서 있으면, 모든 것을 후히 주시는 하느님께서는 그 영혼을 긍휼한 시선으로 바라보신 후에, 그 영혼을 모든 유혹에서 벗어나게 하시고 자비를 베푸셔서 모든 원수에게서 구해 내신다.

22. 자비로우신 하느님 아버지는 죄와 허물에서 우리를 구원하시기 위해서 자기의 독생자를 "아낌없이"[48] 우리를 위해 내어 주셨다. 하느님의 아들은 우리를 위해서 자신을 낮추셔서 우리의 영적 질병을 치유하셨고 죄에서 우리를 구원하는 길을 마련해 주셨다. 이 위대한 하느님의 계획, 즉 말씀이신 하느님께서 죄를 제외하고 모든 점에서 우리와 비슷한 사람이 되셨다는 것을 잘 깨닫고 항상 마음

48) 〈로마인들에게 보낸 편지〉 8장 32절.

속에 간직하기를 우리 주 예수 그리스도의 이름으로 간청한다. 이성을 부여받은 이들이 이것을 아는 것은 합당한 일이다. 그들은 주님이 우리에게 오신 능력으로 죄에서 자유로워질 수 있도록 열성을 다한다. 마땅히 이런 마음가짐을 갖는 이들은 하느님의 종들이다. 그러나 이러한 호칭도 여전히 완전함 자체는 아니다. 완전함은 우리가 하느님의 아들이 되는 것, 때가 되어 이루어지는 성화로 인도한다. 그래서 우리 주 예수 그리스도께서는 제자들이 이미 하느님의 아들이 되는 것에 가까워져 있고, 또 자신이 누구인지를 알아보고 있음을 보시고는 "이제 나는 너희를 종이라고 부르지 않고 벗이라고 부르겠다. 종은 주인이 하는 일을 모른다. 그러나 나는 너희에게 내 아버지에게서 들은 것을 모두 다 알려주었다"[49]라고 말씀하셨다. 그리고 예수 그리스도 안에서 자신들이 어떤 존재가 되었는지를 알았던 이들은 목소리를 높여서 "여러분이 받은 성령은 여러분을 다시 노예로 만들어서 공포에 몰아넣으시는 분이 아니라 여러분을 하느님의 자녀로 만들어 주시는 분이시다. 그래서 우리는 그 성령에 힘입어 하느님을 '아빠, 아버지!'라고 부른다"[50]라고 말한다. 완전하고

49) 〈요한의 복음서〉 15장 15절.

50) 〈로마인들에게 보낸 편지〉 8장 15절.

도 철저하게 죄를 거부할 각오를 하지 않은 사람에게는 구세주의 재림이 그의 심판이 될 것이라는 사실을 알려 주라. 그래서 성 시메온이 처음부터 "이 아기는 수많은 이스라엘 백성을 넘어뜨리기도 하고 일으키기도 할 분이다. 이 아기는 많은 사람들의 반대를 받는 표적이 되어"[51]라고 말했던 것이다. 또 그 후에 사도 성 바울로는 "멸망당할 사람에게는 역겨운 죽음의 악취가 되고 구원받을 사람에게는 감미로운 생명의 향기가 되는 것이다"[52]라고 선언하기도 했다.

23. 진리의 원수들은 끊임없이 진리를 없애 버리기 위해 노력한다는 사실을 잊지 말라. 하느님은 세상을 창조하신 태초부터 항상 자기 피조물인 인간을 찾아오셨다. 그리고 온 마음으로 자신의 창조주에게 다가가는 사람에게 어떻게 자신을 경외해야 하는지를 가르쳐 주신다. 그러나 우리들과 싸우고 있는 원수의 악의와 또한 육신의 정욕 때문에 영혼의 선한 갈망을 잃어버린 사람들은 최초의 상태로 자신을 높이기 위해 죄에서 어떻게 벗어날지 알지 못하게 되었을 뿐만 아니라, 본성과 사명에 따라서 그들에게 고유

---

51) 〈루가의 복음서〉 2장 34절.

52) 〈고린토인들에게 보낸 둘째 편지〉 2장 16절.

하게 주어진 것이 무엇인지조차 이해하지 못하게 되었다. 심지어 그때에도 하느님은 인간에게 자비를 베푸셔서 기록된 율법을 통해 진실하게 하느님을 경외하는 법을 가르쳐 주셨다. 이 율법이 쓸모가 없어졌을 때 하느님께서는 사람들의 마음의 상처가 커져 단호한 치료가 필요하다는 것을 아시고 유일한 우리의 의사이신 자기의 외아들을 세상에 보내기로 정하셨다.

24. 예수 그리스도를 향한 사랑에 굴복한 나는 이 시대를 바라보면서 기쁨과 한탄 그리고 애통함을 느끼곤 한다. 우리 같은 많은 사람은 경건한 수도사의 옷을 입고 있다. 그러나 이들 중 몇 사람들만이 온 마음으로 이 직분을 수행하고 주 예수께서 오셔서 이루신 구원을 받기에 합당한 자들이 되었다. 나는 이런 사람들을 보며 기뻐한다. 어떤 이들은 서약의 능력을 경멸하고 육체의 뜻과 자신의 마음이 기우는 대로 행함으로써 주님께서 오신 것이 그들에게는 죄를 드러내는 결과를 낳았다. 나는 이런 사람들을 보며 한탄한다. 어떤 이들은 온전히 하느님께 나아가는 수행이 오래 걸린다는 생각에 마침내 낙담하고 말았다. 그래서 경건한 옷을 벗어 버리고 마치 말하는 것을 잊은 사람처럼 되었다. 나는 이런 사람들을 보며 눈물을 흘린다. 우리 주 예수 그리스도께서 오신 것이 그들에게는 정죄가

되었기 때문이다.

25. 나는 온 힘을 다해 여러분을 위해 하느님께 기도한다. 여러분이 의지와 감정을 바르게 다스리고 또 선과 악을 구분할 수 있도록 우리 주 예수 그리스도께서 "나는 이 세상에 불을 지르러 왔다"[53] 하신 그 불을 하느님께서 여러분의 마음속에 집어넣어 주시기를 기도한다.

26. 바람이 잔잔할 때는 모든 항해사가 자신을 높이 평가하고 자랑할 수 있다. 그러나 바람이 갑작스럽게 바뀌면 노련한 항해사의 기술이 드러난다.

27. 주님을 두려워하고 그 계명을 지키는 사람이 하느님의 종이다. 그러나 우리가 처한 이 종의 신분은 단순한 종의 신분이 아니라, 하느님의 자녀가 되도록 우리를 인도하는 의로움이다. 우리 주님은 사도들을 택하시고 그들에게 복음을 전하도록 위임하셨다. 그들이 받은 계명은 우리가 모든 정욕을 통제하고 아름다운 섬김의 선을 행할 수 있도록 우리에게 아름다운 종 됨의 직책을 정해 주었다. 우리

---

53) 〈루가의 복음서〉 12장 49절.

가 은혜에 더 가까이 나아갈 때, 우리 주 예수 그리스도께서는 당신의 사도들에게 하셨던 것처럼 우리에게도 말씀하실 것이다. "이제 나는 너희를 종이라고 부르지 않고 벗이라고 부르겠다. 종은 주인이 하는 일을 모른다. 그러나 나는 너희에게 내 아버지에게서 들은 것을 모두 다 알려주었다."[54] 은혜에 다가간 사람들은 경험적으로 성령의 움직임을 알아차리고 자신이 영적으로 나아갈 길을 이해하게 된다. 이것을 알고 이해한 사람은 다음과 같이 말하며 부르짖을 것이다. "여러분이 받은 성령은 여러분을 다시 노예로 만들어서 공포에 몰아넣으시는 분이 아니라 여러분을 하느님의 자녀로 만들어 주시는 분이시다. 그래서 우리는 그 성령에 힘입어 하느님을 '아빠, 아버지!'라고 부른다."[55]

28. 만유의 하느님께서는 모든 사람을 은혜의 행위로써 인도하신다. 그러므로 여러분이 어떻게 행동해야만 하는지에 대한 지식을 위로부터 여러분에게 내려 달라고 아버지 하느님의 은혜를 간구하며 밤낮으로 부르짖는 기도를 게을리하지 말고 낙심하지도 말라. 여러분이 깨끗한 희생

---

54) 〈요한의 복음서〉 15장 15절.

55) 〈로마인들에게 보낸 편지〉 8장 15절.

제물로 드려져서 하느님을 뵙기를 갈망한다면 "눈 붙이고 잠들지 못하겠습니다. 눈시울에 선잠조차 붙일 수가 없습니다"[56]라고 말해야 한다. 왜냐하면 사도 성 바울로의 말씀처럼, "거룩해지지 않으면 아무도 주님을 뵙지 못할 것"[57]이기 때문이다.

29. 모든 성인이 우리의 게으른 모습과 태만한 모습을 본다면 슬퍼하고 눈물을 흘리며 탄식할 것이다. 하지만 우리가 흠 없이 온전하게 성장하는 것을 본다면 기쁨과 즐거움 속에서 우리를 위해 끝없는 기도를 하느님께 드릴 것이다. 그러면 주님께서는 성인들의 기도와 행동에 대해서 기뻐하셨던 것과 똑같이 우리의 선행을 기뻐하실 것이고 우리에게 온갖 은총의 선물을 아낌없이 주실 것이다.

30. 본질적으로 물질이고 이 지상의 것인 육체에 대해서, 그리고 그 육체의 모든 움직임과 행위에 대해서 경계심을 갖지 않는 사람, 그리고 자신의 마음으로 만유의 아버지를 높이 찬양하지 않는 사람은 구원을 얻지 못할 것이다. 우리 주님께서는 이를 행하는 사람의 노고에 감격하시면서

---

56) 〈시편〉 132편 4절.

57) 〈히브리인들에게 보낸 편지〉 12장 14절.

그의 내부에 있는 모든 정욕을 불태워 버리고 그의 마음을 온전하고 깨끗하게 만들 수 있는 보이지 않는 불을 그에게 선물로 주실 것이다. 그때 우리 주 예수 그리스도의 영이 그 속에 거하시고 그에게 마땅히 아버지를 경배하는 법을 가르치면서 함께하실 것이다. 그러나 우리가 물질적 육체를 즐거워하는 한 우리는 하느님과 그의 천사들과 모든 성인의 대적이 된다. 우리 주 예수 그리스도의 이름으로 여러분에게 간청한다. 여러분의 삶과 여러분의 구원을 업신여기지 말고 찰나의 시간이 여러분의 영원을 훔쳐 가는 것을 허용하지 말고 육체가 여러분에게서 말로 표현할 수 없는 무한한 빛의 나라를 빼앗아 가는 것을 허용하지 말라. 성인들이 행한 일을 선택해 실천하기 위해 우리가 자유를 부여받았음에도 마치 포도주에 취하듯 정욕에 취해서 자신의 영혼을 고결하게 하지도 하늘의 영광을 추구하려고도 하지 않고, 또 성인들의 후계자가 되어서 그들과 함께 영원한 하느님의 나라에 들어가기 위해 성인들의 행적을 본받고 그들의 발자취를 따르려 하지도 않는 것 때문에, 내 영혼은 진실로 당혹스럽고 내 영은 혼미해지고 있다.

31. 여러분은 여러분 안에 있는 은혜를 받고 나서 큰 복에 합당한 자들이 되었다. 그러나 "하늘 높은 곳에 구원의 태양을 뜨게 하신"[58] 것처럼 수행을 게을리하지 말고 주님

을 위한 거룩하고 흠 없는 희생 제물이 되라. 우리는 우리의 본성이 높은 곳에서부터 비천하고 가련한 심연 속으로 타락했다는 것을, 자비로우신 하느님께서 모세와 그 밖의 예언자들의 손을 통해서 율법으로 우리 본성에 찾아오셨다는 것을, 그리고 마지막에 이 일을 자기 외아들을 통해 하셨다는 것을 알고 있다. 그 외아들은 대제사장 중에 가장 높으시며 우리의 병을 치료해 주실 힘이 있는 진정으로 유일한 우리의 의사이시며 우리의 육신을 입고 오셔서 우리 죄로 인해 그 자신을 내어 주신 분이다. 주님의 죽음으로 우리는 구원받았다. 분별력을 가지고 있던 우리가 원수, 즉 악한 거짓의 아비의 뜻에 이끌려 분별을 잃은 후에 우리 창조주가 어떤 일을 행하셨는지를, 그리고 그분이 겉사람과 속사람이 온전한 인간의 모습으로 우리를 찾아오셨다는 사실을 깊이 탐구하고 부지런히 연구하라.

32. 얼마나 많은 악령이 존재하며 그들이 얼마나 무수한 함정을 만들어 내는지! 일단 우리는 정욕과 수치가 무엇인지 알게 되면 그들이 우리를 이끌고 가는 악한 행위를 하지 않으려고 노력하게 된다. 그러나 악령들은 우리가 그들의

---

58) 〈루가의 복음서〉 1장 78절.

악한 충고에 귀를 기울이지 않는다는 것을 알게 된 후에도 물러서지 않는다. 오히려 자신들의 운명이 이미 확실히 결정되었음을 알기 때문에, 그리고 하느님에 대한 증오심과 극도의 악행으로 지옥에 떨어질 것을 알기 때문에 악령들은 필사적인 노력으로 우리를 공격한다. 주님께서 여러분의 마음의 눈을 열어 주셔서 악령들이 만든 함정이 얼마나 많은지, 그들이 매일매일 우리에게 얼마나 많은 악행을 하도록 부추기는지 볼 수 있기를 바란다. 또한 깨어 있는 마음과 분별의 능력을 주셔서 여러분이 다음과 같은 악을 조심해 가면서 자기를 하느님께 흠 없는 산 제물로 드릴 수 있게 되기를 바란다. 악령이 일으키는 질투, 사악한 충고, 그들이 감추어 놓은 함정들과 숨겨진 악의, 기만적인 거짓과 망령된 생각, 우리 마음속에 매일 불어넣는 미묘한 생각들, 자신만을 정당화하고 다른 사람을 판단하면서 서로를 중상모략하도록 우리를 부추겨 일으키는 분노와 비방. 그들은 우리가 서로에게 악한 말을 하게 하거나, 간혹 달콤한 말을 하면서 우리 마음속에 있는 쓰라림을 숨기도록 하고, 자기 마음속에 약탈하는 마음을 품고서 이웃의 겉모습을 판단하게 한다. 또한 악령들은 자신을 가장 정직한 사람으로 보여 주려는 욕망을 갖고 서로를 적대하며 논쟁을 벌이도록 한다. 죄 된 생각을 즐거워하는 사람은 누구나 그의 마음속에 악령이 집어넣은 생각에 기쁨을 느끼며, 자기 내면이 모든 악을 가르치는 악령의 거주지가 되었음에도 눈에 보이게 행하는 일로만 자신을 정당화하려고 생각하면서 제멋대로 타락한다. 그런 사람의 육체는 부끄러운 치욕으로 가득 차 있다. 왜냐하면 그 사람은 자신이 쫓아내려고 하지 않는 악마의 정욕에 점령당하고 있기 때문이다. 악령들은 보이는 육체가 아니다. 그러나 우리의 영혼이 그들의 어두운 생각을 받아들일 때 우리 몸은 그들이 머무는 처소가 되곤 한다. 왜냐하면 우리가 악한 생각을 받아들일 때 우리는 악령 자체를 받아들이게 되어 우리 몸에서 악령의 모습을 드러내 보이기 때문이다.

33. 불멸의 지혜로운 본성이 우리들의 썩어 버릴 몸 안에 감추어져 있다. 이는 본성의 행위가 몸속에서 그리고 몸을 통해서 드러나도록 하기 위한 것이다. 그러므로 몸을 제단으로 삼은 후에 여러분의 악한 모든 생각을 그곳으로 가져오라. 주님 앞에서 그것을 올려놓고 온 마음과 뜻을 다해서 그분께 간구하라. 그분께서 그 제단 위에 놓인 모든 것을 불태워 버리고 깨끗하게 할 불을 내려 주실 것이다. 그러면 여러분의 적들인 바알의 제사장들이 두려워하게 될 것이고 마치 예언자 엘리야의 손에 의해서 그랬던 것처럼[59] 여러분의 손에 의해서 멸망할 것이다. 그때 여러분은 신성한 물로 정화되어 나오는 자기 자신을 보게 될

것이고, 주님께서는 여러분에게 영적인 비, 즉 위로자 성령의 은총을 충만하게 내려 주실 것이다.

34. 교만함 때문에 천상의 지위에서 떨어져 나간 마귀는 그 자신이 떨어져 나갔던 방식, 즉 교만과 헛된 영광에 대한 사랑이라는 방식을 사용해 주님께 전심으로 나아가기를 원하는 모든 사람을 타락에 빠지게 하려고 노력하고 있다. 이 방식을 사용해 귀신들은 우리와 싸우고 있으며 이와 유사한 다른 방식으로 우리를 하느님에게서 멀어지게 만들려고 한다. 또한 자기 형제를 사랑하는 사람이 하느님을 사랑한다는 것도 잘 알고 있는 귀신들은 사람들이 자기 형제를 바라보지 못하고 그에게 말을 걸지도 못하도록 서로를 향한 증오심을 마음속에 불어넣고 있다. 진실로 위대한 많은 이들이 선행을 위해 노력했지만 이에 대한 분별력이 없어서 자신들을 망쳐 버렸다. 여러분들 사이에서도 이런 일이 일어나는 것은 놀랄 일이 아니다. 예를 들면, 선을 행하는 것에 마음이 냉담해져 버린 후에도 스스로 덕을 가지고 있다고 생각하는 것이다. 실제로는 어둠에 거하고 있으면서도 자신이 하느님께 가까이 있고 또 빛에 거

59) 〈열왕기상〉 18장 25절 이하.

한다고 생각한다면, 여러분은 마귀가 주는 병인 자만에 빠진 것이다. 우리에게 겸손의 마음을 갖도록 가르쳐 주시려는 이유가 아니었다면 우리 주 예수 그리스도께서 왜 겉옷을 벗고 수건을 들어 허리에 두르신 후 대야에 물을 떠서 자신보다 낮은 자들의 발을 씻기셨겠는가?[60] 그렇다. 주님께서는 이 행동을 통해 우리에게 교훈을 주신 것이다. 그러므로 1등이 되려는 모든 사람은 겸손 이외의 다른 방식으로는 1등에 도달할 수 없다. 태초에 하늘로부터 쫓겨나게 한 것은 교만한 행동이었다. 그러므로 어떤 사람 속에 온 마음과 온몸을 다한 지극한 겸손이 없으면 그는 하느님 나라를 상속받지 못할 것이다.

35. 창조주께 다가가고 싶은 진실한 열망이 있다면 우리는 영적 법칙에 따라 정욕에서 우리 영혼을 해방하기 위해 적극적으로 대응해야 한다. 왜냐하면 우리의 사악한 행위, 정욕이 주는 쾌락, 그리고 악마의 커다란 유혹 때문에 우리의 지성의 힘은 약해졌고, 영혼의 선한 활동이 멈추어 버렸기 때문이다. 우리가 빠져 있는 정욕 때문에 우리는 우리의 영적 본성의 아름다움을 인식할 수도 없다. 그러

60) 〈요한의 복음서〉 13장 4절 이하.

므로 "아담으로 말미암아 모든 사람이 죽는 것과 마찬가지로 그리스도로 말미암아 모든 사람이 살게 될 것이다"[61]라는 사도 성 바울로의 말씀처럼 우리에게는 우리 주 예수 그리스도에게서 오는 구원 이외에 다른 구원은 없다. 우리 주 예수 그리스도는 그분의 형상과 같은 모습으로 창조된 모든 분별 있는 피조물들의 생명이다.

36. 우리는 성도라고 불리며 믿지 않은 사람들 앞에서 우리가 자랑하는 성도의 옷을 입고 있지만 성도들의 행위를 본받으려고 노력하지는 않는다. "겉으로는 종교 생활을 하는 듯이 보이겠지만 종교의 힘을 부인할 것이다"[62]라는 사도 성 바울로의 말씀이 우리에게 나타날까 두렵다. 여러분이 받아들인 것이 어떤 삶인지 스스로 잘 이해할 수 있게 되도록 주님께서 도와주시기를 바란다. 그 삶의 정신 속에서 행동하며 여러분이 보이지 않는 유산을 상속받기에 합당한 사람이 되기를 바란다. 우리에게 힘이 있는 만큼 주님의 뜻에 합당하게 자기 일을 행하는 것, 그것이 우리가 마땅히 해야 할 바다! 이것이 우리의 본성에 부합하는 것이며 우리의 선행에 이것 이외에 요구되는 것은 더 이상 아무

---

61) 〈고린토인들에게 보낸 첫째 편지〉 15장 22절.

62) 〈디모테오에게 보낸 둘째 편지〉 3장 5절.

것도 없다. 온 마음을 다해 하느님을 섬기고 그를 찾는 사람은 자신의 본성에 부합하게 행동하고 있는 것이다. 그러나 어떤 것이든 죄를 범하는 것은 그의 본성에 낯선 것이기 때문에 그 사람은 책망과 형벌을 받아 마땅하다.

37. 죽음의 수면 상태에 있던 나의 이성을 주님께서 당신의 은혜로 깨워 주신 이후에 측량할 수 없는 눈물과 위로받을 길 없는 탄식이 나에게 일어났다. 나는 주께서 우리를 위해 하신 모든 일에 감사하며 우리는 과연 무엇을 주님께 드릴 수 있는지 생각해 본다. 주님께서는 당신의 천사들이 우리를 보호하고 예언자들이 예언하고 사도들이 복음을 전함으로써 우리를 섬기도록 하셨다. 그러나 이 모든 것들보다 더 큰 것은 우리의 구원을 위해 자기 외아들을 보내신 것이다. 여러분의 마음에 하느님에 대한 두려움을 불러일으키라. 세례자 성 요한은 우리 주 예수 그리스도의 세례를 준비하기 위해서 물로 회개의 세례를 주었다. 예수 그리스도는 성령과 불로 세례를 주시는 분인데 이 불은 선행을 위한 열성이다. 우리 주 예수 그리스도의 세례를 받고 나서 자기 몸과 마음을 기꺼이 정결하게 하고자 열성을 나타내고 주님을 기쁘게 해 드리는 희생 제물로 자신을 드리기 위해서 선한 일에 열심을 내라. 세례 때 임하시는 성령은 우리를 다시 처음 상태로 인도하셔서

영원히 존재하는 하느님 나라에 들어가기에 합당한 자로 만드시기 위해서 거룩하게 행할 힘을 우리에게 주신다. 사도 성 바울로께서 말씀하신 것처럼 "세례를 받아서 그리스도 안으로 들어간 여러분은 모두 그리스도를 옷 입듯이 입었다"[63]라는 사실을 성령의 은혜를 통해 알게 되기를 바란다. 종이든 자유인이든 남자든 여자든 이러한 은혜를 받으면 그 즉시 이러한 육체적 차이는 아무런 힘을 갖지 못하게 된다.[64] 그리고 영원한 하느님 나라의 보증이 되시는 성령께서 그들이 어떻게 온 마음과 정성으로 하느님께 경배드려야 하는지 가르쳐 주실 것이다.

38. 나는 내가 받은 강한 성령의 불을 여러분도 받게 되기를 기도하고 있다. 여러분이 성령을 받기를 원한다면 육체노동을 하고 겸손한 마음을 가지고 하늘을 향해 밤낮으로 기도하고 기뻐하면서 겸손하게 성령의 불을 내려 주시기를 간청하라. 그러면 성령의 은혜가 여러분에게 내릴 것이다.
티스베 사람 엘리야 그리고 엘리사, 그 밖의 예언자들이 이런 방식으로 성령을 받았다. 제시된 수행을 행하며 자

---

63) 〈갈라디아인들에게 보낸 편지〉 3장 27절.

64) 〈갈라디아인들에게 보낸 편지〉 3장 28절.

기 마음의 밭을 간 사람에게 성령은 언제나 영원히 주어진다. 온 마음을 다해서 애통해하며 끊임없이 간구와 기도를 하면 성령의 은혜가 여러분에게 주어진다. 성령은 의로운 마음속에 거하시기 때문이다. 성령을 모시게 되면 그분이 최고의 비밀을 여러분에게 계시하시고 사람과 짐승에 대한 두려움을 쫓아내 주신다. 그러면 여러분에게는 밤낮으로 하늘의 기쁨이 임할 것이고 이미 하늘나라에 있는 사람들과 같은 상태로 이 몸 안에 거하게 될 것이다.

39. 하느님의 사랑을 얻고 싶다면 하느님을 두려워하는 마음을 가져야만 한다. 이 두려움이 애통함을 낳고 이 애통함은 용기를 낳는다. 이 모든 것들이 영혼 안에서 성숙하면 영혼은 모든 일에 열매를 맺기 시작한다. 그러면 영혼 속에 있는 훌륭한 열매들을 보시고 하느님은 그 영혼을 선택된 자가 드리는 분향으로 여겨[65] 자신에게로 이끄신다. 그 영혼을 기쁨으로 충만하게 하시면서 언제나 천사들과 그 영혼에 대해 이야기하는 것을 기뻐하시며 모든 길에서 그를 보호하시고 주의 안식처에 안전히 이르게 하신

---

65) 〈유딧〉 16장 16절, "감미로운 향기를 풍기는 제사도 대단한 것이 아닙니다. 더구나 주님께 드리는 기름진 제물도 아무 가치가 없사옵니다. 다만 주님을 경외하는 사람이 언제나 위대합니다."

다. 그때 마귀는 '지고(至高)의 감시자'[66]를 보고 그 영혼을 공격하지 못할 뿐만 아니라, 하느님의 크신 권세로 인해 그 영혼에 다가가는 것도 두려워하게 된다. 이러한 권세를 얻으라. 그러면 마귀가 여러분을 두려워하게 되고 여러분이 지고 가는 수고의 짐이 가벼워지며 하느님의 일이 더욱 달콤해질 것이다. 하느님께서 주시는 사랑은 벌집의 꿀보다 훨씬 더 달콤하다. 공동생활을 하는 많은 수도사와 수녀들이 하느님 사랑의 이러한 달콤함을 조금도 맛보지 않고 하느님의 능력을 받지도 못하고서 자신들이 그것을 이미 받았다고 생각한다. 그들이 하느님의 능력을 얻기 위해 그 어떤 노력도 기울이지 않기 때문에 하느님께서 그들에게는 주지 않으신다. 하느님의 능력을 얻으려고 노력하는 자는 하느님의 은혜에 따라 그것을 얻을 것이다. 하느님은 겉모습만 보지 않으시기 때문이다. 하느님의 빛과 그분의 능력을 소유하기를 갈망하면서 세상의 비방을 뒤로하고 세상의 명예를 얻고자 하는 마음을 모두 버리고 마음속의 악한 생각을 모두 쫓아내고 끊임없이 기도하면서 밤낮으로 눈물을 흘리며 금식 기도를 드리면, 하느

---

66) 〈욥기〉 7장 20절, "사람을 감시하시는 이여, 내가 죄를 지었다고 해서 당신께 무슨 큰 손해라도 된단 말씀입니까? 어찌하여 나를 당신의 과녁으로 삼으십니까? 어찌하여 내가 당신께 짐이 된단 말씀입니까?"

님께서는 그 사람에게 능력을 넘치도록 부어 주신다. 이러한 능력을 얻기 위해 노력하라. 그러면 여러분은 모든 일을 차분하고 쉽게 행하게 될 것이며 하느님께 나아가는 큰 담대함을 얻을 것이다. 그러면 하느님께서는 여러분의 모든 간구를 들어주실 것이다.

40. 하느님께서는 당신을 사랑하고 찾는 이의 마음속에 있는 모든 말을 경청하시고 모든 간구를 들어주신다. 하느님께서는 전심으로 그분께 나아가지 않고 두 마음을 품은 채 무엇을 하든지 사람들의 칭찬과 영광을 얻기 위해 드러내려 하는 사람들의 간구는 경청하지 않으신다. 그들의 일은 남에게 보이려고 하는 것이기 때문이다. 그런 사람들에게는 "하느님께서 에워싼 자들의 뼈를 흩으시고"[67] 라고 하신 〈시편〉의 말씀이 이루어진다. 이런 까닭에 그들 속에는 하느님의 능력이 역사하지 않는다. 착수하는 모든 일에서 그들의 믿음이 견고하지 않기 때문이다. 그러므로 하느님께서 주시는 이 달콤함이 얼마나 평온하고 즐거운 것인지 그들은 모른다. 우리와 같은 부류 중 많은 이들은 영혼에 달콤함을 주고 날마다 더 큰 기쁨과 즐거움

67) 〈시편〉 53편 5절.

을 그 영혼에 채워 주며 영혼 속에 신적인 따뜻함을 일으켜 주는 능력을 받지 못했다. 악령은 이들이 자기 일을 남에게 드러내도록 유혹한다. 여러분은 수고의 열매를 하느님 앞에 가져가고 허세의 영을 멀리하라. 여러분이 하느님께 드리는 열매를 주님께서 받으시고 그분이 선택한 자들에게 주시는 능력을 여러분에게 내려 주시도록 허세의 영과 끊임없이 싸우라. 악령에게 대적하기를 멈추지 말라. 왜냐하면 어떤 사람이 선한 일과 아름다운 일에 전념하기로 마음먹고 그 일에 착수하면 악령은 그에게 달려들어 새로 시작한 일을 단념하도록 만들기 때문이다. 악령은 누구든 의롭게 행동하는 것을 참지 못하고 주님께 신실하기를 열망하는 모든 이들을 대적한다. 사람이 선한 일을 행하거나 자선을 베푸는 것을 보면 어떤 이에게는 그 행위에 허영심을 섞어 넣는 법을 가르침으로써 절대로 선한 일을 행하지 못하게 하고 또 다른 이에게는 그의 일에 관여해 열매를 망쳐 버린다. 이들이 전혀 열매를 맺지 못하는 상황임에도 불구하고, 오히려 다른 사람들이 이들을 보면서 열매를 많이 맺고 있다고 착각하게 만든다. 그들은 멀리서 보았을 때는 달콤한 열매가 많이 달려 있으리라 생각했지만 가까이 다가가면 아무 열매도 찾아볼 수 없는 무화과나무에 비유할 수 있다. 하느님께서는 앞서 언급한 하느님이 주시는 비교할 수 없는 달콤함을 그들에게서 빼앗아 가실 뿐만 아니라 그 어떤 선한 열매도 그들에게서 찾을 수 없으므로 그들을 말라 버리게 하신다.

그러나 수행의 길에 들어선 여러분은 이러한 허세의 영과 싸워야 한다. 이 영과 싸워서 그것을 극복하라. 그러면 하느님의 능력이 임해 여러분을 도와주시고 여러분과 함께 할 것이며 그 무엇보다도 귀한 열성과 따뜻함을 여러분에게 주실 것이다. 만일 여러분 중에 누군가 자신이 이런 따뜻함을 은사로 받지 못했다는 것을 알게 되면 열렬히 간구하라. 그러면 그 따뜻함이 찾는 이에게 올 것이다. 그것은 마치 기름을 끓이려고 할 때 활활 타오를 때까지는 사람들이 바람을 불어 넣어야 하지만 불이 자기 힘으로 활활 타오르는 상태가 되면 위로 솟구치며 연료를 태우면서 기름을 끓여 내는 것과 유사하다. 마찬가지로 여러분의 영혼이 미지근함과 나태로 인해 차가워진 것을 본다면 그 영혼을 위해 눈물을 쏟으면서 영혼에 불을 지피는 일을 서두르라. 의심의 여지 없이 그 불이 여러분의 영혼과 결합해 그 불을 얻은 여러분의 영혼은 선한 행실을 하며 타오르게 될 것이다. 다윗은 자신의 영혼이 무거워지고 냉담해진 것을 알아차렸을 때 다음과 같이 말했다. "지난날이 눈앞에 선합니다. 당신의 은덕을 곰곰이 생각합니다. 손수 해 주신 일을 잊을 수가 없습니다. 내 영혼, 마른 땅처럼 당신 그려 목말라 두 손 들어 당신께 비옵니다."[68] 마음이 무거워졌을 때 다윗이 "마음을 정했습니다, 하느님. 마음을 정했습니다"[69]라고 울부짖으며 마음의 불이 다시 불타오를 때까지 온 힘을 다해 이 일에 전념했던 것을 알고 있지 않은가. 밤낮을 가리지 않는 하느님의 보호하심과 돌봄을 통해 다윗은 자신의 지위를 다시 회복했다. 여러분들도 그렇게 행동하라. 그러면 여러분은 하느님의 빛과 불의 도움으로 항상 한마음으로 준비된 상태에 있게 될 것이다.

41. 기도하라, 그러면 하느님께서는 무엇이 선이고 무엇이 악인지를 여러분이 잘 구별할 수 있도록 만물을 이해하고 분별할 수 있는 은혜를 여러분에게 선물로 주실 것이다. 사도 성 바울로는 "성숙해지면 단단한 음식을 먹게 된다"[70]라고 말씀하셨다. 그들은 오랫동안 정성 어린 수행을 통해서 선과 악에 관한 자신의 감정과 의도를 훈련해 왔으며 하느님 나라의 자녀가 되었고 하느님의 양자로 입적되었다. 그리고 하느님께서는 다른 사람들이나 마귀가 사람들을 유혹하지 못하도록 모든 일에서 그들에게 지혜와 분별력을 주셨다. 원수가 겉으로는 선한 모습을 하고

---

68) 〈시편〉 143편 5~6절.

69) 〈시편〉 108편 1절 이하.

70) 〈히브리인들에게 보낸 편지〉 5장 14절.

유혹하기 때문에 지혜와 분별력이 없는 많은 이들을 유혹하는 데 성공하고 있다는 사실을 여러분은 반드시 알아야만 한다. 그래서 축복받은 성 바울로는 신실한 자에게 주신 부요한 이 통찰력을 깨닫게 되었을 때 에페소인들에게 보내는 편지에 다음과 같이 썼다. "나는 우리 주 예수 그리스도의 하느님, 영광스러운 아버지께서 여러분에게 영적인 지혜와 통찰력을 내려 주셔서 하느님을 참으로 알게 하시고, 또 여러분의 마음의 눈을 밝혀 주셔서 하느님의 백성이 된 여러분이 무엇을 바랄 것인지 또 성도들과 함께 여러분이 물려받을 축복이 얼마나 놀랍고 큰 것인지를 알게 하여 주시기 바란다."[71] 사도 성 바울로는 에페소 성도를 향한 측량할 수 없는 사랑을 가지고 이 편지를 썼다. 사도 성 바울로는 그들이 이러한 통찰력을 얻으면 그 어떤 일에도 힘들어하지 않고 그 어떤 공포도 두려워하지 않으며 주님이 주시는 기쁨으로 밤낮 위로받으며 언제나 그들의 수고가 달콤할 것임을 잘 알고 있었다. 수도 공동체에 살고 있는 수도사와 수녀 중 많은 이들이 이 정도에는 미치지 못하고 있다. 만일 여러분이 온전함의 정점에 이르기를 원한다면 수도사나 수녀라는 직분은 있지만 밝은 눈

---

71) 〈에페소인들에게 보낸 편지〉 1장 17~18절.

과 판단력을 가지고 있지 않은 모든 사람을 멀리하라. 그런 사람들의 공동체에 들어가면 그들은 여러분들의 진보를 방해하고 여러분의 열정을 소진하게 할 것이기 때문이다. 그들은 자신들의 욕구대로 행동하기 때문에 그들에게는 어떤 열정도 없고 그저 차가움만 남아 있다. 그러므로 만일 그들이 여러분에게 와서 자신들의 욕구에 따라 세상 이야기 속으로 여러분을 이끌어 가려고 하면 절대로 이에 동의하지 말라. 사도 성 바울로의 말씀에 "성령의 불을 끄지 말고 성령의 감동을 받아 전하는 말을 멸시하지 말라"[72]라고 기록되었기 때문이다. 헛된 대화로 성령을 소멸해서는 안 된다는 것을 잘 알기 바란다.

42. 남자든 여자든 분별력이 있는 모든 사람에게는 하느님의 것도 사람의 것도 다 포용할 수 있는 '사랑'이라는 기관이 있다. 하느님의(영적인) 사람들은 하느님의 것을 좋아하고, 육신적인 사람들은 육신적인 것을 좋아한다. 하느님의 것을 좋아하는 사람들은 모든 더러운 것과 덧없는 이 세상의 일로부터 자신의 마음을 깨끗하게 하며 이 세상을 미워한다. 그 영혼은 십자가를 지고 주님을 따르며 모

72) 〈데살로니카인들에게 보낸 첫째 편지〉 5장 19~20절.

든 일에서 그분의 뜻에 따라 행동한다. 그 때문에 하느님은 그들 가운데 거하시고 달콤함과 기쁨을 그들에게 선물로 주셔서 그것이 영혼을 먹이고 소성하게 하신다. 나무가 자연의 물을 많이 먹지 않으면 자랄 수 없는 것처럼 영혼도 그렇게 하늘의 달콤함을 받지 못하면 자랄 수 없다. 성령을 받고 하늘의 달콤함을 잔뜩 마신 영혼만이 잘 자라난다.

43. 자신이 죄인이라고 말하라. 그리고 자신이 태만한 상태에서 행한 모든 것에 대해 애통해하라. 이렇게 하면 주님의 은총이 여러분과 함께할 것이며 여러분 속에서 역사할 것이다. 하느님은 선하시기 때문에 누구든지 그에게 돌아오는 이들의 죄를 용서하시며 그 죄를 더 이상 기억하지 않으시기 때문이다. 그러나 하느님께서는 당신의 자비를 입은 이들이 지금까지 자신이 행한 죄를 용서받았음을 스스로 기억하기를 원하신다. 하느님께서는 사람이 용서받은 것을 잊어버리고 이미 용서받았던 죄에 대해서 하느님께 다시 고해야만 하는 경우가 생기지 않기를 바라신다. 그것은 주인에게 진 모든 빚을 탕감받았던 종에게 일어났던 일과 같다. 그 종은 주인에게 자비를 얻은 사실을 잊어버리고 자기 동료에게 악하게 행동했기 때문에 주인은 그 종에게 이미 탕감해 주었던 이전의 모든 빚을 다시

내어놓으라고 요구했다. 그 종이 자기 동료를 불쌍히 여기지 않고 그에게 100데나리온을 탕감해 주지 않았기 때문이다.[73)]

다윗을 보라. 그가 우리야의 아내와 죄를 범한 후에 예언자 나탄은 이 일과 다윗이 그녀의 남편에게 행한 일을 다윗 앞에서 폭로했다. 그 폭로의 말을 다 듣고 나서 다윗은 그 즉시 회개하고 겸손해졌다. 예언자 나탄이 다윗에게 하느님이 이미 그의 죄를 용서했다고 말한 것[74)]은 바로 그 때문이다. 그러나 다윗은 죄를 탕감받고 나서도 그 죄를 잊지 않았고 그 기억을 후손들에게 전했다. 이것은 한 민족에게서 다른 민족으로, 그렇게 모든 민족의 기억 속으로 전해졌다. 모든 민족이 자신을 본받아서 죄를 지은 후에는 회개하고 또 용서함을 받은 후에는 그 죄에 대해서 잊지 않고 영원히 기억하는 것을 배울 수 있도록 다윗은 "죄인들에게 당신의 길을 가르치리니"[75)]라고 말했다. 이와 유사하게 하느님께서 예언자 이사야를 통해서 "너의 죄를 나의 기억에서 말끔히 씻어 버리리라"[76)]라고 말씀하

---

73) 〈마태오의 복음서〉 18장 23절 이하.

74) 〈사무엘하〉 12장 13절.

75) 〈시편〉 51편 13절.

76) 〈이사야〉 43장 25~26절. [한글 공동번역 성경은 이 부분을 "너의

셨다. 또 하느님께서는 이와 유사한 말씀을 예언자 예레미야를 통해서 하셨다. "나를 배반하였던 이스라엘아, 돌아오라. 똑똑히 들으라. 나는 마음이 모질지 못하여 너희에게 무서운 얼굴을 못하겠구나. 똑똑히 들으라. 아무리 화가 나도 그 마음을 언제까지나 지니지는 못하겠구나. 이 야훼가 너희 하느님이 아니냐? 그런데 너희는 거역하기만 하고 못할 짓만 하였다. 나의 말을 듣지 아니하고 남의 나라 신들을 찾아 무성한 나무 밑을 이리저리 쏘다니며 그 얼마나 못할 짓을 하였더냐? 똑똑히 들으라."[77] 이렇게 주님께서 우리의 죄를 용서해 주실 때 우리가 지은 죄를 결코 잊어서는 안 된다. 죄에 대한 회개를 새롭게 함으로써 그 잘못을 항상 기억해야만 한다.

44. 영적 수행을 하는 것은 영광스러운 일이다. 그러나 영적 수행을 하는 사람에게는 많은 적이 있다. 영적 수행을 온전하게 하고 싶은 사람은 그 어떤 악한 자의 일꾼이 되어서는 안 된다. 무엇이든 악한 것을 추종하는 사람은 온

죄를 나의 기억에서 말끔히 씻어 버리리라. 네 속을 내 앞에 털어 놓으라"라고 번역했으나, 책에 인용된 교회 슬라브어 성경에는 "네 죄를 기억치 아니하리라, 너는 기억하라"로 번역되었다. (옮긴이 주)]

77) 〈예레미야〉 3장 12~13절.

전함에서 멀어지게 된다.

45. 우리 주 예수 그리스도는 우리가 이해할 수 없을 만큼 자기를 낮추셔서 당신의 신성을 인성으로 덮으셨다. 그래서 그분은 단순히 사람일 뿐만 아니라 기록된 말씀처럼 "말씀이 사람이 되셔서 우리와 함께 계셨"[78]던 사람이 된 하느님이셨음에도, 모든 사람은 그분을 우리와 똑같은 사람으로 보았다. 그러나 주님께서는 우리의 구원을 위해 꼭 필요했던 육체를 입은 동안에도 신성을 조금도 잃지 않았다.

46. 많은 이들이 이렇게 어리석은 말을 한다. "사도들이 주 예수 그리스도를 보았던 것처럼 우리도 그분을 보았다." 하지만 사실 그들은 자기도취와 미혹 속에 빠져 있는 것이다. 그들은 사도들이 주님을 보았던 것과 같이 주님을 보는 눈을 가지고 있지 않다. 주님이 자신을 사람으로 생각하고 있던 무리들에 둘러싸여 이 땅을 거닐고 계실 때 주님과 함께 지내며 그를 믿었던 사도들이 주님을 본 것처럼 사도 성 바울로는 주님을 보았다. 혈우병에 걸린 여인

---

78) 〈요한의 복음서〉 1장 14절.

은 마음의 눈으로 주님을 보고 그분이 하느님이신 것을 믿었다. 그녀는 믿음으로 주님의 옷자락에 손을 댔다. 그 즉시 그녀는 병에서 나았다. 예수님께서는 "누가 나에게 손을 대었느냐?" 하고 물으셨다. 모르셨기 때문이 아니라 그녀의 믿음을 드러내고 싶으셨기 때문이다. 사도 베드로가 "스승님, 군중이 스승님을 에워싸 밀쳐 대고 있습니다. 그런데 누가 내게 손을 댔냐고 물으십니까?"라고 했다. 그러자 그 여인이 나와서 어떻게 병이 나았는지 다 드러내어 고백했다. 그러자 예수님께서 그 여자에게 이르셨다. "여인아, 네 믿음이 너를 낫게 하였다. 평안히 가거라."[79] 빌라도도 한나스도, 그리고 카야파도 주님을 보았지만, 그들은 사도들처럼 주님을 본 것이 아니라, 다른 무리처럼 믿음 없이 그분을 바라보았다. 그들이 주님을 보아도 아무런 소용이 없었던 것은 바로 이런 이유 때문이다. 그러나 사도 성 바울로는 마치 혈우병 걸린 여인이 믿음으로 주님의 옷을 만지고 치유받은 것처럼 자신의 마음의 눈으로 큰 믿음을 가지고 주님을 바라보았던 것이다.

47. 사람들이 죄의 왕국에 머물기를 그치면 하느님께서는

79) 〈루가의 복음서〉 8장 45~48절.

그 영혼에 나타나시고 영혼과 육신을 깨끗하게 하신다. 육체 안에 죄의 왕국이 거하면, 그 사람의 영혼은 육체 가운데 거하게 된다. 그 때문에 하느님의 형상인 빛을 모실 자리가 없으므로, 그는 하느님을 볼 수 없다. 다윗은 "우리 앞길은 당신의 빛을 받아 환합니다"[80]라고 말했다. 사람이 그 속에서 본다는 빛은 과연 어떤 빛인가? 이 빛은 바로 우리 주 예수 그리스도께서 말씀하신 바로 그 빛, 즉 "등불이 그 빛을 너에게 비출 때와 같이 너의 온몸이 밝을 것이다"[81]라고 하신 바로 그 빛이다. 주님은 또한 "아들과 또 그가 아버지를 계시하려고 택한 사람들밖에는 아버지를 아는 이가 없다"[82]라고 하셨다. 하느님의 아들은 어둠의 자녀들에게는 당신의 아버지를 계시하시지 않고 빛에 거하는 빛의 자녀들에게만 계시하신다. 주님께서는 이 자녀들에게 계명을 알게 하셔서 마음의 눈을 밝게 해 주신다.

48. 〈시편〉에 "환희와 찬미 소리 드높던 그 행렬, 무리들 앞장서서 성전으로 들어가던 일, 생각만 하여도"[83]라는

---

80) 〈시편〉 36편 9절.

81) 〈루가의 복음서〉 11장 36절.

82) 〈마태오의 복음서〉 11장 27절.

83) 〈시편〉 42편 5절.

구절이 있다. 이 '들어가던 일'이라는 말은 아주 오랫동안 성전으로 행진했음을 의미하며, 그 영혼이 온전히 성장했다는 것을 우리에게 말해 준다. 왜냐하면 전에는 성전으로 가는 길이 멀리 떨어져 있었지만, 지금 〈시편〉 기자의 영혼은 이미 하느님께 가까이 가 있기 때문이다. 우리가 아직 영적으로 어린아이이므로 우리의 길이 매우 멀다고 해서 놀라지 말라. 위대한 예언자 엘리야에게도 천사가 나타나 그를 흔들면서, "일어나서 먹어라. 네 길이 멀다"[84]라고 하셨다. 그 말씀을 듣고 그는 하느님을 뵈러 앞으로 나아갔다. 이렇게 긴 행로에 대해 다윗도 "'비둘기처럼 날개라도 있다면 안식처를 찾아 날아가련만, 멀리멀리 광야로 가서 숨어 있으련만'"[85]이라고 말했다. 그러므로 이 길은 그저 태평하고 무기력하고 나태한 마음으로 가서는 안 되며, 주의를 기울여 열심을 내면서 가야만 한다. 사도 성 바울로는 우리에게 "여러분도 힘껏 달려서 상을 받도록 하라"[86]라고 권한 후에 "나는 내 몸을 사정없이 단련

---

84) 〈열왕기 상〉 19장 5절. [공동번역에는 "네 길이 멀다"라는 구절이 없지만, 원문과 러시아 시노달 성경에는 이 구절이 있어, 이 구절을 넣어 번역했다. (옮긴이 주)]

85) 〈시편〉 55편 6~7절.

86) 〈고린토인들에게 보낸 첫째 편지〉 9장 24절.

하여 언제나 민첩하게 움직일 수 있게 한다"[87]라고 말했다. 그러므로 우리가 이 몸 안에 있는 동안에, "나는 훌륭하게 싸웠고 달릴 길을 다 달렸으며 믿음을 지켰다. 이제는 정의의 월계관이 나를 기다리고 있을 뿐이다. 그날에 정의의 재판장이신 주님께서 그 월계관을 나에게 주실 것이며, 나에게뿐만 아니라, 다시 오실 주님을 사모하는 모든 사람에게도 주실 것이다"[88]라고 말씀하신 사도 성 바울로처럼 온전함에 이르도록 하라.

49. 영혼이 머무는 동안에 몸은 세 단계의 시기, 즉 유년기, 성년기, 노년기를 지나간다. 마찬가지로 몸속에 감춰져 있는 영혼도 세 시기, 즉 믿음의 태동기, 믿음 안에서의 성장기, 그리고 완성기를 지나간다. 복음서의 말씀처럼 영혼은 믿음을 가지기 시작하는 첫 번째 기간에 그리스도 안에서 태어난다. 사도 성 요한은 다음과 같이 말씀하셨다. "사랑하는 자녀들이여, 여러분의 죄가 그리스도를 통하여 용서를 받았기 때문에 나는 이 편지를 쓴다. 아버지된 사람들이여, 천지 창조 이전부터 계신 그분을 여러분이 알고 있기 때문에 나는 이 편지를 쓴다. 젊은이들이여, 여

87) 〈고린토인들에게 보낸 첫째 편지〉 9장 27절.

88) 〈디모테오에게 보낸 둘째 편지〉 4장 7~8절.

러분이 이미 악마를 이겼기 때문에 나는 이 편지를 쓴다. 어린 자녀들이여, 여러분이 이미 아버지를 알고 있기 때문에 나는 이 편지를 쓴다. 아버지 된 사람들이여, 천지 창조 이전부터 계신 그분을 여러분이 알고 있기 때문에 나는 이 편지를 쓴다. 젊은이들이여, 여러분은 강하고, 하느님의 말씀을 지니고 살며 악마를 이겨 냈기 때문에 나는 이 편지를 쓴다."[89] 이 말씀을 통해 사도 성 요한은 우리에게 새롭게 탄생한 믿음의 특징뿐만 아니라, 믿음의 중간기와 완성기의 특징이 어떤 것인지를 우리에게 보여 준다. 완성에 이르고 충만한 은혜를 얻을 수 있는 자격을 갖추기 위해 영적인 경지를 추구하는 사람들이 통과하는 세 단계를 묘사하면서 사도 성 요한은 육신의 친구들이 아닌 영적인 친구들에게 이같이 편지를 썼다.

50. 영적인 삶을 사랑하는 사람은 요셉의 순결과 절제를 배워야만 한다. 관상을 통해서 자신을 정돈하고, 모든 악한 욕망과 맞서 싸울 수 있도록 자기를 무장해야 한다. 이 욕망은 〈욥기〉에 "저 억센 허리를 보아라. 뱃가죽에서 뻗치는 저 힘을 보아라"[90]라고 말씀하신 것처럼 교활한 원

89) 〈요한의 첫째 편지〉 2장 12~14절.

90) 〈욥기〉 40장 16절.

수의 강한 지원을 받고 있다. 대개 과도하게 먹고 마시는 것에 의해서 생겨나는 육체의 욕망에 대항해 자기를 무장하고 수행하는 모든 사람은 순결하게 서 있기 위해 엄격한 절제로 허리를 단단히 묶어야만 한다. 구약 성경에서 야곱은 천사와 씨름하다가 엉덩이뼈를 다쳐 몸이 약해졌다. 그는 이스라엘, 즉 '하느님을 보는 자'라는 이름을 얻었다.[91] 이처럼 정욕을 죽이거나 약하게 만들기 위해서 우리는 쇠약한 몸을 가진 자가 되어야 한다. 왜냐하면 쇠약한 몸은 정결한 선행을 완성하는 일에 다다를 수 있도록 우리를 돕기 때문이다. 몸이 쇠약해질 때 영혼은 강해지곤 한다. 그러므로 자신을 단정하게 유지할 힘을 갖기 위해서 자기 몸을 홀쭉하게 해야 한다. 왜냐하면 우리가 몸을 굴복시켜 영혼의 종으로 삼으면 하느님께 적대적인 육체의 생각이 육체의 쇠함과 함께 시들어 버리고 말 것이기 때문이다. 그때 영혼은 빛을 발하고 하느님의 성전이 되어 간다. 자기 몸의 모든 기관을 정결하게 하도록 애쓰는 사람은 진실한 영적 수행자다. 그는 자기의 모든 감정을

---

91) 〈창세기〉 32장 25~32절. [〈창세기〉 32장은 '이스라엘'이라는 이름을 '하느님을 이긴 자'로라는 의미로 해석하며, '하느님을 보았다'는 의미는 '프니엘'로 언급하고 있기 때문에, '이스라엘'을 '하느님을 보는 자'라고 해석한 것은 성 대 안토니우스의 실수, 혹은 후대 필사자의 실수로 여겨진다. (옮긴이 주)]

훈련한 자이며, 감정이 자신을 지배하는 것을 허용하지 않고 그것을 억제하면서 매우 정결하게 주님의 멍에를 지는 자다. 그는 자신의 두 눈이 무엇이든 악한 것은 쳐다보지 않게 하고 여인을 탐욕스럽게 쳐다보지 못하도록 하며, 두 귀가 험담과 악마의 충고나 악마가 집어넣은 생각을 듣지 못하도록 하며, 자신의 입을 닫아 혀가 헛된 말을 하지 못하도록 하며, 자신의 두 손이 자비와 구제의 선한 일을 행하기 위해 뻗게 하며, 두 발은 "누가 억지로 5리를 가자고 하거든 10리를 같이 가 주라"[92]라는 주님의 말씀을 수행하는 데 빠르게 만든다. 그리고 타락해서 배와 가슴으로 기어다니는 뱀처럼 땅을 기어다니지 않도록 자신의 배와 가슴을 잘 관리한다. 형제들이여, 이것이 수행자의 삶이다.

51. 진정한 영적 수행자가 되기를 원하는 사람들은 혼란스럽고 반복적인 인간사로부터 몸과 마음 그리고 이성이 벗어날 수 있도록 사람들로 붐비는 소란스러운 곳을 피하고 멀리하려고 노력해야 한다. 왜냐하면 사람들이 있는 곳에는 혼란스러움이 존재하기 때문이다. 우리 주님께서는 특별히 기도하시기 위해 홀로 산으로 올라가실 때, 사

---

92) 〈마태오의 복음서〉 5장 41절.

람들에게서 멀리 떨어져 혼자 있는 본을 우리에게 보여 주셨다. 또한 주님은 광야에서 감히 그분과 싸우려고 나섰던 마귀를 이기셨다. 물론 주님께서는 많은 사람 앞에서도 마귀를 이길 힘이 없었던 것은 아니었다. 하지만 주님께서 그렇게 하신 것은 은수와 침묵 속에서 사탄을 이기고 온전함을 이루는 일을 더 쉽게 할 수 있음을 우리에게 가르쳐 주고 싶으셨기 때문이다. 또한 주님은 사람들 가운데서 자신의 영광을 제자들에게 보여 주지 않으시고, 그들을 산으로 데려가신 후에 거기서 당신의 영광을 보여 주셨다. 세례자 성 요한은 자신을 이스라엘 앞에 나타내기 전 광야에 있었다. 마귀는 자신의 내적, 외적 무기로 여러분을 세상에서 더 손쉽게 억압할 수 있다. 마귀는 자기 말을 잘 듣는 방조자와 하수인을 자기 쪽으로 유인하면서, 이들을 이용해 신실한 자에 대해 험담한다. 유혹의 그물망을 넓게 펼치는 수치를 모르는 여인은 마귀가 누구에게나 사용하는 매우 강한 무기다. 에제키엘이 하느님의 영광을 펼치는 네 개의 다른 얼굴을 한 네 짐승을 보았던 것은 그가 도시나 마을이 아니라 그 바깥인 들에 있을 때였다. 하느님께서는 "너는 일어나 들로 나가라. 내가 거기에서 너에게 일러 줄 말이 있다"[93]라고 하셨다. 대체로 산이나 광야와 같은 곳에서 정결하게 있지 않고는 그와 같은 환상이나 계시를 받을 수 없다. 예언자 예레미야 역시 은수하는 것을 하느님께서 얼마나 좋아하시는지를 알았기 때문에 "젊어서 멍에를 메는 것이 좋은 일이다. 야훼께서 메우신 것이니 잠자코 있으라"[94]라고 말했다. 하느님을 기쁘게 해 드리고 싶어 하는 사람들에게 인간의 말이 얼마나 많은 해를 가져오는지 잘 알았기 때문에, 그는 또한 다음과 같이 말하지 않을 수 없었다. "사막에 머물 만한 으슥한 데라도 있다면 내 백성을 버리고 그리로 떠나가련만!"[95] 예언자 엘리야 역시 천사들에게서 음식을 얻었는데, 이 일은 사람들 무리 속에서나, 도시 혹은 마을에서 일어나지 않았고, 광야에서 일어난 것이다. 성자들에게 일어났던 이와 유사한 모든 일들이 기록된 것은 은수를 좋아했던 성인들의 삶을 우리가 본받아 따르도록 하기 위해서다. 이 은수 수행이 우리를 주님께로 인도할 수 있기 때문이다. 이러한 은수 생활이 하느님을 뵙는 영적 관상으로 우리를 인도한다는 사실을 확신하도록 노력하라.

---

93) 〈에제키엘〉 3장 22절

94) 〈애가〉 3장 27~28절. [한글 공동번역 성경은 "젊어서 멍에를 메는 것이 좋은 일이다. 야훼께서 메우신 것이니 잠자코 있으라"라고 되어 있으나, 교회 슬라브어 성경, 러시아 시노달 성경, 한글 성경 개역개정본에서는 은수의 의미가 담긴 '혼자 앉아서 잠잠할 것'을 언급하고 있다. (옮긴이 주)]

95) 〈예레미야〉 9장 1절.

52. 하느님의 불이 머무는 영혼이 무엇과 유사한지 여러분에게 말하고 싶다. 그 영혼은 하늘의 공기를 따라 높이 날아가고 있는 날개가 두 개 달린 새와 같다. 모든 피조물 중에서 새들만이 본래 날개를 갖는 특성이 있다. 하느님께 순종하는 영혼의 날개는 하느님의 불을 지향하며, 영혼은 그 날개로 하늘 높이 날아오른다. 만일 영혼이 이 날개를 잃어버리면, 높이 날 힘을 가지지 못하게 된다. 영혼은 높이 들어 올리는 불에 참여하지 못하고 자신의 날개를 잃어버려서 날 수 없는 새와 유사해질 것이다. 새가 알을 깨고 세상에 태어나기 위해 온기가 필요하다는 점에서, 인간의 영혼은 새와 유사하다. 어미 새가 알을 따뜻하게 품어주지 않으면, 새끼는 알에서 나오지 못한다. 왜냐하면 온기를 얻지 못하면 생명을 얻을 수 없기 때문이다. 마찬가지로 하느님께서도 순종하는 영혼들을 품으시고 따뜻하게 하시면서 그들이 영적 생명을 얻게 하신다. 하느님께 가까이 붙어 있어 순종하는 영혼은 그 존재의 원천이 온기(溫氣)인 새와 유사하다. 이 온기의 힘을 잃어버리는 것을 자신에게 절대로 허용하지 말라. 성령의 온기로 인해서 여러분에게 하느님의 은사가 주어지고 있으며, 여러분에게서 이 온기를 빼앗으려는 마귀의 싸움이 언제나 도사리고 있다는 사실을 명심하라. 성령의 불이 여러분에게 있

는 한, 여러분을 절대로 이길 수 없다는 것을 마귀는 잘 알고 있다.

53. 마귀를 대적하고 그의 간계를 잘 분별하도록 애쓰라. 대개 마귀는 자신의 정체가 탄로 나지 않도록 자신의 쓴맛을 달콤한 맛 아래 숨긴다. 마귀는 보기에 아름다운 여러 가지 환상을 만들어 내지만, 본질은 전혀 다르다. 이는 분명 매력적인 진리를 교활하게 모방함으로써 여러분의 마음을 미혹하게 하기 위한 것이다. 하느님을 위해 선하게 일하는 모든 영혼을 무너뜨리는 일에 마귀의 모든 계교가 집중되어 있다. 마귀는 모든 능력의 근원이 되시는 하느님의 불을 사그라뜨리기 위해 여러 다양한 정욕들을 우리 영혼 속에 불어넣는다. 특히 육신의 안락과 관련된 것을 사용해 이 목적을 달성한다. 사람들이 마귀의 모든 속임수를 조심하고 그로부터 아무것도 받아들이지 않고, 언젠가는 그의 말에 넘어갈 수도 있다는 희망을 전혀 주지 않을 때, 마침내 마귀는 부끄러움을 느끼며 사람들에게서 물러난다. 이때 그 사람들 속에 주님의 성령께서 거주하신다. 성령께서 우리 안에 머무시면, 우리를 평온한 자가 되게 하시거나 혹은 모든 일에서 평안을 맛보게 하신다. 복음서에 "나는 마음이 온유하고 겸손하니 내 멍에를 메고 나에게 배우라. 그러면 너희의 영혼이 안식을 얻을 것이

다”[96]라고 기록된 것처럼 성령께서는 그들이 하느님의 멍에를 지고 있어도 그 멍에 매는 일을 달콤하게 만들어 주실 것이다. 그러면 그들은 선을 행하고 순종하고 밤샘 기도를 할 때도 지치지 않게 된다. 그들은 사람에게 무고(誣告)를 당할 때도 분노하지 않으며, 그 무엇도, 사람도, 짐승도, 영도 두려워하지 않는다. 왜냐하면 하느님께서 주시는 기쁨이 밤낮으로 그들과 함께 거하며, 그들의 분별력을 소생시키고 가득 채워 주기 때문이다. 이 기쁨으로 인해 영혼은 자라나고, 모든 것에 유익해지고 온전해지며, 그 기쁨으로 하늘에 올라간다.

54. 아이가 처음에는 어머니의 젖을 먹으며 자라다가, 조금 더 성장하면서 이유식을 먹고, 마침내는 다른 사람과 같이 다양한 음식을 먹으며 자라난다는 것을 우리는 알고 있다. 그렇게 해서 아이는 강해지며 어른이 되고, 적들의 공격을 받으면 담대한 마음으로 그들을 맞이한다. 그러나 만일 어린 시절에 큰 병에 걸리게 되면, 그의 영양 상태와 건강은 좋지 못할 것이다. 병약하게 클 것이고, 온갖 원수가 그를 압도하고 패배시키려 할 것이다. 그가 건강을 회

96) 〈마태오의 복음서〉 11장 29절.

복하고 마귀를 이겨 낼 힘을 얻기 위해서는 경험 있는 의사의 보호와 도움을 받아야 한다. 이처럼 우리 인간도 만일 그 속에 하느님의 기쁨이 없으면 약해져서 많은 상처를 받게 된다. 우리가 영적인 치료에 숙달된 하느님의 일꾼을 찾으려고 노력하고 그에게 의지한다면, 그는 우리의 영혼을 정욕에서 치료해 내고, 그 후에 그 영혼을 소생시키고, 어떻게 하느님의 도움을 받으며 영혼의 양식인 하느님의 기쁨을 받을 수 있는지를 가르칠 것이다. 그렇게 되면 치유받은 영혼은 악한 영인 원수들의 충고를 밟아 버리고 그들과 맞서 이기는 완전한 기쁨을 누리게 될 것이다.

55. 악한 마귀가 여러분을 미혹시키고 기만하기 위해 올바른 말을 하는 이의 모습으로 찾아올 때 그의 충고를 조심하라. 마치 광명한 천사의 모습으로 여러분에게 다가올지라도 그를 믿지 말고 그의 말을 듣지 말라. 왜냐하면 마귀는 진리인 듯 매력적인 모양새를 하고 신실한 사람들을 유혹하기 때문이다. 영적으로 미성숙한 사람은 마귀의 이러한 교활함을 모르기 때문에 마귀는 계속해서 헛된 말로 그를 유혹한다. 온전한 자들은 성 바울로가 "그러나 성숙해지면 단단한 음식을 먹게 된다. 성숙한 사람은 훈련을 받아서 좋고 나쁜 것을 분간하는 세련된 지각을 가지고 있다"[97]라고 말씀하신 것을 알고 있다. 마귀는 성숙한 사람

을 미혹시킬 수 없다.

그러나 마치 어부가 날카로운 낚싯바늘에 미끼를 덮어 끼워 놓고 고기를 잡는 것처럼, 마귀는 자기 자신에게 귀를 덜 기울이는 신실한 사람도 겉으로 보기에 달콤한 미끼로 유인해서 사로잡을 수 있다. 물고기는 이 낚싯바늘이 미끼에 감싸여 있는지를 모른다. 그래서 헤엄쳐 다가와서는 미끼를 삼키고, 그 즉시 잡히는 것이다. 만일 물고기가 이 미끼 때문에 반드시 잡힌다는 것을 안다면, 그 미끼에 다가가지 않고 도망칠 것이다. 이런 식으로, 미성숙한 신자는 우리가 말했듯이 마귀에게 사로잡힌다. 솔로몬이 "사람 눈에 바르게 보이는 길이 마침내 죽음에 이르는 길이 되기도 한다"[98]라고 말한 것과 같다. 또한 〈아모스〉에는 "'아모스야, 무엇이 보이느냐?' 하고 물으시기에, 내가 '다 익은 과일 한 바구니가 보입니다'라고 답했다"[99]라는 구절이 있다. 땅에서 잡히는 것을 두려워하는 새는 공중으로 날아가서 가장 높은 곳에서 잠을 자고 쉬기 위해 둥지를 짓는다. 새는 아무도 그 보금자리로 와서 자기를 잡을 수 없다는 것을 알기 때문에 거기서 편안하게 잠을 잔다.

---

97) 〈히브리인들에게 보낸 편지〉 5장 14절.

98) 〈잠언〉 16장 25절.

99) 〈아모스〉 8장 2절.

그런데 사냥꾼이 새를 잡기 위해서 어떻게 교묘하게 속이는지는 잘 알려져 있다. 사냥꾼은 둥지가 있는 곳으로 다가가서 그물을 펴고 보이는 곳에 씨를 뿌려 놓는다. 사냥꾼이 높은 곳에 머무는 새를 이런 방식으로 유혹하면, 새는 내려와 포획되고 만다. 마귀도 자기의 교활함을 이용해서 미성숙한 그리스도인을 붙잡기 위해 그들을 높은 곳에서 떨어뜨리기 위해 비슷한 짓을 한다. 마귀가 뱀으로 위장해 하와에게 "절대로 죽지 않는다. 그 나무 열매를 따먹기만 하면 너희의 눈이 밝아져서 하느님처럼 선과 악을 알게 될 줄을 하느님이 아시고 그렇게 말하신 것이다"[100] 라고 말했을 때도 마찬가지다. 이 말을 듣고 하와는 어떻게 대처해야 할지 생각하지 못했기 때문에, 마음속으로 마귀의 말을 듣고 그것이 진리라고 생각했다. 그러나 하와가 그 열매를 먹고 아담에게 먹으라고 주었을 때 그들은 이미 커다란 불행의 나락으로 떨어졌다. 그 두 사람이 높은 곳에서 떨어지게 된 것이다. 마찬가지로 미성숙한 그리스도인들이 선한 것과 나쁜 것을 어떻게 구분할지를 알지 못한 채 자기의 판단과 의견에 만족하면서 자기 생각대로 행동할 때, 자신들은 이미 성숙했고 영적 아버지들의

---

100) 〈창세기〉 3장 4~5절.

축복을 받았다고 생각하기 때문에 선과 악을 올바르게 구분할 줄 아는 성숙한 영적 아버지들에게 물어보지도 않고 자신들의 마음이 원하는 대로 행할 때, 마귀는 미성숙한 그리스도인들을 유혹한다. 이런 사람들은 높은 곳에 둥지를 지었다가 땅으로 떨어져서 사냥꾼의 그물에 잡히는 새들과 같다. 마귀는 영적으로 미성숙한 이들에게 비전과 환영을 보여 주면서 그들의 마음이 교만하게 치켜 올라가게 한다. 그들이 더 큰 마력 속으로 빠지게 하려고 이따금 밤에 나타나 꿈을 꾸게 하고, 그 꿈이 낮에 이루어지게 한다. 이것은 작은 일이다. 마귀는 이따금 밤에 그들에게 빛을 보여 주어 그들이 있는 곳을 환하게 만든다. 그런 일들을 표적처럼 많이 행한다. 마귀가 이 모든 일을 하는 것은 그들이 그를 천사라고 생각해 그를 순순히 대하며 영접하게 하려는 것이다. 그들이 마귀를 영접하자마자, 사탄은 그들을 사로잡고 있는 교만의 영으로 그들이 있던 높은 곳에서 그들을 내던져 버린다. 마귀는 '다른 사람보다 더 영적으로 크고 영광스러운 일을 했기 때문에 영적 아버지를 찾아가 그들의 말을 들을 필요가 없다'는 확신 속에 그들을 붙들어 매려고 노력한다. 그러나 성경에 따르면, 그들은 실제로는 설익어서 떫은 반짝거리는 과일 송이와 같다. 자신들은 이미 모든 것을 알고 있다고 확신하고 있으므로 영적 아버지들의 훈계가 그들에게 무거운 것이다.

56. 여러분이 영적 아버지에게 순종하지 않는다면 여러분은 선악을 올바로 구분할 수도 없고, 수행을 잘할 수도 없고, 성장하거나 성숙한 사람이 될 수도 없다는 것을 명심하라. 우리의 영적 아버지들도 그렇게 행동하셨다. 먼저 자신의 영적 아버지에게 복종하고 그들의 교훈에 순종했다. 그리고 〈집회서〉에 "노인들의 말을 소홀히 여기지 말라. 그들도 조상들로부터 배웠다. 네가 그들에게서 현명함을 배울 것이요 적절히 대답하는 법을 배울 것이다"[101] 라고 기록된 것처럼 그 교훈대로 수행하고 성장하고, 그리고 그들 자신이 스승이 된 것이다. 이처럼 여러분은 자신의 영적 아버지에게 순종해 모든 일에서 그를 따른 이들을 본받아야 한다. 그들은 그의 영적 아버지가 하느님의 도움으로 그 자신의 영적 아버지에게서 배웠던 모든 것을 배우고, 그것을 자신에게 순종하는 영적 아들에게 전해 준 이들이다. 이처럼 이삭은 아브라함에게 순종했으며, 야곱은 이삭에게, 요셉은 야곱에게, 엘리사는 엘리야에게, 바울로는 아나니아에게, 디모테오는 바울로에게 순종했던 것이다. 이들과 같은 모든 사람이 자신의 영적 아버지에

---

101) 〈집회서〉 8장 9절.

게 순종하고 그들의 뜻을 행하고 그들의 조언을 따랐다. 그럼으로써 그들은 진리를 알게 되고 진실을 배우고 마침내 성령의 인정을 받게 되고, 그 결과 예언자 에제키엘의 말씀에 "너 사람아, 내가 너를 이스라엘 족속의 파수꾼으로 세운다. 너는 나의 입에서 떨어지는 말을 듣고 나 대신 그들을 깨우쳐 주어야 한다"[102)]라고 기록된 것처럼 모든 일에서 진리를 선포하는 자들이 되었다. 그러므로 여러분이 수행을 잘하고 더 충분히 성장하고 마음에 평정을 얻고 결코 마귀의 조롱거리가 되지 않기 위해서는 자신의 영적 아버지에게 복종하고 모든 일에 순종하라. 그러면 영원히 쓰러지지 않을 것이다.

57. 사람이 굳건하게 선을 행할 수 있게 되고, 시종일관 그런 모습으로 있도록 자신을 지키는 단 한 가지 일을 여러분에게 말씀드리겠다. 그것은 여러분이 바로 마음을 다하고 목숨을 다하고 뜻을 다해 하느님을 사랑하고, 하느님 한 분만을 섬기는 것이다. 그때 하느님께서는 여러분에게 큰 능력과 기쁨을 주실 것이고, 하느님의 모든 일이 여러분에게 마치 꿀처럼 달게 여겨지고, 모든 육신의 수고와

---

102) 〈에제키엘〉 3장 17절.

정신적인 일, 밤샘 기도, 그리고 하느님이 주신 모든 멍에가 여러분에게 가볍고 달콤한 것이 될 것이다. 그러나 주님께서는 사람을 향한 사랑 때문에 그들이 수행을 지속하도록 이따금 그들에게 방해거리를 주신다. 그래서 그들은 용기 대신에 둔함과 쇠약함을, 기쁨 대신 슬픔을, 평안과 고요함 대신에 초조함을, 달콤함 대신에 고통을 경험하게 된다. 주님을 사랑하는 사람에게는 이와 유사한 많은 일이 일어난다. 그러나 이것들과 싸워 이긴다면, 그들은 더욱 강건해질 것이다. 이 모든 것을 마침내 완전히 극복할 때, 성령께서 그들과 함께 모든 일을 하시고, 그때 그들은 더 이상 그 어떤 악한 것도 두려워하지 않게 될 것이다.

58. 성령은 인간의 언어로 설명할 수 없는 가장 달콤하고 가장 유쾌하고 좋은 향기를 끊임없이 내뿜으신다. 그러나 성령이 그 안에 임하시기에 합당한 사람들 외에 그 누가 이 성령의 유쾌함과 달콤함을 알겠는가? 성령은 많은 수고 후에 참회하는 사람의 영혼 속에 임한다. 우리는 이 세상에서 이와 유사한 일을 많이 보곤 한다. 예를 들면, 값비싼 보석은 큰 수고를 하지 않고는 얻을 수 없다. 성령께 간절히 부르짖은 후에 거룩한 사람들은 성령을 받는다. 성령은 복음서에서 좋은 진주들을 찾다가 값비싼 진주 하나를 찾은 후 돌아가서 있는 것을 다 팔아 그것을 산 상인[103]

의 비유에 언급된 바로 그 진정으로 값비싼 진주다. 이 성령은 물론 다른 비유, 즉 밭에 묻힌 보물에 대한 비유에도 언급되어 있다. 그 보물을 발견한 사람은 기뻐하며 돌아가서 있는 것을 다 팔아 그것을 샀다.[104] 성령을 받은 사람만큼 시험을 많이 받는 사람은 없다. 우리 주님이 세례를 받으시고 비둘기 모양의 성령이 그에게 내려오셨을 때, 그분은 성령의 인도로 광야로 가서 사탄의 시험을 받으셨다. 사탄은 갖은 유혹으로 주님을 시험했으나, 〈루가의 복음서〉에 "악마는 이렇게 여러 가지로 유혹해 본 끝에 다음 기회를 노리면서 예수를 떠나갔다"[105]라고 기록된 것처럼 이 시험에서 악마는 주님을 결코 이기지 못했다. 주 예수님께서는 성령의 능력을 받고 갈릴래아로 돌아가셨다. 성령은 성령을 받아 싸우며 이기는 모든 이들을 강하게 하시고 모든 시험을 이겨 낼 능력을 주신다.

59. 예언자 에제키엘이 보았던 스랍의 모습[106]은 성숙함

---

103) 〈마태오의 복음서〉 13장 45~46절.

104) 〈마태오의 복음서〉 13장 44절.

105) 〈루가의 복음서〉 4장 13절.

106) 〈에제키엘〉 1장 4~9절. [원문에서 언급된 '스랍(세라핌)'은 '커룹(케루빔)'의 오기다. 커룹은 〈창세기〉 3장 24절과 〈에제키엘〉 1장 4~9

을 얻기 위해 전진하는 신실한 영혼의 형상이다. 그는 눈동자로 가득 찬 여섯 개의 날개를 가졌고, 또한 사방을 쳐다보는 네 개의 얼굴을 가졌다. 한 얼굴은 사람의 얼굴과 같고, 다른 얼굴은 황소의 얼굴, 세 번째는 사자의 얼굴, 네 번째는 독수리의 얼굴과 같았다. 인간의 모습을 한 첫째 얼굴은 이 세상을 살면서 그들에게 주어진 계명을 지키는 신실한 자를 의미한다. 만일 이들 중 누군가가 수도 생활을 시작하기 위해서 나서면 그는 수송아지의 얼굴을 닮게 된다. 수도 생활의 규칙을 지키며 어려운 노동을 하고 더 많은 육체적인 수행을 하게 되기 때문이다. 규칙을 지키며 공동생활을 마친 후에 독수 생활에 들어가 마귀와의 싸움에 돌입한 사람은 야수의 왕인 사자의 얼굴을 닮게 된다. 보이지 않는 마귀를 이기고 정욕을 누르고 그것을 복종시켰을 때, 그는 성령이 충만해 크게 기뻐할 것이며 하느님이 주시는 비전을 보게 될 것이다. 그때 그의 얼굴은 독수리의 얼굴을 닮게 된다. 그때 그의 지성은 눈동자로 가득 찬 여섯 날개를 닮아 가면서 여섯 방향에서 그에게

절, 그리고 28장 14~16절에 나오는 네 개의 날개를 가진 천사이며, 스랍은 〈이사야〉 6장 2절에 등장하며, 여섯 개의 날개를 가진 다른 천사다. 그러므로 원문에 나온 여섯 날개와 여섯 방향도 네 날개와 네 방향의 오기로 보인다. (옮긴이 주)]

일어나는 놀라운 모든 것들을 보게 된다. 이렇게 해서 그는 완전히 영적인 사람이 되며 영원한 복을 상속하게 되는 것이다.

60. 정결함, 끊임없고 변함없는 평안, 충만한 자비, 그리고 축복을 상으로 받는 다른 아름다운 미덕들, 이것이야말로 하느님의 계명의 본질이다. 이러한 성령의 명령을 행하도록 노력하라. 그것으로 인해 여러분의 영혼이 살고 그것을 통해 여러분 안에 주님을 받아들이게 된다. 그것은 안전한 길이다. 몸과 마음의 정결함 없이는 그 누구도 하느님 앞에 온전할 수 없으므로 거룩한 복음서에서는 다음과 같이 말씀하고 있다. "마음이 깨끗한 사람은 행복하다. 그들은 하느님을 뵙게 될 것이다."[107] 완전함은 정결한 마음으로부터 태어난다. 마음속에는 본질에 자연스러운 선과 본질에 부자연스러운 악이 있다. 악으로부터 다음과 같은 마음의 정욕, 즉 정죄, 미움, 자만과 이와 유사한 것이 나온다. 하지만 본성에 자연스러운 마음에서 나오는 선은 하느님을 아는 것(하느님에 대한 두려움), 거룩함 혹은 모든 정욕으로부터 깨끗해진 영혼의 정결함(양

107) 〈마태오의 복음서〉 5장 8절.

심)을 낳는다. 만약 사람이 치유받기로 결심하고, 악에 대항해 애통, 슬픔, 탄식, 금식, 깨어 있음, 가난 그리고 하느님께 올리는 많은 기도 등의 수행으로 무장한 후에 모든 악을 피하기 시작하면, 주님께서는 당신의 은혜로 그 사람을 도우시고 모든 마음의 정욕으로부터 그를 구해 주실 것이다. 많은 사람이 수도자와 독신자로 오랜 기간을 지내면서도 이 정결함의 교훈을 배우지 못한 이유는 그들이 영적 아버지들의 교훈을 무시하고 자신의 마음이 원하는 것을 따랐기 때문이다. 어떤 빌미가 주어지면 영혼의 파괴자인 악한 영은 그들을 점령하고 숨겨진 화살로 밤낮 그들을 공격하며 그 어떤 평안함도 허락하지 않는다. 그리하여 그들의 마음은 자만, 허영, 질투, 정죄, 분노, 격분, 다툼 그리고 다른 많은 정욕에 사로잡히게 된다. 그들은 자신에게 주어진 시간을 어리석게 보낸 다섯 처녀와 같은 운명에 처하게 될 것이다. 그들은 처녀라는 것을 표시해 주는 것에 불과한 아마빛 옷 하나에 만족한 채 자신의 혀를 제어하지 않고, 자기 눈과 몸을 정욕으로부터 보호하지도 않았으며, 더러운 것, 곧 정결치 못한 것으로부터 자신의 마음을 보호하지 않았던 것이다. 그래서 그들은 등잔을 밝힐 때 필요한 하늘의 기름을 잃어버렸다. 어리석은 처녀의 비유에서 말씀하셨듯이, 신랑은 그들에게 자신의 문을 절대 열어 주지 않을 것이며 다음과 같이 말씀하실 것이다. "분명히 들어라. 나는 당신들이 누구인지 모른다."[108] 나는 여러분이 구원받기를 원하기 때문에, 여러분이 자유롭고 신실하게 되고 모든 영혼의 신랑 되신 그리스도의 정결한 신부가 되도록 이것을 쓴다. 사도 바울로가 다음과 같이 쓰셨듯이 말이다. "그것은 내가 순결한 처녀인 여러분을 오직 한 남편 그리스도에게 바치려고 정혼시켰기 때문이다."[109]

61. 순도가 높은 금은 매우 강력한 정련 과정을 통해 불로 여러 번 단련된 후에 만들어진다. 마찬가지로 우리 주님께서는 그분의 선하심을 따라 여러 시험을 통해 사람을 깨끗하게 하시고 그를 시험하시며 내적 싸움에 노련한 사람이 되도록 하신다. 그리하여 그는 사람들이 그에게 행한 불의하고 모욕적인 일을 더 이상 생각하거나 회상하지 않게 된다. 오히려 그는 다윗이 말한 것처럼, 하느님 앞에서 모든 선한 일을 행할 준비가 항상 되어 있고, 하느님 앞에 겸손하게 되어 자신의 모든 희망을 하느님께 두게 된다. "마음을 정했습니다, 하느님. 마음을 정했습니다. 노래하리이다."[110] 여러분은 어떤 형제에 의해 비난과 불의로 시

---

108) 〈마태오의 복음서〉 25장 12절.

109) 〈고린토인들에게 보낸 둘째 편지〉 11장 2절.

험을 받게 되거나, 여러분의 동료에 의해 굴욕을 받게 될 것임을 명심하라. 여러분에게 이와 같은 일이 일어날 때에 두려워하지 말고 낙심하지 말고 굳건히 서라. 이 모든 일로 인해 주님께 감사드리라. 왜냐하면 이러한 일은 주님이 없이는 일어나지 않으며, 하느님의 종에게 꼭 필요한 싸움을 겪게 하시려고 주님께서 허락하신 것이기 때문이다. 하느님의 은혜로 시험을 받거나 어려움이나 슬픔이나 불행을 겪어 보지 않은 사람은 모든 일에서 인내심을 가지고 선을 행하는 일에 익숙해지기까지 하느님으로부터 영예를 얻지 못할 것이다.

62. 여러분에게 일어나는 불행과 슬픔을 인내하며 견디라. 그리고 매우 겸손한 마음으로 그러한 일이 일어난 것에 대해 주님께 감사를 올리라. 그러면 용감하게 싸웠던 수산나[111]처럼 여러분의 수고로부터 오는 기쁨을 맛보게

---

110) 〈시편〉 108편 1절.

111) 공동번역 성경의 〈다니엘〉 13장에 나오는 수산나는 유대인 힐키야의 딸로 동족인 부자 요야킴에게 시집을 갔다. 수산나와 요야킴은 바빌론에 살았는데 요야킴이 워낙 명망가여서 많은 유대인이 이 부부의 집을 방문했다. 수산나의 집에 출입하던 사람 중에는 수산나의 미모에 반해 자신들의 정욕을 채우려는 욕망을 품었던 유대인 재판관 두 사람이 있었다. 어느 더운 날 수산나가 정원에서 혼자 목욕할 때 이 두 남자

될 것이다. 수산나는 불의한 두 장로들의 정욕을 물리치고 그들의 거짓 비방으로 많은 불행과 슬픔을 겪었지만, 하느님께서는 그녀의 인내와 확고부동함을 보시고 마침내 그녀의 공적을 높이셨으며 그 적들을 굴복시키셨다. 또한 더욱 용감한 영혼을 지녔던 데클라[112]를 보라. 그녀

는 수산나에게 달려들어 성관계를 맺자고 강요했다. 수산나가 이들의 요구를 거절하자 두 남자는 수산나가 젊은 남자와 간통했다는 거짓말을 퍼뜨려 법정에 세웠다. 수산나는 간통죄로 결국 사형을 선고받았고 형장으로 끌려 나가는 처지가 되었다. 수산나는 형장으로 끌려가면서 하느님께 억울함을 호소했는데 하느님은 수산나의 누명을 벗겨 주고자 어린 다니엘에게 성령을 불어넣어 주셨다. 다니엘은 이스라엘 여인을 심문도 확실한 증거도 없이 벌하는 것은 잘못된 일이라면서 다시 재판해 달라고 했다. 다니엘은 수산나를 고발한 두 노인을 분리해 심문했고 그 사람들의 서로 엇갈린 진술을 듣고 그들이 수산나를 모함하고자 했다는 사실을 밝혀냈다. 이 노인들은 결국 사형에 처해졌다. 누명에서 깨끗하게 벗어난 요야킴과 수산나, 그리고 수산나를 구한 다니엘의 이름은 온 이스라엘에 퍼지게 되었다. (옮긴이 주)

112) 데클라는 1세기에 소아시아의 도시 이코니아(현 터키의 콘야)에서 부유한 가정의 딸로 태어났다. 그녀는 한 유력한 집안의 자제와 약혼을 한 상태였는데, 마침 그 도시에 와 있던 사도 바울로의 설교를 듣고 결혼하지 않기로 결심했다. 그녀의 약혼자는 바울로를 고소했고 데클라는 감옥에 갇힌 바울로를 방문했다. 이 사실을 알게 된 그녀의 부모는 그녀를 도시의 재판관에게 끌고 갔으며, 그녀는 화형에 처해지게 되었다. 그러나 갑자기 그때 내린 비가 불길을 껐고 그녀는 아무런 해도 입지 않았다. 그녀는 이코니아를 떠나 바울로와 함께 안디옥으로 가게 되었는데, 그곳에서 그녀를 눈여겨본 총독의 구애를 거절해 짐승에

는 부모님으로 인해 생긴 상처도, 불도, 육체의 괴로움도, 짐승도, 그 무엇도 두려워하지 않았다. 그녀의 담대한 믿음이 타오르는 불을 끄고, 피에 굶주린 사자들의 입을 막고 그녀의 모든 적에게 부끄러움을 주었을 때, 마침내 하느님께서는 그녀에게 마음의 기쁨과 수고에 대한 상을 주셨다. 또한 하느님과 사람 앞에서 겸손했던 요셉을 보라. 그의 형제들이 아버지의 편애 때문에 요셉을 질투하고 미워하며 그를 못살게 굴고 그가 피 흘리기를 원했을 때에도, 하느님께서는 그를 죽음으로부터 보호해 주셨다. 질투심에 사로잡힌 형제들은 요셉을 노예로 팔았고, 그곳에서 그가 섬겼던 주인의 아내는 그에게 많은 해를 입혔으며 감옥에 갇히는 데까지 이르게 했다. 그러나 하느님께서는 그를 내버려두시지 않았다. 요셉은 절제하고 온유하며 정결하고 몸과 마음에 흠이 없었기 때문이다. 그를 향한 하느님의 은총으로 요셉은 온갖 불행의 무거운 짐 아래로 떨어지지 않았으며, 오히려 하느님께 소망을 두면서 인내하

게 찢기는 형벌에 처해지게 되었다. 총독은 곰과 사자를 데클라에게 내보냈지만 사자는 그녀를 건드리지도 않았고 오히려 곰을 죽여 데클라를 보호했다. 데클라는 풀려났고 바울로는 그녀에게 하느님의 말씀을 가르쳤다. 데클라는 고향으로 돌아가 어머니를 신앙으로 인도했고 선한 삶을 살다가 생애를 마쳤다. 그녀가 말년에 살았던 시리아의 마을에는 그녀의 이름을 기려 수도원이 세워졌다. (옮긴이 주)

며 견뎌 냈다. 마침내 하느님께서는 요셉을 이집트와 그 온 지방의 총리로 세우시어 높이셨고, 그를 미워했던 형제들을 그의 발아래 복종하게 하셨다. 여기 언급한 이들, 그리고 그와 비슷한 다른 사람들도 수행과 싸움이 처음 시작될 때는 하느님으로부터 어떤 영예도 얻지 못했으나, 하느님께서 그들을 단련하시고 불행과 슬픔으로 정결케 하시어 그들이 싸움의 때에 어떻게 견뎌야 할지 배운 이후에는 하느님이 주시는 영예를 얻었다. 이미 살펴본 것처럼, 그때에야 비로소 그들은 불행과 슬픔을 담대하게 견디고 자신의 모든 소망을 주님께 두게 되었다. 주님은 그들을 도우시고 그들에게 영예를 주셨으며 그들의 대적자들은 수치를 당하고 복종하게 하셨다.

63. 여러분에게 불행이 닥칠 때 마음이 약해지게 내버려두지 말고 계속해 인내하며 주님께 보상을 얻도록 그 불행에 대해 감사를 드리라. 여러분 모두 평안과 진리, 하느님에 대한 사랑, 서로를 향한 호의를 지니라. 그리고 불화와 비방, 대립, 악한 질투, 거역, 자만, 어떤 이들에 대한 모욕감, 조롱, 허영, 증오, 서로 배척하는 마음을 없애도록 하라. 만약 그런 일이 수도원에 있다면 그곳에는 하느님의 진노가 있을 것이다. 또한 이 세상에서 우리의 삶이 매우 짧다는 것을 알아야 한다. 그러므로 성경에 쓰여 있는 것

처럼, 여러분이 서로에게 화를 내어 살인한 것으로 여겨지는 그 순간에 이 세상을 떠나는 일이 일어나지 않도록 태만하게 지내면서 삶을 허비하지 말고 삶을 소중히 여기라. "자기 형제를 미워하는 자는 누구나 다 살인자다."[113] 서로서로 긍휼히 여기라. 그러면 주님께서 여러분을 긍휼히 여기실 것이다. "남을 용서하라. 그러면 너희도 용서를 받을 것이다"[114]라고 주님께서 가르치셨기 때문이다. 만일 여러분이 누군가의 비방을 받으면 기쁨으로 받아들이라. 그리고 자신의 모든 것을 참된 재판관이자 보응자가 되시는 주님께 맡기라. 만일 가까운 이를 비방했다면 서둘러 주님 앞에 자신을 겸손히 낮추고 비방했던 가까운 이에게 용서를 구하라. 그러면 주님께서 용서해 주실 것이다. 성경에서 가르치는 대로 여러분은 해 질 때까지 화를 풀지 않으면 안 된다.[115]여러분을 괴롭히는 서로에 대한 악한 생각을 여러분의 마음속에서 뽑아내라. 그리하여 적대적인 감정의 싹을 끊어 내라. 그러한 적대적인 감정의 뿌리는 미움과 질투다. 이 두 정욕은 하느님에게도 사람들에게도 가장 미움을 받는 악한 것이다. 이러한 것은 믿

---

113) 〈요한의 첫째 편지〉 3장 15절.

114) 〈루가의 복음서〉 6장 37절.

115) 〈에페소인들에게 보낸 편지〉 4장 26절.

는 자에게나 하느님의 종 그 누구에게도 합당하지 않다. 그러므로 우리 중 그 누구도 자신의 어리석음을 좇아 자랑하면서 "내가 저 형제를 이겼으므로 자비를 베풀지 않겠다"라고 말해서는 안 된다. 만일 그렇게 말하거나 생각하는 자가 있다면, 그는 자신의 영혼이 죽음의 손에 넘겨졌고, 울며 이를 갈고 죽지 않는 벌레와 꺼지지 않는 불이 있는 그곳에 남겨지게 될 것임을 알아야 할 것이다.

64. 아직 이 몸 안에 거하는 동안 끝없이 무서운 고통, 탄식, 슬픔을 피할 수 있도록, 잠에서 깨어 밤낮으로 자신에 대해 탄식하며 마음을 다해 슬퍼하라. 수많은 사람이 넓은 문, 넓은 길로 다닌다 해도 그곳은 파멸로 이끄는 것이니 그곳으로 가는 것을 두려워하라. 비록 다니는 사람이 극히 적다 하더라도 생명으로 인도하는 좁은 문, 좁은 길로 행하라. 좁은 길을 따라가는 사람은 참된 실천을 한 이들로서 그들은 자신의 수고에 대한 보상을 기쁨으로 받고 하늘나라를 상속으로 받을 것이다. 아직 하늘나라에 갈 준비가 되어 있지 않은 사람은 기름이 떨어져 정작 꼭 필요한 때에 기름을 구할 수 없는 순간이 오지 않도록 태만한 채로 시간이 흘러가지 않게 하기를 간절히 바란다. 왜냐하면 기름을 파는 이를 찾을 수 없었던 불행한 일이 미련한 다섯 처녀에게 일어났기 때문이다. 그들은 "'주님, 주

님, 문 좀 열어 주세요' 하고 간청하였으나 신랑은 '분명히 들어라. 나는 당신들이 누구인지 모른다' 하며 외면했다."[116] 그들에게 이러한 일이 일어난 것은 다른 이유 때문이 아니라 나태함 때문이었다. 그 후에 그들은 잠에서 깨어 바쁘게 움직이기 시작했으나 이미 아무런 소용이 없었다. 왜냐하면 말씀에 쓰인 대로 그 집의 주인이 일어나 문을 닫아 버렸기 때문이다. 이와 비슷한 또 다른 예를 들어 보겠다. 노아는 아들들과 며느리들, 그리고 그들과 함께 한 모든 다른 생물들과 함께 방주로 들어간 후, 악을 행하는 자들에게 보낸 물이 넘치자 방주의 문을 닫았다. 그 후에 노아는 방주의 문을 더 이상 열지 않았으며 악을 행하는 자들에게 형벌을 내리는 이 끔찍한 장면을 그의 아들들이 보지 못하도록 했다. 문이 이미 닫혀 버렸기 때문에 악을 행하는 자들은 의로운 자들과 함께 그곳으로 들어갈 수 없었으며, 자신의 게으름과 불순종으로 일어난 홍수 때문에 불행하게 죽었다. 방주를 짓는 100년 동안 노아는 그들에게 더 나은 삶을 살라고 끊임없이 호소했으나, 그들은 노아의 말에 귀 기울이지도 순종하지도 않았다. 그래서 그들은 죽었던 것이다.

---

116) 〈마태오의 복음서〉 25장 11~12절.

65. 화평, 한마음, 겸손, 하느님에 대한 두려움, 기도 속에서 형제애를 굳건히 지키라. 그때 하느님 집의 은혜가 여러분에게 온전히 나타날 것이며 여러분은 기쁘고 즐겁게 은혜를 소유할 수 있을 것이다. 이 은혜에 더해 믿음, 소망, 사랑, 겸손, 경외, 분별, 경건, 평화, 형제에 대한 사랑이 여러분을 더욱 아름답게 만들도록 하라. 이 모든 것을 갖춘 이는 혼인 예복을 입고 성령의 계명 안에서 걷게 된다. 모든 겸손과 인내 가운데 머물라. 그러면 정욕이 여러분에게서 멀어질 것이다.

66. 하느님의 뜻은 스스로 하느님의 뜻에 따라 사는 사람을 돕고 강건케 하며, 그 영혼이 놀라운 일을 행할 수 있도록 이끌고 하느님이 기뻐하시는 모든 길을 그의 앞에 예비할 것이다. 그가 하느님의 뜻에 따라 행하므로 그 어떠한 원수도 결코 그를 대적할 수 없을 것이다. 하느님의 뜻은 꿀보다 더 달고 온갖 기쁨으로 가득 차 있다. 그러나 사람이 자기 뜻 안에 거할 때 하느님께서는 그를 결단코 돕지 않으신다. 그리고 하느님께서는 그런 사람을 사탄에게 내어 주실 것이고, 사탄은 밤낮으로 그의 마음에 살며 어떤 경우에도 평안하게 내버려두지 않고, 내적으로나 외적으로 모든 일에서 그를 연약하고 무력하게 만들면서 멸망할

것과 해로운 것을 가져다줄 것이다. 사탄은 때때로 그에게 기쁨과 즐거움을 주지만 여기에는 진정한 기쁨이 없고 고통과 슬픔만 있을 뿐이다. 설사 기쁨과 유사한 것이 있다고 해도 그것은 하느님에게서 온 것이 아니기 때문에 진짜가 아닌 환영일 뿐이다. 진정한 기쁨은 하느님께서 주시며 자신의 의지를 부인하고 모든 일에서 하느님의 뜻을 행하는 사람에게만 주어진다. 사람의 마음에 작용하는 의지는 세 가지다. 첫째는 사탄에게서 오는 의지, 둘째는 사람에게서 오는 의지, 셋째는 하느님에게서 오는 의지다. 첫 번째 의지와 두 번째 의지는 하느님께서 기뻐하시는 의지가 아니다. 하느님께서는 하느님이 주시는 의지만 기뻐하신다. 그러므로 자기 자신을 살피며 만사를 제쳐 놓고 하느님의 뜻만 사랑하도록 하라. 왜냐하면 모든 일에서 끊임없이 하느님의 뜻을 생각하는 것이 중요하기 때문이다. 확신컨대 만일 사람이 자기 마음의 모든 의지를 내려놓지 않고 모든 일에서 자기 자신을 부인하지 않고 자신의 모든 부와 재물을 내버리지 않는다면, 또한 영적 아버지에게만 순종하며 주님께 순종하지 않는다면 그는 하느님의 뜻을 알 수도 없고 그 뜻을 행할 수도 없으며 마지막 축복마저 잃게 될 것이다.

67. 주님께서는 이 땅에서 상급이 있을 것이라고 말씀하

지 않으셨다. 이곳에는 시험, 궁핍, 가난, 슬픔이 있지만, 저곳에는 상급이 있을 것이다. 이곳의 삶은 수행과 시험의 길이다.

68. 만일 여러분이 인내하며 영적 아버지들에게 순종하고 겸손하게 행한다면 주님께서 여러분에게 아름다운 상급을 주실 것이다. 그것이 주님의 얼굴 앞에 기억될 수고다. 영적 아버지들에게 죄를 짓는 자는 주님께 죄를 짓는 자이고 주님께 죄를 짓는 자는 영적 아버지들에게 죄를 짓는 자다.

69. 무엇보다도 우리 주 예수 그리스도를 믿고 경배하며 항상 그분께 순종하고 매순간 그분의 뜻대로 행하라.

70. "순종하며 두렵고 떨리는 마음으로 여러분 자신의 구원을 위해 힘쓰라"[117]라고 쓰여 있으니, 주님을 두려워하며 행하라. 주님을 경외하는 마음은 영혼에서 모든 간교함과 죄를 없애 버린다. 하느님을 두려워하지 않는 사람은 악한 일에 무수히 빠진다. 주님에 대한 두려움은 사람

---

117) 〈필립비인들에게 보낸 편지〉 2장 12절.

을 보호하며 그가 자신의 육신을 벗어 던질 때까지 그를 지켜 줄 것이다. "우리는 임신한 듯, 해산하듯 몸부림쳤다. 그러나 우리가 낳은 것은 바람에 불과하여 이 땅에 구원을 베풀어 주지 못했다."118)

71. 온유한 자는 온전하며 하느님을 닮는다. 그는 기쁨에 넘치며 그 안에 성령께서 함께하신다. 마치 불씨를 잡지 않으면 더 많은 숲을 태우듯이, 마음에 악의를 허용하면 그것이 여러분의 영혼을 죽이고 몸을 더럽히며 불의한 생각을 불러일으킨다. 악의는 또한 싸움과 불화와 소문, 질투, 미움 그리고 몸을 괴롭히고 병을 일으키는 악한 정욕을 일깨운다. 우리 주 예수 그리스도께서 여러분을 받아들이시고 여러분 각자가 "온유함으로 인해 나를 받으시고, 주 앞에서 영원히 부활하게 하셨다"라고 기쁘게 말할 수 있도록 거룩한 이들의 온유함과 순전함을 서둘러 갖추도록 하라.

72. 하느님께서 예언자를 통해 말씀하셨다. "내가 굽어보는 사람은 억눌려 그 마음이 찢어지고 나의 말을 송구스럽

118) 〈이사야〉 26장 18절.

게 받는 사람이다."[119] 우리 주님께서는 복음서에서 다음과 같이 말씀하셨다. "나는 마음이 온유하고 겸손하니 내 멍에를 메고 나에게 배우라. 그리하면 너희의 영혼이 안식을 얻을 것이다."[120] 그러므로 겸손을 갖추고 마귀의 특징인 거만을 마음에 품고 다니지 말라. 마음에 거만함을 품고 다니는 사람은 마귀에게 경배하는 자다. 마음이 교만한 자는 모든 이의 미움을 받는다. 왜냐하면 그는 자랑을 일삼기 때문이다. 그것 때문에 그는 많은 죄악에 빠진다. 모든 죄가 하느님 앞에 가증스럽지만 마음의 거만이 모든 죄보다 더욱 가증스러운 것이다. 거만한 자에게 충고하거나 조언하는 자는 구멍 난 그릇에 물을 붓거나 날아가는 새에게 연설하는 자와 같다. 마음이 거만한 사람은 하느님 앞에 멸시를 받는다. 하느님께서는 마음이 겸손하고 애통해하는 자를 낮추시지 않는다. 하느님의 사랑으로 당신께서 친히 높은 곳에서 우리에게로 내려오셨으며 마지막 단계까지 겸손해지셨다. "내 겸손과 내 노고를 보시고 내 모든 죄를 잊으소서"라고 소리 높일 수 있도록 겸손을 사랑하라.

---

119) 〈이사야〉 66장 2절.

120) 〈마태오의 복음서〉 11장 29절.

73. 눈에 보이는 정욕을 좇아 살지 말고 마음을 약하게 먹지 말라. 왜냐하면 악한 정욕은 마음을 부패하게 하고 정신을 어둡게 만들기 때문이다. 반대로 정욕을 멀리하면 여러분 안에 거하시는 성령께서 노여워하지 않으실 것이다. 생명을 마칠 때까지 정결함에 이르고 숨겨진 정욕으로부터 자신을 보호하도록 노력하라. 이를 위해 여자의 아름다움을 보는 것을 경계해야 할 것이다. 하느님이 미워하시는 정결치 못한 정욕과 파렴치한 정욕의 종이 되지 말라. "여러분의 몸은 여러분이 하느님께로부터 받은 성령이 계시는 성전이라는 것을 모르는가?"[121]라는 말씀이 여러분의 내면에서 끊임없이 일어나도록 하느님의 이름을 여러분 마음의 눈앞에 새겨 놓으라. 정결치 못한 정욕에 빠진 자는 〈시편〉 말씀처럼 멸망하는 짐승과 같다.[122] 그러므로 음란한 눈을 미워하며 정결함을 추구하라. 정결함이야말로 하느님의 천사들이 가지고 있는 영광이기 때문이다. 그러나 혹시라도 사탄의 꼬임으로 넘어진다면, 회개를 통해 다시 일어나서 죄 가운데 있던 양을 찾으러 오신 그분께로 나아가라.[123]

---

121) 〈고린토인들에게 보낸 첫째 편지〉 6장 19절.

122) 〈시편〉 49편 12절, "사람은 제아무리 영화를 누려도 잠깐 살다 죽고 마는 짐승과 같다."

74. 자기 입술과 혀를 보존할 수 없는 자는 말을 적게 하도록 애써 노력하라.[124] 자신을 돌아보고 자신의 혀를 통제해 죄를 짓지 않도록 많은 말을 하지 말라. 손가락으로 여러분의 입을 막고 여러분의 혀에 재갈을 물리라. 왜냐하면 말이 많은 사람은 자신 안에 성령께 내어 줄 자리를 남기지 않기 때문이다. 만일 아직 초심자인 어떤 사람이 여러분과 얘기하면서 영혼을 위해 무엇이 유익한지 묻는다면 그에게 이렇게 대답하라. "만일 유익하지 않은 것이 있다면, 그것에 대해서는 듣지 못하는 귀머거리가 되고, 말하지 못하는 벙어리가 되라."

75. 나쁜 말은 독약보다 해로우므로 그 누구에 대해서도 나쁜 말을 하지 않도록 자기 입술에 든든한 파수꾼을 세우라. 모든 상처는 치유되지만, 말로 인해 받은 상처에는 치료약이 없다. 사탄에 의해 내뱉게 된 비방자의 부주의한

---

123) 〈루가의 복음서〉 15장 4절, "너희 가운데 누가 양 100마리를 가지고 있었는데 그중에서 한 마리를 잃었다면 어떻게 하겠느냐? 99마리는 들판에 그대로 둔 채 잃은 양을 찾아 헤매지 않겠느냐."

124) 〈욥기〉 11장 3절, "자네의 지껄이는 소리를 듣고 누가 입을 열지 않으며 그 빈정거리는 소리를 듣고 누가 핀잔을 주지 않겠는가?"

말은 뱀의 혀보다 더 독성이 강하다. 왜냐하면 그 말은 형제들 가운데 다툼과 쓰라린 반목을 일으키고 평화로운 이들 가운데 분란과 사악함을 심고 많은 사람의 모임을 흩어지게 만들기 때문이다. 그러므로 다른 사람을 비방하는 것을 피하고 침묵하라. 침묵하기를 좋아하는 이의 자리는 하느님과 천사들 옆 높은 곳에 있다. 주님께서는 여러분 스스로 자기 입술을 지킬 때 여러분의 길을 보호하신다고 말씀하셨다.[125)]

76. 성경은 두 가지의 수치가 있다는 것을 확인해 준다. 어떤 수치로부터는 죄가 생겨나고 또 다른 수치로부터는 영광과 은혜를 얻게 된다.[126)] 죄를 지은 후 느끼는 수치심은 진실하고 유익한 수치다. 그러나 죄를 짓게 만드는 수치는 하느님의 계명을 지키는 것을 방해한다. 하느님의 뜻에 따라 행하는 것을 조금도 부끄러워하지 말고 진리를 행할 때 숨지 말라. 주님의 가르침이나 지혜의 말씀 선포하기를 두려워하지 말고 자신의 죄를 영적 아버지들에게 드

---

125) 〈잠언〉 13장 3절, "입에 재갈을 물리면 목숨을 지키지만 입을 함부로 놀리면 목숨을 잃는다."

126) 〈집회서〉 4장 21절, "너무 소심하기 때문에 죄에 빠지는 수도 있고 오히려 소심하기 때문에 영광과 은총을 차지하는 수도 있다."

러내는 것을 부끄러워하지 말라.

77. 우리 영혼에 대한 긍휼로 마음이 움직이신 주님께서는 복음서에서 다음과 같이 말씀하셨다. "모든 사람에게 칭찬을 받는 사람들아, 너희는 불행하다. 그들의 조상들도 거짓 예언자들을 그렇게 대하였다."[127] 그러므로 멸망에 이르지 않도록 허영과 그 싹을 잘라 내기 위해 죽기까지 노력하라. 허영을 피하라. 많은 사람이 이 때문에 멸망했다. 허영은 많은 노력, 금식, 기도, 여러 번 올리는 밤 기도, 사람들 앞에서 베푸는 자선, 그와 비슷한 수많은 일을 하도록 사람들을 부추긴다. 그러나 그는 이 모든 것으로 수치와 조롱을 얻는 것 외에 그 무엇도 이루지 못할 것이다. 허영의 마귀는 극도로 많다. 그러므로 허영으로 말미암아 멸망하거나 길을 헤매지 않도록 자신 속에 있는 무언가 특별히 위대한 것을 내세우려고 노력하지 말라. "마음이 가난한 사람은 행복하다. 하늘나라가 그들의 것이다"[128]라고 하신 하느님의 칭찬을 얻기 위해서 성인들의 가난을 본받고 그들의 영광도 얻을 수 있도록 더욱 열심히 노력하라.

---

127) 〈루가의 복음서〉 6장 26절, 〈요한의 복음서〉 5장 44절.

128) 〈마태오의 복음서〉 5장 3절.

78. 우리 주 예수 그리스도께서는 복음서에서 "참고 견디면 생명을 얻을 것이다"[129]라고 말씀하셨다. 또한 "그러나 끝까지 참는 사람은 구원을 받을 것이다"[130]라고 하셨다. 그러니 우리가 천국에서 우리에게 준비된 것을 얻기 위해 얼마나 열심히 노력하고 참아야 하는가? 그러므로 피를 흘리는 데까지 이르기 전에는 자랑하지 말라. 왜냐하면 어떤 예술가도 완성하기 전까지는 자기 작품을 자랑하지 않기 때문이다. 인내로 승리를 얻은 자를 복된 자라고 불러야 할 것이다. 때가 이르면 그는 나사로처럼 높은 곳에서 영광을 받을 것이다.

79. 〈시편〉 기자는 "당신의 약속은 말부터가 혀에 달아 내 입에는 꿀보다도 더 답니다"[131]라고 말했다. 또한 "금보다, 순금덩이보다 더 좋고"[132]라고 했다. 우리 주 예수 그

---

129) 〈루가의 복음서〉 21장 19절.

130) 〈마태오의 복음서〉 10장 22절, "그리고 너희는 나 때문에 모든 사람에게 미움을 받을 것이다. 그러나 끝까지 참는 사람은 구원을 받을 것이다." 〈마태오의 복음서〉 24장 13절, "그러나 끝까지 참는 사람은 구원을 받을 것이다."

131) 〈시편〉 119편 103절.

132) 〈시편〉 19편 10~11절.

리스도를 진실로 알아가는 동안 깨어서 그의 계명을 지켜 "그 아심이 놀라워 내 힘이 미치지 않고"[133]라고 말할 수 있는 사람은 진실로 복된 자다. 우리를 지으신 그분이 여러분에게 노하시지 않도록 신실치 못한 자가 되는 것을 두려워하라. 신실치 못한 자에게 진리를 전파하거나 훈계하거나 가르치는 자는 깊은 바다에 진주를 던지는 자와 같다. 반면에 믿는 자의 마음속에는 마치 경사진 땅을 따라 물이 아래로 쏜살같이 내달려 흘러가듯이 주님의 말씀이 스며든다.

80. 태만하고 게으르다는 소리를 듣지 않도록 깨어서 마음의 집 안에 있는 선한 열성을 끊임없이 일깨우도록 하라. 정욕은 깨어서 열성을 다해 수행하는 이를 결코 다스릴 수 없다. 혹시 유혹자의 간계로 인해 넘어질 때도 열성을 다하는 것과 깨어 있음이 그를 다시 일으켜 세울 것이다. 하느님을 기쁘게 해 드리는 일에 열성을 다하지 않으며 태만하고 나태한 자는 마귀의 유혹에 빠져도 자신이 지은 죄를 미처 깨닫지 못한다. 왜냐하면 그의 심장은 돌처럼 굳어져서 길들이고 재갈 물린 노새와 같이 되어 아무나

133) 〈시편〉 139편 6절.

그 위에 앉을 수 있기 때문이다. 불의가 그를 사로잡는 동안 마귀는 그러한 사람 속에서 온갖 정욕을 일으켜 타락시키고 그를 원하는 대로 끌고 갈 것이니, 결국 그는 신음하고 애통하다 죽게 될 것이다. 태만한 자는 무너져서 주인에게 버림받은 집과 같다. 그 집은 그 누구에게도 가치가 없고 도리어 저주받은 것처럼 독사나 거미, 짐승의 소굴처럼 모든 사람이 싫어하는 곳이 된다. 무너지고 황폐해진 집처럼 그에게 신경을 쓰는 사람은 아무도 없다. 태만한 자의 상태는 그러한 것이다. 원수의 손아귀에 떨어지지 않도록 열심을 품고 애쓰며 결코 그 열심을 거두지 말라. 사람 안에 이러한 아름다운 열성과 돌아봄이 있을 때, 이것이 그에게 온갖 타락과 상처에 대해 미리 경고해 준다. 마침내 그러한 사람은 성령이 평안히 거하시는 처소가 되고, 자신의 길을 행복하게 완주한 후에 이 세계에서도 거룩한 이들의 평안에 다다르게 된다.

81. 동정(童貞)에 관한 이야기에 이르렀을 때 사도 성 바울로는 "주님께서 나에게 지시하신 바가 없으므로"[134]라고 말했다. 그가 지시받지 못한 이유는 아무나 그 어려운

134) 〈고린토인들에게 보낸 첫째 편지〉 7장 25절.

멍에를 질 수 없기 때문이다. 그러므로 그 멍에는 감당할 수 있는 사람들의 자발적인 선택으로 남게 되었다. 평생 동정으로 있는 사람 중 그 누구도 그것을 자랑하지 않는데, 그 이유는 그것이 하느님의 은혜이기 때문이다. 동정으로 지내는 것은 여자에 대한 관심, 육체적인 생각, 마음의 자만심, 세속적인 모든 것에 대한 사랑으로부터 멀어지게 만든다. 동정으로 지내는 것은 또한 참을성 없는 불평, 사람에 대한 미움, 세속적인 영광을 자신에게서 쫓아낸다. 그것은 예배에 힘쓰게 하고, 혀를 억제하고, 배를 금식으로 단련한다. 동정이 이 모든 것으로 인해 아름답게 될 때, 흠결 없는 제물이 되는 것이다. 만일 동정을 지키는 마음을 지닌 여러분이 호화로운 식사에 신경을 쓰고 자만하는 마음으로 자화자찬하면서 자기 일에만 신경을 쓴다면, 여러분은 모든 일에서 수치를 당하게 될 것이다. 만일 여러분이 자신의 혀를 지키지 않는다면 여러분의 마음은 평생토록 공허할 것이며, 쓸데없이 큰 수고를 한 셈이 될 것이다.

82. "복되어라, 그 행실 깨끗하고 야훼의 법을 따라 사는 사람!"[135]이라고 기록된 바와 같이 성인들이 걸었던 그 길을 따라 의롭게 걷도록 하라. 그리하여 몸이 정결하고, 말이 정결하고, 눈이 정결하고, 손이 정결하고, 귀가 정결하

고, 발이 정결하고, 하느님 앞에서 생각이 올바르고, 다른 사람과의 관계에서 마음이 정결한 가운데 걸어가라. "하느님, 깨끗한 마음을 새로 지어 주시고 꿋꿋한 뜻을 새로 세워 주소서"[136]라고 기도하듯이 말이다.

---

135) 〈시편〉 119편 1절.

136) 〈시편〉 51편 10절.

제2장. 선한 행실과 거룩한 삶에 대한 170장의 교훈

1. 사람들이 보통 지혜로운 사람이라고 말할 때, 이 말을 잘못 사용하는 경우가 있다. 지혜로운 자는 고대 현자들의 연설과 글을 공부한 사람이 아니라, 무엇이 선한지, 무엇이 악한지 판단할 수 있는 마음을 지닌 사람이다. 악하고 영혼에 해를 끼치는 이들을 멀리하고 선하고 영혼을 이롭게 하는 이들을 지혜롭게 배려할 줄 알며, 하느님께 크게 감사하면서 행하는 이야말로 진실로 지혜로운 사람이라고 불려야 마땅하다.

2. 진실로 지혜로운 사람은 마음을 다해 하느님께 순종하며 모든 일에서 하느님을 기쁘게 해 드리고자 하는 한 가지 관심만 가지고 있다. 지혜로운 사람은 삶에서 어떤 환경에 처하든지 간에, 하느님의 선하신 계획에 대해 하느님께 감사드리며 어떻게 하면 하느님을 기쁘게 해 드릴지 그 한 가지만을 자신의 영혼에 가르친다. 의사가 쓰고 달갑지 않은 약을 준다고 해서 몸을 회복하게 해 준 의사에게 감사하지 않는 것은 옳지 않다. 마찬가지로 모든 것이 하느님의 계획이고 우리를 유익하게 해 주시기 위한 것임을 깨닫지 못하고 단지 우리들을 기쁘게 해 주시지 않는다고 해서 하느

님께 감사드리지 않는 것은 온당치 못하다. 이것을 이해하고 하느님을 믿을 때 영혼의 구원과 평안이 있다.

3. 절제, 온순, 정결, 확고함 등과 같은 위대한 덕은 우리가 만나게 되는 슬픔에 맞서 싸우며 우리를 돕도록 하느님께서 우리에게 주신 전투 능력과 같다. 만일 우리가 이 힘을 단련해서 이 힘이 항상 우리 안에 준비되어 있다면, 우리에게 일어나는 어떤 일도 비참하다거나, 과도하거나, 파멸을 불러오거나, 견딜 수 없는 것이 되지 않을 것이다. 왜냐하면 모든 것이 우리 안에 있는 덕으로 말미암아 극복될 것이기 때문이다. 마음이 지혜롭지 못한 자에게는 이러한 것이 아무 의미가 없다. 왜냐하면 그들은 이 모든 것이 우리의 미덕을 빛나게 하기 위한 것이고, 우리가 이것으로 인해 상을 받을 것임을 믿지 않기 때문이다.

4. 만일 여러분이 부(富)와 그것으로 얻는 많은 즐거움이 한순간의 헛된 망상이라고 생각하고, 부(富)보다 선을 행하고 하느님을 기쁘게 해 드리는 삶이 낫다는 것을 안다면, 여러분은 다음과 같은 확신 가운데 견고히 서서 그것을 기억 속에 간직하게 될 것이다. 여러분은 자신보다 못한 사람이 달변이나 학식 혹은 부로 인해 영광을 얻는 것을 보더라도 탄식하거나, 불평하거나, 누군가에게 불만을

말하지 않고 모든 것에 대해 하느님께 감사하게 될 것이다. 진리에 무지하고 만족을 모르면서 부와 쾌락에 대한 욕심, 명예욕, 허영을 갖는 것은 가장 악한 정욕이다.

5. 지혜로운 사람은 자신을 살펴서 무엇을 해야 하는지, 무엇이 자신에게 이로운지, 무엇이 그의 영혼에 잘 맞고 구원에 도움이 되는지, 무엇이 그 영혼에 맞지 않고 해로운 것인지 안다. 그러므로 그는 영혼에 맞지 않고 해로운 것을 피한다.

6. 절제하는 삶을 사는 사람일수록 더 평온하다. 왜냐하면 그는 많은 일, 즉 노예나 고용한 일꾼, 가축을 사고파는 일에 대해 근심 걱정을 하지 않기 때문이다. 우리가 그러한 일에 집착하면 그로 인해 슬픈 일이 생길 때 하느님께 불평하게 된다. 그리하여 많은 정욕이 제멋대로 우리를 당황스럽게 하고, 우리는 자신도 모르는 사이에 죄 된 삶의 어둠 가운데 헤매게 된다.

7. 선을 행하며 사는 것이 불가능하다고는 말할 수 없지만, 그렇다고 그리 쉬운 일도 아니다. 이것은 누구에게나 쉽지 않은 일임에 틀림없다. 선을 행하는 삶에 참여하는 사람은 경건하며 하느님을 사랑하는 지혜를 가진 자다.

일반적인 보통의 지혜는 세속적이고 변덕스럽다. 그것은 변질될 수 있는 물질적인 것으로서 선한 생각도 주고, 악한 생각도 준다. 그러나 하느님을 기쁘게 해 드리는 지혜는 제멋대로 부주의하게 행해 사람 안에 생겨나는 악을 징벌한다.

8. 교육받지 못한 자와 무지한 사람은 학문을 우스운 일로 치부하고 들으려 하지 않는다. 왜냐하면 이 학문으로 인해 그들의 무지가 탄로 나기 때문이다. 그리고 그들은 모든 사람이 자신과 같기를 바란다. 또한 삶과 성품에서 참을성이 없는 사람도 자신이 저지른 숱한 악한 행위로 비난받을까 봐 염려하면서 다른 사람들이 자신보다 못하기를 바란다. 이 악은 음란, 자만, 탐욕, 분노, 무례, 광포함, 살인, 수군거림, 질투, 사기, 약탈, 조급함, 거짓말, 정욕, 게으름, 슬픔, 겁냄, 미움, 정죄, 나태, 오해, 무지, 속임 등이 그 안에 복잡하게 뒤섞여 있고, 이 죄스러운 악 때문에 영혼이 파멸하고 타락하게 된다. 하느님에게서 멀어지는 영혼은 이와 같은 것들로 인해 영혼이 파괴된다.

9. 사람이 과연 진실로 수행하며 선을 행하는 훌륭한 삶을 사는지는 거짓으로 꾸민 성품이나, 거짓된 삶의 모습으로는 판단할 수 없다. 그러나 그물을 피하듯 모든 쾌락에서

돌아서서 숙련된 성상화가나 조각가처럼 선을 행하며 하느님께서 기뻐하시는 삶을 사는 것을 보여 준다면, 그것은 진실한 것이다.

10. 온전한 사고를 하는 사람의 눈에는 부유하고 좋은 집안 출신이라 하더라도 영적인 교육이나 미덕이 결여된 삶을 사는 사람이 불쌍하게 보인다. 형편없이 가난하고 종의 신분을 가진 자라도 그가 교육이나 미덕으로 자신을 단장했다면 그는 행복한 사람이다. 정욕에 빠져서 선한 삶에 마음을 쓰지 않는 자는 나그네가 길을 잃고 죽음에 이르듯이 파멸에 이를 것이다.

11. 훈련받지 못한 성품을 부드러운 성품으로 만들고, 또한 그 성품이 학문과 교육을 좋아하도록 만드는 데 성공한 사람은 사람을 만드는 이로 불려야 한다. 마찬가지로, 절제하지 못하던 사람으로 하여금 선을 행하며 하느님을 기쁘게 해 드리는 삶을 살도록 이끈 사람 또한 마찬가지다. 왜냐하면 그들은 사람을 새롭게 태어나게 했기 때문이다. 겸손과 절제는 사람의 마음에 행복과 선한 희망을 준다.

12. 진실로 사람은 자신의 삶과 성품을 온전하게 세워야 한다. 그것이 바르게 될 때 하느님을 쉽게 알게 된다. 하느

님은 온전한 마음과 온전한 믿음으로 하느님을 존중하는 자가 정욕과 분노를 이기도록 섭리적으로 도우신다. 정욕과 분노는 모든 악의 원인이다.

13. 지혜로운 이, 또는 자신을 변화시킬 수 있는 이를 사람이라고 불러야 마땅하다. 변화될 수 없는 자를 사람이라고 불러서는 안 된다. 왜냐하면 변화되지 못하는 것은 사람답지 못한 일이기 때문이다. 그렇게 되지 않도록 주의해야 한다. 악과 함께 거하는 자는 복된 영생의 무리 가운데 들지 못할 것이다.

14. 사실상 우리 안에 있는 지혜만이 우리를 가치 있게 만들어 주며, 우리를 가치 있는 사람이라 불릴 수 있게 해 준다. 그러한 지혜가 없으므로 우리는 자신의 몸짓과 말재주로 자신이 다른 이들과 다르다는 것을 드러내려 한다. 그러나 분별력이 있는 사람은 자신이 영생할 것을 알고, 죽음의 원인인 더러운 정욕을 미워한다.

15. 모든 예술가는 자신에게 주어진 적합한 재료, 즉 어떤 이는 나무, 다른 이는 동, 또 다른 이는 금과 은을 아름다운 형태로 다듬어 자신의 솜씨를 보여 준다. 이와 마찬가지로 우리도 몸이 있기 때문이 아니라, 영혼에 참된 지혜

가 있으므로, 선한 삶의 법칙에 순종함으로써, 다시 말해 선을 행하고 하느님을 기쁘게 해 드리는 삶으로써 우리가 사람임을 나타내야 한다. 진실로 지혜롭고 경건한 영혼은 삶 속에 무엇이 있어야 하는지, 어떻게 해야 하느님의 인자하심을 경험할 수 있는지 알며, 하느님께 모든 소원과 생각을 집중하면서 하느님께 진심으로 감사한다.

16. 배가 암석이나 암벽에 부딪히지 않고 앞으로 나아가도록 조타수가 조심스럽게 운전하듯이, 선을 행하는 일에 열성을 다하는 사람은 하느님의 계명을 지키는 것이 자신에게 이롭다고 생각하고 마음으로부터 거짓된 생각을 끊어 내면서, 무엇을 해야 하며 무엇을 피해야 하는지 조심스레 심사숙고한다.

17. 조타수와 마부가 재빠른 기지와 근면함을 지니고 있을 때 자기 일을 흠 없이 해낼 수 있듯이, 올바르고 선을 행하는 일에 열성을 다하는 사람은 어떻게 해야 바람직하고 자비를 베푸는 삶을 살 수 있을지 깊이 생각하고 자기를 돌아보아야 한다. 그러므로 이러한 삶을 원하고 또 자신이 바라는 바를 이룰 가능성이 있음을 확신하는 사람은 믿음으로 정결한 삶, 곧 썩지 아니하는 것을 추구하는 삶에 도달한다.

18. 자유로운 자로 간주되는 사람은 상황이 자유로운 자가 아니라, 삶과 성품이 자유로운 자다. 예를 들어, 유식하거나 부유한 자라 하더라도 악하며 절제하지 못할 때는 자유로운 사람이라고 불러서는 안 된다. 그들은 감각적인 정욕의 노예이기 때문에 진실로 자유로운 자들이라고 부를 수 없다. 마음의 자유와 행복을 만드는 것은 진정한 정결함, 그리고 찰나적인 것을 무시하는 것이다.

19. 여러분은 끊임없이 지혜로운 자로 자신을 나타내야 할 뿐 아니라, 선한 삶과 행위로도 자신을 나타내야 한다는 것을 명심하라. 이것은 마치 환자가 어떤 의사가 구원자이고 은혜를 베푸는 사람인지 그의 말이 아닌 행위로 아는 것과 마찬가지다.

20. 어떤 사람의 영혼이 진실로 지혜로운지, 그리고 선을 행하는지는 눈빛과 행동, 목소리, 미소, 대화, 그리고 태도에서 나타난다. 지혜로운 자의 영혼 속에 있는 모든 것은 변화되어서 가장 단정한 모습을 취한다. 영혼의 경건한 지혜는 마치 용감한 문지기처럼 악하고 더러운 생각에 대해 문을 걸어 잠근다.

21. 주변을 살펴보고, 상관이나 권력자가 몸에 대해서만 권력을 가지며 정작 영혼에 대해서는 아무런 권력도 가지지 못한다는 것을 명심하라. 그러므로 그들이 여러분을 좌지우지할 때, 예를 들면, 죽이라고 하거나 혹은 바람직하지 않고 옳지 않은, 영혼에 해가 되는 어떤 일을 하게 시킬 때, 그들이 여러분의 몸을 괴롭힌다 해도 그들의 말을 듣지 말아야 한다. 하느님은 영혼을 자유롭고 자율적으로 만드셨기 때문에, 영혼은 좋든 나쁘든 간에 자신이 원하는 대로 행할 수 있는 의지를 가지고 있다.

22. 지혜로운 영혼은 사탄과 악한 의지가 하는 일인 방탕, 교만, 자만, 기만, 질투, 도둑질, 그리고 그와 유사한 일을 피한다. 작은 쾌락도 좇지 않으려고 애쓰는 사람은 부지런히 노력하고 주의 깊게 사색함으로써 이를 이루어 낸다.

23. 작고 소박하더라도 수행하며 인생을 사는 자는 위험을 면하게 되므로 특별히 지나치게 조심할 필요가 없다. 그들은 모든 일에서 소망을 얻고 하느님께로 가는 길을 손쉽게 발견한다.

24. 지혜로운 사람은 모든 종류의 대화를 들을 필요가 없고 유익을 가져다주고 하느님의 뜻을 이해하는 데 도움이

되는 대화만을 들어야 한다. 왜냐하면 그러한 대화는 사람을 다시 생명과 영원한 빛으로 돌이키기 때문이다.

25. 선을 행하고 경건하게 살고자 하는 사람은 자만과 온갖 공허하고 거짓된 영광을 버리고 삶과 마음이 선하게 변화되도록 노력해야 한다. 경건하고 불변하는 지혜는 하느님께로 향하는 안내자이자 길이다.

26. 영혼이 선하고 자비로운 삶을 살지 않는다면 학문을 익히는 것은 아무 유익이 없다. 모든 악의 원인은 방탕과 미혹되는 것과 하느님을 모르는 것이다.

27. 선한 삶에 대해 심사숙고하거나 영혼에 관심을 갖는 것은 선하고 경건한 사람을 만든다. 하느님을 찾는 사람은 끊임없는 기도로 모든 정욕을 이기기 때문에 하느님을 얻는다. 그러한 사람은 사탄을 두려워하지 않는다.

28. 선한 삶을 살려면 무엇을 해야 하는지 매우 잘 알고 있음에도 불구하고 여전히 세속적인 복에 빠져 있는 사람은 마치 약과 치료 도구는 받았으나, 그것을 사용할 줄도, 관리할 줄도 모르는 사람과 같다. 그러므로 자신이 저지른 죄에 대해서는 그의 부모도, 그 누구도 비난할 수 없고 오

직 자기 자신만을 비난할 수 있다. 왜냐하면 만일 영혼이 스스로 게으름에 굴복하면 정복당하지 않을 도리가 없기 때문이다.

29. 무엇이 선이고, 무엇이 악인지 구별할 수 없는 사람은 사람들 가운데 누가 선하고 누가 악한지 판단하기에 합당치 않다. 하느님을 아는 사람은 선하다. 그러나 그가 선하지 않다면, 그는 하느님을 알지 못하며 결코 하느님의 인정을 받지 못한다. 왜냐하면 하느님을 아는 유일한 방법은 선함이기 때문이다.

30. 선하고 경건한 사람은 어떤 사람에 대해 무언가 나쁜 점을 말할 때 바로 그 사람 앞에서 얘기한다. 그들은 자리에 없는 이를 비난하지 않을뿐더러, 그와의 관계에 대해 아무 말도 하지 않는다. 또한 그것을 허용하지도 않는다.

31. 대화 중에 조금의 불손함도 있어서는 안 된다. 겸손과 지혜는 처녀를 아름답게 꾸며 주지만, 지혜로운 이를 더욱 아름답게 만들어 준다. 태양이 몸을 비추듯이 영혼을 비추는 빛은 경건한 지혜다.

32. 영혼의 온갖 정욕이 자신을 대항해 일어날 때도 진실

로 지혜로우며, 자신의 운명을 마땅하고 견고한 기초 가운데 두기를 원하는 사람은 썩어 없어질 부가 아닌 하늘에 있는 진정한 영광을 얻는 것이 자신에게 더 기쁜 일이라고 생각한다는 것을 기억하라. 바로 그것이 그를 복된 자로 만드는 것이다. 부는 도둑맞을 수도, 강한 자에게 빼앗길 수도 있지만 영혼의 미덕은 안전하게 얻어지며 탈취당하지도 않는다. 게다가 영혼의 미덕은 죽음의 때에 그것을 힘써 얻은 자를 구원한다. 부와 쾌락의 환영 같은 반짝거림은 이렇게 생각하는 이들의 마음을 유혹하지 못한다.

33. 변덕스럽고 무지한 자는 지혜로운 자를 시험하지 말아야 한다. 하느님을 기쁘게 해 드리며 침묵하는 자, 혹은 말하더라도 조금만, 즉 꼭 필요한 말과 하느님을 기쁘게 해 드리는 말을 하는 이가 지혜로운 자다.

34. 선을 행하며 경건한 삶을 추구하는 사람은 영혼의 미덕이 마치 빼앗길 수 없는 소유물과 영원한 안식을 주는 재산인 듯 소중히 여기며 이를 열심히 추구한다. 그들은 일시적인 것이 넉넉지 않아도 기뻐하고 온전히 감사하면서, 필요한 만큼 그리고 하느님께서 주시는 만큼만 사용한다. 풍성한 식탁은 물질적인 몸을 양육하지만, 하느님을 아는 것, 인내, 자비, 자선, 경건, 온유함은 영혼이 하느님

을 닮도록 만든다.

35. 온당치 못하고 영혼에 해가 되는 일을 하도록 강요하는 권력자라고 해도 자율적인 존재로 창조된 영혼을 통치하지는 못한다. 그들은 몸은 구속할 수 있지만 의지를 속박할 수는 없다. 왜냐하면 모든 권력과 강압과 힘보다 더 강하신 창조자의 은혜를 받은 지혜로운 사람이 그 의지의 주인이기 때문이다.

36. 돈이나 자녀, 종 혹은 다른 소유를 잃는 것이 불행이라고 여기는 사람은 다음과 같은 사실을 알아야 한다. 첫째, 하느님이 주신 것에 만족해야 하고, 그 후에는 그것을 잃거나 다시 돌려주어야 한다고 해서 자신을 슬픔으로 괴롭히지 말고 기꺼이 온유하게 돌려주어야 한다는 것이다. 마치 자신의 것이 아닌 것을 사용하고 다시 되돌려주는 사람처럼 말이다.

37. 무릇 성품이 좋은 사람이라 함은 비록 엄청난 부를 준다 해도 부를 얻기 위해 자신의 자유를 팔지 않는 사람이다. 왜냐하면 세상의 복은 꿈과 같고, 부는 환영과 같아서 믿을 수 없고 순간적으로만 반짝거릴 뿐이기 때문이다.

38. 앞서 언급했듯이 진실로 인간적인 장점이 있는 사람은 경건하고 선을 행하는 삶을 살기 위해 노력해야 한다. 그리하여 마치 흰옷 위에 장식용으로 덧입은 작은 자주색 옷이 도드라져서 모든 이의 눈에 띄는 것처럼 그들의 선한 삶이 다른 사람들 사이에서 빛나도록 해야 한다. 그러면 사람들이 영혼의 덕에 대해 더욱 열성을 다하게 될 것이다.

39. 경건한 지혜를 가진 사람은 자기 능력을 살피고 영혼 안에 있는 덕을 정비해야 한다. 그리하여 하느님이 그들에게 자연적으로 주신 영혼의 힘으로 그들을 공격하는 정욕에 맞설 준비가 늘 되어 있어야 한다. 핵심은 다음과 같다. 곧, 영적으로 해로운 아름다움과 온갖 정욕의 반대는 절제이며, 궁핍과 가난의 반대는 인내이며, 짜증과 분노의 반대는 온화함이다.

40. 갑자기 선하고 지혜로운 사람이 될 수는 없다. 이것은 진지한 토론, 훈련, 경험, 끊임없는 수행 그리고 무엇보다 미덕에 대한 강한 열망으로 이루어질 수 있다. 진실로 하느님을 아는 선하고 경건한 사람은 하느님을 기쁘게 해 드리는 일을 항상 하면서 잠시도 쉬지 않는다. 하지만 그런 사람은 매우 드물다.

41. 선을 추구하는 성향을 타고 나지 않은 사람은 낙심하거나 자신에 대해 실망하지 말고 경건하고 선한 삶에 관심을 가져야 한다. 그러한 삶이 아무리 그들에게 이루어질 수 없고 실현 불가능한 것 같이 여겨진다 해도 말이다. 자신에 대해 생각하고 깊은 관심을 가져야 한다. 그러면 그들이 비록 미덕의 정점이나 온전함까지는 다다를 수 없다고 해도 여러 방면으로 자신에 대해 생각하고 염려하기 때문에 더 나아질 수도 있고, 적어도 더 나빠지지는 않을 것이다. 이것은 영혼에 적지 않은 유익이 된다.

42. 사람은 이성을 통해 형언할 수 없는 하느님의 능력과 접촉하지만, 몸은 동물과 유사하다. 그들 가운데 소수만이, 즉 진정 지혜로운 사람만이 하느님과 구원자에 대해 생각하고 그분을 닮기 위해 노력하는데, 이것은 선을 행하는 삶과 행동으로 나타난다. 영혼에 대해 생각하지 않는 대다수의 사람들은 불멸하는 하느님의 자녀가 되는 것은 제쳐 둔 채, 죽을 운명에 속한 것, 곧 가련하고 유한한 몸과 같은 것에만 관심을 가진다. 그들은 말 못 하는 짐승처럼 육체적인 것에만 신경을 쓰고 정욕에 불타서 자신을 하느님에게서 분리하고 영혼을 하늘에서 정욕의 나락으로 끌어내리려 한다.

43. 지혜로운 사람은 하느님과 함께 거하는 것과 하느님과의 교제에 대해서만 생각한다. 그는 절대로 세속적이고 저급한 것에 엮이지 않고 도리어 자신의 지혜가 하늘의 영원한 것을 향하도록 한다. 그는 사람을 구원하고자 하는 하느님의 뜻이 사람에게 모든 선의 근원이며 영원한 복의 원천임을 알고 있다.

44. 만일 여러분이 논쟁을 좋아하며 진리와 확실한 것에 반대해 싸움을 거는 사람을 만나거든 논쟁하기를 멈추고 마음이 완전히 굳어진 그 사람을 피하라. 더러운 물이 훌륭한 포도주를 아무 쓸모 없는 것으로 만들듯이, 악한 대화는 삶과 성품이 선한 사람을 타락시킨다.

45. 우리가 육신의 죽음을 피하려고 모든 노력과 수단을 강구하는 것처럼 더욱더 영혼의 죽음을 피하려고 노력해야 할 것이다. 만일 구원받기를 바란다면 영혼의 태만과 게으름 이외에는 어떤 방해물도 없을 것이다.

46. 자신에게 무엇이 유익한지, 무엇을 읽어야 좋은지 알고 싶어 하지 않는 사람은 좋은 건강 상태에 있지 못하다고 할 수 있다. 진리에 대해 알고 난 이후에도 진리에 반대하며 논쟁을 일삼는 사람은 분별력이 죽은 것이다. 그들

의 마음은 짐승의 마음이 되어 하느님을 알지 못하며 그들의 영혼은 더 이상 빛에 의해 밝아지지 않는다.

47. 하느님께서는 우리의 유익을 위해 여러 종류의 동물을 말씀으로 지으셨다. 어떤 동물은 양식으로 사용하도록, 어떤 동물은 사람을 섬기라고 지으셨다. 그리고 하느님께서는 당신이 하시는 일의 목격자가 되고, 감사드리며 해석하는 자가 되도록 사람을 만드셨다. 사람은 하느님과 그분이 하시는 일을 보지도, 깨닫지도 못하는, 말 못 하는 짐승처럼 죽지 않도록 노력해야 한다. 사람은 하느님께서 모든 것을 하실 수 있다는 것을 알아야 한다. 그 누구도 모든 것을 하실 수 있는 하느님을 거역할 수 없다. 원하신 모든 것을 무에서 창조하셨듯이 하느님께서는 사람의 구원을 위해 모든 것을 행하신다.

48. 하늘의 존재는 불멸하며 그들 안에는 완전한 선이 존재하지만, 지상의 존재는 자신 가운데 있는 자의적인 악으로 죽게 된다. 분별력이 없는 자들 속에 있는 악은 게으름과 하느님을 알지 못함으로 증가된다.

49. 죽음은 죽음을 이해하는 이들에게는 영생이지만, 그것을 이해하지 못하는 무지한 자들에게는 말 그대로 죽음

이다. 이 죽음을 두려워할 것이 아니라, 하느님을 알지 못하는 영혼의 멸망을 두려워해야 한다. 그것은 영혼에게 끔찍한 일이다.

50. 죄는 물질적인 것 속에서 자신의 발판을 찾고 몸에서 자신의 거처를 찾는다. 지혜로운 영혼은 이것을 알기 때문에 물질적인 것의 짐을 벗어 버린다. 그리고 이 짐에서 벗어난 후에는 모든 일에서 하느님을 인정하면서 마치 적이나 반대편을 믿지 못해 주시하듯 자기 몸을 자세히 살핀다. 그렇게 악한 정욕과 물질을 이긴 영혼은 하느님에게서 면류관을 받는다.

51. 죄는 영혼에 의해 인지되고 나면 심한 악취가 나는 짐승처럼 영혼의 미움을 받는다. 그러나 영혼이 미처 인식하지 못하면 죄는 알아채지 못한 이들의 사랑을 받고, 자신을 사랑하는 자를 노예로 만들어 포로로 사로잡는다. 그러면 불행하고 가련한 그 사람은 무엇이 그의 구원에 도움이 되는지도 모른 채, 죄가 자신을 아름답게 해 주고 기쁘게 해 줄 것으로 생각한다.

52. 하느님은 정결한 영혼을 그 선함으로 인해 밝고 빛나게 하신다. 그러면 이성은 선에 대해 생각하고 하느님을

사랑하고자 하는 의지와 행위를 낳는다. 그러나 영혼이 죄로 더럽혀질 때 하느님께서는 그로부터 돌아서신다. 더 맞는 표현을 하자면, 영혼 스스로 자신을 하느님으로부터 분리한다. 그리고 그의 생각 속으로 들어온 악한 사탄은 영혼 속에 책망받아 마땅한 행위 곧, 간음, 살인, 도둑질, 그리고 이와 유사한 행위를 하도록 악한 생각을 불어넣는다.

53. 하느님을 아는 사람은 온갖 복된 생각으로 가득 차 있고 하늘의 것을 갈망하면서 세상의 것을 멸시한다. 하지만 많은 사람이 그러한 사람을 좋아하지 않는다. 그래서 그는 생각이 없는 많은 사람에 의해 미움을 받을 뿐 아니라 비난도 받는다. 하느님을 아는 사람은 많은 사람에게는 악으로 여겨지는 것이 자신에게는 선인 것을 알기에 극도의 가난을 기꺼이 견뎌 낸다. 하늘의 것을 생각하는 사람은 하느님을 믿으며 모든 창조물이 하느님의 의지의 산물이라는 것을 안다. 하지만 하늘의 것에 대해 생각하지 않는 사람은 세상이 하느님의 작품이라는 것과 사람의 구원을 위해 창조되었다는 것을 믿지 않는다.

54. 죄를 범한 자와 무지에 빠진 이는 하느님을 모르며, 그들의 마음은 깨어 있지 않다. 하느님은 이성적인 분이시기 때문에 깨어 있는 이성으로만 인식할 수 있다. 하느님은

보이지 않지만, 마치 몸에 거하는 영혼처럼 보이는 것 속에서 분명히 나타난다. 몸이 영혼 없이 살 수 없듯이, 모든 보이는 것과 존재하는 것은 하느님 없이 존재할 수 없다.

55. 사람은 무엇을 위해 지어졌는가? 하느님이 지으신 피조물들을 인식하고, 하느님을 바라보며 자신을 위해 피조물을 창조하신 하느님을 찬양하기 위함이다. 사랑으로 하느님께 붙어 있고자 하는 지혜, 곧 하느님을 사랑하고 하느님의 사랑을 받은 자 가운데 있는 지혜는 선한 삶을 통해 하느님의 인정을 받은 사람들에게 선사된 보이지 않는 복이다.

56. 달콤한 것, 곧 감각적인 만족의 종이 되지 않고 분별력과 정숙함이 몸을 지배하도록 하며, 비록 주신 것이 자기에게 꼭 맞지 않는다 해도 하느님께서 주신 것으로 온전히 만족하는 사람은 자유롭다. 영혼과 하느님을 사랑하는 지혜가 서로 일치할 때 몸은 온순해지고 육신대로 행하지 않게 된다. 왜냐하면 영혼은 지혜의 활동을 통해 육체적인 모든 움직임을 소멸시키기 때문이다.

57. 자기가 소유하고 있는 것에 만족하지 못하고 계속해서 욕망하는 자는 자기 자신을 정욕에 복종시키게 된다.

이 정욕은 영혼으로 들어가 영혼을 불안하게 만들고 점점 더 죄악 된 생각과 갈망을 집어넣어 결국은 모든 것이 흡족하지 않으니 더 새롭고 나은 것을 얻어야겠다고 생각하게 만든다. 필요 이상으로 긴 옷이 여행자의 걸음을 방해하듯이, 필요 이상의 재산을 갖고자 하는 욕망은 영혼이 수행하고 구원받는 것을 방해한다.

58. 만일 사람이 어딘가 부자유 속에서 마지못해 있으면 그것은 그에게 감옥이자 형벌이다. 여러분이 있는 곳에 만족하라. 그러지 않으면 여러분은 그러한 상황을 견뎌 내는 동안 감사하지 않고 불만을 가진 채 자기 자신도 의식하지 못하는 사이에 자기 자신에게 폭군이 될 것이다. 폭군이 되는 길은 하나인데 그것은 삶의 축복을 무시하는 것이다.

59. 무엇이 희고 무엇이 검은지 눈에 보이는 것을 식별하는 시력을 하느님께 받은 것처럼, 어떤 것이 영혼에 유익하고 어떤 것이 영혼에 해로운지 분별하는 이성 역시 하느님에게서 받은 것이다. 정욕은 분별력을 거부하고 감각적 만족에 대한 집착을 낳아 영혼이 구원받지 못하게 하고 하느님과의 교제에 들어가지 못하게 한다.

60. 본성의 법칙을 좇는 것이 죄가 아니라 자발적으로 나쁜 짓을 범하는 것이 죄다. 음식을 먹는 것은 죄가 아니지만 감사함과 경건함, 절제 없이 먹는 것은 죄다. 단순히 보기만 하는 것은 죄가 아니지만, 질투심으로 거만하게 혹은 탐욕스럽게 보는 것은 죄다. 온유함으로 듣는 것은 죄가 아니지만 분노를 품은 채 듣는 것은 죄다. 팔이 자선을 베푸느라 수고하는 것은 죄가 아니지만, 빼앗고 살인하는 것은 죄다. 이렇듯 우리의 자유 의지로 선한 행위 대신 하느님의 의지에 대적하는 행위를 할 때 각각의 지체는 죄를 짓게 된다.

61. 만약에 여러분의 모든 일을 하느님께서 보고 계시다는 사실이 의심된다면, 한낱 사람이며 티끌에 불과한 여러분이 알고 있는 모든 장소를 마음속으로 동시에 둘러보고 상상할 수 있다는 사실을 상기해 보라. 그렇다면 자기 뜻에 따라 생명을 주시고 먹이시는 하느님께서 겨자씨를 보듯 모든 것을 보고 계시지 않겠는가?

62. 여러분이 자신의 거처에 문을 걸어 잠그고 혼자 있을 때, 하느님께서 각 사람에게 명해 보내신 천사, 곧 그리스인들이 집의 정령이라고 불렀던 바로 그 천사가 여러분과 함께 있다는 것을 명심하라. 그는 졸지도 않고 항상 여러

분과 함께 있으며 모든 것을 본다. 그를 속일 수도 없고 어떤 어두움도 그로부터 여러분을 감추지 못한다. 천사뿐만 아니라 모든 곳에 계신 하느님을 의식하라. 하느님이 계시지 않은 장소나 물질세계는 없다. 하느님은 모든 이보다 크시며 자기 손에 모든 것을 쥐고 계시는 분이다.

63. 만일 군인들이 자신들에게 식량을 공급해 주기 때문에 왕에게 신의를 지킨다면, 우리는 사람을 위해 모든 것을 지으신 하느님께 얼마나 더 쉬지 않고 감사하며, 그분을 끊임없이 기쁘게 해 드려야 하겠는가?

64. 하느님께 대한 감사와 선한 삶은 사람이 하느님께 드리는, 하느님을 기쁘게 해 드리는 열매다. 땅의 열매가 한 순간에 익지 않고 시간과 비와 돌봄을 필요로 하듯, 사람의 열매도 그 광채가 나타날 때까지는 수행과 결단과 기다림의 시간과 절제와 인내가 필요하다. 그러나 혹시 여러분이 그 열매로 인해 때때로 누군가에게 경건한 사람처럼 보인다고 할지라도 육신에 거하는 동안에는 자기 자신을 믿지 말고, 자신이 하느님을 충분히 기쁘게 해 드리고 있다고 생각하지 말라. 오히려 사람이 순전함을 끝까지 간직하는 것이 만만치 않다는 것을 명심하라.

65. 사람에게 말보다 더 솔직한 것은 없다. 말은 너무나 중요해서 우리는 말로 하느님께 감사하며 경배한다. 사람은 무익하고 수치스러운 말로 자신의 영혼이 방탕한 것을 나타낸다. 무지한 사람은 자신의 의지로 나쁜 말을 하고 악한 일을 행하면서 정작 자신이 저지른 죄에 대해서는 자신의 출생을 원망하고, 타인을 탓한다.

66. 우리와 함께 있는 사람들이 우리를 비웃지 않도록 우리가 육신의 병을 고치려고 노력한다면, 이보다 더욱 영혼의 병을 고치기 위해 염려하면서 애써야 할 것이다. 우리가 하느님의 얼굴 앞에서 심판받을 때 수치스럽거나 조롱받지 않도록 말이다. 우리는 자기 의지를 따라 행할 능력이 있으므로 원한다면 나쁜 행동을 갈망할 때조차도 그렇게 행하지 않을 수 있다. 또한 하느님을 기쁘게 해 드리며 살아가는 것은 우리의 능력 안에 있다. 따라서 우리가 원하지 않으면 그 누구도 어떤 나쁜 짓을 하라고 우리를 강제할 수 없다. 그러므로 우리는 열성을 다해 하늘에 있는 천사들처럼 하느님께 합당한 삶을 살아야 할 것이다.

67. 여러분이 원한다면 여러분은 정욕의 노예가 될 수 있고, 정욕의 굴레 아래 굴복하지 않고 자유롭게 될 수도 있다. 왜냐하면 하느님께서 여러분을 자율적인 존재로 지으

셨기 때문이다. 육체의 정욕을 이기는 자는 썩지 않을 것으로 보상받을 것이다. 만일 정욕이 없었다면 미덕도 없었고 하느님께서 합당한 자에게 주시는 면류관도 없었을 것이다.

68. 무엇이 자신에게 유익한지 보지 못하는 이들과 무엇이 선인지 알지 못하는 사람들은 영혼이 눈먼 자들이며 분별력 역시 없는 자들이다. 어쩔 수 없이 얽매이거나 눈이 먼 사람처럼 앞을 못 보는 일이 없도록 그들을 본받지 말아야 한다.

69. 죄를 지은 자에게 분노를 표해서는 안 된다. 비록 그들의 행위가 벌 받아 마땅하다 할지라도 말이다. 의(義) 자체를 위해서 죄지은 자를 진리의 길로 돌이키고, 필요하다면 스스로 혹은 다른 사람을 통해서 벌을 받도록 해야 한다. 그러나 그에게 분노를 표하거나 화를 내서는 안 된다. 왜냐하면 분노는 정욕에 의해 행하는 것이며 심판과 의를 따르는 것이 아니기 때문이다. 죄에 대해 필요 이상으로 호의적인 이들을 용납해서는 안 되지만, 악한 자들을 벌하는 것도 분노를 일으키는 정욕을 위해서가 아니라 선과 의를 위해 해야 한다.

70. 오직 영혼이 획득한 것만이 안전하며 빼앗기지 않는다. 영혼이 획득한 것이란 선하고 경건한 삶이며 선한 행실을 알고 행하는 것이다. 부는 눈먼 인도자이며 미련한 충고자다. 부를 오직 자신의 만족만을 위해 나쁘게 사용하는 사람은 자신의 영혼을 죽어 가게 하며 파멸시킨다.

71. 사람은 불필요한 여분의 것을 얻을 필요가 없으며 또 얻지도 말아야 한다. 본질상 세상에 속한 모든 것이 썩을 것이고, 빼앗기고 잃어버리고 파괴된다는 것을 확실히 믿는다면, 그러한 일이 실제로 여러분에게 일어났을 때 낙심하지 말아야 한다.

72. 육신의 병은 썩어 버릴 물질적인 몸의 당연한 특징이라는 것을 알라. 그러므로 몸이 병들었을 때 선을 배운 영혼이라면 왜 몸을 만드셨냐고 하느님을 원망하지 말고 감사한 마음을 가지고 담대함과 인내를 보여야 한다.

73. 올림픽[137] 경기에 임하는 사람은 한 사람이나 두 사람

137) 고대 올림픽은 그리스에서 기원전 8세기부터 기원후 5세기까지 시행되었고 근대 올림픽은 1896년 이후 시행되었으므로 저자는 여기서 '고대 올림픽'을 말하고 있는 것으로 보인다. (옮긴이 주)

혹은 또 다른 사람을 이겼을 때가 아니라 그와 함께 경기에 참여한 모든 사람을 이겼을 때 상을 받는다. 마찬가지로 하느님에게서 상을 받기 원하는 모든 사람은 육신의 정욕뿐 아니라 욕심, 남의 것에 대한 탐심, 질투, 음욕, 허세, 비난, 죽음의 위험 및 그와 유사한 유혹을 받을 때도 자신의 영혼을 순결하게 지켜야 한다.

74. 다른 사람에게 칭찬받기 위해 선하고 경건한 삶을 살지 않도록 노력해야 한다. 영혼의 구원을 위해 선을 행하는 삶을 선택해야 한다. 그러면 우리의 눈앞에 매일 죽음이 보일 것이다. 모든 인간적인 것은 믿을 만하지 않다.

75. 정결하게 사는 것은 우리의 권한 아래 있지만, 부자가 되는 것은 우리의 권한 아래 있지 않다. 그러면 어떻게 해야 하겠는가? 우리에게 권한이 없는 순간적으로 반짝거리는 환영과 같은 부를 소유하고자 하는 욕망 때문에 우리의 영혼이 죄를 지어서야 되겠는가? 아! 부를 추구하면서 우리가 얼마나 어리석게 행하는지! 모든 정욕 위에 탐식과 세상의 복에 대한 지칠 줄 모르는 정욕이 있듯이, 모든 미덕 위에 온유와 겸손이 있는 것을 우리는 실제로 모르고 있다.

76. 분별이 있는 사람은 우리가 이생에서는 그리 크지 않은 일시적인 수고를 하지만, 죽음 이후에는 가장 큰 위로와 영원한 기쁨을 누리게 될 것임을 끊임없이 기억해야 한다. 정욕과 싸우면서 하느님에게서 상 받기를 원하는 사람은 혹 넘어지더라도 자신에게 실망하지 말고 낙심하거나 넘어진 채로 머물러 있지 말아야 한다. 오히려 다시 싸울 수 있도록 쓰러진 자리에서 다시 일어나 마지막 호흡이 다할 때까지 상을 받도록 애써야 한다. 육체의 수고는 미덕을 행하는 이들의 유익한 도구이며 영혼을 구원하는 데 도움이 되는 것이다.

77. 용감한 이들이나 전투에 임하는 이들이 삶의 안락함을 잃어버리는 것은 그들을 하느님에게서 상을 받기에 합당한 자들로 만든다. 그러므로 이생에서 삶의 안락함을 위한 자신의 모든 수단과 방법을 없애야 한다. 왜냐하면 죽은 자는 이미 세속적인 그 어떤 것도 신경 쓰지 않기 때문이다.

78. 지혜로운 영혼을 가진 자와 수행하는 자는 슬픈 일이 일어났을 때 소심함 때문에 비웃음거리가 되지 않도록 낙심하거나 두려워하지 말아야 한다. 세상의 화려함에 빠진 영혼은 자신이 있어야 할 자리에서 벗어난다. 영혼의 미덕

은 우리를 영원한 축복을 받기에 합당한 자로 만들지만, 사람이 자의적으로 짓는 죄는 영원한 고통의 원인이 된다.

79. 지혜로운 사람은 분별력이 있는 피조물의 육체적인 감각을 통해서 들어오는 영혼의 정욕에 맞서 싸운다. 육체적 감각에는 시각, 청각, 후각, 미각, 촉각 모두 다섯 가지의 감각이 있다. 가련한 영혼은 이 다섯 가지 감각을 통해 들어오는 네 가지 정욕 곧, 허세, 쾌락에 대한 갈망, 분노, 두려움에 굴복해 포로가 된다. 그러나 사람이 지혜롭고 분별력 있게 잘 싸워서 정욕을 극복해 이길 때, 그는 더 이상 싸우지 않으며 마음이 평안하게 되어 승리자로서 하느님께 상을 받게 된다.

80. 여관에 머무는 사람 중에 어떤 이는 이부자리를 받지만, 어떤 이는 이부자리를 받지 못하고 마루에 누워서 곤히 잠을 잔다. 밤이 지나고 아침이 되면 모두 똑같이 이부자리를 남겨 두고 자신의 소지품만을 가지고 여관을 나온다. 이와 마찬가지로 이 인생길을 가는 이들, 곧 죽을 운명을 지닌 채 살아가는 이들은 영광과 부 가운데 살아간다 해도 삶의 쾌락과 부 그 어느 것도 가지지 못한 채 여관을 나가듯 이생을 떠나가게 된다. 선한 행위든, 악한 행위든 이생에서 그들이 행한 행위만을 가지고 떠나게 된다.

81. 여러분이 큰 권력을 가지게 되거든 그 누구도 죽음으로 위협하지 말라. 여러분 자신도 죽음에 처하게 될 것이며, 모든 영혼은 마치 마지막 옷을 벗듯이 자기 몸을 벗어버리게 될 것이다. 이것을 명심하고 온유하며, 선한 일을 행하며, 항상 하느님께 감사하라. 자비하지 못한 사람은 그 안에 미덕이 없다.

82. 죽음을 피하는 것은 불가능하며 또한 피할 방법도 없다. 이것을 잘 알고 있으므로 참으로 지혜로운 사람은 하느님을 기쁘게 해 드리려는 생각으로 선을 행하기 위해 자신을 단련하기 때문에 탄식과 두려움과 눈물 없이 죽음을 맞이한다. 그는 한편으로 죽음은 피할 수 없지만, 다른 한편으로 죽음이 이생을 살며 겪게 되는 악으로부터 자신을 건져 준다고 생각한다.

83. 선하고 경건한 삶을 잊어버린 사람, 올바르고 경건한 가르침에 따라 살지 않고 유식한 체하는 사람을 미워하지 말고, 오히려 그가 분별력이 부족하고 마음과 이성이 눈먼 자라고 생각하여 불쌍히 여겨야 한다. 그는 선 대신 악을 받아들이면서 무지로 인해 멸망한다. 그들의 영혼은 저주받고 미련해 하느님을 알지 못한다.

84. 경건과 선한 삶에 대해 아무하고나 대화하지 말라. 질투심 때문에 이렇게 말하는 것이 아니라, 여러분이 분별력 없는 이들 앞에서 그러한 대화를 하는 것이 우스꽝스러워 보일 것 같기 때문이다. 서로 비슷한 사람끼리는 공감하지만, 그런 대화를 귀담아들으려 하는 자는 그리 많지 않으며 더 정확히 말하자면 매우 드물다. 그러므로 차라리 말하지 않는 편이 낫다. 사람의 구원을 위해 하느님께서 이것을 원하지 않으시기 때문이다.

85. 영혼은 몸을 불쌍히 여기지만, 몸은 영혼을 동정하지 않는다. 몸이 상처를 입을 때 몸과 함께 영혼도 고통을 받으며, 몸이 튼튼하고 건강할 때 몸과 함께 영혼의 감정도 함께 즐거워한다. 그러나 영혼이 깊은 생각을 할 때 몸은 영혼과 함께 깊이 생각하지 않고 뒤에 남아 자기 자신으로 머물러 있는다. 깊이 생각하는 것, 곧 회개는 영혼의 아픈 감정이다. 무지, 자만, 불신, 탐욕, 미움, 분노, 비겁, 허세, 영광을 사랑함, 불화, 선에 대한 무감각, 그리고 이와 유사한 죄들을 영혼이 저지르듯이, 회개도 영혼으로 인해 이루어지는 것이다.

86. 하느님에 대해 생각하면서 경건히 행하고 질투하지

말고, 선하고 순결하며 온유히 행하라. 힘이 있어도 너그러우며 친절히 행하고 논쟁하지 말라. 이렇게 행하며 하느님을 기쁘게 해 드리는 것은 빼앗기지 않을 영혼의 부요함이 되기 때문이다. 또한 아무도 판단하지 말고 그 누구에 대해서도 그가 좋다거나 죄를 지었다거나 말하지 말라. 오히려 자신의 나쁜 행위를 살피고 자신의 삶이 하느님을 기쁘게 해 드리는지 스스로 돌아보아야 한다. 다른 이들의 행위가 좋지 않다고 한들 도대체 우리와 무슨 상관이 있단 말인가?

87. 참된 사람은 경건해지기 위해 노력한다. 자신에게 낯선 것을 원하지 않는 사람이 경건한 사람이다. 사람에게는 모든 피조물이 낯선 것이다. 여러분은 하느님의 형상을 가졌으니 모든 것에 마음을 두지 말라. 올바르고 경건하게 살 때 사람은 하느님의 형상을 지닌다. 그러나 온갖 정욕을 버리지 않으면서 하느님의 형상을 지니는 것은 불가능하다. 하느님을 사랑하는 지혜가 있는 사람은 영혼의 구원에 도움이 되는 모든 일과 자신에게 요구되는 모든 경건함에 능숙하다. 경건한 사람은 다른 이를 비난하지 않는데, 왜냐하면 그것이 죄를 짓는 일임을 알기 때문이다. 이것이 구원받고 있는 영혼의 표시다.

88. 찰나적인 재물을 얻으려고 힘을 다해 노력하는 사람은 죽음이나 자기 영혼의 멸망에 대해서는 잊은 채, 악한 정욕을 사랑하고 정작 자신이 구원받는 일에 대해서는 망각하고 생각조차 하지 않는다. 이 불쌍한 사람은 죽을 때에 자신의 악함 때문에 겪게 될 일을 생각하지 않는다.

89. 하느님은 악에 대해 아무런 잘못이 없다. 하느님은 사람에게 이성과 선과 악을 분별할 수 있는 능력 그리고 자율성을 주셨는데, 사람의 태만과 안일함으로 인해 악한 정욕이 생겨난 것이다. 하느님께서는 이 일에 아무런 잘못이 없다. 대부분의 사람처럼 사탄의 의지 역시 자유로운 선택으로 악하게 된 것이다.

90. 경건하게 사는 사람은 악이 영혼 안에 들어오는 것을 허락하지 않는다. 영혼 속에 악이 없을 때 영혼은 위험하지도 해롭지도 않다. 악한 사탄도 그런 영혼에게는 권세를 부릴 기회를 갖지 못한다. 하느님께서 그들이 악을 피하도록 도우시므로 그들은 하느님을 닮은 자로서 해를 당하지 않도록 보호받는다. 사람들이 그를 칭찬하면 그는 자신을 칭찬하는 사람들의 말에 귀를 기울이지 않는다. 사람들이 그를 욕할 때는 비방하는 사람들 앞에서 자신을 변호하지 않고 분노하지도 않는다.

91. 구리에 녹이 슬고, 몸에 더러움이 달라붙는 것처럼 본성에는 악이 생겨난다. 그러나 구리를 만든 사람이 녹을 만들지 않았고, 부모님이 더러움까지 낳지 않은 것처럼, 하느님께서도 악을 만들지 않으셨다. 하느님께서는 악이 사람에게 해로우며 고통을 주는 것을 아시고, 악을 피할 수 있도록 양심과 이성을 주셨다. 힘과 부를 지닌 행운아를 보고서 어떻게든 그의 비위를 맞추려고 애쓰지 않도록 조심하라. 그것은 사탄의 유혹을 받는 것이다. 그 즉시 죽음이 여러분의 눈앞에 있을 것이다. 그러면 여러분은 결코 악한 것이나 세속적인 것을 욕망하지 않을 것이다.

92. 우리 하느님께서는 하늘에 있는 자에게는 불멸을 주시고, 땅에 있는 자는 변화하도록 창조하셨다. 하느님은 다른 모든 것에는 생명과 활동할 수 있는 능력을 주셨는데, 이 모든 것은 사람을 위한 것이다. 그러므로 사탄이 여러분의 영혼에 악한 생각을 집어넣을 때, 이 세상의 매력이 여러분을 유혹하도록 내버려두지 말라. 오히려 그때 하늘의 복에 대해 생각하면서 자신에게 이렇게 말하라. "만일 내가 원한다면, 정욕이 일어나도 내 힘으로 이길 수 있다. 그러나 내가 내 정욕을 만족시키고자 한다면, 나는 지고 말 것이다." 이렇게 여러분의 영혼을 구원할 수 있는

수행에 힘쓰라.

93. 생명이란 영, 혼, 육의 연합이자 결합이다. 죽음은 결합한 이 부분들의 멸망이 아니라, 연합의 해체다. 그것들이 해체될 때도 하느님께서는 이 모든 것을 보존하신다.

94. 영은 혼이 아니고 혼을 구원하시는 하느님의 선물이다. 하느님을 기쁘게 해 드리는 영은 혼보다 앞서가서, 혼에게 일시적이고 물질적이며 썩어 버릴 것을 경멸하고, 영원하고 비물질적이며 썩지 않는 것을 사랑하라고 충고한다. 사람이 육체로 살아가면서도 영으로는 하늘과 하느님의 것을 생각하고 관상하도록 말이다. 그러므로 경건한 영은 사람의 혼의 보호자이고 구원자다.

95. 혼은 육에 관대한 태도를 취함으로써 쾌락으로 어두워져서 파멸하지만, 경건한 영은 이와 반대로 작용한다. 필요하다면 신체 일부를 잘라 내고 고통스럽게 하는 의사처럼 영은 몸에 슬픔을 주고 혼을 구원한다.

96. 영에 의해 제어되지 않는 혼, 정욕을 잠잠하게 하고 슬픔과 쾌락을 억제해 마땅히 가야 할 방향으로 인도하는 영에 의해 통제되지 않는 혼은 분별력 없는 짐승처럼 멸망하

고 만다. 왜냐하면 마부가 복종하지 않으려는 말을 붙들고 있는 것처럼, 그들의 분별력은 정욕에 사로잡혀 있기 때문이다.

97. 혼의 가장 큰 병, 극도의 불행, 파멸은 사람을 위해 모든 것을 지으시고 사람에게 영과 말씀을 주신 하느님을 모르는 것이다. 바로 그 영과 말씀으로 사람은 하늘 높은 곳을 우러르며 하느님을 관상하고 찬양하면서 하느님과의 교제에 들어갈 수 있는 것이다.

98. 육에 깃든 혼, 혼 가운데 있는 영, 영 가운데 있는 말씀으로 관상의 대상이 되고 찬양받으시는 하느님은 혼에게 썩지 아니함과 영원한 기쁨을 주시며 혼이 영생하도록 하신다. 하느님은 당신의 유일한 자비로 모든 것을 존재하도록 하신다.

99. 하느님께서는 시기하지 않으시고, 자비로우시고, 선하셔서 사람을 자기 뜻대로 행할 수 있는 존재로 창조하시고, 만일 사람이 원한다면 하느님을 기쁘게 할 수 있도록 하셨다. 하느님은 사람에게 악이 없는 것을 기뻐하신다. 사람도 훌륭한 일과 거룩하고 하느님을 사랑하는 영혼의 미덕을 칭송하고, 추악하고 악한 일을 판단할진대, 하물

며 사람을 구원하기를 원하시는 하느님께서 더더욱 그리 하시지 않겠는가?

100. 사람은 선하신 하느님에게서 은혜를 받는다. 그러나 사람은 자신 안에 있는 악과 정욕과 무정(無情)함으로 인해 스스로 악에 처하게 된다.

101. 본질상 불멸이며 몸의 주인인 영혼이 분별력이 없으면, 육을 만족시키는 행위가 영혼에 파멸을 가져오는 것을 깨닫지 못하고 감각적인 만족으로 인해 육의 종이 되고 만다. 그러나 무감각에 빠지고 어리석어진 영혼은 육을 만족시키는 것에 대해서만 마음을 쓴다.

102. 하느님은 선하시지만, 사람은 악하다. 하늘에는 악이 없으며 땅에는 참된 복이 없다. 그러므로 지혜로운 사람은 더 나은 것을 선택한다. 지혜로운 사람은 항상 하느님을 인정하고, 감사하면서 그분을 찬양한다. 그의 몸은 파멸과 악한 감각 즉 욕망과 정욕을 멀리하고, 그 파괴력과 악한 영향력을 알기 때문에 그것들이 자신 안에 발붙이지 못하도록 한다.

103. 죄를 사랑하는 사람은 재산을 모으는 것을 좋아한다.

그는 의에는 도통 관심이 없고 인생이 믿을 수 없고 유한하며 얼마 남지 않았다는 것도, 죽음은 매수할 수도 피할 수도 없다는 것을 생각하지 않는다. 만약 노년에도 그렇게 파렴치하고 생각이 없다면 그는 썩은 나무처럼, 아무 일에도 쓸모없는 자가 되고 말 것이다.

104. 우리는 슬픈 일을 겪은 후에야 비로소 만족과 기쁨을 느낄 수 있다. 갈증으로 괴로워해 보지 않은 사람이 달게 마실 수 없고, 배고파해 보지 않은 사람이 달게 먹을 수 없고, 몹시 졸리지 않은 사람이 달게 잠을 잘 수 없고, 슬픔 가운데 있지 않았던 사람이 크게 기쁨을 느낄 수 없는 것과 마찬가지다. 마찬가지로 일시적인 쾌락을 멀리하지 않는다면 영원한 복을 즐기지 못할 것이다.

105. 말은 영의 하인이다. 영이 원하는 것을 말이 표현한다.

106. 영은 모든 것, 심지어 하늘에 있는 것도 보며, 죄를 제외한 그 무엇도 영을 어둡게 하지 못한다. 정결한 영에게는 분명하지 않은 것도, 이해되지 않는 것도 없다.

107. 사람은 육체적으로는 죽을 운명이지만, 영과 말에서는 영원하다. 여러분은 침묵하면서 생각하고 생각하면서

자신에게 말한다. 그러므로 영은 침묵 속에서 말을 낳는다. 하느님께 올려 드리는 감사의 말은 사람에게는 구원이 된다.

108. 생각 없이 말하는 자는 이성이 없는 것이다. 왜냐하면 아무 생각 없이 말하기 때문이다. 그러므로 영혼의 구원을 위해서 어떻게 하는 것이 유익한지 살펴보라.

109. 이성적이며 영혼에 유익한 말은 하느님의 선물이다. 반대로 쓸데없는 말, 곧 하늘과 땅을 측량하고 해와 별의 크기를 재는 것과 같은 말은 헛되이 수고하는 이들이 고안한 것일 뿐이다. 그런 사람은 마치 물을 채로 거르는 사람처럼, 공허한 자기 생각을 좇아 아무런 유익을 가져다주지 못하는 것을 찾아다닌다. 그러나 사람은 유익을 가져다주는 것을 찾아낼 수 없다.

110. 사람에게 구원과 삶을 주시기 위해 하늘을 지으신 분을 찬양하며 선한 삶에 열성을 다하는 이들을 제외하고는 누구도 하늘을 보지 못하고 거기에 무엇이 있는지 알 수도 없다. 그러한 경건한 사람은 하느님 없이는 아무것도 존재할 수 없으며, 하느님은 어디에나, 모든 것 가운데 계시며, 하느님이시므로 그 무엇에도 제한받지 않으

신다는 것을 안다.

111. 아기가 자궁에서 맨몸으로 태어나듯이 영혼은 육체에서 벌거숭이로 나온다. 어떤 영혼은 정결하고 빛이 나지만, 어떤 영혼은 타락으로 얼룩져 있으며 또 어떤 영혼은 많은 죄로 인해 검어진다. 그러므로 이성적이고 경건한 영혼은 죽음 이후의 재앙과 극심한 고통에 대해 기억하고 생각하면서 정죄를 받거나 심판에 이르지 않기 위해 경건하게 산다. 그러나 믿지 않는 자들은 영이 없는 혼을 가지고 있으므로 죽음 이후의 세계를 무시하고 미처 깨닫지도 못한 채 죄를 짓는다.

112. 사람이 엄마의 배 속에 있던 때를 기억하지 못하듯이, 육체로부터 나온 영혼은 육체 속에 무엇이 있었는지 기억하지 못한다.

113. 사람이 자궁에서 나온 이후에 육체적으로 성장하고 더 나은 사람이 되듯이, 육체에서 정결하고 깨끗한 상태로 나온 영혼은 하늘에 거할 때 더 낫고 썩지 않는 상태가 될 것이다.

114. 태아가 엄마 배 속에서 완전히 자란 후에 육체로 태

어나듯이, 육체 안에 있는 영혼도 하느님께서 정하신 삶의 경계에 다다를 때 육체에서 벗어나게 될 것이다.

115. 영혼이 육체 안에 있을 때 여러분과 관계가 있는 것처럼, 몸에서 나온 후에도 마찬가지다. 부자와 나사로의 비유에서처럼 이 세상에서 온갖 즐거움을 제공하면서 자기 육체를 잘 섬긴 사람은 죽음 이후에 자기에게 해를 끼치는 것이다. 왜냐하면 이들은 분별없는 자로서 그 영혼이 이미 심판을 받았기 때문이다.

116. 어머니의 배 속에서 제대로 성장하지 못하고 태어난 아기가 건강하게 살 수 없듯이, 선한 삶을 통해 하느님을 보지 못한 영혼은 구원받아 하느님과 교제할 수 없다.

117. 육체는 영혼과 결합해 자궁의 어두움에서 빛으로 나아오지만, 영혼은 육체와 결합하면 육체의 어두움 가운데 갇혀 버린다. 그러므로 애석해하지 말고 영혼의 대적자인 육체에 굴레를 씌워야 한다. 많은 음식과 단것은 사람들 가운데서 악한 정욕을 일으킨다. 음식을 절제하면 정욕을 잠재우고 영혼을 구원하게 된다.

118. 육체의 시각적인 기관은 눈이지만, 영혼의 시각적인

기관은 영이다. 시력을 갖지 못한 육체는 눈먼 것이다. 그는 온 땅과 바다를 비추는 태양을 보지 못하며 그 빛을 즐길 수 없다. 마찬가지로 선량한 이성과 선한 삶이 없는 영혼은 눈이 먼 것이다. 그러한 영혼은 모든 만물의 창조주이자 보호자이신 하느님을 보지도 못하고 영화롭게 하지도 못하며, 썩지 아니하고 영원한 하느님의 복을 누리는 즐거움에 참여할 수 없다.

119. 영혼이 무감각하고 무분별하면 하느님을 알지 못한다. 하느님을 알지 못하는 것에서 악이 생겨난다. 하느님을 보는 것이 사람을 선하게 만들고 영혼을 구원한다. 그러므로 여러분이 깨어 있고, 하느님을 보며, 자신의 정욕을 만족시키지 않으려고 노력할 때, 여러분의 영은 미덕에 관심을 가지게 된다. 그러나 만일 여러분이 하느님을 알지 못하는 상태에 빠져서 자신의 만족을 위해 악한 정욕을 채우려고 노력한다면, 여러분은 죽을 때 자신을 맞이하는 재앙을 이해하지 못한 채 말 못 하는 자처럼 멸망하게 될 것이다.

120. 섭리가 하는 일은 매일 해가 뜨고 땅이 열매를 맺는 것처럼 세상을 위해 하느님이 정해 놓으신 불변하는 규칙에 따라 모든 일이 일어나도록 하는 것이다. 모든 것이 사

람을 위해 창조되었기 때문이다.

121. 선하신 하느님께서 창조하시는 것은 사람을 위한 것이지만, 사람이 하는 일은 선하든 악하든 자기 자신을 위한 것이다. 악한 사람이 평안한 것 때문에 여러분이 혼란스럽다면 다음과 같은 사실을 기억하라. 도시에 사형집행인(형리)을 두는 것은 그들의 악한 뜻을 칭송하기 위함이 아니라, 그들을 통해 형벌을 받아 마땅한 이를 벌하기 위함이다. 마찬가지로 하느님께서도 죄 많은 이를 벌하기 위해 이 세상에 악인을 허용하신다. 악인은 하느님을 섬기지 않고 비굴하게 자기 악에 만족하며 사람에게 악을 끼치므로 하느님께서 그를 심판에 넘기신다.

122. 만약에 우상을 숭배하는 자가 자신이 무엇을 숭배하는지 마음으로 보고 안다면 가련한 그는 경건의 길에서 벗어나지 않을 것이다. 오히려 그는 하느님이 창조하신 모든 것 가운데 깃든 아름다움과 질서와 섭리를 보면서 이 모든 창조된 것이 사람을 위한 것임을 알게 될 것이다.

123. 사람은 악하고 불의해 살인할 수도 있다. 그러나 하느님은 자격이 없는 자에게도 끊임없이 생명을 주신다. 하느님께서는 본성상 시기심이 없으시고 자비로우시고

선하시며 세상이 존재하기를 바라셨다. 그래서 세상은 사람과 사람의 구원을 위해 존재하기 시작했고, 지금도 계속해서 존재하고 있다.

124. 참된 사람은 육체가 무엇인지 이해하는 사람이다. 그는 육체가 썩을 것이며 유한하다는 것을 이해한다. 그는 영혼도 이해한다. 그는 하느님께서 생기를 불어넣으셔서 영혼이 신성하고 불멸하게 되었다는 것과 영혼이 시련을 겪고 하느님을 닮아 가도록 상승하기 위해 육체와 결합했다는 것을 이해한다. 영혼이 어떠해야 하는지 아는 사람은 항상 육체를 믿지 않고 육체에 관대하지 않으며 올바르고 경건하게 산다. 그는 자신의 영으로 하느님을 관상하면서 하느님께서 영혼에 주시는 영원한 복을 지혜롭게 바라본다.

125. 선하시고 시기심이 없으시며 자비를 베푸시는 하느님께서는 세상과 세상에 있는 것을 보시면서 사람을 위해 모든 것을 지으신 하느님을 인식하도록 사람에게 이성과 선과 악에 대한 자유를 주셨다. 그러나 불행하게도 불의한 사람은 이것을 바라지도, 이해하지도, 믿지도 못하며 진리를 거슬러 생각한다. 사람은 선과 악에 대해 자유를 가지고 있다!

126. 하느님은 육체가 늙어 감에 따라 사람이 선과 악 중에서 영에 유익한 것, 곧 선을 선택하도록 혼을 영으로 채우기로 정하셨다. 선을 선택하지 않는 혼은 영이 없는 것이다. 그러므로 모든 사람은 혼을 가지고 있지만 모든 혼이 영을 가지고 있다고 말할 수는 없다. 경건한 영은 지혜로운 사람, 거룩한 사람, 의로운 사람, 정결한 사람, 선한 사람, 자비로운 사람, 경건한 사람에게 있다. 영이 있는 것은 사람과 하느님의 관계에 유익이 된다.

127. 사람에게 불가능한 것이 하나 있다면 그것은 죽지 않는 것, 곧 죽음을 피하는 것이다. 하느님과 교제하는 것이 어떻게 가능한지를 이해하게 되면, 그는 하느님과 교제할 수 있다. 그러므로 선한 삶으로 증명되는 사랑과 믿음을 갖기를 바라고 이것이 어떻게 가능한지 이해하게 될 때 그는 비로소 하느님과 대화하는 자가 될 수 있다.

128. 눈은 보이는 것을 보지만, 영은 보이지 않는 것을 깨닫는다. 경건한 영은 혼의 빛이다. 경건한 영이 있는 사람은 마음으로 깨달으며 자신의 영으로 하느님을 본다.

129. 선한 사람은 절대 파렴치하지 않다. 선하지 않은 사

람은 당연히 악하며 육신을 사랑한다. 사람이 행하는 최초의 미덕은 육신을 경멸하는 것이다. 가난하기 때문이 아니라 자발적으로 일시적이고 썩을 물질적인 복을 부인하는 것은 우리를 영원하고 썩지 아니할 축복의 상속자로 만든다.

130. 영을 가진 자는 자신이 썩어 없어질 사람이라는 것을 잘 안다. 자신을 아는 사람은 다른 모든 것에 대해서도 잘 안다. 즉 모든 것이 하느님의 창조물이며 사람의 구원을 위해 창조되었다는 것을 안다. 이처럼 모든 것을 이해하고 믿을 권리가 사람에게 있다. 영을 가진 사람은 세상의 복을 멸시하는 것이 그리 큰 수고를 하는 것이 아니며 사후에 하느님 품에서 영원한 위로와 안식을 얻을 것을 확신한다.

131. 혼이 없는 육체가 죽은 것같이 영이 없는 혼은 무익하고 헛되며, 하느님을 소유할 수 없다.

132. 하느님께서는 어떤 사람의 소리에는 귀를 기울이시고, 어떤 사람에게는 나타나신다. 하느님께서는 사람을 사랑하시고 사람이 있는 곳에는 어디나 하느님도 계시기 때문이다. 그 어떤 사람이란 바로 하느님께 합당한 경배

를 드리는 자다. 하느님께서는 사람을 위해 변모하신다.

133. 하느님께서는 사람을 위해 별들로 수놓인 하늘을 지으셨고 사람을 위해 땅을 지으셨다. 사람도 자기 자신을 위해 땅을 경작한다. 그러한 하느님의 섭리를 깨닫지 못하는 사람은 혼으로 아무것도 모르는 자다.

134. 하늘에 있는 것이 보이지 않는 것처럼 선은 보이지 않는다. 그러나 땅에 있는 것이 보이는 것처럼 악은 보인다. 선은 그 어떤 것에도 비할 수 없다. 영을 가진 사람은 가장 선한 것을 선택한다. 영을 가진 사람은 하느님과 그의 창조물들을 인식한다.

135. 혼 안에는 영이 활동하고 육체 안에는 본성이 활동한다. 영은 혼을 사랑하지만, 본성은 육체를 타락시킨다. 모든 육체에는 본성이 있지만, 모든 혼에 영이 있는 것은 아니다. 그러므로 모든 혼이 구원받는 것이 아니다.

136. 혼은 태어난 것으로서 세상에 있지만, 영은 태어나지 않은 것으로서 세상보다 우월하다. 세상이 무엇인지를 알고 구원받기를 원하는 혼은 스스로 엄격한 법을 가지고 있다. 즉, 영혼은 이제 죽음의 시련과 그가 행한 일로 인해

고통이 올 것이고 심판자의 눈을 견디지 못할 것이며 이미 멸망했다고 매 순간 자기 자신에 대해 생각하는 것이다. 그렇게 생각하면서 그는 보잘것없고 수치스러운 쾌락으로부터 자신을 보호한다.

137. 하느님은 땅에 탄생과 죽음을 정해 놓으셨으나, 하늘에는 모든 것이 충만하고 변하지 않는다. 모든 것이 사람과 사람의 구원을 위해 창조되었다. 어떤 복도 필요 없으신 하느님께서 사람을 위해 하늘과 땅과 자연을 지으셨다. 이러한 피조물을 통해 온갖 축복으로 사람에게 만족을 주시려고 말이다.

138. 창조주 하느님의 인류애와 본질적인 자비하심에 따라 죽을 운명인 것이 죽지 아니할 것, 다시 말해 자연이 사람에게 복종한다.

139. 남에게 해를 끼칠 능력이 없는 가난한 사람이 경건한 자의 숫자에 드는 것은 아니다. 오히려 남에게 해를 끼칠 힘이 있음에도 자신의 힘을 악한 일에 사용하지 않고 억눌린 자에게 경건하게 자비를 베푸는 자가 죽을 때에 복된 상을 받게 될 것이다.

140. 사람을 사랑하셔서 우리를 지으신 하느님께서는 우리의 구원을 위해 영혼을 변화시키고 영혼을 하늘 높이 고양하는 많은 방법을 가지고 계신다. 사람의 영혼은 미덕에 대해서는 상을, 죄에 대해서는 벌을 받는다.

141. 성부 안에는 성자가, 성자 안에는 성령이, 그리고 성자와 성령 안에는 성부께서 거하신다. 사람은 믿음으로 모든 보이지 않는 것과 이성으로 이해할 수 없는 것을 인식하게 된다. 믿음이란 하느님께서 선언하신 것을 영혼이 자유롭게 확신하는 것이다.

142. 사람이 어떤 필요나 상황에 의해 큰 강을 건너야 할 때, 맑은 정신이 있으면 생명을 보존할 수 있다. 강물이 심하게 요동치고 물이 배 안으로 범람해도 강기슭의 무언가를 부여잡고라도 구원받을 수 있는 것이다. 그러나 만약 그가 술에 취해 있다면 술기운을 이기고 강가로 헤엄쳐 나오려고 아무리 애를 써도 결국 물에 빠져 살아남지 못할 것이다. 이와 마찬가지로 삶의 강물과 파도에 휩쓸린 영혼이 육체를 사랑하는 것에서 헤어 나오지 못하고 스스로 깨닫지 못한다면, 그 영혼은 멸망해 구원받는 자의 무리에 들지 못할 것이다. 다시 말해, 그가 아무리 거룩하고 불멸하는 영혼을 가진 자라 하더라도 시험의 때에 물질적인 육

체 곧, 믿음이 없고 정욕이 많고 죽을 운명인 육체와 결합해 파멸을 가져오는 육체의 정욕에 빠지도록 자신을 내버려둔다면, 그는 마치 자기 자신을 경멸하는 사람처럼, 자기 자신에 대해 알지도 못하고 자기 자신을 돌아보지 않는 자가 되어 영혼은 멸망하고 구원받는 자의 무리에 들지 못할 것이다. 육체는 강과 같이 자주 우리를 무가치한 쾌락으로 휩쓸어 간다.

143. 지혜로운 영혼은 자신의 선한 의지를 확고히 하고 굳건히 서서 마치 말에게 하듯이 가장 분별력 없는 정욕인 분노와 음욕에 굴레를 씌우고 그것을 길들이고 극복하려고 싸운다. 그리하여 씨를 뿌린 것과 수고에 대해 창조주로부터 면류관을 받고 하늘나라에 거할 자격을 부여받는다.

144. 악한 자가 행복하고, 자격 없는 자가 평안한 것을 볼 때도 진실로 지혜로운 영혼은 분별력 없는 사람처럼 이생의 쾌락에 대해 생각하면서 괴로워하지 않는다. 왜냐하면 지혜로운 영혼은 행복도, 이곳에서의 이름 없는 삶도 오래가지 못하리라는 사실을 분명히 알고 있고, 이생의 시간이 얼마 남지 않았다는 것과 심판이 공평하리라는 것을 잘 알고 있으며, 하느님께서 그 영혼에게 양식이 필요하다는 사실을 무시하지 않으시리라는 것도 믿기 때문이다.

145. 이 세상에서 큰 부나 권력을 누리는 육체의 삶과 쾌락은 영혼의 죽음을 의미한다. 반대로 수고와 인내 그리고 가난 중에도 감사하는 것, 육체를 죽이는 수행은 영혼의 삶이며 영원한 위로를 받는 길이다.

146. 지혜로운 영혼은 물질적인 부를 쌓는 것과 길지 않은 인생을 멸시한다. 그는 하느님께서 선한 삶에 대한 대가로 주실 하늘의 위로와 영원한 삶을 선택한다.

147. 더러운 옷을 입고 있는 사람은 자신과 스치는 이들의 옷도 더럽힌다. 이와 마찬가지로 성정이 악하고 행위가 거친 사람은 순진한 이들을 향해 파렴치한 말을 내뱉으면서 그들의 영혼을 오염시키듯이 말로 더럽힌다.

148. 죄의 시작은 음욕이며 이 음욕을 통해 지혜로운 영혼이 파멸한다. 영혼에게 구원과 하느님 나라의 시작은 사랑이다.

149. 구리는 오랫동안 내버려두고 제대로 관리하지 않으면 장기간 방치되어 연결 부위에 생긴 녹으로 해를 입어 질이 낮고 쓸모없게 된다. 마찬가지로 게으른 영혼, 선한

삶과 하느님께로 향하는 일을 잊고 자신의 악한 행위 때문에 하느님의 보호하심조차 잃어버린 영혼은 물질에 불과한 육체의 태만에서 생긴 악에 의해 멸망하며 결국 질이 낮아져 구원에 합당하지 않게 된다.

150. 하느님은 선하시며 요동하지 않으시고 변함이 없으시다. 하느님께서 변함없으시다는 것은 축복된 일이고 참된 사실이다. 이것을 인정함에도 불구하고 하느님께서 어떻게 선을 기뻐하시고 악을 싫어하시며 죄인에 대해 분노하시면서도 그가 회개할 때는 자비를 베푸시는지 의혹을 품는 자는 하느님께서 기뻐하시지도 분노하시지도 않는다는 사실을 알아야 한다. 왜냐하면 기쁨과 분노는 정욕이기 때문이다. 하느님께서 사람들의 일로 인해 일희일비하실 것이라는 생각은 어리석다. 하느님은 선하시며 선한 것을 창조하신다. 언제나 한결같으시면서 누구에게도 해를 입히지 않으신다. 우리는 선할 때는 하느님과 유사해져서 하느님과의 교제 가운데 들어가지만 악할 때는 하느님과 달라져서 하느님에게서 멀어진다. 선을 행하며 살 때 우리는 신적인 사람이 되지만, 악을 행할 때는 하느님으로부터 분리된다. 하지만 이것은 하느님께서 우리에게 분노하신다는 것을 의미하는 것이 아니라, 우리의 죄가 우리 가운데 하느님께서 빛나는 것을 방해하고 우리를 괴롭

히는 사탄과 연합하게 한다는 것을 의미한다. 만약 그 후에 기도와 자선으로 죄에서 벗어난다면, 이것은 우리가 하느님을 기쁘게 해 드렸다는 것이 아니라, 그러한 행위와 하느님께로 향함을 통해서 우리 안의 악이 치료되어 다시 하느님의 축복을 맛볼 수 있게 되었다는 것을 의미한다. 하느님께서 악을 피하신다고 말하는 것은 눈이 보이지 않는 이가 태양이 숨어 버렸다고 말하는 것과 마찬가지다.

151. 경건한 영혼은 만유의 하느님을 알고 있다. 경건하게 된다는 것은 하느님의 뜻을 행하는 것이지, 단순히 하느님을 아는 것만을 의미하지 않는다. 다시 말해, 누구든지 시기하지 않고 순결하고 온유하고 관대하며, 친절하고 논쟁을 좋아하지 않고 하느님의 뜻을 좇아 모든 것을 하려고 노력할 때 경건하게 되는 것이다.

152. 하느님을 아는 것과 하느님에 대한 두려움은 육체의 정욕을 이기는 약이다. 영혼이 하느님을 알지 못할 때, 치유받지 못한 정욕은 영혼을 망친다. 그때 영혼은 그 안에 살면서 오랫동안 해를 입혀 온 악에 의해 타락한다. 하지만 하느님께서는 이 일에 대해 책임이 없다. 왜냐하면 그분은 사람에게 하느님을 아는 지식과 분별력을 주셨기 때문이다.

153. 하느님께서는 사람 안에 있는 정욕과 자발적인 악을 깨끗이 없애시고, 그분의 자비를 좇아 죽을 운명인 존재에서 영원한 존재로 변화시키기 원하셔서 사람을 하느님을 아는 지식과 분별력으로 가득 채워 주셨다.

154. 정결하고 경건한 혼 가운데 있는 영은 하느님, 곧 태어나지 않으시고, 보이지 아니하시며, 말로 표현할 수 없으며 마음이 정결한 이들이 유일하게 정결한 분으로 인정하는 그 하느님을 참으로 본다.

155. 인간에게 썩지 않는 면류관이자 미덕, 구원이 되는 것은 불행을 감사하면서 견디는 것이다. 분노, 혀, 탐식 등 육체의 정욕에 굴레를 씌우는 것은 영혼에 매우 큰 유익이 된다.

156. 세상은 하느님의 섭리로 지탱되고 있고 하느님의 섭리가 관여하지 않는 곳은 없다. 하느님의 섭리는 이 세계의 성분을 이루는 물질을 조성하며 스스로 활동하는 하느님의 말씀이다. 하느님은 모든 존재하는 것의 건축가이자, 예술가시다. 하느님의 형상이자 지혜이며, 예지이자 섭리인 분별력 있는 말씀의 능력이 없이는 물질세계가 아

름답게 형성될 수 없다.

157. 회상을 통해 일어난 음욕은 흑암에 친숙한 온갖 정욕의 뿌리다. 음욕의 회상에 빠져 있을 때 어리석은 영혼은 자신이 하느님의 숨에 의해 만들어졌다는 것을 깨닫지 못하고 죽을 때 겪게 될 엄청난 불행에 대해 생각지도 못한 채 죄에 덤벼든다.

158. 치료받지 못한 영혼의 가장 큰 병과 파멸은 하느님을 망각하는 것과 허영심이다. 악을 따르면 축복을 잃게 된다. 우리의 축복은 하느님을 기쁘게 해 드리는 모든 선한 일을 기꺼이 행하는 데 있다.

159. 오직 사람만이 하느님을 받아들일 수 있다. 그러므로 하느님께서는 이 유일한 살아 있는 피조물과 밤에는 꿈으로, 낮에는 지혜로 대화하시고, 당신에게 합당한 사람에게는 온갖 방법으로 다가올 복을 미리 말씀하시고 알려 주신다.

160. 믿는 자와 갈망하는 자가 하느님을 아는 것은 그리 어렵지 않다. 만일 하느님을 보기 원한다면, 하느님의 말씀으로 존재했고 또 지금도 존재하는 모든 만물 가운데 있

는 질서와 섭리를 보라. 이 모든 것은 사람을 위한 것이다.

161. 악과 죄로부터 깨끗한 이는 성인이라고 불린다. 그러므로 영혼의 가장 온전한 상태이자, 하느님을 기쁘게 해드리는 일은 사람 속에 악이 없는 것이다.

162. 이름은 많은 것 가운데 하나를 의미하고자 할 때 사용하는 것이다. 하지만 유일하시고 단일하신 하느님과 같은 이름을 갖는 존재들이 있다고 생각하는 것은 어리석은 일이다. 왜냐하면 하느님이라는 단어는 사람을 위해 모든 것을 창조하신 시작이 없는 분을 의미하기 때문이다.

163. 만약에 자신의 나쁜 행위를 스스로 깨닫거든 하느님께서 주실 은혜를 기대하면서 그 행위를 마음으로부터 끊어 버리라. 왜냐하면 하느님께서는 의로우시고 사람을 사랑하시기 때문이다.

164. 하느님에게서 떨어지지 않으려고 항상 애쓰는 사람은 하느님을 알며 또 그 사람이 하느님에게서 왔다는 것을 우리는 안다. 모든 면에서 선한 사람, 그리고 그럴 수단이 없기 때문이 아니라 자신의 의지와 자발적인 절제로 모든 감각적인 쾌락을 자제하는 사람은 하느님과 분

리되지 않는다.

165. 여러분을 모욕하는 사람 덕분에 여러분은 하느님을 친구로 갖게 될 것이다. 아무에게도 자신의 적을 비방하지 말라. 사랑과 순결, 인내와 절제 그리고 그와 같은 미덕 가운데 행하라. 왜냐하면 순종과 지혜 그리고 그와 유사한 미덕을 행하며 하느님을 따르는 것이 하느님을 아는 것이기 때문이다. 그러나 그런 일은 모든 사람이 할 수 있는 것이 아니며 오직 지혜로운 영혼만이 할 수 있다.

166. 나는 식물과 풀이 영혼을 가지고 있다고 감히 말하는 사람에게 반대하며 이 사실을 다른 사람에게도 알려 주기 위해 이 글을 쓴다. 식물은 물질적인 생명은 가지고 있지만, 영혼은 가지고 있지 않다. 사람은 이성을 가지고 있고 인식할 수 있으므로 분별력 있는 동물이라고 불린다. 그 밖의 동물, 즉 목소리가 있는 육지의 동물과 공중의 동물은 호흡과 혼을 가지고 있다. 성장하고 소멸하는 것은 모두 살아 있고 자라나기 때문에 살아 있다고 할 수 있다. 그러나 그 모든 존재가 혼을 가지고 있다고 할 수는 없다. 살아 있는 존재는 네 가지 다양한 형태가 있다. 첫째는 불멸하며 생기 있는 존재다. 천사들이 그렇다. 둘째는 영과 혼과 호흡을 가진 존재다. 사람이 그렇다. 셋째는 호흡과 혼

이 있는 존재이며 동물이 이에 해당한다. 넷째는 생명만 가진 존재인데 식물이 그렇다. 혼이나 호흡이나 영이나 불멸이 없어도 식물의 생명은 보존되지만, 생명이 없으면 모두 존재할 수 없다. 모든 인간의 영혼은 언제나 하느님 앞에 드러나 있다.

167. 어떤 감각적인 만족이든지 그것에 대해 동경하는 마음이 생길 때 미혹되지 않도록 조심하라. 오히려 이를 멀리하고 죽음에 대해 생각하고 또 그 정욕의 유혹을 이겼을 때 얼마나 자신을 더 낫게 여기게 될지를 생각하라.

168. 하느님께서는 악이 우리에게 해를 끼칠 것을 아시고 우리가 악을 이길 수 있도록 우리에게 영, 지식, 분별력, 선을 구별하는 능력을 주심으로써 사람들 속에 악을 막는 울타리를 알맞게 쳐 두셨다. 그러나 미련한 사람은 악을 쫓아가고 심지어 그 악을 자랑한다. 그는 마치 그물에 걸려든 것처럼 몸부림치고 그물 안에 감겨서는 거기서 빠져나올 힘을 갖지 못한다. 그리하여 사람의 구원을 위해 일하시고 사람을 사랑하셔서 모든 것을 지으신 하느님을 바라보고 인식하지 못하게 된다.

169. 죽을 운명인 존재는 죽음이 이미 그들을 기다리고 있

다는 것을 알고 자기 자신을 잘 살펴야 한다. 복된 영생은 거룩한 영혼이 선을 행할 때 받는 몫이며 악을 행할 때는 영원한 죽음이 그 영혼을 맞이하게 된다.

170. 자신의 침상에 누울 때 하느님의 선하심과 뜻을 마음속으로 감사하며 되새기라. 그때 여러분은 선한 생각으로 가득할 것이며 마음은 온전한 기쁨으로 가득할 것이고, 여러분의 몸이 꾸는 꿈은 영혼을 맑게 할 것이다. 여러분은 눈을 감을 때 하느님을 진정으로 보게 될 것이다. 여러분의 침묵은 복된 감정으로 가득 차서 온 영혼과 힘을 다해 높은 곳으로 올라가는 마음의 찬양을 하느님께 돌려드리게 될 것이다. 그러므로 사람 속에 악이 없고 감사가 넘칠 때 그는 더욱 가치가 있는 제물로 하느님께 받아들여지게 될 것이다. 하느님께 영광이 영원히 있을지어다. 아멘.

제3장. 은수(隱修)의 삶을 위한 규정

1. 은수의 무거운 멍에를 메려는 사람을 위해 하느님께서 내 입술을 통해 말씀하시듯이 이 규칙을 적는다. 성경에 "그러므로 가장 작은 계명 중에 하나라도 스스로 어기거나, 어기도록 남을 가르치는 사람은 누구나 하늘나라에서 가장 작은 사람 대접을 받을 것이다. 그러나 스스로 계명을 지키고, 남에게도 지키도록 가르치는 사람은 누구나 하늘나라에서 큰 사람 대접을 받을 것이다"[138]라고 말씀하신다.

가. 은수적 삶의 외적 흐름과 외적 질서

가) 세상과 사람들을 멀리하기

2. (세상과 단절된 삶의 형태로) 구원받기를 원하는 사람은 자신의 집에 머물지 말라. 그리고 자신이 죄를 지은 도시에 살지 말라. 또한 부모와 일가친척의 집을 방문하지

138) 〈마태오의 복음서〉 5장 19절.

도 말라. 왜냐하면 그것이 영혼에 해가 되고 생명의 열매를 죽일 수 있기 때문이다.

3. 예전에 하느님 앞에서 죄를 범했던 도시로 돌아가지 말라.

4. 친척들이 어떻게 사는지 보러 가지 말고 자신이 어떻게 살고 있는지 보는 것을 허락하지 말라. 심지어 그들과 절대 얼굴도 마주하지 말라.

나) 은수처의 선택

5. 우리의 영적 스승들은 죽음에 대해 묵상하기에 가장 적합한 장소이자, 육체를 만족시키는 세속적인 일에서 벗어나게 할 확실한 장소가 광야라고 주장한다.

6. 광야에 살면서 침묵하는 사람은 세 가지 싸움, 즉 듣는 데서 오는 싸움, 말에서 오는 싸움, 그의 마음에 상처를 줄 수 있는 것을 보는 것에서 오는 싸움에서 멀어진다.

7. 광야가 마음을 냉담하게 만드는 장소라고 암시하는 상념이 여러분을 미혹하지 못하게 하라.

다) 독수방(獨修方)[139]에서 은수

8. 세간의 평가에서 벗어나 은수하면 순례자가 되는 것이다. 독수방에 앉아 있는 것은 다른 지역으로 떠난 것이나 마찬가지가 될 것이다.

9. 다른 곳으로 외출하게 되면 기도에 전념하기 위해 되도록 빨리 자신의 은수처로 돌아오도록 노력하라.

10. 가을걷이를 하러 가면 그곳에 오래 머물지 말고 서둘러 자신의 은수처로 돌아오라.

11. 형제를 방문하면 그의 독수방에 오래 머물지 말라.

---

139) 러시아어로 '켈리야(келья)'다. 러시아 수도원 혹은 그 외의 지역에서 수도사들이 홀로 수도하기 위해 지은 거처를 일컫는 용어다. 방 하나로 이루어져 있고, 주거에 필요한 최소한 물품들로만 채워져 있는 경우가 많다. (옮긴이 주)

라) 독수방에서 할 일과 규칙들

12. 독수방에 거하면서 세 가지 일, 수공예,[140] 〈시편〉 읽기와 기도에 열중하라.

13. 독수방에 거할 때 성경 읽기, 하느님께 기도하기, 수공예 작업 같은 일을 하라.

14. 토요일과 주일을 제외하고 매일 9시까지 금식하라. 9시가 되면 자신의 독수방(가장 안쪽에 있는)으로 가라.[141] 음식을 먹기 전에 기도하라. 음식을 먹은 후에는 독서와 기도를 번갈아 하라.

마) 기도와 엎드려 절하기

15. 위험에 빠지지 않도록 하나도 빠뜨리지 말고 정해진 시간에 기도하라.

---

140) 수도원에서 수도사들은 수도의 한 방법으로 다양한 수공예 작업에 임했다. (옮긴이 주)

141) 그때까지는 때때로 외부의 독수방이라고 불렸던 처마와 현관방 아래에서 하는 작업을 한다.

16. 밤에 교회에 가기 전에 먼저 혼자 기도를 올리라.[142]

17. (그리고 항상) 교회에 가기 전에 먼저 자신의 독수방에서 기도하라.

18. (늘) 형제들과 함께하는 공동 기도 전후에 자신의 독수방에서도 항상 기도하라. 기도하는 데에 절대로 게으름을 피우지 말라.

19. 자주 무릎을 꿇으라. 이 일에 게으름을 부리지 말라.

20. 기도할 때 게으름을 허용하지 말라. 게으른 자의 기도는 무익한 말에 불과하다.

21. 기도하면서 하느님을 기억할 때 수도사의 서약과 입은 의복의 의미에 걸맞도록 가볍게 높이 나는 새처럼 되라.

---

142) 성 사바 수도원에서는 새벽 예배 가기 전에 종을 치면 독수방마다 모두가 정해진 대로 엎드려 절을 한다. 허리까지 숙이는 1500배(拜)의 예수 기도와 바닥까지 엎드리는 150배(拜)의 예수 기도다.

바) 독서와 하느님에 대해서 묵상하기

22. 부지런히 성경을 읽으라. 성경은 여러분에게서 부정한 생각을 쫓아낼 것이다.

23. 만일 열심히 그리고 끊임없이 성경을 읽는다면 하느님의 자비가 여러분과 함께할 것이다.

24. 하느님의 일을 생각하고 기도를 게을리하지 말라.

25. 입을 닫고 자신의 독수방에 앉아서 하느님을 기억하지 않는 수도사는 온갖 더러움으로 가득한 도시 밖의 폐가와 같다. 쓰레기를 자기 집 밖으로 버릴 생각이 있는 사람이라면 누구든 쓰레기를 그 폐가로 가져간다(즉 입은 닫았지만, 머리로는 꿈꾸며 제멋대로 생각하고 마음으로 열중하는 것, 이 모든 것이 악마가 영혼에 집어넣은 죄 많은 쓰레기다).

사) 수공예와 노동

26. 몸을 굴복시켜서 오랜 노동으로 지치게 해야 한다.

27. 무엇이든 독수방에서 할 만한 적당한 노동을 하라. 마음이 겸손해질 것이다.

28. 억지로라도 수공에 작업을 하라. 여러분 마음에 하느님을 두려워하는 마음이 자리 잡을 것이다.

29. 수공예 작업을 부지런히 하라. 하느님의 두려움이 여러분에게 임할 것이다.

30. 독수방에 앉아 수공예품을 만드는 작업에 열중하라. 그러나 이때 "주 예수 그리스도, 하느님의 아들이시여, 저에게 자비를 베푸소서. 주 예수 그리스도, 하느님의 아들이시여, 저를 도우소서" 혹은 "주를 찬미합니다, 나의 주, 예수 그리스도시여"라고 말하며 주의 이름이 떠나지 않도록 끊임없이 머릿속으로 주님을 생각하고, 마음으로 주님을 배우고 입술로 찬미하라.

아) 음식과 잠

31. 쾌락이 아니라 몸을 튼튼히 하기 위해 일정하게 정해진 시간에 식사하라.

32. 가장 간단하고 값싼 음식을 이용하라.

33. 침묵하고 절제하며 빵을 먹고, 여러분이 앉은 자리(상차림)가 검소한지 살피라.

34. 배가 부를 정도로 먹지 말라.

35. 여러분 속에 이전의 죄들이 다시 일어나지 않도록 음식에 탐욕을 부리거나 집착하지 말라.

36. 수요일과 금요일의 금식[143)]을 어기지 말라.

37. 고기는 아예 먹지 말라.

38. 포도주를 주조하는 장소에는 가까이 가지 말라.

39. 모임과 접대하는 장소(공동 식탁)에 서둘러 가지 말라.

---

143) 러시아 정교에서 수요일, 금요일 금식은 아주 자연스러운 전통으로 여겨지고 있다. 유대교에서 바리새인들이 화요일과 목요일에 금식을 하고, 예수 그리스도께서 이들의 금식 방식을 '위선적'이라고 말씀하신 것에 근거해 초기 기독교 전통에서는 1~2세기부터 수요일과 금요일에 금식했다고 전해진다. (옮긴이 주)

40. 공동 식탁이 마련된 장소에 가게 되면 음식을 먹을 때 하느님께 감사 기도를 드리라.[144)]

41. 큰 병에 걸리지 않았다면, 포도주 석 잔에 네 번째 잔을 더하지 말라.[145)]

42. 누가 여러분에게 음식을 권할 때 곧바로 팔을 뻗지 말라.

43. 만일 여러분이 젊다면 다른 사람보다 먼저 팔을 뻗지 말라. 그건 공손하지 못한 일이다.

44. 잠은 적게 적당하게 자라. 그러면 천사들이 여러분을 방문할 것이다.

45. 건강할 때는 허리띠를 풀지 말라.

---

144) 즉 누군가가 수도자들을 모두 모아 교회에서 그들을 대접할 때를 말한다.

145) 이것은 독수방이 아니라, 공동 식탁에서다. 술은 보통 작은 요새 안에 있는 집에서 만든 포도주다.

46. 잠자리에 들 때 자기도 모르는 사이에 죄를 짓지 않도록 노력하라.

자) 의복

47. 수인과 죄수처럼 밤낮 두건과 망토를 쓰고 항상 옷을 다 갖춰 입으라.

48. 거드름을 피우고 뽐내고 싶은 옷을 입지 말라.

49. 심판 날에 다른 무리 사이에서 벌거벗은 모습이 되지 않도록 의복을 소중히 여기라.[146)]

차) 가난에 대한 모든 내용

50. 필요한 것보다 더 많이 저축하지 말라.

51. 가난은 모든 면에서의 절제와 다르지 않고, 적은 것으

146) 그럼으로써 수도사의 의복이 요구하는 방식대로 살게끔 배우게 되는 것이다.

로 만족하는 상태다.

52. 영예보다 비방을, 편안함보다 육체의 노동을, 풍요로움보다 필요한 물건이 부족한 것에 더 만족하라.

카) 교회 예배[147)]

53. 교회의 일(예배와 교회를 돌보는 일)은 하느님을 두려워하는 믿을 만한 남자에게 맡겨야만 한다.

54. 종이 울리는 즉시 게으름을 피우지 말고 교회로 가라.

55. 예배에 불참해 그것이 장애물과 올가미가 되지 않도록 하라.

---

147) 속세를 떠난 독수자는 광야에 흩어져 살았다. 그들의 독수방이 차지한 공간 한가운데에는 공동 기도를 위해 모이는 교회가 있었다. 교회는 선택된 한 사람 혹은 여러 사람에게 맡겨졌다. 언젠가 성 대 안토니우스를 방문한 후 소수도원으로 돌아온 성 대 마카리우스는 수도원장이 그들에게 무슨 설교를 했는지 묻는 형제들의 질문에 의식, 즉 예배가 그들에게 없는 것이 좋지 않다고 말했다고 한다. 그러자 모두가 서둘러 교회를 짓기 시작했다. 이것은 성 대 안토니우스가 속세를 떠난 수도자의 삶을 어떻게 만들어 갔는지 보여 주는 실례다.

56. 교회에서는 절대로 말하지 말라.

57. 사람이 많이 모이는 장소에 있는 것처럼 교회에서 처신하지 말라(즉 영혼에 잡음과 복잡한 여러 상념이 생기지 않도록 하라).

58. 먼저 세상을 떠난 가족을 교회 안에 매장하지 말라(즉 속세의 일에 마음을 쓰지 말라).

타) 상호관계

(가) 첫째로 중요한 것 – 수도원장, 영적 아버지, 장상들과 영적으로 앞선 모든 사람을 대할 때

59. 무엇이 되었든 수도원장과 의논하지 않고서는 어떤 일에도 착수하지 말라.[148)]

---

148) 속세를 떠난 수도자들은 각자 다른 사람과 구별된 채 살았지만, 그들의 흩어진 마을들은 하나로 통합되어 있었고 한 사람의 장상이 돌보고 있었다. 예를 들어, 기원전 330년경에 니트리아 사막에 성 암몬을 통해 속세를 떠나 수도 생활을 하기 원하는 사람들의 공동체가 생겼고, 이후 세 개의 큰 수도 공동체가 만들어졌다. 대 마카리우스는 니트리아 사막 카이라에서 서북쪽에 자리한 수도 공동체의 장상이었고, 알렉산

60. 원장과 높은 사람들 앞에서 말을 많이 하지 말라.

61. 자신의 영적 아버지의 말에 순종하고 하느님을 두려워하는 마음이 여러분 안에 일어나도록 언제나 마음을 강하게 하라.

62. 수행의 완성은 순종이다. 어린 시절부터 주의 멍에를 메고 섬기며 순종하는 것이 그 사람에게 좋은 일이다.

63. 순종하지 않으면 악과 불의의 무기 또는 그릇이 될 것이다.

64. 겸손과 애통한 마음으로 여러분이 아직 모르는 것을 가르쳐 달라고 영적 아버지에게 구하라. 그러면 수치를 당하지 않을 것이다.

65. 선한 가르침을 베푸는 사람을 항상 기억하고 그에게서 생명을 살리는 계명을 알아내기 위해 애쓰라. 그러면

드리아의 마카리우스는 니트리아 사막의 남부에 자리한 수도 공동체의 장상이었다. (옮긴이 주)

사도 성 바울로가 쓴 것처럼 주의 뜻에 따라 선하고 발전적인 삶을 살게 될 것이다. "이 직무에 전념하고 정성을 다하라. 그리해서 그대가 발전하고 있음을 모든 사람이 보고 알 수 있게 하라."[149]

66. 만일 순종의 멍에 아래 진심으로 고개를 숙인다면, 영적 아버지가 여러분에게 하는 말을 깊게 듣고 난 후 온 힘을 다해 계명을 이행하라.

67. 여러분이 행한 모든 죄를 영적 아버지에게 숨기지 말라.

68. 선배들에게서 매일 선한 습관을 배우라.

69. 영적 아버지를 육신의 부모보다 더 사랑하라. 왜냐하면 그들은 하느님을 위해 여러분에게 마음을 쓰기 때문이다.

70. 여러분을 영적으로 낳은 수도원의 아버지들이 여러분이 성인의 무리 속에서 얻게 될 영광을 기뻐하도록 그렇게 살라.

---

149) 〈디모테오에게 보낸 첫째 편지〉 4장 15절.

71. 수도원 장상들의 축복이 여러분에게 임하도록 온 마음을 다하라.

72. 모든 이에게 생각을 열어 보이지 말고 여러분 영혼을 치유하는 이들에게만 그렇게 하라.

73. 형제들에게 미혹되지 않도록 자신의 모든 생각을 모든 이에게 열어 보이지 말라.

74. 모든 이에게 친구로서 호감을 가지라. 그러나 모든 이를 조언자로 두지는 말라.

(나) 인간관계 – 모두가 서로에게

75. 모든 사람이 여러분을 축복하도록 노력하라.

76. 여러분의 형제들과 함께 슬퍼하고 그들에게 선한 배려를 보여 주라.

77. 만일 어떤 형제가 여러분에게 도움을 간절히 부탁하면 그날은 하루 종일 그와 함께 일하라.

78. 친구를 먼저 시험해 보라. 그리고 모든 이를 가까운 사람으로 만들지는 말고 모든 이를 신뢰하지 말라. 왜냐하면 세상은 교활함으로 가득 차 있기 때문이다. 그러나 하느님을 두려워하는 형제를 한 명 선택해 그와 형제처럼 친하게 지내라. 아들이 아버지에게 하듯 하느님께 붙어 있는 것이 무엇보다 더 낫다. 왜냐하면 소수를 제외하고는 모든 사람이 교활함에 빠져 있기 때문이다. 이 땅은 허망함과 재앙, 비애로 가득하다.

(다) 영적 아버지가 영적 자녀에게

79. 만일 여러분이 죄짓기를 멈추었으면 살아 계신 주로부터 단절되어 주의 이름을 욕되게 하는 자들에게 주의 이름으로 말하고 가르치라. 그들이 자신의 나쁜 행실을 멈추고 새로운 모습으로 영광을 받을 만한 이가 될 수 있도록 할 수 있는 최선을 다하라.

80. 여러분의 영적 자녀들을 가차 없이 꾸짖고 가르치라. 왜냐하면 여러분에게서 그들에 대한 심판을 찾을 것이기 때문이다(만일 그들이 최후의 심판 때 벌을 받기에 합당한 자로 드러난다면 여러분의 책임이 될 것이다).

81. 영적 자녀들을 불쌍히 여기지 말고 하느님이 주신 두려움을 품고 책망하라. 그가 누구든지 가리지 말고 진리의 말씀으로 떠나게 하라.

82. 만일 어떤 형제가 여러분에게 와서 솔직하게 고백하면 그 말을 아무에게도 전하지 말고 여러분과 그를 위해 기도하라, 그러면 주께서 두 사람을 구원해 주실 것이다.

83. 그리스도를 믿는 믿음을 구하는 자를 거절하지 말라.

84. 여러분의 가르침을 받아들이지 않는 사람에게는 가르침을 베풀지 말라.

85. 스스로 행하기 전에는 아무에게도 그 어떤 규칙도 제안하지 말라.

86. 모든 나쁜 일 중에서 가장 추악한 일은 자신이 수행하지 않는 것을 다른 이에게 행하도록 가르치는 것이다. 왜냐하면 우리는 다른 사람의 행함으로는 아무 유익도 얻을 수 없기 때문이다.

(라) 병자들에게

87. 매일 아침 일어날 때마다 여러분과 함께 있는 병자에게 마음을 쓰라.

88. 병자를 찾아가 그들의 물그릇을 채우라.

89. 할 수 있는 한 모든 것을 수도원의 병자에게 베풀라.

90. 만일 수도원장이 병자 돌보는 일을 여러분에게 요청한다면, 온 마음을 다해 그들을 보살피고 사랑으로 돌보면서 순종하여 하느님을 기쁘게 해 드리라.

(마) 순례자들에게

91. 적절하지 않은 시간에라도 형제가 여러분을 방문하면 그를 기쁨으로 맞이해 형제가 하느님께 감사를 드리며 여러분으로 인해 슬픔을 느끼지 않도록 하라.

92. 만일 형제가 여러분을 방문하면 모든 점에서 그의 앞에서 자신을 낮추고 주님을 위해 그에게 친절을 보이고 오만하게 보이는 것을 두려워하라.

93. 여러분의 얼굴은 언제나 진지해야 하지만, 순례자 형제들이 올 때만큼은 기쁜 빛을 보이라.

(바) 서로를 대하는 태도

94. 무슨 행동을 하든지 겸손히 하라.

95. 모든 행동에서, 그리고 다른 사람과의 관계에서 한없이 겸손한 마음과 태도를 가지라. 대화할 때든 성가를 부르거나 하느님을 찬송할 때든 과장된 행동을 삼가라. 형제와 대화할 때 꾸밈이 없도록 하라.

96. 소년과 청년과는 대화하지 말라. 더구나 그들과 우정을 쌓지 말라. 사탄에게 자리를 내주지 않도록 그들을 공동생활에 받아들이지 말라.

97. 소년과는 절대로 대화하지 말라. 그러지 않으면 소년이 여러분에게 시험이 될 것이다.

98. 옆에 선 형제의 손을 잡지 말라. 그가 여러분보다 나이가 많든 적든 그의 뺨을 만지지 말라.

99. 이성과 충고가 통하지 않는 사람과는 온 힘을 다해 멀어지라.

100. 만일 평안한 삶을 사랑한다면 허망한 것에 대해 온갖 걱정을 하는 사람의 모임에 들어가지 말라. 만일 우연히 그들 가운데 있게 되면 마치 그곳에 없는 것처럼 행동하라.

파) 대화와 전반적인 언어 사용

101. 목소리를 내지 말라. 독수방에서는 계속 침묵하라. 규칙에 정해진 기도 시간에만 목소리를 내라.

102. 욕설을 피하라.

103. 하느님의 영이 여러분에게서 떠나지 않도록 말을 많이 하지 말라.

104. 헤로데의 면전에서도 침묵을 지키신 주님을 닮아 침묵을 지키는 것이 가장 훌륭한 일이다.[150)]

105. 여러분이 자신처럼 신실한 사람들과 함께 있게 되면 다른 사람이 무슨 말을 하는지 듣고 그 뜻을 헤아려 기꺼이 구원에 도움이 되는 일을 행하는 것이 좋다. 이것이 직접 말하는 것보다 훨씬 더 낫다.

106. 누군가를 방문할 때 여러분의 마음에 하느님을 두려워하는 마음이 생기기를 바란다. 그리고 독수방에 평화롭게 돌아오도록 입을 다물라.

107. 현명한 남자는 자신을 어떻게 제어해야 할지 잘 알기 때문에 서둘러 말하지 않는다. 따라서 언제 말해야 할지 언제 들어야 할지 잘 헤아린다. 반대로 어려움을 당해 보지 못한 남자는 말을 통제하지 못한다.

108. 형제들 사이에 앉아 있을 때 말을 지나치게 많이 하지 말라. 만일 무언가를 그들에게 묻게 되거든 짧고 겸손하게 말하라.

---

150) 예수 그리스도가 체포된 후 헤로데의 심문을 받는데, 그 심문에 아무 답을 하지 않으셨다고 성경에 기록되어 있다. 〈루가의 복음서〉 23장 9절, "그래서 헤로데는 이것저것 캐물었지만 예수께서는 아무런 대답도 하시지 않았다."

109. 여러분의 말이 듣기에도 좋고 또한 교훈이 되도록 하라. 말로부터 영광이나 비천함이 드러난다는 것을 기억하라.

110. 분노를 품고 말하지 말라. 말을 침묵처럼 지혜롭고 현명하게 하라. 늘 말이 침묵만큼이나 지혜와 현명함으로 가득 찼던 우리의 가장 현명한 영적 아버지들을 닮으라.

111. 이성에 맞지 않는 말은 찌르는 바늘과 가시이므로 여러분의 혀가 언제나 현명함을 따르도록 하라.

112. 거짓을 피하라. 그러지 않으면 거짓은 하느님에 대한 두려움을 여러분에게서 쫓아낼 것이다.

113. 여러분의 입은 언제나 진리 하나만을 말해야 한다.

114. 가장 높으신 하느님의 은혜가 여러분의 대화 주제가 되도록 하라. 그럼으로써 여러분은 자신을 하느님으로부터 더 큰 은혜를 받기에 합당한 자녀로 만들 것이다.

115. 악한 일에 대해서는 묻지 말라. 그것들로부터 자신의 관심을 멀리 떼어 놓으라.

116. 쓸데없는 말을 시작하지 말라. 여러분의 영혼이 그것으로 인해 악을 길어 올리지 않도록 그 말을 시작한 이들에게 귀를 기울이지 말라.

117. 이 세상에서 오는 모든 것에 대한 쓸데없는 말을 미워하라.

118. 농담과 재미 삼아 하는 말을 가능한 한 절제하라.

119. 크고 빠르게 외치거나 말하지 말라. 왜냐하면 다음과 같이 쓰여 있기 때문이다. "사람이 어리석으면 말이 많아진다. 사람은 한 치 앞을 모른다. 죽고 나면 무슨 일이 있을지 알려 줄 사람이 없다."[151]

120. 여러분은 악의를 품거나 화내지 않도록 조심하고 자기 말만을 고집하지 말라.

---

151) 〈전도서〉 10장 14절.

121. 절대로 맹세하지 말라. 의심할 여지가 없는 일에도 그리하고, 의심스러운 일에는 더욱 그리하라.

하) 여행할 때

122. 만약 어쩔 수 없이 도시로 가야 할 필요가 있다면 혼자 가지 말라.

123. 물을 길으러 가거나 여행을 하게 되면 (암기해 둔 〈시편〉들을) 읽으면서 묵상하라.

124. 형제들과 함께 여행할 때, 침묵을 지키기 위해 잠시 그들에게서 떨어지라.

125. 길을 가면서 오른쪽, 왼쪽을 쳐다보지 말고 〈시편〉을 주의 깊게 읽으면서 마음으로 하느님께 기도하라. 그 후 어디에 묵든 그 장소에 사는 사람들과 깊이 사귀지 말라.

126. 세상 사람의 무리에 들어가지 말라. 모든 것을 보여주려고 행하는 바리새인을 닮지 말라.

127. 여자가 가까이 오도록 허락하지 말고 여자가 여러분의 거처(방)로 들어오는 것을 묵과하지 말라. 왜냐하면 여자 때문에 생각의 폭풍이 몰려올 것이기 때문이다.

128. 여자와는 함께 먹지 말고 소년과도 친목 관계를 맺지 말라.

129. 어딘가에 묵어야 하는 상황이 오면 누구든 다른 사람과 한 이불을 덮지 말라.

130. 여러분보다 젊은 사람과는 한자리에 눕지 말라.

131. 어쩔 수 없는 경우가 아니라면, 두 사람이 같은 자리에 잠들지 말라. 설령 아버지나 형제라 할지라도 큰 두려움으로 조심하라.

132. 수도원의 숙소에 너무 오래 머물지 말라.

나. 내적 삶의 조직

가) 삶의 출발점 – 열성[152)]

133. 덕을 쌓아 가는 데 열성을 다하라. 그러지 않으면 태만에 빠지게 된다.

134. 하느님을 향한 사랑이 식는 것을 두려워하라.

---

152) 열성은 러시아어로 '렙노스티(ревность)'다. 렙노스티는 원래 '질투'라는 뜻을 지니며 '질투하시는 하느님'에 대해 말할 때도 이 단어를 사용한다. 그러나 신약에서 렙노스티는 '열성', '열정', '열심'이라는 단어로 번역되어 사용되고 있다. 하느님의 나라와 의를 위해, 주님을 사랑하며 수행하는 열과 성의를 다하는 자세를 의미한다. 본 역서에서는 성경에서 가장 많이 사용되고 있는 '열성'이라는 단어를 사용해 주로 번역했다. 이 단어가 나오는 성경 문구는 다음과 같다. 〈요한의 복음서〉 2장 17절, "이 광경을 본 제자들의 머리에는 '하느님이시여, 하느님의 집을 아끼는 내 열정이 나를 불사르리다' 하신 성경의 말씀이 떠올랐다"; 〈로마인들에게 보낸 편지〉 10장 2절, "나는 하느님께 대한 그들의 열성만은 충분히 인정한다. 그러나 그 열성은 바른 지식에 근거를 둔 것이 아니다"; 〈고린토인들에게 보낸 둘째 편지〉 7장 11절, "여러분은 열심을 가지게 되었고 자신의 무죄를 입증하게 되었고"; 〈고린토인들에게 보낸 둘째 편지〉 9장 2절, "나는 여러분이 이 일에 얼마나 열성적인지 잘 알고 있다. 그래서 여러분이 그 사업을 작년부터 아카이아 지방에서 준비해 왔다는 것을 마케도니아 사람들에게 자랑까지 했다. 그랬더니 많은 사람들이 여러분의 열성을 보고 분발했다". (옮긴이 주)

135. 여러분이 시작한 선한 행실에서 돌아서지 말라.

136. 은수의 길에서 돌아서지 말라.

137. 게으르고 태만하지 않도록 그리고 마지막 때에 죄를 짓지 않도록 선을 위해 맡은 일에 최선을 다하라. 마지막까지 주님을 사랑하라. 그러면 은총을 받을 것이다.

138. 도시 밖의 폐허가 악취 나는 부정한 모든 일에 이용되는 것처럼 나태하고 생기 없이 은수의 삶을 사는 사람의 영혼은 모든 정욕과 죄 많은 부정함의 온상이 되곤 한다.

나) 삶의 규칙 – 율법에 담긴 하느님의 뜻

139. 만일 하느님께 자신을 바쳤다면 하느님의 율법을 다 지키고 하느님의 명령을 하나도 빼놓지 말고 철저하게 행하라. 만일 뭔가 빠뜨릴 생각을 하면 이전의 죄가 여러분을 놓아 주지 않을 것이다. 그러나 목숨을 걸 정도로 모든 일을 행할 마음을 확고히 먹으면 이전의 죄가 이미 용서되었다는 것을 확신하게 될 것이다.

140. 여러분의 생각은 완전하게 온 힘을 다해 실행하려고 애쓰는 하느님의 율법으로 가득 차 있어야 한다. 그렇지 않으면 여러분의 영혼은 모든 부정함의 온상이 될 것이다.

141. 만일 어떤 일을 시작하는데 거기서 하느님의 뜻을 보지 못한다면 절대로 그 일을 행하지 말라.

다) 목적은 하느님의 영광이다

142. 여러분을 통해 하늘에 계시는 하느님 아버지께서 영광을 받으실 수 있도록 가능한 모든 노력을 기울이라.[153)]

라) 말씀을 기억하는 것이 열성을 자극하고 유지하게 한다

(가) 언약과 첫사랑에 대해

143. 썩어 없어질 물질 때문에 하느님에게서 멀어지지 말라. 하느님을 기쁘게 하려는 열망이 여러분 안에서 불타올랐을 때 약속했던 것을 기억하라.

---

153) 〈마태오의 복음서〉 5장 16절.

144. 여러분이 처음 지금의 수도복을 입었을 때 수도복에 부여했던 의미를 잊지 않으려고 노력하라. 그때 여러분이 흘린 회개의 눈물을 기억하고 비밀스럽게 파고드는 악한 생각이 명백한 행실로 이어지지 않도록 얼른 그것에서 벗어나라.

145. 끊임없이 진실하게 회개하라. 단 한 순간도 태만과 게으름에 빠지지 말라.

(나) 모범적으로 정성을 다해 노력하는 자들에게

146. 여러분보다 약한 사람이 아니라, 여러분보다 더 완벽한 사람에게서 본보기를 취하라.

147. 온 마음을 다해 주님을 사랑하고 선한 일에 늘 부지런한 사람을 모범으로 삼으라. 그들은 선을 행하는 데에 완전하다. 그들에게 삶의 교훈을 달라고 요청하는 것을 부끄러워하지 말라.

148. 믿음을 식게 만드는 세상일로 염려하는 자들을 닮지 말라. 그러지 않으면 그 어떤 것에서도 발전하지 못할 것

이다. 주님을 위해 산과 광야, 동굴과 땅굴에서 순례한 사람들[154)]처럼 열성을 다하라. 그러면 위로부터 능력이 내려올 것이다.

(다) 언약을 받은 복에 대해

149. 훈계받은 모든 것을 수행하면, 이제까지 보지 못했고 듣지 못했던, 인간의 마음이 상상하지 못했던 유업을 받게 될 것이다.

150. 아직 시간이 있을 때 의인의 자리에 드는 은총을 얻을 수 있도록 지식의 빛을 이용하라.

(라) 죽음과 심판에 대해

151. 여러분의 젊음이 지나가 쇠약함이 심해졌고 자신의 모든 일을 하느님 앞에 고할 임종의 때가 이미 가까이 왔음을 기억하라. 거기서는 형제가 형제의 죄를 구속(救贖)할 수 없고 아버지가 아들을 구할 수 없다는 것을 깨달

154) 〈히브리인들에게 보낸 편지〉 11장 38절.

으라.

152. 육신에서 떠나는 날이 올 것이고, 영원한 심판이 도래한다는 생각에서 늘 벗어나지 말라. 그렇게 하면 영원히 죄를 짓지 않을 것이다.

153. 오늘 이후로 나는 더 이상 이 세상에 존재하지 않을 것이라고 되새기며 말하라. 그러면 하느님 앞에서 절대로 죄를 짓지 않을 것이다.

154. 날마다 이 세상에서의 삶이 오늘 하루만 내게 남아 있다고 생각하면 죄에서 자신을 지킬 수 있을 것이다.

155. 여러분의 모든 것이 이미 끝났고, 이제 여러분이 이 세상에서 벗어날 시간이 곧 오리라는 생각을 품고 독수방에서 기도하라.

156. 심판 날에 거절당하지 않도록 자신을 지키라. 게으른 자에게는 슬픔이 있을 것이다. 왜냐하면 그들의 종말이 다가왔고, 그들을 도울 자는 없으며 구원의 희망도 없기 때문이다.

마) 영적으로 발전하게 만드는 하느님의 은혜로운 도우심, 자신의 노력과 수행

(가) 기도로 말미암아 위로부터 내려오는 도우심

157. 우리 주 예수 그리스도는 하느님을 기쁘게 해 드릴 힘을 우리에게 주시고 도움을 주신다.

158. 무엇보다 먼저 끊임없이 기도를 드리고 무슨 일이 있든지 하느님께 감사를 올리라.

159. 하느님께서 불쌍히 여기셔서 옛사람을 여러분에게서 벗겨 주시기를 끊임없이 눈물로 기도하라.

160. 눈물로 기도하기를 멈추지 말라, 그러면 하느님께서 여러분을 불쌍히 여기시어 마음의 모든 병(여러분의 영혼이 아파하는 모든 것)을 치유해 주실 것이다.

161. 만일 하느님을 기쁘게 해 드리기를 원한다면 주 예수 그리스도께 헌신하라. 그러면 그분께서 여러분을 구하시고 보호하실 것이다.

(나) 수행과 노력 전반에 대해

162. 내가 제안하는 다음의 수행, 즉 노동과 궁핍, 순례와 무소유를 실천하고 침묵을 지키도록 노력하라. 이는 여러분을 온유하게 만들고, 온유함은 죄로부터 해방을 가져다줄 것이다. 온유함은 사람이 자신을 죄인으로 간주하고 하느님 앞에서 선한 일을 행한 적이 없다고 생각하는 것이다. 그리고 침묵을 지키며 자신에게 그 어떤 공적도 돌리지 않는 것이며, 자기 말만 주장하거나 사람 앞에서 고집을 부리지 않는 것이다. 그리고 자신의 의지를 내려놓고 고개를 숙인 채, 죽음을 눈앞에 보며 거짓을 경계하고 허황된 말을 삼가며 수도원장에게 반박하지 않고 모욕을 인내하고 온갖 어려움과 비애를 온유하게 감내하도록 자신을 억제하는 것이다. 형제여, 여러분의 삶이 열매 맺을 수 있도록 이 규칙을 지키도록 노력하라.

163. 우리 육신에 편안함을 주는 모든 것을 멀리하라. 하느님 안에 살기 위해 우리는 그러한 삶을 작게 평가할 것이다. 하느님께서는 심판의 날에 우리가 하느님을 갈망했는지, 목이 말랐는지, 헐벗음을 감내했는지, 애통해했는지, 마음 깊은 곳으로부터 탄식했는지 그리고 우리가 하느님께 합당한 자인가를 스스로 시험해 봤는지 물으실 것이

다. 그러므로 하느님 안에서 살기 위해 부지런히 죄를 애통해하며 탄식하라. 우리 영혼을 구원하기 위해 육신을 멸시하라.

164. 자신을 위해 노동을 선택하라. 금식과 기도와 밤샘 기도와 함께 행하는 노동은 여러분을 모든 추악함에서 구할 것이다. 왜냐하면 육신의 노동은 마음의 정결함을 가져오고 마음의 정결함은 영혼이 열매를 맺도록 해 주기 때문이다.

165. 굳건한 믿음과 자비를 사랑하라. 마음에 악한 생각을 허용하지 말고 악을 선으로 갚으려고 애쓰면서, 자비와 평화를 찾고 모든 아름다운 일에 정성을 다해 노력하라.

바) 영적으로 발전[155]할 조건을 갖춘 영혼의 상태

---

155) '영적인 발전'은 러시아어로 '우스페흐(успех)'다. 원뜻은 '성공'으로 성경에서 이 단어는 〈필립비인들에게 보낸 편지〉 1장 25절, 〈디모테오에게 보낸 첫째 편지〉 4장 15절에 나온다. 개신교 성경에서는 주로 '진보'로 번역되었지만, 가톨릭 성경에서는 '믿음이 깊어지고' '나아지고'라는 단어로 풀어서 번역되든지, '발전'으로 번역되었다. '우스페흐(успех)'를 어근으로 둔 단어들은 영적 진보, 발전, 혹은 성장 등으로 번역했다. (옮긴이 주)

(가) 두려움을 품고 깨어서 주의를 기울이고 죄와 세상을 미워하며 하느님 안에 거하기

166. 여러분의 영혼이 늘 주님과 함께하고 육신은 지상에서 조각이나 목석처럼 존재하게 하라.

167. 언제나 의로운 모습으로 주님의 얼굴 앞에 서라.

168. 우리 눈앞에 하느님을 두려워하는 마음을 늘 두어야 한다. 죽음에 대한 기억과 세속적인 것에 대한 혐오감도 마찬가지다.

169. 살기 위해 매일 죽으라. 왜냐하면 하느님을 두려워하는 자는 영원히 살게 될 것이기 때문이다.

170. 게으름과 태만함에 빠지지 않도록 끊임없이 깨어 있으라.

171. 세속적인 모든 것을 증오해 자신에게서 멀어지게 하라. 그러지 않으면 그로 인해 여러분이 하느님에게서 멀어지게 될 것이다.

172. 여러분의 영혼에 해가 되는 모든 것을 증오하라.

(나) 인내

173. 무엇을 하든 인내심을 품고 행하라. 그러면 하느님께서 여러분의 모든 일과 여러분에게 일어나는 모든 것에서 여러분을 도우실 것이다.

174. 정신을 차리고 겁을 먹지 말라.

175. 하느님의 뜻에 따라 하는 모든 일에 자원하는 마음을 가지라.

176. 주님께서 (주님을 위해) 여러분이 하는 그 어떠한 노동도 잊지 않으실 것을 알고 독수방에서 여러분을 공격하는 생각으로 인해 괴로워하지 말라. 그러면 그것이 여러분을 최상의 진보로 이끌 것이고 하느님의 은혜가 여러분을 도울 것이다.

177. 용기란 진리 안에 견고하게 서서 적을 대적하는 것이다. 적에게 양보하지 않을 때 적은 뒤로 물러나 다시는 나

타나지 않을 것이다.

(다) 애통해하며 울기

178. 밤낮으로 자신의 죄로 인해 아파하라.

179. 여러분의 등잔을 눈물의 기름으로 밝히라.

180. 여러분의 독수방에 죽은 자가 있는 것처럼 자신의 죄를 생각하며 끊임없이 울라.

181. 여러분 안에 하느님을 두려워하는 마음이 자리 잡도록 하라.

182. 자신이 뭔가 되었다고 생각하지 말라. 자신의 죄로 인해 슬퍼하는 데 전념하라.

(라) 겸손

183. 겸손을 사랑하면 겸손이 여러분의 모든 죄를 덮을 것이다.

184. 여러분 생애의 모든 날 동안 겸손하고 모든 아름다운 일에 정성을 다해 노력하라.

185. 덕에서 여러분보다 나약한 사람을 자신과 동등한 사람으로 간주하고 덕에서 비슷한 사람을 그 완전함에서 자신보다 훨씬 뛰어난 사람으로 간주하라.

186. 여러분보다 앞서가는 사람을 시기하지 말라. 하느님께서 함께하시도록 모든 사람이 자신보다 더 낫다고 생각하는 것이 좋다.

187. 교만한 자와 함께 다니지 말고 겸손한 자와 함께 다니라(이것은 닮음과 친교에 대한 이야기다).

188. 모든 면에서 겸손히 행하라. 태도와 옷차림에서나, 앉거나 서 있을 때, 길을 다닐 때나 침대에서나 독수방에서 지낼 때 항상 겸손히 하라.

189. 만일 사람들이 여러분이 한 일 때문에 여러분을 칭송하거든, 그것으로 기뻐하거나 만족하지 말라. 최대한 그것을 숨기라. 그 누구도 그것을 말하게 허락하지 말고 사람들이 여러분을 칭찬하지 않도록 모든 노력을 다하라.

190. 여러분이 행한 일 중 어떤 일로 유명해지는 것을 두려워하라.

191. 만일 누군가 어떤 죄에 대해 무고하게 여러분을 비난하거든 자신을 낮추고 가시 면류관을 받으라.

192. '나를 용서하라'고 말하는 습관을 들이라. 그러면 여러분에게 겸손함이 깃들 것이다.

193. 모든 경우에 언제나 모든 형제에게 '나를 용서하라'고 말하는 버릇을 들이라. 늘 나를 용서해 달라고 말하면 곧 겸손함에 이르게 된다.

194. 들리는 모든 (비난의) 말에 나를 용서해 달라고 말할 마음가짐을 갖추라. 왜냐하면 그러한 겸손은 적의 모든 간계를 흩어 버리기 때문이다.

195. 겸손함은 모든 사람을 자신보다 더 낮게 여기는 것과 다르지 않다는 것을 알라. 여러분이 많은 죄를 지었다는 것을 깊이 명심하라. 고개를 숙이고 여러분을 모욕하는 이에게 "나의 주인이시여, 나를 용서하소서!"라고 말할 준

비가 되어 있게 하라. 죽음이 여러분이 끊임없이 생각하는 대상이 되게 하라.

196. 노동을 사랑하고 자신을 모든 사람에게 복종시키고 반드시 입을 닫으라. 그러면 겸손에 이르게 될 것이다. 겸손은 여러분의 모든 죄를 용서받게 할 것이다.

197. 무엇보다도 자신이 뭐라도 되는 것처럼 생각하지 말라. 그럴 때 여러분 안에 겸손함이 생길 것이다. 겸손은 지식(경험과 분별력)을 낳는다. 지식은 믿음을 낳는다. 믿음은 기쁨을 낳는다. 기쁨은 사랑을 낳는다. 사랑은 순종을 낳는다. 순종은 변치 않는 한결같음(선에 확고함)을 낳는다.

사) 죄와 싸우는 수행

(가) 가장 중요한 마음속 생각과의 싸움

198. 주님께 의지하며 악한 생각을 자신에게서 멀리 쫓아내라. 그러면 하느님께서 당신의 오른손으로 우리를 덮으실 것이다.

199. 자신이 마음에 품은 모든 생각을 따르지 말라.

200. 마음에 품은 생각과 탐심대로 행하지 말라.

201. 여러분 속에 이전의 죄들이 다시 반복되지 않도록 여러분의 정신이 이전 죄에 대한 기억에 현혹되지 않도록 주의하라.

202. 죄가 다시 반복되지 않도록 언젠가 여러분이 저지른 죄를 머릿속에서 생각하지 말라. 여러분이 하느님께 자신을 내어놓고 회개했을 때 그 죄가 다 용서되었음을 확신하고 조금도 의심하지 말라.

203. 태만할 때 여러분이 빠졌던 만족과 위안을 회상하지 말고 내가 이런 일을 했다, 혹은 이런 것을 위반했다라고 말하며 그것을 화제로 삼지 말라. 왜냐하면 그것이 여러분에게 걸림돌이 될 수 있기 때문이다.

204. 욕심을 다시 자극하지 않고 유혹받지 않도록 세상에 있을 때 여러분이 품었던 사욕을 절대로 언급하지 말라.

(나) 여러 부도덕한 욕망과의 싸움

205. 사도 성 요한은 "세상에 있는 모든 것, 곧 육체의 쾌락과 눈의 쾌락을 좇는 것이나 재산을 가지고 자랑하는 것은 아버지께로부터 나온 것이 아니고 세상에서 나온 것이다"[156)]라고 말하며 모든 인간적인 정욕을 세 가지로 정리한다. 육신의 정욕은 많은 음식으로 배를 채우는 것인데, 그 뒤에 더러운 음란이 따른다. 보는 것에서 오는 정욕은 물질적인 욕심을 대상으로 한다. 그 물질적 복을 소유할 때, 눈이 높아지거나 혹은 마음에 더러운 생각이 들어간다. 세속적인 자랑은 소란스러운 영예(자신에 대한 높은 의견, 자화자찬, 다른 이로부터 칭송받으려는 열망)를 향한 사랑으로 헛되이 지나가는 외적인 가치 때문에 우리 마음에 자리 잡는다.

206. 정욕의 그물망에 걸리지 않으려면 사리사욕과 불순종, 특히 과식을 피하라. 왜냐하면 그것들은 마음에서 하느님을 두려워하는 마음을 없애고 얼굴에서 수치를 쫓아내며 이러한 행위를 사랑하는 자를 저열하고 수치스러운 행위로 이끌어 하느님에게서 멀어지게 만들기 때문이다.

---

156) 〈요한의 첫째 편지〉 2장 16절.

207. 분노하는 마음을 벗어 버리고 온유를 덧입고 방탕한 눈을 떨치고 단순한(아이 같고 순수한) 눈을 취하라.

208. 모든 죄스러운 욕망과 마찬가지로 분노를 멀리하고 정욕에서 자신을 지키라.

(다) 각별한 주의를 요하는 육체의 욕망과의 싸움

209. 정욕적인 사람은 그 어떤 일에도 합당치 않다.

210. 육체의 즐거움을 따르지 말라. 하느님은 그러한 사람의 말에 귀 기울이지 않으신다.

211. 육체와 육체의 만족을 경계하라. 왜냐하면 그것은 악으로 가득하기 때문이다.

212. 육체가 욕망에 사로잡히지 않도록 육체를 지치게 하라.

(라) 분노와 분노의 산물과의 싸움

213. 만일 분노가 여러분을 덮치거든 서둘러 분노를 멀리

내쫓으라. 그러면 평생토록 기쁨을 누리게 될 것이다.

214. 결단코 아무에게도 분노하지 말고 모든 이를 용서하라.

215. 만일 누군가가 부당하게 여러분을 비난하거든 분개하지 말라.

216. 지혜로워지라. 그리고 여러분에 대해 나쁘게 말하는 사람들의 입을 침묵으로 저지하라.

217. 누군가 여러분에 대해 나쁘게 말한다면 놀라지 말라. 그것은 우리의 가장 악한 적이 사용하는 교활한 방법 가운데 하나다. 그들은 이런 방식으로 진리를 알지 못하도록 사람에게 방해물을 놓는다.

218. 분노를 터뜨리지 말고, 여러분에게 분노를 터뜨리는 사람에게 악을 품지 말라.

219. 모욕당하거든 여러분에게 모욕을 가한 사람에게 원한을 품지 말고 "나는 모든 형제의 경멸을 받아 마땅하다"라고 말하라.

220. 불평하지 말고 아무에게도 상처를 주지 말라.

221. 악을 악으로, 모욕을 모욕으로 갚지 말라. 우리가 겸손하지 않은 것을 보시는 하느님께서는 우리를 겸손한 길로 이끌어 주실 것이다.

222. 젊은 사람도, 나이 든 사람도 기도하게 하라. 그들을 분노에 빠지지 않게 하라.

223. 한쪽 뺨을 때린 자에게 다른 쪽 뺨을 내어 주는 자는 자신이 당한 수치로 인해 기뻐한다. 우리 주 예수 그리스도는 결코 그를 버리지 않으실 것이다. 왜냐하면 주님은 선하시고, 주님을 위해 참으며 주님을 찾는 영혼에 힘과 방패가 되어 주시며 그가 평안하게 견고히 설 때까지 도와주시기 때문이다. 슬프고 고통스러운 일을 만나더라도 나중에 달콤한 열매가 뒤따를 것이므로 기뻐하라.

224. 사람들로부터 모욕당하는 것을 두려워하지 말라.

(마) 영적인 성장을 방해하는 마음의 다른 부도덕한 움직임과의 싸움

225. 만일 어떤 형제가 죄를 짓는 것을 보거든 그를 경멸하거나 외면하지 말고 또한 정죄하지 말라. 그러지 않으면 여러분도 같은 처지에 놓이게 될 것이다.

226. 아무에게도 악을 행하지 말고 그 누구도 정죄하지 말라.

227. (다른 사람에 대한) 나쁜 말을 들으려고 귀를 대지 말라. 사람들을 너그럽고 불쌍히 여기면 여러분의 영혼이 살게 될 것이다.

228. 아무도 정죄하지 말라. 그 정죄로 인해 여러분이 넘어질 수 있다.

229. 설령 형제가 계명을 하나도 지키지 않는 것을 보더라도 그를 비난하지 말라. 그러지 않으면 여러분은 적들의 손에 떨어지게 될 것이다.

230. 하느님께서 여러분의 기도를 거절하지 않도록 그 누구도 정죄하지 말라.

231. 그 어떠한 이유로도 타인의 단점을 여러 사람 앞에 드러내지 말라.

232. 그 누구의 연약함도 비난하지 말라.

(바) 허영과 자만심

233. 자선을 베풀 때 그것을 드러내지 말라.

234. 만일 영적인 수행에 헌신한다면, 그것을 자랑하지 말라.

235. 여러분이 행하려는 선행에 대해서 미리 아무에게도 말하지 말고 행하라.

236. 어떤 덕을 행할 때 오만함을 품지 말고 속으로 나는 이런저런 일을 했다고 말하지 말라. 만일 그렇게 행한다면 지혜로워지지 못할 것이다.

237. 헛된 영광을 구하지 말고, 마음속에 내가 이런저런 일을 했고 이렇게 영적으로 성장했다면서 자화자찬하지 말라. 그런 생각에는 허영이 가득하고 그런 생각으로 채

워진 사람은 부정한 영들의 집이 된다.

(사) 사람에게 비위 맞추는 것과 위선과의 싸움

238. 사람의 뜻을 행하기 위해 하느님의 뜻을 저버리지 말라.

239. 사람에게 품은 우정을 존중하기 위해 하느님의 계명을 어기지 말라.

240. 위선을 떨거나 가식적인 사람이 되지 말라. 더 나아가 결코 거짓말쟁이가 되지 않도록 하라.

241. 사람들 앞에서만 의로운 척하지 말라. 스스로 삼가며 지혜, 온유, 선을 갖추고 인내하며 이웃을 사랑하라.

(아) 교만과의 싸움

242. 무엇이든지 자신이 한 일로 우쭐대지 말라.

243. 교만하게 우쭐대지 말고 자랑하지 말라.

244. 교만을 자신에게서 멀리 내쫓고 이웃과 모든 사람을 자신보다 낮게 생각하라.

245. 누군가에게 슬픔을 안기고 다른 사람 위에 우쭐대는 것보다 더한 신성모독은 없다.

246. 자신을 지혜롭게 여기지 말라. 그러지 않으면 여러분의 영혼은 교만으로 적의 손에 떨어질 것이다.

247. 자신이 모든 것을 알고 있고 지혜롭다고 생각하지 말라(즉 나 자신이 안다, 나 자신이 이걸 할 수 있다 하고 말하지 말라). 그러지 않으면 여러분의 노력이 허사가 되고, 이제까지 해 온 여러분의 항해는 헛된 일이 될 것이다.

결론

248. 위에 기록한 모든 것을 행하지 않는 자는 하느님의 진노를 살 것이다. 나, 안토니우스는 여러분에게 진실을 말한다. 그러니 내 말에 귀를 기울이고 마음에 새기라. 내가 이 계명들로 여러분을 하느님께 올려 드린다는 것을 깨달으라. 만일 이 계명을 지키면 여러분은 모든 천사와 함

께 기뻐할 것이고, 모든 악한 영을 비탄에 빠지게 할 것이다. 이 계명들 안에 거하라. 하느님께서는 여러분과 함께 하시고 하느님의 천사들도 동행할 것이다. 여러분의 영혼은 성인의 향기로 가득 찰 것이고 여러분의 얼굴은 성인의 얼굴처럼 빛날 것이며 모든 성인처럼 여러분은 하느님의 성전이 될 것이다. 그리고 마침내 여러분은 즐거움과 기쁨으로 주를 맞이하며 "잘하였다. 너는 과연 착하고 충성스러운 종이다. 네가 작은 일에 충성을 다하였으니 이제 내가 큰일을 너에게 맡기겠다. 자, 와서 네 주인과 함께 기쁨을 나누라"[157]라고 말씀하시는 그분의 목소리를 듣게 될 것이다.

249. 이 교훈 중에서 단 하나라도 벗어나지 말라. 우리 주 예수 그리스도께서 여러분에게 평화를 주시고 평화 가운데 당신이 시작한 일을 다 이루실 것이다. 우리의 영적 아버지들과 그들을 따른 이들도 이 교훈을 행함으로 온전해졌다.

250. 만일 앞서 말한 것에 무엇이든 선한 일 가운데 어떤

---

157) 〈마태오의 복음서〉 25장 21절.

것을 더하기를 원한다면 그렇게 하라. 그리고 끊임없이 우리 주 예수 그리스도께 감사를 올려 드리라.

251. 매일 밤 여러분의 침상을 눈물로 적시고 주 예수 그리스도 앞에 자신을 복종시키라. 주님께서 여러분의 죄를 씻어 주시고 여러분을 새롭게 하셔서 선한 일을 행할 힘을 주시고 영원한 하느님의 나라를 상속하게 하실 것이다. 주 예수 그리스도와 하느님 아버지, 성령께 찬양과 존귀, 영광과 경배가 이제와 항상 또 영원히 있을지어다. 아멘.

제4장. 성 대 안토니우스의 금언과 그에 대한 일화[158)]

가. 세속적인 일에서 떠나는 것에 대해

1. 수도 생활에서 좋은 결과를 얻고자 하는 사람은 세상을 완전히 떠나 세상의 모든 복을 버리고 세상일 밖으로 나와 세상과 물질에 대한 모든 애착을 끊어 버려야 한다.
세상을 거부하고 모든 재산을 가난한 사람에게 나누어 준 후 필요한 경우를 대비해 약간의 금전을 갖고 자신을 찾아온 한 형제에게 성 대 안토니우스는 이 진리를 인상적으로 깨우쳐 주었다. 장상은 그를 한 번 보고도 그가 약간의 금전을 소유했음을 알아채고 말했다.
"만일 수도사가 되고 싶으면 마을로 가 고기를 사서 그것을 얇은 조각으로 자르게. 그리고 옷을 벗고 어깨와 팔에 고기 조각을 펼쳐 얹고 이리로 오게나."
형제는 장상이 명한 대로 행했다. 그러자 개와 새, 말벌들이 그를 둘러싸 그의 온몸에 상처를 냈다. 그가 다시 장상

158) 편역자 페오판 주교가 다양한 출처에서 가져와 엮은 장이다. (옮긴이 주)

에게 돌아왔을 때 장상은 그에게 명한 대로 행했느냐고 물었다. 그는 불평하면서 자신의 상처를 보여 주었다. 그러자 성 대 안토니우스는 그에게 말했다.

"세상을 버렸으면서도 재산 중에 아주 작은 것이라도 소유한 사람에게는 그런 일이 종종 일어난다네. 사탄들이 낸 상처에 뒤덮여 만신창이가 된 사람은 싸움에서 패한다네."[159]

2. 카시아누스[160]가 전하는 다음의 이야기도 같은 주제에

---

159) Дост. сказ. 20. [비잔틴 정교 수도사이자, 유명한 종교 저술가인 요한 모스흐(Иоанн Мосх)의 《기억할 만한 이야기들(Достопамятные сказания)》 혹은 《영적 초원(Луг духовный)》 스무 번째 이야기다. 성인들과 수행자들의 전기를 담은 책이다. 책의 완전한 제목은 각주 16번을 참조하시오. 앞으로 같은 책의 이야기가 인용될 경우, Дост. сказ. 숫자로 표기할 것이다. (옮긴이 주)]; Patr. Graec. 40권 1099쪽. [프랑스 가톨릭 성직자 자크 폴 미뉴(Jacques Paul Migne), 《교부들의 금언 총서(Patrologiae cursus completus)》(파리, 1844~1866) 중 《그리스 교부들의 금언집(Patrologia Graeca)》(총 162권, 파리, 1857~1866) 중 40권 1099쪽이다. 책에 대한 자세한 정보는 각주 17번을 참조하시오. 앞으로 같은 책이 인용될 경우, Patr. Graec. 권수와 쪽수로 표기할 것이다. (옮긴이 주)]

160) 성 카시아누스(356?~435)는 루마니아 출신으로 이집트에서 은수 생활을 했고, 갈리아 지방 마르세유에서 두 개의 수도원을 세웠고, 이집트 은수 생활에 관한 두 권의 책, 《제도서》와 《담화집》을 집필하는데, 이것이 나중에 성 베네딕투스에게 큰 영향을 미쳐 베네딕트 수도원

관한 것이다.[161] 결코 세상을 등질 필요가 없다고 생각한 형제가 안토니우스 성인에게 와서 말했다.
"영적인 완전함에 도달하기 위해 필요한 모든 것을 행하면서 도시나 마을에서 수행하는 사람의 가치가 더 큽니다."
안토니우스 성인이 그에게 물었다.
"자네는 어디에서 어떻게 살아가고 있는가?"
그가 대답했다.
"필요한 모든 것을 제공해 주시는 부모님의 집에서 살고 있습니다. 이로 인해 모든 근심과 책임에서 벗어나 저는 쓸데없는 일에 마음을 빼앗기는 일 없이 독서와 기도에만 끊임없이 전념할 수 있습니다."
안토니우스 성인이 다시 그에게 물었다.
"내 아들아, 말해 보게. 부모님이 슬플 때 그분들과 함께 슬퍼하고 그분들이 기뻤을 때 함께 기뻐했는가?"
그가 슬픔도 기쁨도 함께 겪는다고 고백했다. 그러자 안토니우스 성인이 그에게 말했다.
"이생에서 기쁨과 슬픔을 함께 나눈 그분들과 자네가 다

설립에 기초가 된다. (옮긴이 주)

161) Coll. 24장 10, 11절. [예루살렘 정교회의 수도원장 도로페이(Доротей)의 《금언집(Collectio)》 24장 10절, 11절이다. 앞으로 같은 책이 인용될 경우, Coll. 장과 절로 표기할 것이다. (옮긴이 주)]

음 생에서도 운명을 같이하게 될 것임을 알게나. 자네가 자신을 위해 선택한 삶의 방식이 해로운 이유는 거의 매일 변하는 일상의 우연성으로 인해 자네가 끊임없이 지상의 일에 골몰했기 때문이 아니라네. 복음 전하는 일을 하면서도 자신과 또 함께하는 사람들에게 필요한 것을 자기 손으로 얻은 사도 성 바울로를 본받아 자네가 손으로 한 노동으로 먹을 것을 얻었다면 받을 수 있었을 그 열매를 자네가 잃었기 때문에 해로운 것이라네. 사도 성 바울로는 에페소인들에게 이렇게 말하고 있네. "여러분도 알다시피 나와 내 일행에게 필요한 것은 모두 나의 이 두 손으로 일해서 장만하였다."[162] 데살로니카인들에게 썼듯이 사도 성 바울로는 우리에게 본을 보이고 교훈을 주기 위해 그렇게 행한 것이라네. "아무에게서도 빵을 거저 얻어먹지 않았다. 오히려 여러분 중 어느 누구에게도 폐를 끼치지 않으려고 밤낮으로 수고하며 애써 노동을 했다. 그렇게 한 것은 우리가 여러분에게 요구할 권리가 없어서가 아니라 여러분에게 우리를 본받게 하려고 스스로 모범을 보인 것이다"[163]라고도 말했네. 우리도 바로 이런 이유로 인해 친척의 도움을 이용할 가능성이 있다고 할지라도 친척이 보

162) 〈사도행전〉 20장 34절.

163) 〈데살로니카인들에게 보낸 둘째 편지〉 3장 8~9절.

내 주는 것을 거저 받기보다는 스스로 이마에 땀을 흘려 의식주를 얻는 것을 더 선호한다네. 만일 친척으로부터 공급받는 것이 더 유익하다고 생각했다면 우리는 기꺼이 그것을 선택했을 걸세. 더구나 만약 자네가 건강하면서도 다른 사람의 돈으로 살아간다면, 그것은 가난하고 힘없는 사람의 소유를 삼키고 있는 것임을 알게나."

나. '무엇을 할 것인가'라는 질문에 대한 전체적인 답변

세상을 버린 사람들은 완전히 다른 새로운 삶의 방식에 들어서게 된다. 그 삶은 물론 그에게 전혀 알려진 바가 없는 것은 아니지만, 그래도 어쩔 수 없이 무엇을 할 것인가? 어떻게 살아야 하는가? 하는 질문을 불러일으킨다. 성 대 안토니우스는 이런 질문을 여러 번 받았다. 여기 그의 답변이 있다.[164]

3. 수도원장 팜보[165]가 성 대 안토니우스에게 묻자, 다음

---

164) 은수자 성 페오판이 러시아 독자들의 이해를 돕기 위해 요약한 문장이다. 이후 고딕체로 표시한다. (옮긴이 주)

165) 성 대 안토니우스의 제자이며, 이집트에 세운 니트리아 사막 수도

과 같이 답했다. "자신의 의로움을 의지하지 말라. 과거의 죄에 대해 진심으로 회개하라, 혀와 마음과 배를 제어하라."[166)]

4. 다음은 수도원장 포이멘[167)]에게 이 질문과 관련해 답변한 말씀이다. "사람이 행할 수 있는 모든 일 중에서 가장 신성한 일은 하느님과 장상들 앞에서 자신의 죄를 고백하고 자신을 질책하며 마지막 숨을 거두는 순간까지 모든 유혹을 마주할 준비가 되어 있는 것이다."[168)]

5. 어떤 이가 안토니우스 성인에게 "하느님을 기쁘게 해드리려면 제가 무엇을 해야 할까요?"라고 물었다. 그가 대답했다. "어디로 가든 눈앞에 언제나 하느님을 두어라. 무슨 일을 하든지 성경 말씀에서 그에 대한 증거를 가져라. 어떤 장소에서 살든지 그곳을 서둘러 떠나지 마라. 이 세

원들의 설립자 가운데 한 명이다. 그는 엄격성과 고행 그리고 지혜에서 뛰어났다. 가톨릭 성자 자료 참조. (옮긴이 주)

166) Patr. grace. 40권 1093쪽; Дост. сказ. 6.

167) 340~450년경의 이집트 출신 은수자이자 수도원장. 금욕적인 수행보다는 영적인 인도자로서의 은사로 더 많이 알려진 성자다. (옮긴이 주)

168) Patr. 같은 권 1084쪽; Дост. сказ. 4.

가지 계명을 지키면 구원을 얻게 될 것이다."[169]

6. 또 다른 제자에게는 이렇게 가르쳤다. "자신의 욕심, 이 세대의 요구, 악한 음욕, 세상의 명예를 버려라. 마치 자신이 이 세상에 존재하지 않는 듯이 살면 평안함을 얻게 될 것이다."[170]

7. 성 아타나시우스[171]는 성 대 안토니우스가 그를 찾아온 형제들에게 어떻게 답변했는지 다음과 같이 기록하고 있다. "그러니 너는 머리를 써서 그로 하여금 백발이 되어 평온하게 지하로 내려가지 못하게 하여라."[172] 세상과 세상에 있는 모든 것을 멀리하라. 모든 육체의 편안함과 쾌락에 대한 기대를 버리라. 하느님만을 따르며 살기 위해

---

169) Дост. сказ. 3; Patr. 같은 권 1083쪽.

170) Patr. lat. 73권 1049쪽. [자크 폴 미뉴 신부(Jacques Paul Migne)의 《라틴 교부들의 금언집(Patrologia Latina)》 총 217권 중 73권 1049쪽이다. 앞으로 같은 책이 인용될 경우, Patr. lat. 권수와 쪽수로 표기할 것이다. (옮긴이 주)]

171) 성 아타나시우스(296/298?~373. 5. 2)는 알렉산드리아의 총대주교로 325년 기독교 최초의 세계 공의회인 니케아 공의회에서 성부와 성자의 동일한 본질을 말한 그의 주장이 정통 기독교 교리로 채택됐다. 《성 대 안토니우스의 성자전》을 집필했다. (옮긴이 주)

172) 〈열왕기 상〉 2장 6절.

이곳의 삶을 부인하라. 여러분이 하느님께 약속한 것을 기억하라. 깨어 기도하고 애통해하며 통곡하고 마음으로 탄식하라. 여러분이 하느님께 합당한지 스스로 시험해 보라. 여러분의 영혼이 구원받도록 육체의 편안함과 쾌락을 버리라.[173)]

8. 수도사가 무엇을 해야만 하는지에 대해 성 카시아누스도 이와 비슷하게 상세히 지적하고 있다. 그는 말한다. “최고의 완성에 도달하고자 노력하는 수도사는 영적으로 진보한 아버지 중 어떤 한 분만 모방하는 것으로 자신을 제한해서는 안 된다는 성 대 안토니우스의 놀라운 가르침이 오래전부터 회자되고 있다. 왜냐하면 누구도 모든 종류의 덕을 완전하게 갖출 수 없기 때문이다. 어떤 이는 행위가 아름답고 어떤 이는 건전한 판단에 강하고 또 어떤 이는 흔들리지 않는 견고한 인내심을 가지고 있다. 어떤 이는 온유하고, 어떤 이는 절제하고, 어떤 이는 마음이 은혜롭고 단순하다. 어떤 이는 관대함으로 다른 사람을 능가하고, 어떤 이는 자비로움으로, 어떤 이는 깨어 기도함으로, 어떤 이는 침묵 혹은 근면함으로 뛰어나다. 그러므

---

173) Дост. сказ. 33; 《성 대 안토니우스 성자전》.

로 영적인 벌집을 만들기 원하는 수도사는 지혜로운 꿀벌처럼 어떤 덕을 가장 많이 자기 것으로 삼은 사람에게서 각각의 덕을 취해 누구에게 무엇이 없는지 관심을 기울이지 않고 그 덕에만 주의를 기울여야 한다. 그리고 그의 뛰어난 덕을 자기 것으로 삼아 열성을 다해 마음의 그릇에 그 덕을 채워 가야 한다.[174)]

다. 수행으로 나아가게 하고 수행을 유지하게 하는 힘

만일 위에 언급한 것을 모두 열거한다면 수행의 범위가 상당히 방대하다는 것이 드러나게 될 것이다. 부지런한 사람을 수행으로 인도하고 지속적인 수행을 가능하게 하는 힘은 과연 무엇인가? 하는 질문이 제기된다. 그 힘은 모든 것을 할 준비가 되어 있는, 구원과 하느님의 이름의 영광을 위한 열성이다. 그러한 열성이 있으면 수도사가 모든 수행을 잘하고 있는 것이다. 그러한 열성이 없다면 모든 것이 정지된 것과 같다.

---

174) Inst. V장 1, 4절. [성 요한 카시아누스의 《수도 생활의 규범에 대하여(De Institutis Coenobiorum)》 V장 1절, 4절이다. (옮긴이 주)]

9. 열성이 부족했던 형제가 언젠가 안토니우스 성인에게 와서 기도를 부탁하자 위대한 장상께서는 그에게 대답했다. "만일 네가 자신에 대해 염려하며 하느님께 기도하지 않는다면, 나도 하느님께서도 너를 불쌍히 여기지 않을 것이다."[175)]

10. 그는 하느님께 늘 주의를 기울이고 깨어 있으라고 충고했다. 그리고 누군가 평생 주님을 위해 쉬지 않고 일하고 마지막 숨을 거두는 순간까지 유혹자의 간계를 경계한다면, 그것이 위대한 덕이라고 칭찬했다.

11. 그는 어떤 일에도 약해지지 말고 인내심을 가지고 언제나 열성의 영을 간직하라고 확신시키며 다음과 같이 말했다. "며칠 동안 수행하다가 스스로 약해지고 다시 수행하다가 또다시 약해지는 수도사는 꾸준한 열성과 인내심이 부족해 끝내 아무것도 하지 못하고 온전한 삶에 절대로 도달하지 못할 것이다."[176)]

12. 그러므로 그는 면제받기를 구하는 사람을 자신의 지

---

175) Дост. сказ. 16.

176) Patr. lat. 73장 1049쪽.

위와 목적을 이해하지 못하는 사람이라고 불렀다. 수도사들의 모든 실패는 수행을 하고자 하는 열성이 부족한 데서 오는 것이다. 그는 이렇게 말했다. "자신의 직분을 모르고 자신의 일이 무엇을 요구하는지 이해하지 못한 채, 수고 없이 덕에 도달하기를 원하기 때문에 우리가 성공하지 못하는 것이다. 이런 이유로 우리는 자기 자리에서 곧 유혹을 만나게 되고 어딘가 악마가 없는 장소가 있으리라고 생각하면서 다른 장소로 이동해 가는 것이다. 그러나 전쟁이 있다는 것을 인식한 사람은 스스로 약해지는 것을 허락하지 않고 끊임없이 하느님의 도우심으로 무장한다."177)

13. 이 주제와 관련해서 이런 일은 하고 싶지 않고 저런 일은 할 수 없다고 하는 이에게 안토니우스 성인은 다음과 같이 훌륭한 말씀을 하셨다. 어느 날 어떤 형제들이 안토니우스 성인에게 와서 말했다.

"어떻게 하면 구원을 받을 수 있는지 우리에게 가르침을 주십시오."

장상이 그들에게 답변했다.

---

177) Patr. graec. 40권 1093쪽.

"성경 말씀을 들어 본 적이 있는가? 여러분을 위해서는 그것만으로도 아주 충분하다."

그러나 그들이 말했다.

"스승님, 우리는 무슨 말씀이든 듣고 싶습니다."

그러자 장상이 그들에게 말했다.

"복음서에 이렇게 쓰여 있다. '앙갚음하지 마라. 누가 오른 뺨을 치거든 왼뺨마저 돌려 대고 또 재판에 걸어 속옷을 가지려고 하거든 겉옷까지도 내주어라.'"178)

그들이 "그렇게 할 수 없습니다"라고 답하자 장상은 말했다.

"만일 다른 뺨을 돌려 댈 수 없으면 최소한 한쪽 뺨 맞은 것을 참기라도 하라."

"그것도 할 수 없습니다"라고 그들이 대답했다.

장상이 말했다. "만일 그것도 할 수 없다면… 최소한 매를 매로는 갚지 마라." 형제들이 말했다. "그것도 할 수 없습니다." 그러자 안토니우스 성인이 제자에게 말했다.

"저들에게 약간의 죽을 만들어 주어라. 저들이 병이 났구나. 만일 여러분들이 이런 일은 할 수 없고 또 저런 일은 하고 싶지 않다고 한다면 여러분을 위해 무엇을 해야 할까? 저

178) 〈마태오의 복음서〉 5장 39~40절.

사람들 속에 열성의 영과 도덕적인 힘이 생기도록 (그들 스스로 또는 그들을 위해 다른 이가) 기도해야 할 것이다."[179]

라. 열성의 지도자들

그러나 열성 그 자체는 때로 맹목적이고 시작한 삶의 목적에 부합되지 않는 방향으로 갈 수 있다. 지도자의 울타리가 필요한 이유가 여기 있다. 그렇다면 누가 그 지도자일까? 안토니우스 성인은 두 가지를 지적한다. 분별력과 경험 있는 자들의 충고다.

가) 분별력

14. 한번은 수도사들이 어떤 덕이 가장 완벽한 것인지, 어떤 덕이 수도사를 마귀의 그물에서 보호할 수 있는지 알아보기 위해 안토니우스 성인 앞에 모였다. 그들은 각자 자신이 생각하는 가장 완벽한 덕에 대해 말했다. 어떤 이는 금식과 밤샘 기도를 칭송했는데, 그것이 생각을 정돈해 주

---

179) Дос. сказ. 19.

고 정신을 섬세하게 만들어 쉽게 하느님께 다가갈 수 있게 해 준다는 것이었다. 또 다른 이는 가난과 지상의 물질에 집착하지 않는 것을 높이 평가했는데, 이를 통해 정신이 더 평안해지고 정결해지며 세상의 근심으로부터 더 자유롭게 되어 하느님께 다가가는 것이 훨씬 편안해진다는 것이었다. 그리고 어떤 사람은 모든 덕 중에서 자비를 우선시했는데, 주께서 자비로운 자들에게 이렇게 말씀하시기 때문이라고 했다. "너희는 내 아버지의 복을 받은 사람들이니 와서 세상 창조 때부터 너희를 위하여 준비한 이 나라를 차지하라."[180] 이어 여러 수도사가 각자의 의견을 말했다.

그런데 안토니우스 성인은 이렇게 말씀하셨다. "여러분이 언급한 모든 덕은 하느님을 찾고 하느님께 가까이 가고자 하는 강한 열망에 사로잡힌 사람들에게 매우 유익하며 필요한 것이다. 우리는 많은 사람이 극단적인 금식과 밤샘 기도, 광야에 칩거함으로 몸을 쇠약하게 하고, 또 수행에 열성을 다하고, 가난을 사랑하며 하루에 필요한 분량만큼만 자신에게 남길 정도로 세상의 편안함을 버리고, 모든 소유를 가난한 사람에게 나누어 주는 것을 보았다. 그러

180) 〈마태오의 복음서〉 25장 34절.

나 이 모든 일을 행한 후에도 악에 기울어져 넘어지고 그 모든 덕의 열매를 잃고 심판의 자리에 놓이게 되는 이들이 종종 있다. 이렇게 되는 이유는 다름 아니라 그들이 판단과 분별의 덕을 지니지 못하고 그 덕의 도구를 제대로 사용하지 못했기 때문이다. 그것은 사람들이 갈림길에서 길을 벗어나지 않고 곧은길로 가도록 가르치고 조율하는 덕이다. 만약 우리가 주님께서 인도하시는 길로 간다면 우리는 결코 우리를 비방하는 이들에게 미혹되어 오른편으로나(지나친 절제), 왼편으로(태만함, 안일함, 또는 게으름) 치우치지 않을 것이다. 분별력은 눈이 몸의 등불인 것처럼 영혼의 눈이자 등불이다. 주님께서는 복음서에서 "눈은 몸의 등불이다. 그러므로 네 눈이 성하면 온몸이 밝을 것이며 네 눈이 성하지 못하면 온몸이 어두울 것이다. 그러니 만일 네 마음의 빛이 빛이 아니라 어둠이라면 그 어둠이 얼마나 심하겠느냐?"[181]라고 말씀하셨다. 사람은 분별력으로 자신의 소망과 말, 행위를 파악하고 하느님으로부터 자신을 멀어지게 하는 모든 것에서 물러나야 한다. 사람은 분별력으로 무엇이 좋고 무엇이 나쁜지 올바르게 판단해 자신을 향한 적의 모든 간계를 무너뜨리고 없

---

181) 〈마태오의 복음서〉 6장 22~23절.

애 버려야 한다.[182]

15. 다음의 금언도 같은 주제에 대한 말씀이다. 대장장이는 철 조각을 집어 들고 칼이나 도끼 등 무엇을 만들지 미리 생각한다. 그렇게 우리는 우리의 노력이 헛되지 않도록 어떠한 덕에 다가갈 것인지 미리 분별해야 한다.[183] 물론 모든 것을 분별하는 능력이 언제나 모든 사람에게 충분하다면 분별력을 따르는 것이 무엇보다 올바를 것이다. 그러나 그렇다고 말할 수 없을 때, 더 확실하고 안전하게 우리를 지도해 주는 것은 경험 있는 사람들의 충고다.

나) 경험이 많은 수도자의 충고

16. 이런 의미에서 안토니우스 성인은 다음과 같이 말씀하신다. "아득한 옛날을 회상해 보라. 선조 대대로 지나온 세월을 더듬어 보라. 너희 아비에게 물어보라. 그가 가르쳐 주리라. 노인들에게 물어보라. 그들이 일러 주리라.'"[184]라고 하신 하느님의 말씀을 무시했기 때문에 무분

182) Patr, grace. 40권 1096쪽; Дост. сказ. 8.

183) Дост. сказ. 35.

184) 〈신명기〉 32장 7절.

별함에 빠진 수도사들을 알고 있다.

17. 그리고 또 성경은 "지휘자 없는 군대는 패하고 좋은 참모가 많으면 승리한다"[185]라고 말하며 충고 없이는 아무것도 하지 말라고 명하고 있다. 심지어 "평탄한 길이라고 너무 안심하지 말고"[186] 말할 때 인간의 마음을 기쁘게 하는 영적인 생수조차 충고 없이 마시는 것을 허용하지 않는다. 그리고 술조차도 충고를 듣고 마시라고 한다. 충고 없이 일하는 사람은 방비가 되지 않아 누구든 들어가 보물을 훔쳐 가게 내버려두는 도시와 같다.[187]

18. 안토니우스 성인은 다른 사람에게 묻는 것을 대단히 유익한 일이라고 생각해 모든 이의 스승인 자신도 수행에 좋은 열매를 맺은 제자에게 질문하고 그가 말한 대로 행하

---

185) 〈잠언〉 11장 14절.

186) 〈집회서〉 32장 21절. [〈집회서〉의 원제는 '시라크의 아들 예수의 지혜서'로 정교회와 가톨릭에서는 구약에 속하고, 개신교와 유대교에서는 정경에 들어가지 않아 위경으로 취급된다. 기원전 170년경에 쓰인 책으로 정교회에서는 솔로몬의 〈잠언〉과 〈이사야〉 사이에 들어간다. 정교회에서는 이 〈지혜서〉의 내용은 변할 수 없는 믿음과 도덕성의 신조는 아니더라도, 교훈적이고 유용한 것으로 간주한다. (옮긴이 주)]

187) Patr. grace. 40권 1098쪽.

곤 했다. 그가 콘스탄티누스 황제[188]에게 콘스탄티노플로 오라는 초청장을 받았을 때, 그는 평범한 사람인 바울로에게 "내가 가야 하겠는가?"라고 물었다. 그의 물음에 바울로가 "만일 가시면 대 안토니우스가 될 것이고, 가시지 않으면 수도원장 대 안토니우스가 되실 것이다"라고 답하며 그 여행에 찬성하지 않자 그는 평온하게 그 자리에 남았다.[189]

19. 또한 안토니우스 성인은 이렇게 충고했다. "수도사여, 만약 가능하다면 독수방에서 하는 모든 행동과 마시는 물 한 방울에 대해서도 장상들에게 물으라. 나는 자기 멋대로 하느님을 기쁘게 해 드리고 있다는 착각으로 실족한 수도사 몇 명을 알고 있다."[190]

20. 이처럼 안토니우스 성인은 사람들이 자신의 지성을

---

188) 콘스탄티누스 황제(272~337)는 중기 로마 황제(재위 306~337)다. 흔히 기독교사에서는 콘스탄티누스 대제로 통칭하며, 동방 정교회는 모두 그를 성인으로 시성해 성 (대) 콘스탄티누스로 호칭한다. 그는 기독교를 정식 종교로 인정하고 325년 제1차 니케아 공의회를 개최해 기독교 발전에 크게 기여했다. (옮긴이 주)

189) Дост. сказ. 32.

190) Patr. grace. 40권 1082쪽; Дост. сказ. 38.

자랑하는 것을 신뢰하지 않았다. 일례로 성경 말씀에 대한 질문에 "모르겠다"라고 답변한 수도원장 요셉을 안토니우스 성인이 칭송한 이유도 그 때문이 아니겠는가? 그러한 답변은 겸손함은 물론 자신의 지성을 자랑하지 않았음을 의미하는 것이다.

그 일화는 다음과 같다. 장상들이 안토니우스 성인을 찾아왔고 그들 중에 수도원장 요셉도 있었다. 안토니우스 성인은 그들을 시험해 보기 위해 성경 말씀을 제시하며 젊은 사람부터 시작해 과연 그 말씀이 무슨 의미를 지니는지 묻기 시작했다. 질문을 받은 사람들은 자신의 능력껏 대답했지만, 안토니우스 성인은 "아닐세. 알아내지 못했네"라고 답했다. 모든 사람이 대답을 마친 후에 마지막으로 안토니우스 성인이 수도원장 요셉에게 "이 성경 말씀의 의미가 무엇이라고 생각하십니까?"라고 물었다. 요셉은 "모르겠습니다"라고 대답했다. 이에 안토니우스 성인은 수도원장 요셉에게 "모르겠다고 대답했을 때 비로소 제대로 된 길로 들어선 것입니다"라고 말했다.[191]

21. 한편, 안토니우스 성인은 다른 사람을 신뢰하는 것도

191) Дост. сказ. 17.

경계해야 한다고 충고했다. 장상이 바른 생각을 갖고 있는지, 경험이 많은지 미리 확인한 후 그의 말을 믿고 충고를 받아들이는 것이 필요하다. 그것을 식별할 수 있는 특징은 그의 말이 하느님의 말씀과 일치하느냐 하는 것이다. 그가 무엇을 명하고 있는지 살펴야 한다는 것이다. 만일 누군가 여러분에게 우리 주님의 계명과 일치하는 어떤 것을 지시하면 순종해 그것을 받아들이고 지키려고 노력하라. 그러면 "사랑으로 서로 섬기라. 그리스도를 경외하는 마음으로 서로 순종하라"라고 하신 사도 성 바울로의 말씀이 우리 안에 실현될 것이다. 반대로 누군가 여러분에게 하느님의 계명과 반대되는 것을 지시하면 이렇게 대답하라. "우리가 하느님의 말씀보다 당신들의 말을 듣는 것이 하느님 보시기에 옳은 일이겠는지 한번 판단해 보라."[192] "사람에게 복종하는 것보다 오히려 하느님께 복종해야 하지 않겠는가?"[193] 또한, 다음과 같은 주님의 말씀을 기억해야 한다. "이렇게 양 떼를 불러낸 다음에 목자는 앞장서 간다. 양 떼는 그의 음성을 알고 있기 때문에 그를 뒤따라간다. 양들은 낯선 사람을 결코 따라가지 않는다. 그 사람의 음성이 귀에 익지 않기 때문에 오히려 그를 피

192) 〈사도행전〉 4장 19절.

193) 〈사도행전〉 5장 29절.

하여 달아난다."[194] 마찬가지로 사도 성 바울로는 우리에게 이렇게 말씀하셨다. "우리는 말할 것도 없고 하늘에서 온 천사라 할지라도 우리가 이미 전한 복음과 다른 것을 여러분에게 전한다면 그는 저주를 받아 마땅하다."[195]

이렇게 사람에 대한 신뢰에 경계를 둔 계기는 아마도 아리우스파[196] 사람들 때문이었을 것이다. 그들은 경건의 모양으로 어떤 이를 유인해 나중에는 거짓 가르침의 독을 먹였다. 스스로 많은 것을 직접 경험하고 체험하지도 않은 채 다른 이를 지도하려고 든 것이 그 동기였을지도 모른다. 이런 경우를 보고 안토니우스 성인은 이렇게 말씀하셨다. "옛 영적 스승들은 광야로 가서 그곳에서 끊임없는

---

194) 〈요한의 복음서〉 10장 4~5절.

195) 〈갈라디아인들에게 보낸 편지〉 1장 8절, Patr. grace. 40권 1083쪽.

196) 아리우스(250/256?~336)는 초기 기독교 시대에 활동했던 이집트 알렉산드리아 출신의 기독교 성직자이자 신학자다. 그는 '성자' 예수는 영원한 존재가 아니지만, 성부와 유사한 본질(유사 본질), 곧 신성을 가진 존재로서 하느님으로 불릴 수 있지만 '참 하느님'은 오직 성부이시며, 그러한 의미에서 예수는 인간도 하느님(참 하느님)도 아닌 인간과 하느님(성부)의 중간 존재라고 했다(천사라는 것도 아니다). 예수는 '성부'에게 종속적인 개념이라고 주장했고 그의 주장은 아리우스주의라는 초기 기독교 분파로 발전했다. 당시 그의 주장은 대중적인 인기를 끌고 폭넓게 받아들여졌지만 결국 325년 콘스탄티누스 1세가 직접 주재한 제1차 니케아 공의회에서 이단으로 정죄되었다. (옮긴이 주)

노력으로 자신의 영혼을 치유하고 다른 이도 어떻게 치유할 수 있는지 터득했다. 그러므로 그곳에서 돌아왔을 때 다른 이를 구하는 의사가 될 수 있었다. 만일 우리 중에 누군가가 광야로 나가게 된다면, 먼저 스스로 건강해진 후 다른 이에 대한 염려를 짊어져야 한다. 이전의 무력함이 우리에게 되돌아오면 왜 그 나중의 무력함이 처음 것보다 더 쓰라리겠는가? 이와 관련해 성경에 다음과 같이 기록되어 있다. '너희는 필경 '의사여, 네 병이나 고쳐라' 하는 속담을 들어 나더러 가파르나움에서 했다는 일을 네 고장인 여기에서도 해 보라고 하고 싶을 것이다.'"[197]

마. 어떻게 열성을 뜨겁게 할 것인가?

사람 안에 있는 그 무엇도 한결같은 법이 없다. 어떤 때는 강해지는가 하면 어떤 때는 약해진다. 열성은 뜨거워지기도 하고 꺼지기도 한다. 꺼져 가는 경우에 완전히 꺼지지 않도록 뜨겁게 데워야 한다. 어떻게 무엇으로 그렇게 할 수 있을까? 첫째, 죽음을 기억해야 한다. 안토니우스 성인은 우리가 사

197) 〈루가의 복음서〉 4장 23절, Patr. lat. 73권 1053쪽.

는 이날이 마지막 날이라는 것을 정신과 마음속에 깊이 새겨야 한다고 모든 이에게 몇 번이나 말씀하셨다.

22. 둘째, 죽음 후에 맞이하게 될 일에 대해 생각하라. 성대 안토니우스는 이 생각을 제자들의 혼에 심어 주기 위해 자신이 경험한 일을 제자들에게 이야기했다. 그 내용은 성 아타나시우스의 전기에 다음과 같이 기록되어 있다.
어느 날 아침 8시경 안토니우스 성인이 음식을 먹기 전에 기도하려고 일어났을 때 정신이 황홀해지면서 마치 몸 밖에서 자신을 지켜보는 것 같은 느낌과 함께 누군가 공중으로 자신을 데리고 가는 것을 느꼈다. 그때 공중으로 비상하는 그의 길을 막으려는 음울하고 무서운 얼굴들이 서 있었다. 안토니우스 성인을 인도하던 안내자들이 길을 막으려는 자들과 대적했다. 그러자 길을 막고 있던 자들이 안토니우스 성인을 인도하는 안내자들에게 안토니우스 성인이 그들의 권한에 속한 것이 맞는지 그에 대해 상세히 보고할 것을 요구했다. 이에 안내자들은 물러서야만 했고 그들은 안토니우스 성인의 출생부터 전 생애를 확인하기 위해 준비했다. 하지만 그들이 안토니우스 성인의 출생 때부터 삶을 확인하려고 할 때 그를 인도하던 안내자들은 "출생 때부터라니 그것이 무슨 소리냐? 안토니우스가 수도 서원을 했을 때 이미 하느님께서 모든 죄를 씻어 주셨다. 그가 하느님께 서원한 이후부터 확인하라" 하고 호통을 쳤다. 이에 길을 막아서며 안토니우스 성인의 잘못을 확인하려던 자들은 그의 잘못을 아무것도 밝힐 수 없어서 물러나고 말았다. 그제야 안토니우스 성인에게 하늘로 올라가는 길이 열리면서 그를 가로막던 장애물들이 사라졌다. 이후 안토니우스 성인은 다시 자기 속으로 들어와 완전히 이전의 모습으로 돌아오는 것을 느꼈다. 이러한 놀라운 체험을 통해 안토니우스 성인은 무수히 많은 적의 비난과 방해를 다시 한번 경험하며 그 시험을 통과하기가 얼마나 어려운지를 깨닫고 금식하며 그날 낮과 밤을 온통 탄식과 기도로 보냈다. 그때 '허공을 다스리는 세력의 두목'[198]에 대한 사도 성 바울로의 말씀이 기억났다. 적들은 공중을 통과하는 자의 길을 가로막으려 하며 그들과 전쟁을 벌일 권세를 지니고 있다. 그러므로 사도 성 바울로는 이렇게 충고한다. "그러므로 지금 하느님의 무기로 완전무장을 하라. 그래야 악한 무리가 공격해 올 때 그들에 대항하여 원수를 완전히 무찌르고 승리를 거둘 수 있을 것이다."[199] "그리고 남한테 책잡힐 것이 없는 건전한 말로 가르치라. 그러면 우리를 반대하는 자가 우리를 흠잡을 근

---

198) 〈에페소인들에게 보낸 편지〉 2장 2절.

199) 〈에페소인들에게 보낸 편지〉 6장 13절.

거를 찾지 못하고 부끄러움을 당하게 될 것이다."[200]

23. 성 아타나시우스는 이렇게 서술하고 있다. 설령 안토니우스 성인이 그것에 대해 다른 이들에게 말씀하셨다는 것이 그 후 어떤 문헌에서도 발견되지 않았다고 할지라도 의구심을 가질 필요는 없다. 왜냐하면 그와 같은 환상에 대해 아는 것은 안토니우스 성인이 아니라 다른 이들에게 필요한 것이기 때문이다. 같은 대상을 다루는 다른 환상에 대해 그가 다른 이들에게 말한 것을 성 아타나시우스는 다음과 같이 기록하고 있다.

어느 날 안토니우스 성인은 그를 방문한 형제들과 함께 '죽음 이후 영혼의 상태와 그 영혼이 어디에 존재하게 될 것인가'에 대해 대화를 나누었다. 그날 밤 누군가가 위에서 "일어나라, 나와서 보아라"라고 그를 불렀다. 그가 밖으로 나가(누가 그에게 명령하는지 알았기 때문이다) 눈을 들어 보니 머리가 구름에 닿는 흉측하고 무서운 어떤 거인이 보였다. 그때 마침 땅에서 어떤 날개 달린 새들이 날아올랐고 거인은 그들 중 어떤 새들의 길은 가로막았지만 다른 새들은 거인을 가로질러 그를 지나 하늘 높이 끝

200) 〈디도에게 보낸 편지〉 2장 8절.

없이 날아올랐다. 거인은 날아오르는 새들을 보며 이를 갈았지만 가로막혀 올라가지 못한 새들을 보고는 기뻐했다. 그때 보이지 않는 목소리가 말했다. "안토니우스! 본 것을 깨달아라." 그 순간 그의 지성이 열리면서 이것은 영혼들이 지상에서 위로 올라가는 장면이며 거인은 우리의 태고부터의 적이라는 것을 깨달았다. 그 거인은 태만해서 자신의 유혹에 넘어가는 자들을 저지하고 더 나아가지 못하게 막지만, 선행을 위해 애쓰고 그의 말에 귀 기울이지 않는 사람들을 제어하지 못하기 때문에 그들이 그보다 더 높이 올라간 것이다. 안토니우스 성인은 그 환상이 자신의 모습을 상기시키는 것이라고 받아들여 모든 적대적인 것에 맞서는 수행에 성공하기 위해 더 많은 노력을 기울이기 시작했다. 그는 그러한 목적을 가지고, 즉 정결한 삶을 살고자 하는 큰 열성을 북돋기 위해 환상의 내용을 다른 이에게 말한 것이다.

수도원장 크로니우스는 어느 날 안토니우스 성인이 많은 사람이 모인 앞에서 이 환상의 내용을 이야기했다고 전한다. 그런데 그는 안토니우스 성인이 이 환상을 보기 전에 죽음 이후 의로운 영혼과 죄지은 영혼에게 무슨 일이 일어나는지 알려 주시기를 1년 동안 기도했다고 말했다. 거인의 두 팔은 하늘을 향해 뻗어 있고 그의 발아래에는 바다만큼 큰 호수가 있는데 그가 팔로 친 새들은 그 호수로 떨어졌다고 했다.[201] 라틴어 성인전 모음집에는 이에 대해 다음과 같이 기록되어 있다. 즉 날개 달린 새들이 더 높이 올라갈 힘이 없어 공중에서 거인의 팔보다 낮게 날면 그의 팔에 맞아 호수로 떨어졌지만, 그의 팔과 머리보다 더 높이 날아오르는 자들이 그 후 하늘로 비상해 천사들의 마중을 받는 것을 보고 거인은 이를 갈 뿐이었다는 것이다.[202]

24. 이 말씀을 들은 영혼들이 얼마나 큰 자극을 받고 두려움을 느꼈던지! 하지만 이와는 반대로 밝은 상태를 소망하게 하면서 열성에 활기를 불어넣는 강한 환상도 있다. 그것은 안토니우스 성인의 제자라기보다는 친구이자 말벗이었던 성 암몬[203]에 대한 환상이다. 성 아타나시우스는 그 환상에 대해 다음과 같이 기록하고 있다. 어느 날 안토니우스 성인이 산에 앉아 하늘을 바라보고 있는데 누군가가 불꽃의 띠처럼 하늘을 향해 날아오르고, 기쁜 표정을

---

201) 《랍사이크(Лавсаик)》 24장. [《랍사이크》는 팔라지 엘레노폴스키(363 혹은 364~420 혹은 430)가 저술한 5세기 사막 수도사들의 선집(419~420)이다. (옮긴이 주)]

202) Patr. lat. 73권 1044쪽.

203) 성 암몬 (294~357)은 350년경, 니트리아 사막에 수도원을 세운 최초의 이집트인 교부이자 은수자다. 성 아타나시우스가 《성 대 안토니우스 성자전》에서 그의 이름을 언급한다. (옮긴이 주)

지은 천사의 얼굴을 한 무리가 그를 마중하기 위해 위에서 내려오는 것이 보이더라는 것이다. 안토니우스 성인은 놀라서 주님께 무슨 뜻인지 알려 주시기를 기도했다. 그러자 한 목소리가 들렸다. "이는 니트리아의 수사 암몬의 영혼이다." 암몬은 엄격한 고행을 하며 노년까지 살았다. 안토니우스 성인과 성 암몬은 가끔 서로를 방문하고 지내던 사이였다. 성 암몬이 머물던 니트리아산에서 안토니우스 성인의 은수처까지 가는 데[204]는 13일이 걸렸다. 함께 있던 형제들이 무슨 일로 그렇게 놀라느냐고 묻자, 그는 암몬에 대해 듣고 본 환상을 이야기했다. 30여 일쯤 지난 후에 니트리아에서 형제들이 찾아왔을 때 그는 성 암몬에 대해 물었다. 그때 그가 환상을 본 바로 그날 그 시에 성 암몬이 돌아가셨다는 것을 알게 되었다.

25. 안토니우스 성인이 직접 전한 다음과 같은 환상도 나태함을 몰아내고 기운을 북돋아 준다.
안토니우스 성인은 말했다. "나는 '어떤 보호막이 수도사를 감싸서 보호하는지 보여 주십시오!' 하고 하느님께 기도드렸다. 그런 후에 등불에 둘러싸여 있는 수도사를 보

---

204) 170킬로미터.

았는데, 수많은 천사가 그를 검으로 에워싸고 눈동자처럼 그를 지키고 있었다. 나는 깊이 숨을 내쉬고 말했다. '수도사에게 바로 저런 것을 내려 주시는구나!' 그래서 악마가 그를 공격한다고 해도 결국은 악마가 패배하는 것이다. 이때 자비로운 주님의 목소리가 내게 말씀하셨다. '악마는 아무도 넘어뜨릴 수 없다. 내가 인간의 본성을 취해 그 권세를 무너뜨린 후로는 악마는 아무런 힘을 지니지 못한다. 그러나 사람이 태만에 빠지고 자신의 정욕을 관대히 여기면 그때는 자기 자신으로 인해 넘어진다.' 내가 다시 주님께 질문했다. '모든 수도사에게 저런 보호막을 주십니까?' 그러자 좀 전과 같은 보호막으로 둘러싸인 수많은 수도사를 내게 보여 주셨다. 그 모습을 보고, 내가 주님께 외쳤다. '이렇게 자비로우시고 모든 인간을 사랑하시는 주님과 함께하는 전 인류와 특히 수도사의 군대는 복되도다! 저희는 자신의 구원을 위해서 선을 행하도록 노력하고 모든 태만함을 물리치고 열심히 사명을 완수해 하느님 나라와 우리 주 예수 그리스도의 은혜에 합당한 자가 되겠습니다.'"[205]

205) Patr. grace. 40권 1083쪽.

26. 그다음에 안토니우스 성인은 열성이 줄어들면 어떻게 수도원 제도가 쇠퇴하고 그 영광이 약해지는지를 제자들에게 말해 주었다. 몇 명의 제자들이 아주 많은 덕으로 치장하고, 거룩한 은수자로서의 거룩한 삶에서 진보를 이루기 위해 열렬히 수행하는 셀 수 없이 많은 수사들을 광야에서 보고 와서 수도원장 안토니우스 성인에게 물었다. "신부님, 은수, 가난, 겸손, 절제, 그리고 수많은 수도사가 지금 열심히 노력하는 여타의 덕을 향한 사랑과 열성의 열기가 얼마나 오래 가겠습니까?" 그 질문을 받고 하느님의 사람은 한숨과 눈물로 그들에게 답했다. "내 사랑하는 자녀들이여, 수도사가 광야를 버리고 광야 대신 부유한 도시로 흘러 들어가 이 광야의 동굴과 좁은 독수방 대신에 황제의 궁전에 겨룰 만한 건물을 올릴 때가 올 것이다. 가난 대신에 부의 축적을 향한 사랑이 자라나고 교만이 겸손을 대신하고 많은 이가 지식을 자랑하지만, 지식에 합당한 선한 행실에는 낯설어할 것이다. 사랑이 식을 것이고 절제 대신 탐식이 늘 것이며, 그들 중 아주 많은 이가 일반인 못지않게 사치스럽고 푸짐한 음식물에 마음을 쓰게 될 것이고, 수도사는 옷과 머리 두건 같은 다른 것으로도 일반인들과 구분되지 않을 것이다. 그들은 세상 가운데 살면서도 자신을 은수자라고 부를 것이다. 게다가 그들은 마치 자신들의 수도원 생활의 모든 힘이 선배 수도자의 탁월함

에 있다는 듯이 '나는 바울로파다' '나는 아폴로파다'[206]라고 말하며 자랑하게 될 것이다. 그들은 유다가 자신의 아버지 아브라함을 자랑하듯이 자신의 아비들을 자랑할 것이다. 그러나 그때 우리보다 훨씬 더 낫고 더 완전한 이들이 있을 것이다. 선을 넘을 수 있었지만 넘지 않은 사람, 악을 행할 수 있었지만 행하지 않은 자[207]는 선을 추구하는 열성자의 무리에 의해 선에 이끌린 자보다 더 복되다. 그러므로 악한 사람들 사이에서 하느님께 충실한 삶을 살았던 노아, 아브라함, 롯이 성경에서 그렇게 많이 칭송되는 것은 합당한 일이다."[208]

27. 죽음과 죽음 이후에 일어날 일을 생각하고 묵상함으로써 하느님을 경외하는 마음을 뜨거워지게 할 수 있다. 이는 열성을 일깨우는 세 번째 자극제이기도 하다. 우리가 앞에서 보았듯이 안토니우스 성인은 많은 의미를 담은 금언, "언제나 하느님을 경외하는 마음을 가지라. 죽이기도 하고 살리기도 하시는 분을 두려워하라"[209]라는 말로

---

206) 〈고린토인들에게 보낸 첫째 편지〉 1장 12절.

207) 〈집회서〉 31장 10절.

208) Patr. grace. 40권 1095쪽.

209) 위의 7절을 보라.

하느님을 경외하는 마음가짐에 호소한다. 다른 짧은 금언에서도 모든 덕행에 준비되고 합당한 마음의 근원은 하느님을 경외하는 것에 있다고 했다. 또한 그는 하느님을 경외하는 것이 모든 덕의 출발점이며 지혜의 기초라고 말한다. "빛이 어두운 집에 들어가 그 어두움을 쫓아내고 집을 밝히듯이 하느님을 경외하는 것이 인간의 마음속에 들어가 어둠을 쫓아내고 그 속에 선을 행하려는 노력에 불을 붙인다."[210)]

28. 그러므로 안토니우스 성인은 하느님을 경외하는 마음을 잃어버리는 것을 여러 방법으로 경계했다. 그는 "독수방에서 나가지 마라. 그러지 않으면 하느님을 경외하는 마음을 잃어버릴 것이다"라고 말했다. 물고기가 물을 벗어나면 죽듯이 수도사가 독수방을 떠나 밖에서 헤매면 수도사의 마음에 하느님을 경외하는 것이 사라진다.

29. 열성을 유지하도록 지지하는 이 모든 것들이 내면에 자리 잡는다고 해도 그것은 외부에서 강제적으로 작용하는 것이다. 그러므로 열성이 샘물처럼 스스로 마음에서

---

210) Patr. graec. 40권 1084쪽.

솟구치도록 내적 동기들을 축적해야 한다. 마음을 여기까지 이르게 하는 것은 첫째, 하느님을 따라 사는 삶의 달콤함을 느끼는 것이다. 이 느낌이 형성되기 전까지 우리의 노력은 믿을 만하지 못하다.

한 형제가 안토니우스 성인에게 찾아와 "성경의 모든 말씀에 따르면 하느님께서 최상의 복을 영혼에 약속하셨음에도 영혼이 최상의 복을 찾는 일에 변함없이 견실하게 노력하지 않고, 지나가는 것, 썩어 없어져 버릴 것, 부정한 것을 찾아 이탈하는 이유가 무엇입니까?"라고 물었다. 이에 안토니우스 성인은 다음과 같이 대답했다.

"천상의 복을 아직 맛보지 못한 자는 아직 전심으로 하느님께 붙어 있지 못하므로 썩어 없어져 버릴 것으로 되돌아간다." 그와 같은 완전의 경지에 도달할 때까지 하느님의 거룩한 뜻에 순종하기 위해 일해야 한다. 그러한 사람이 예언자와 이렇게 이야기했다. "당신 앞에서 한 마리 짐승이었습니다."[211] 즉 "나는 멍에를 멘 짐승처럼 주를 위해 일했나이다".[212]

30. 둘째, 하느님을 사랑하는 마음은 열성을 일깨우는 데

---

211) 〈시편〉 73장 22절.

212) Patr. lat. 73권 1056쪽.

가장 강력한 동력이 된다. 안토니우스 성인은 스스로 사랑이 두려움보다 강하다는 것을 깨달았기에 이렇게 말했다. "나는 이미 하느님을 두려워하지 않고 그분을 사랑한다(즉 두려움이 아닌 사랑으로 어떻게 처신해야 할지 깨우침을 얻는다)." "사랑에는 두려움이 없다. 완전한 사랑은 두려움을 몰아낸다."[213)]

31. 그는 무엇보다도 파괴되지 않고 물러서지 않는 힘으로서 하느님을 향한 사랑을 자신 속에서 기르라고 다른 이들에게 권면했다. 어느 날 형제들이 "무엇으로 하느님을 더 기쁘게 해 드릴 수 있을까요?"라고 그에게 묻자, 다음과 같이 대답했다.

"하느님을 가장 기쁘게 해 드리는 일은 사랑하는 일이다." 하느님과 하느님이 약속하신 복, 그리고 하느님께서 우리를 위해 행하신 모든 것을 기억할 때 떠오르는 깨끗한 생각 속에서 끊임없이 하느님을 찬송하는 자는 이것을 행하고 있는 것이다. 성경에 미리 기록되었듯이 이 모든 것을 기억할 때 온전한 사랑이 탄생한다. "너희는 마음을 다 기울이고 정성을 다 바치고 힘을 다 쏟아 너의 하느님 야훼

---

213) 〈요한의 첫째 편지〉 4장 18절, Дост. сказ. 32.

를 사랑하라."[214] 또한 성경에는 "암사슴이 시냇물을 찾듯이, 하느님, 이 몸은 애타게 당신을 찾습니다"[215]라고 기록되어 있다. 바로 이것이 하느님을 기쁘게 해 드리기 위해 우리가 해야 할 일이다. 그러면 다음과 같은 사도 성 바울로의 말씀이 우리 안에서 실현될 것이다. "누가 감히 우리를 그리스도의 사랑에서 떼어 놓을 수 있겠는가? 환난인가? 역경인가? 박해인가? 굶주림인가? 헐벗음인가? 혹 위험이나 칼인가? 우리의 처지는, '우리는 종일토록 당신을 위하여 죽어 갑니다. 도살당할 양처럼 천대받습니다'라는 성서의 말씀대로다. 그러나 우리는 우리를 사랑하시는 그분의 도움으로 이 모든 시련을 이겨 내고도 남는다. 나는 확신한다. 죽음도 생명도 천사들도 권세의 천신들도 현재의 것도 미래의 것도 능력의 천신들도 높음도 깊음도 그 밖의 어떤 피조물도 우리 주 그리스도 예수를 통하여 나타날 하느님의 사랑에서 우리를 떼어 놓을 수 없다."[216]

32. 하느님을 사랑하는 것과 함께 셋째, 덕과 하느님의 질

---

214) 〈신명기〉 6장 5절.

215) 〈시편〉 41편 1절.

216) 〈로마인들에게 보낸 편지〉 8장 35~39절; Patr. grace. 40권 1094쪽.

서 안에 거하는 기쁨이 찾아오는데, 이는 열성을 일깨우는 자극제가 된다. 안토니우스 성인에게 찾아온 사람들이 "하느님으로 말미암아 기뻐한다는 것은 어떠한 것입니까?"라고 물었다. 안토니우스 성인은 다음과 같이 대답했다. "어떤 계명이든지 기쁨으로 하느님의 영광을 위해 행하는 것, 그것이 바로 하느님으로 말미암아 기뻐하는 것이다. 왜냐하면 우리가 주님의 계명을 지킬 때, 비로소 우리에게 기쁨이 찾아오기 때문이다. 반대로 그 계명을 지키지 않을 때, 우리는 슬퍼해야 한다. 우리가 주님 안에서 서로 위로를 얻기 위해 마음으로 기뻐하면서 계명을 지키려고 노력하는 이유가 바로 여기에 있다. 다만 이때 우리는 기뻐하며 거만하게 우쭐대지 않도록 경계하며 모든 희망을 주님께 두어야 할 것이다."[217]

---

217) Patr. grace. 40권 1095쪽; Крат. прав. вопрос. 193. [비슷한 생각이 성 대 바실리우스의 글에도 있는데, 필라레트(Филарет, 1782~1867), 본명 드로즈도프(Дроздов)의 《정교회 간략 교리 문답집(Краткие православные вопросы)》(1822) 193쪽에 나와 있다. 필라레트는 모스크바와 콜롬나의 대주교로 지금까지도 러시아 정교에서 가장 영향력이 큰 인물이다. 그가 쓴 교리 서적은 아직도 러시아 정교에서 세례 교육에 중요한 역할을 한다. (옮긴이 주)]

바. 특별한 수행과 덕에 관해

이렇게 가르침을 받고 뜨거워진 열성은 육체적이고 정신적인 수행은 물론이고 모든 종류의 덕으로도 향하게 된다.

33. 안토니우스 성인은 수행에 대한 일반적인 가르침[218]에서 정욕이 작용하는 원인(여기에는 실컷 먹는 것도 포함된다)을 열거할 때,[219] (정욕의 작용을 대적하는 수단으로서) 육체를 금식으로 쇠약하게 만드는 것보다[220] 자신의 육체를 얼마나 소진할 필요가 있는지를 지적한다. 안토니우스 성인은 육체에 아주 엄격할 것을 명했고,[221] 모든 종류의 방종을 질책했다. 그가 목욕탕에 가는 사람에게 호의를 품지 않은 이유가 바로 여기 있다. 그는 우리의 영적인 아버지들은 얼굴도 씻지 않았는데, 우리는 세상의 목욕탕에 다닌다고 말했다.[222]

---

218) 위의 7절을 보라.

219) 위의 18절을 보라.

220) Дост. сказ. 22.

221) 위의 7절을 보라.

222) Алфав. патер. 4쪽. [1721년에 출간된 《알파벳 순 성자전 모음집(Алфавитный патерик)》 4쪽이다. (옮긴이 주)]

34. 안토니우스 성인은 육신을 길들인 이후에 말을 삼가는 데 큰 의미를 부여한다. 그는 "우리의 순례는 말을 삼가고 침묵하는 데에 달려 있다"라고 가르치며, 이 수행을 순례와 나란히 둔다.[223)]

35. 머리에 들어오는 생각을 모조리 말하는 사람은, 누구든 들어와 외양간에 있는 당나귀를 풀어 놓을 수 있는 대문 없는 마당과 같다. 안토니우스 성인은 이 생각을 입 밖에 낸 적은 없지만, 그가 있는 곳에서 한 이 말을 당연히 인정했다.[224)]

36. 그리고 안토니우스 성인은 독수방에 머무는 것에 더 큰 의미를 부여한다. 그는 물고기가 육지에 오랫동안 있으면 죽는 것처럼 수도사도 오랫동안 독수방 밖에 있거나 세속의 사람과 함께 있으면 침묵을 사랑하는 마음을 잃게 된다고 말한다. 물고기가 바다를 향해 돌진하듯이 우리는 서둘러 독수방으로 들어가야 하고, 그 바깥에 있을 때는 내적으로 깨어 있기를 잊지 말아야 한다.[225)]

---

223) 같은 책 4쪽.

224) Дост. сказ. 18.

37. 그는 독수방이 내면의 부정한 모든 것을 태우는 바빌론의 불가마처럼 될 수 있도록 수도사는 그 안에서 엄격하게 처신하기를 조언했다.[226]

38. 그러나 안토니우스 성인은 사냥꾼과의 대화에서 볼 수 있듯이 수행할 때 약간의 느슨함도 허용했다. 어떤 사람이 광야에서 들짐승을 잡다가 수도원장 안토니우스가 형제들과 농담을 주고받는 것을 보고 시험에 들었다는 얘기가 전해지고 있다. 안토니우스 성인은 형제들을 조금은 느슨하게 풀어 줄 필요가 있다고 사냥꾼을 설득하기 위해 다음과 같이 말했다. "화살을 활에 넣고 활을 잡아당기게." 그는 그대로 했다. 장상은 그에게 활을 더 잡아당기라고 말했다. 그는 활을 더 잡아당겼다. 그러자 또다시 장상이 말했다. "더 당기게." 사냥꾼이 안토니우스에게 대답했다. "만일 지나치게 활을 당기면, 활이 부러질 것입니다." 그러자 장상이 그에게 말했다. "하느님의 일도 그와 같다네. 만약 우리가 힘에 부칠 정도로 조이면, 형제들이 곧 낙담하게 될 거라네. 그러므로 가끔은 조금이라도 느

---

225) Дост. сказ. 10.

226) Patr. Graec. 40권 1086쪽.

슨하게 풀어 줄 필요가 있다네." 그 이야기를 들은 사냥꾼은 크게 감동해 장상으로부터 교훈을 얻어 갔다. 또한 함께 있던 형제들도 그 말에 힘을 얻어 자신의 자리로 돌아갔다.[227)]

영적으로 성장하기 위한 정신적인 수행과 마음가짐에 대한 이와 같은 금언과 말씀이 더 많이 보존되어 있다. 그것은 다음과 같은 것이다.

39. 인내

수행자에게 얼마나 많은 인내가 필요한지, 만일 인내하지 못하면 수행자 자신도 아무 가치가 없다. 어느 날 형제들이 안토니우스 성인에게 한 수도사를 칭송했다. 안토니우스 성인은 그 수도사를 보고는 그가 모욕을 감당하는지 시험해 보고 싶었다. 하지만 그가 모욕을 감당해 내지 못하는 모습을 보고 그에게 말했다. "너는 앞에서 보면 아름다운 마을이지만, 뒤에서 보면 도둑에게 강탈당한 마을 같구나."[228)]

40. 우리에게 시험이 있기에 인내가 필요한 것이다. 안토

---

227) Дост. сказ. 13.

228) Дост. сказ. 15.

니우스 성인도 말했다. "시험이 없이는 아무도 하늘나라에 들어갈 수 없다. 시험 없이는 아무도 구원받을 수 없을 것이다."[229)]

41. 기도

그가 얼마나 오랫동안 기도하는지 모든 이들이 알았다. 안토니우스 성인은 스스로 본보기가 되어 기도를 가르쳐 주었다. 우리는 그의 제자들에게서 다음과 같은 이야기를 들었다.

"성인은 가끔 아주 깊이 몰두해 밤이 새도록 기도하다가, 태양이 떠오르면 마음이 환희에 차서 타오르는 그의 기도를 중단하곤 했다. 그때 우리는 그가 이렇게 말하는 소리를 들었다. '태양아, 어째서 너는 내 기도를 방해하느냐? 너는 하느님의 영적인 빛에서 나를 떼어 놓기 위해 떠오르는 것 같구나.'"[230)]

42. 눈물

한 형제가 안토니우스 성인에게 "제 죄를 어떻게 해야 할까요?"라고 묻자, 그가 대답했다. "죄에서 벗어나기를 원

---

229) Дост. сказ. 15.

230) Patr. lat. 73권 848쪽.

하는 자는 눈물과 통곡으로 죄에서 벗어날 것이다. 선을 행하려는 자는 눈물 어린 통곡으로 마음의 준비를 해야 한다. 성경의 〈시편〉은 그 자체가 통곡이다. 유다의 왕 히즈키야의 예를 기억하라. 예언자 이사야가 기록했듯이,231) 그는 통곡함으로 병에서 고침을 받았을 뿐 아니라, 15년의 삶을 더 얻게 되었다. 그리고 그가 흘린 눈물로 말미암아 하느님의 능력이 그를 공격한 18만 5천 명의 적군을 궤멸했다. 사도 성 베드로는 통곡으로써 그리스도를 부인하고 그리스도를 대적한 죄를 용서받았다. 막달라 마리아는 그리스도의 발을 눈물로 씻었으므로 복음이 전파되는 곳마다 이에 대해 전해지리라는 말씀을 듣게 되었다."232)

43. 안토니우스 성인은 수도사의 삶에서 웃음이 있을 자리를 내주지 않았다. 제자들이 "우리가 언젠가 웃을 수는 있나요?"라고 묻자, 그가 대답했다. "우리 주께서 이렇게 말씀하시며 웃는 자들을 책망하셨다. '지금 배불리 먹고

---

231) 〈이사야〉 38장. [남유다의 이스라엘의 왕 히즈키야가 중병에 걸렸을 때, 예언자 이사야가 그를 찾아와 그가 반드시 죽으리라는 하느님의 말씀을 전한다. 그 말을 들은 히즈키야는 주 앞에 통곡하며 기도함으로 생명을 건질 뿐 아니라 15년의 삶을 덤으로 선물받는다. (옮긴이 주)]

232) Patr. lat. 73권 1055쪽.

지내는 사람들아, 너희는 불행하다. 너희가 굶주릴 날이 올 것이다. 지금 웃고 지내는 사람들아, 너희는 불행하다. 너희가 슬퍼하며 울 날이 올 것이다.'[233] 그러므로 신실한 수도사는 웃지 말아야 한다. 우리는 하느님의 법을 어기고 죄로 더럽히며 평생을 허비함으로 하느님의 이름을 욕되게 하는 자들로 인해 더욱 통곡해야만 한다. 우리는 하느님께서 죄 가운데서 그들이 더 어려움을 겪게 내버려두지 마시기를, 회개하기 전에 그들에게 죽음이 찾아오지 않기를 끊임없이 하느님께 간구하며 통곡하고 울부짖어야 한다.

44. 겸손은 위로부터 보호를 입게 하고 온갖 파멸로부터 안전하게 지켜 준다. 안토니우스 성인은 이렇게 말하곤 했다. "어느 날 나는 땅에 적들이 펼쳐 놓은 온갖 그물을 본 적이 있다. 나는 한숨을 쉬며 말했다. '누가 저것을 피할 수 있단 말인가?' 그러자 내게 말하는 소리가 하나 있었다. '겸손한 사람이다.'"[234]

45. 그 후 이렇게 가르치셨다. "만약 선한 수행을 한다면,

---

233) 〈루가의 복음서〉 6장 25절.

234) Дост. сказ. 7.

우리는 우리의 나약함을 아시는 주님께서 당신의 팔로 우리를 덮으시고 보호해 주시도록 주님 앞에서 극도로 겸손해야 한다. 왜냐하면 교만으로 우리의 마음이 높아져서 주님께서 우리에게서 당신의 보호를 거두시면, 우리는 파멸할 것이기 때문이다."[235]

46. 다른 때에 성인은 이렇게 말했다. "교만과 오만한 마음 때문에 악마가 높은 하늘에서 깊은 나락으로 떨어졌듯이, 겸손과 온유는 사람을 지상에서 하늘로 올려놓는다."[236]

47. 예를 들면, 침묵의 수행이 교만으로 귀결되지 않도록 성인은 그 수행에 자신을 낮추는 의미를 부여하라고 충고하며 다음과 같이 말했다. "만약 어떤 이가 침묵의 수행을 한다면 어떤 선을 행한다고 생각하지 말고, 말할 자격이 없으므로 침묵한다는 생각을 마음에 품도록 하라."

48. 안토니우스 성인은 우리가 자신에게 겸손한 감정을 유지하도록 주님께서 우리 안에 있는 선을 가리는 방식으로 우리를 내적으로 인도하신다는 생각을 전했다. "만일

---

235) Patr. lat. 40권 1090쪽.

236) 같은 곳 1081쪽.

방앗간 주인이 바퀴를 돌리는 짐승의 눈을 가리지 않는다면 그 일은 성공적으로 진행되지 못할 것이다. 짐승의 머리가 빙글빙글 돌아서 일할 능력을 잃고 넘어질지도 모르기 때문이다. 하느님의 계획에 의해서 우리도 선한 일 때문에 스스로 만족감을 느끼며 오만해지지 않도록, 그래서 자신이 한 모든 일의 열매를 잃지 않도록, 우리 자신의 선한 행실을 보지 못하게 보호받는다. 우리는 부정한 생각에 사로잡힌 채 방치되곤 할 때가 있는데, 그 상태에서 우리는 우리 자신과 생각을 정죄하지 않을 수 없다. 그런 상황에서는 우리가 자신의 선함을 생각할 여지가 없다. 그러므로 이 부정한 생각들로 인해 우리의 작은 선이 가려지고 보이지 않게 된다."[237]

49. 안토니우스 성인은 자만심이 얼마나 큰 파멸을 가져오는지, 기적을 행한 후에 타락한 젊은 수행자의 예를 통해 분명하게 가르쳐 주었다. 장상들이 안토니우스 성인을 방문하는 길에 한 젊은이가 수행하는 장소를 지나가고 있었다. 그들은 매우 지친 상태였다. 젊은이는 야생 당나귀들을 불러서 장상들을 안토니우스 성인에게 모셔다드리

---

237) Перифраз, 같은 책 1037쪽. [앞에 언급한 Patr. lat. 73권 1037쪽에 있는 내용을 바꾸어 표현한 것. (옮긴이 주)]

라고 명령했다. 장상들이 이 일을 안토니우스 성인에게 이야기하자, 성인이 대답했다. "내게는 그 수도사가 짐을 가득 실은 선박처럼 보이는데, 그가 부두에 도착하게 될지는 잘 모르겠군요." 얼마 지나지 않아 그 젊은이는 지나치게 우쭐대다가 타락하고 말았다. 이를 꿰뚫어 보았던 안토니우스 성인이 제자들에게 말했다. "이제 그 젊은 수행자가 타락했구나. 가서 보거라." 제자들은 그가 저지른 죄로 인해 거적에 앉아 통곡하는 모습을 보았다.[238)]

50. 자만심은 파멸을 가져온다. 그와는 정반대로 자기 비하[239)]는 구원의 길로 인도한다. 이것은 안토니우스 성인이 이미 위로부터 계시를 통해 알게 된 구두공의 이야기에서 드러난다. 안토니우스 성인은 자신의 독수방에서 기도하다가, 그에게 말하는 목소리를 들었다. "안토니우스! 너는 아직 알렉산드리아에 있는 구두공의 수준에도 이르지 못했구나." 안토니우스 성인은 알렉산드리아의 구두공을

---

238) Дост. сказ. 94.

239) 러시아어로 '자기 비하'는 '사모우니치제니예(самоуничижение)'다. 러시아 정교회에서 자기 비하는 금욕적인 행위의 한 형태이자 겸손의 조건으로, 자신을 다른 사람들보다 나을 게 없는 죄인이라고 평가하는 것이다. 러시아 정교회에서 수행자는 하느님을 영화롭게 하기 위해 반드시 자기를 겸손히 낮춰야 한다. (옮긴이 주)

찾아가 그의 삶에서 특별한 점이 무엇인지 알려 달라고 간청했다. 구두공이 말했다.
"제가 무슨 선한 일을 한 적이 있는지 잘 모르겠습니다. 저는 아침에 침대에서 일어나 일하기 위해 자리에 앉기 전에 말합니다. '작은 자부터 큰 자까지 이 도시에 사는 사람들이 자기가 행한 선한 행실로 말미암아 하느님의 나라에 들어가겠지만, 나 혼자만 죄로 인해 영원한 고통을 당하도록 심판을 받을 것입니다.' 저는 잠자리에 들기 전에도 똑같은 말을 진심 어린 마음으로 반복합니다." 안토니우스 성인은 이 말을 듣고 자신이 정말로 그 수준에 이르지 못했다는 것을 깨달았다.[240)]

51. 바로 이런 이유로 안토니우스 성인이 나중에 다음과 같은 가르침을 반복했던 것이 아니겠는가. "우리는 언제나 모든 점에서 자기 자신을 비난하고 질책하되 그것을 진실하게 해야 한다. 왜냐하면 자기 자신을 비난하는 사람을 하느님께서는 변호해 주시고 칭찬해 주시기 때문이다.[241)]

---

240) Patr. lat. 73권 785쪽.

241) 위와 같은 곳.

52. 서로 섬기고 돕기. 형제들이 안토니우스 성인에게 물었다. "만일 누군가가, 나는 내 것만으로 충분하므로 형제들에게서 아무것도 취하지 않고 자신도 형제들에게 아무것도 내주지 않겠다고 하면, 그것이 좋은 것입니까?" 안토니우스 성인이 대답했다. "내 자녀들이여! 그런 사람은 마음이 잔혹하고, 그 사람의 영혼은 사자의 영혼과 같다. 그를 모든 선한 사람의 연합에서 분리된 것으로 간주해야 한다.[242]

53. 또 한번은 사람들이 안토니우스 성인에게 물었다. "형제를 어떻게 섬겨야 할까요?" 그가 대답했다. "형제를 섬기고자 하는 자는 하인이 주인을 섬기는 것처럼, 창조주이신 주님께서 마지막으로 베드로에게 하셨던 것처럼 섬겨야 한다. 섬김받기를 거절하는 자가 흠이 있다면, 형제 섬기기를 거절하는 자는 더욱 책망받아 마땅하다는 것을 주님께서는 이 예를 통해 보여 주셨다. 주님께서 베드로에게 말씀하셨듯이 만약 섬김받기를 거절하는 자가 주님과 아무 상관도 없다면, 형제 섬기기를 거절하는 자에 대해서는 무슨 말을 할 수 있겠느냐?"[243]

---

242) Patr. lat. 40권 1095쪽.

243) 위와 같은 곳. [〈요한의 복음서〉 13장 8절, "그래도 베드로가 '안

54. 그는 언제나 이렇게 말했다. "가까운 사람으로 인해 살기도 하고 죽기도 한다. 만일 우리가 형제를 얻는다면, 하느님을 얻는 것이고, 형제를 미혹하게 하면 그리스도에 반하여 죄를 짓는 것이다."[244]

55. **타락한 사람을 동정하고 관대하게 대하기** 수도원장 일리야의 수도원에서 한 형제가 유혹에 넘어갔다. 그는 쫓겨나서 안토니우스 성인이 있는 산으로 갔다. 안토니우스 성인은 당분간 그를 자신의 처소에 머물게 한 뒤 다시 그가 지내던 수도원으로 돌려보냈다. 그러나 형제들은 그를 다시 내쫓았다. 그는 다시 안토니우스 성인에게 와서 말했다. "신부님, 형제들이 저를 받아들이려고 하지 않습니다!" 그러자 안토니우스 성인은 다른 수사들에게 다음과 같은 이야기를 전하며 그를 다시 돌려보냈다. "배가 바다에서 폭풍을 만났다. 사람들은 배에 있는 짐을 버리고 겨우 목숨을 건졌다. 그런데 여러분은 목숨을 겨우 부지해

됩니다. 제 발만은 결코 씻지 못하십니다' 하고 사양하자 예수께서는 '내가 너를 씻어 주지 않으면 너는 이제 나와 아무 상관도 없게 된다' 하셨다. (옮긴이 주)]

244) Дост. сказ. 9.

바닷가로 나온 사람을 다시 물에 빠뜨리려고 한다." 안토니우스 성인의 말을 전해 들은 형제들은 그를 즉각 다시 받아들였다.[245)]

56. 어떤 수도원에서 한 형제가 음란죄를 저질렀다는 중상을 듣고 안토니우스 성인에게 왔다. 그런데 그를 치료하기 위해 다시 데려가고자 그 수도원에서 형제들이 찾아왔다. 찾아온 형제들은 그에게 어째서 그런 짓을 저질렀느냐며 비난하기 시작했다. 그러나 형제는 그런 짓을 저지르지 않았다고 자신을 변호했다. 마침 그 자리에 수도원장 파프누티우스 케팔[246)]이 있었다. 그는 그들에게 다음과 같은 우화를 얘기해 주었다. "나는 강가에서 무릎까지 진흙에 빠진 사람을 보았다. 사람들 몇 명이 그를 도와주러 와서 그를 어깨에 멨다." 안토니우스 성인이 그 말을 듣고 이어 말했다. "진실로 영혼을 치료해서 구할 수 있는 사람은 이런 사람이다!" 장상들의 말에 감동한 형제들은 그 형제에게 절하고 장상들의 조언대로 그를 다시 수도원

---

245) Дост. сказ. 21.

246) 4세기 수도원장으로 숭어(케팔)라는 별명을 가지고 있다. 성 대 안토니우스와 동시대를 산 성자로 평생 옷 한 벌로 살았다고 전한다. (옮긴이 주)

에 받아들였다.[247]

57. 안토니우스 성인은 진정한 형제애를 지닌 사람이 누구인지에 대해 다음과 같이 훌륭한 말씀을 하셨다. “사람은 그 안에 하느님께서 함께하시지 않으면 아무리 원한다고 할지라도 결코 진정으로 선해질 수 없다. 왜냐하면 오직 하느님 한 분만이 선하실 뿐, 누구도 선하지 않기 때문이다.[248]

사. 모든 것의 최종 목적과 온전함의 절정

58. 하느님의 내주[249]하심과 하느님 안에서의 삶이 모든 수

---

247) Дост. сказ. 29.

248) Patr. lat. 73권 785쪽.

249) 하느님의 내주(內住)는 러시아어로 ‘보곱셀레니예(боговселение)’다. 〈요한의 복음서〉 17장 21절, “아버지, 이 사람들이 모두 하나가 되게 하여 주십시오. 아버지께서 내 안에 계시고 내가 아버지 안에 있는 것과 같이 이 사람들도 우리들 안에 있게 하여 주십시오. 그러면 아버지께서 나를 보내셨다는 것을 세상이 믿게 될 것입니다”; 〈고린토인들에게 보낸 첫째 편지〉 3장 16절, “여러분은 자신이 하느님의 성전이며 하느님의 성령께서 자기 안에 살아 계시다는 것을 모르십니까?”; 〈로마인들에게 보낸 편지〉 8장 9절, “사실 하느님의 성령께서 여러분 안에 계시다면 여러분은 육체를 따라 사는 사람이 아니라 성령을 따라 사는 사람입

행을 위한 노력의 최종 목적이자, 온전함의 절정이다. 안토니우스 성인이 광야에서 계시를 받을 만한 자격이 되었을 때, 하느님께서는 광야에서 이러한 모습을 직접 보여 주셨다. "도시에 너와 닮은 어떤 사람이 사는데, 그는 직업이 의사로 가난한 자들에게 자신의 부를 내주고 매일 천상의 천사들과 함께 노래를 부르며 산다(즉 이웃에 대한 사랑이 온전할 때, 하느님 안에서 살며 하느님 앞에서 행한다)."[250]

아. 성 대 안토니우스의 온전함과 천상에서의 영광

59. 사람들은 수도원장이 투시의 은사를 가지고 있지만, 사람들의 구설에 오르내리는 것을 피하기 위해 말하는 것을 원하지 않았다고들 한다. 세상의 현재와 미래의 사건들이 그에게 계시되었다고 한다.[251]

60. 한 장상이 하느님께 영광 안에 있는 사제들을 보여 달

니다. 그러나 그리스도의 성령을 모시지 못한 사람은 그리스도의 사람이 아닙니다"에 근거한 개념이다. (옮긴이 주)

250) Дост. сказ. 24.

251) Дост. сказ. 30.

라고 간청했다. 그는 다른 모든 사제를 보았지만, 안토니우스 성인만은 보지 못했다. 그는 보여 주신 분께 다시 "안토니우스 수도원장님은 어디 계신가요?"라고 물었다. 이에 "안토니우스는 하느님이 계신 그곳에 있다!"[252]라는 답을 들었다.

---

252) Дост. сказ. 28.

제5장. 성 대 안토니우스의 사후 그의 몇 가지 금언에 대한 한 장상의 설명[253)]

1. **수도사들의 질문.** 성 대 안토니우스의 제자인 바울로가 세상을 등진 후 그의 곁에 살게 해 달라고 부탁하자, 그는 "수도사가 되고 싶거든, 네 나약함을 도와줄 수 있는 형제들이 많은 수도원으로 가라"라고 말했는데, 이것을 어떻게 이해해야 하는가?

장상의 답변. 힘없는 노인, 병자, 눈먼 이, 약한 자들이 나약함 때문에 온갖 노동을 잘 감당할 수는 없을지라도 기쁨과 열성을 다하고 회개하며 선에 도달하기 위해 자신을 헌신할 때, 우리는 그들을 수도원에 받아들이고 사랑해야 한다는 것을 배우게 된다. 그러므로 아주 선한 성정을 지닌 것으로 알려져 있는데도 힘이 없다는 이유로 노인을 수용하지 않고 오히려 뻔뻔하고 수치를 모르는데도 수도원의 여러 직무를 수행할 수 있고 심부름을 보낼 수 있다는 이유로 건강한 젊은이들만 기꺼이 받아들이는 수도원의 주임 신부들은 적잖이 질책을 받아 마땅하다. 장상은 (수도

---

253) 성 대 안토니우스와 제자들 간의 문답을 무명의 한 장상이 정리한 글이다. (옮긴이 주)

원들의)《온전한 관리》[254]라는 책에서 해설자로서 그러한 주임 신부들을 다음과 같이 폭로한다. "그들은 선을 추구하는 데는 태만하게 내버려두면서 육체적이고 세속적인 일을 하는 데는 형제들을 강하게 몰아붙인다. 부지런히 덕을 이루기 위해 수도사의 삶을 받아들인 이들에게 끊임없이 세속적인 일을 하라고 강요하고, 그로 인해 쉼과 평온함을 주지 않는다. 형제가 영적인 일에 마음을 쓰고 노력하는데도 불구하고 힘이 부족하거나, 가끔 애쓰고자 하는 마음이 약해져서 맡겨진 일을 특별히 서둘러 수행하지 않으면, 그들은 형제를 비난하고 꾸짖고 조롱하고 질책한다. 반대로 형제가 덕을 쌓는 데 게으름을 피우며 세속적인 일에 온갖 노력을 다하고 신경을 쓰면 그를 대단히 칭송하면서 높여 준다. 이 근면함은 순종이라는 덕 때문이 아니라, 그들이 세속적인 일에 종사하는 것을 좋아하기 때문에 나타나는 것이다. 그러나 무엇보다 더 나쁜 것은 게으르든 부지런하든 상관없이 그들이 제자들을 노예처럼 부린다는 것이다. 수도원장 포이멘[255]이 이렇게 말했다. '만일 세 명의 공동생활 수도사[256] 중에서 한 명이 침묵 수

---

254) 이 책에서 아마도 성 대 안토니우스는 금언들과 규칙을 해설했을 것이다. 그러나 이 책은 오늘날까지 전해지지 않았다.

255) 246쪽 각주 167번 참조. (옮긴이 주)

행을 훌륭하게 수행하고, 다른 이가 병이 들었어도 하느님께 감사를 드리고, 또 다른 이가 기꺼이 순종의 수행을 한다면, 그들은 모두 한 수행 가운데 있는 것이다.' 이 말을 하면서 성인은 수많은 수도사가 모인 수도원에는 여러 순종을 이행하기 위해 육체적으로 강건한 이들만 필요한 것이 아니라, 자신을 끊임없는 침묵에 헌신하는 육체적으로 나약한 형제들도 필요하다는 것을 보여 주었다. 그렇지 않으면 그들의 모든 노력이 헛된 것이 되기 때문이다.

2. **질문**. 왜 수도원장 안토니우스는 제자 바울로에게 다음과 같이 말씀하신 것인가? "악마가 걸어오는 싸움을 배우기 위해 홀로 은거하라."

답변. (그가 온전해지기를 바라면서.) 수도사의 온전함은 내면에 있는 모든 것을 영으로 다스리기에 숙련되는 데 있기 때문이다. 그러나 영적인 자기 관리는 깨끗한 마음과

---

256) 여기서 말하는 수도사는 러시아어로 '키노비트(киновит)'다. 수도사는 키노비트와 아나호레트(анахорет), 두 부류로 나뉜다. 공동생활 수도사는 수도원에서 다른 수도사들과 함께 살며 수도원으로부터 필요한 물품 일체를 받고 노동을 하며 수도원장의 말에 복종한다. 이런 수도 형태의 창시자는 대 파코미우스(292~346)다. 아나호레트는 은수자로 세상을 완전히 등지고 은거해 홀로 수도하는 수도사다. 대표적인 수도사가 성 대 안토니우스다. 4~5세기에 이집트의 수도 생활은 은수 형태와 공동생활 형태의 두 갈래로 나뉘었다. (옮긴이 주)

함께 온다. 마음의 깨끗함은 정신이 마음을 다스리는 것에서 오는데, 정신을 다스리는 것은 끊임없는 기도다. 악마들이 걸어오는 싸움은 홀로 은수하며 침묵 가운데 있을 때 더 강하게 일어나는 상념과 환영을 통해 온다.

해설. 대답의 힘. 독거(獨居)하는 것은 악마들이 뿌리는 가장 미묘한 생각과 끊임없이 싸울 기회를 준다. 이 싸움은 기도로 하느님 안에 거하고 마음에 귀를 기울이며 이들을 다스리는 지성에 의해 치러진다. 다양한 싸움을 경험하면서 하는 끊임없는 영적 수행은 영적인 자기 관리를 배우게 하고 숙련되게 한다. 수도사와 모든 그리스도인의 영적인 온전함이 그 숙련 안에 존재한다.

3. **질문.** 성 대 안토니우스가 다음과 같이 한 말의 의미는 무엇인가? "물 밖으로 나온 물고기가 죽듯이 자신의 독수방 바깥에서 오랫동안 미적거리는 수도사에게도 똑같은 일이 벌어진다." 어떻게 수도사가 물고기처럼 죽는다는 건가?

답변. 영혼의 삶은 끊임없이 사랑하는 마음으로 하느님을 생각하는 것이다. 그런 삶은 자신 안에 지성과 마음을 품고 결합하고 있으므로 영혼의 삶이라고 불리기에 합당하다. 그러므로 만일 수도사가 도시마다 다니면서 눈에 보이는 것과 대화하느라 마음을 빼앗기면, 그는 하느님에게서 멀어져서 하느님을 잊는다. 그는 독수방에서 침묵할 때 숱한 노력으로 얻은 하느님을 사랑하는 마음을 자신의 마음에서 쫓아내므로 영적인 삶을 잃고 죽어 버린다. 그뿐 아니라 결핍과 고난을 사랑하는 마음이 그의 내면에서 약해지고 육체의 쾌락과 만족에 몰입하게 된다. 시각, 청각, 촉각, 미각, 후각, 그리고 말을 통해 들어오고 나가는 형상들의 혼란스러운 움직임으로 인해 깨끗한 마음이 혼란스러워진다. 그러면 이 모든 것이 수도사에게는 진정한 죽음이자 파멸인 음란과 온갖 정욕으로 이끌고 간다. 그러므로 성 대 안토니우스가 "뭍으로 끌려 나온 물고기가 죽듯이 독수방을 나와 도시와 마을에서 시간을 보내는 수도사는 죽는다"라고 하신 말씀은 옳다.

4. **질문.** 성 대 안토니우스가 하신 이 말씀의 뜻을 설명해 달라. "은수 생활을 하는 사람은 세 개의 싸움으로부터 자유롭다. 즉 언어, 시각, 청각에서 오는 싸움으로부터 자유롭다. 그에게는 마음의 싸움만이 남게 된다."

답변. 침묵과 은수 가운데 벌어지는 싸움이 시각, 청각, 언어에 정신을 빼앗기는 형제들 안에서 일어나는 싸움보다 덜 격렬해서 그렇게 말씀하신 것이 아니다. 성 대 안토니우스는 은수하는 사람에게는 감각 차원의 싸움이 낯설다는 것을, 그리고 어떤 이는 악마가 마음에 일으키는 싸움보다 이 싸움으로 인해 더 괴로워한다는 것을 말씀하신 것이다. 그래서 우리의 영적 아버지들은 마음의 싸움이 시각, 언어, 청각의 차원에서 일어나는 싸움으로 더 심해지지 않도록 침묵의 삶으로 떠난다. 수도원을 떠났다가 다시 수도원으로 들어가 공동 수도 생활을 하는 형제들이 얼마나 쉽게 타락하는지 모른다. 왜냐하면 그들에게는 마음의 영적 전쟁과 육체적인 감각으로부터 오는 영적 전쟁이 결합되어 있기 때문이다. 침묵 가운데 살면서 마음의 영적 전쟁만으로 근심하는 수도사들은 육체적인 감각 차원에서 영적 전쟁이 다가오면 얼마나 쉽게 무너지는지 모른다. 이런 일은 은수해 살고 있는데 우연한 기회에 여성들이 찾아온 형제들(은수자들)에게 매우 잘 나타난다. 그들이 겪고 있는 마음의 싸움에 육체와 얼굴의 아름다움을 보는 것이 더해진다. 이들은 곧 치열해지는 마음의 영적 전쟁에 굴복해 타락한다. 진실로 은수해 사는 이에게는 정신적인 감각에서 오는 영적 전쟁이 육체적 감각에서 오는 영적 전쟁보다 더욱 강력하고 치열하다. 성 에바그리우스[257]의 말씀을 통해서도 이를 알 수 있다. 그는 악마들이

---

257) 성 에바그리우스(346~399)는 현재 튀르키예 지역에 있는 폰투스 이보라 출신의 성자다. 이집트의 니트리아 사막에서 수행을 하다가 생애 마지막 14년 동안은 켈리아 사막에서 수행을 했다. 일곱 가지 죄

직접 은수 수도사들과 영적 전쟁을 벌인다고 말한다. 악마들은 수도원에 살면서 선한 일에 진일보를 이루기 위해 노력하는 자를 공격하려고 고삐 풀린 수도사들을 들쑤셔서 일어나게 한다. 그 수도사들보다 더 잔혹하고 더 불만이 많고 교활한 사람은 없다.

5. **질문**. 성 대 안토니우스 수도원장이 한 다음의 말은 무슨 뜻인가? "수도사의 독수방은 하느님의 아들과 함께 세 명의 소년이 들어갔던 바빌론의 불가마[258]이고 하느님께서 모세와 이야기를 나누었던 불기둥이다."

답변. 불은 두 가지 속성을 지니는데, 하나는 열기로 뜨겁게 태우는 것이고, 다른 하나는 기쁘게 빛을 비추는 것이다. 인내심을 가지고 독수방에 거하는 것은 두 가지 작용

악(칠죄종은 다른 죄와 악습을 유발하는 일곱 가지 핵심 죄다), 즉 교만, 인색함, 질투, 분노, 음욕, 탐식, 태만을 제시한 수도사다. (옮긴이 주)

258) 〈다니엘〉 3장에 나오는 이야기다. 느부갓네살 임금이 바빌론에 큰 금신상을 세우고 거기에 절하지 않는 자를 불가마에 던지겠다고 선포하는데, 유대인 하나니야, 미사엘, 아자리야가 금신상에 절하지 않자, 실제로 그들을 불가마에 집어넣는다. 그러나 이 세 명은 불가마 안에서 살아남아 하느님께 영광을 돌리고, 느부갓네살 임금은 불가마 안에서 이 세 명 이외에도 신을 닮은 듯한 다른 한 사람의 형상을 본다. (옮긴이 주)

을 한다. 하나는 침묵을 처음 시작한 신입 수사를 극히 지치게 하거나 영적 전쟁으로 짓누르며 불안하게 하는 것이고, 다른 하나는 정욕을 피한 후에 온전히 순수해져서 빛나는 지각을 얻기에 합당해진 자를 평안케 하고, 진보로 그를 기쁘게 하는 것이다. 세 소년이 하느님의 아들을 보았다고 한 말의 의미는 다음과 같다. 하나니야, 미사엘, 아자리야는 바빌론의 불가마에 들어가게 되었는데, 불에 타지도 않고 심지어 데지도 않았다. 왜냐하면 하느님의 천사가 그들에게 나타나 그들의 쇠사슬을 풀어 주고 불의 위협에서 그들을 구해 냈기 때문이다. 홀로 거하는 형제에게도 악마가 불러일으키는 정욕과의 싸움이 처음에는 아주 힘들 수 있다. 그러나 우리 주 하느님 아들이 찾아와 은혜로운 도움을 베푸시고 그들과 함께하시며 절대로 버려두지 않으신다. 하느님의 도우심으로 그들이 정욕과 원수들을 이기고 온전한 사랑의 은혜와 빛나는 영광을 받기에 합당해지도록 하기 위해서다.

6. **질문.** 수도원장 대 안토니우스가 다음과 같이 한 말의 뜻은 무엇인가? "악을 악으로 갚지 말아야 한다. 만일 수도사가 그 같은 수준에 이르지 못하면, 침묵과 정적을 지키게 하라." 침묵의 방법으로 어떻게 분노하지 않는 상태에 이를 수 있는가?

답변. 만일 자기 형제를 말로 모욕하고 마음에 그 형제를 향해 증오를 품은 나약한 형제가 독수방에 칩거해 사람들과 대화하기를 자제하고 그럼으로써 악한 생각을 억누르고 끊임없이 기도와 말씀에 정진한다면, 평안의 은혜가 그에게 임할 것이다. 그의 마음은 밝아지고 그의 영혼은 정욕에서 자유를 얻고 하느님 안에서 기쁨을 누릴 것이다. 그 사람은 주님의 십자가를 바라보고 주님을 향한 사랑으로 뜨거워져서 그 십자가에 입을 맞출 것이다. 그리고 성경 말씀에 따라 "하느님은 이 세상을 극진히 사랑하셔서 외아들을 보내 주시어"[259] "그리스도께서는 우리 죄 많은 인간을 위해서 죽으"시고 "이리하여 하느님께서는 우리들에게 당신의 사랑을 확실히 보여"[260] 주신 것에 대해 논하게 될 것이다. "우리 모든 사람을 위하여 당신의 아들까지 아낌없이 내어 주신 하느님께서 그 아들과 함께 무엇이든지 다 주시지 않으시겠는가?"[261] 또한 "그것은 그리스도의 사랑이 우리를 그토록 강요하고 있기 때문이다. 우리가 잘 아는 대로 그리스도 한 분이 모든 사람을 대신해서 죽으셨으니 결국 모든 사람이 죽은 것이다. 그리스도께서

---

259) 〈요한의 복음서〉 3장 16절.

260) 〈로마인들에게 보낸 편지〉 5장 8절.

261) 〈로마인들에게 보낸 편지〉 8장 32절.

이렇게 죽으신 것은 사람들이 이제는 자기 자신을 위하여 살지 않고 자기들을 위해서 죽으셨다가 다시 살아나신 분을 위하여 살게 하시려는 것이었다."[262] 그러므로 "우리가 그리스도와 함께 고난을 받고 있으니 영광도 그와 함께 받을 것이 아닌가?"[263] "우리가 끝까지 참고 견디면 그분과 함께 다스리게 될 것이다."[264] 그래서 사도 성 바울로는 우리에게 이렇게 말씀하신다. "그리고 우리의 믿음의 근원이시며 완성자이신 예수만을 바라보자."[265] 자기 마음의 적이었던 죄인들을 위해 그가 얼마나 많은 고통을 겪었는지를 보라. 주님을 사랑하기에 여러분에게 닥친 궁핍함, 모욕, 수치, 죽음을 견뎌야 한다는 이유로 실망해 약해지지 말라. 주님께서 자신을 못 박은 사람들을 위해 "아버지, 저 사람들을 용서하여 주십시오!"[266]라고 말씀하셨듯이, 그리고 성 스데파노[267]가 자신을 돌로 치는 자들을 용서해 주십사 "주님, 이 죄를 저 사람들에게 지우지 말아 주

---

262) 〈고린토인들에게 보낸 둘째 편지〉 5장 14~15절.

263) 〈로마인들에게 보낸 편지〉 8장 17절.

264) 〈디모테오인들에게 보낸 둘째 편지〉 2장 12절

265) 〈히브리인들에게 보낸 편지〉 12장 2절.

266) 〈루가의 복음서〉 23장 34절.

267) 〈사도행전〉 7장에 나오는 최초의 순교자. (옮긴이 주)

십시오"[268]라고 주님께 간구했듯이, 우리에게 해를 가하는 사람들을 용서해 주시기를 여러분의 기도 가운데 구해야 한다. 만일 자신의 독수방에 홀로 거하는 수도사가 그렇게 생각한다면, 영이 강건해지고 주님 안에서 모든 정욕을 지배하게 될 것이다. 그래서 누군가를 모욕하거나 화를 내거나, 악을 악으로 갚지 않게 될 뿐 아니라, 비방과 모욕을 견뎌야 하는 경우가 생기면 크게 기뻐하고 영예롭게 여기게 될 것이다. 침묵, 내면에 주의 기울이기, 금식, 기도, 묵상, 그리고 침묵 가운데 이루어지는 다른 덕행과 같은 그리스도교의 계명을 인내심을 가지고 수행함으로써 수도사는 수도방에서 얼마나 높은 도덕적 견고함에 도달할 수 있는지 모른다. 그러므로 안토니우스 수도원장이 다음과 같이 말씀하신 것은 옳은 일이다. 만일 수도사가 상처를 주고 불평하고 말을 많이 해 입을 통제하지 못한다면, 그리고 그의 마음이 그런 타락을 스스로 통제할 힘이 없다면, 그에게 가능한 한 말을 하지 말고 침묵하는 데 열성을 다하게 하라고 하신 안토니우스 수도원장의 말씀은 옳다.

268) 〈사도행전〉 7장 60절.

7. **질문**. 한번은 형제들이 수도원장 안토니우스에게 와서 말했다. "우리가 행할 수 있는 계명을 주십시오." 그가 그들에게 답했다. "'누가 오른빰을 치거든 왼빰마저 돌려 대고'[269]라고 복음서에 기록되어 있다." 그들이 그에게 대답했다. "우리는 그 말씀을 도저히 실행에 옮길 수 없습니다." 장상이 그들에게 말했다. "만일 왼빰을 돌려 댈 수 없다면, 또 다른 매를 견뎌 내라." 그들이 말했다. "그것도 할 수 없습니다." 장상이 다시 그들에게 말했다. "만일 그것도 할 수 없다면, 최소한 여러분을 때린 사람에게 매를 돌려주는 것으로는 응하지 말라." 그들이 말했다. "그것도 할 수 없습니다." 그러자 안토니우스는 제자에게 말했다. "이 형제들이 아프니 이들에게 약간의 음식을 만들어 주거라." 성 대 안토니우스의 이 말씀은 무슨 뜻인가?

답변. 안토니우스는 먹여서 보내는 것 외에는 그들에게 할 수 있는 게 없다는 것을 말하고 싶으셨던 것이다. 그러나 그가 결론에서 너희에게는 기도가 필요하다고 하신 것은 음식이라는 말로 장상들의 기도를 염두에 두셨다고 생각할 수 있다. 너희가 이도 저도 할 수 없다면 너희를 위해 기도해야 하겠다고 말씀하신 것과 같다. 병자는 소화 기

---

269) 〈마태오의 복음서〉 5장 40절.

능이 약하기 때문에 온갖 종류의 음식을 먹을 수 없어 특별한 음식을 필요로 하듯이, 생각이 그렇게 약해서 우리 주님의 계명을 조금도 수행할 수 없다고 하는 자들에게는 영혼의 진료와 치료를 청원할 수 있는 영적 아버지들의 기도가 필요하다.

8. **질문**. 성 대 안토니우스가 말씀하셨다. "나는 온 땅에 펼쳐져 있는 악마의 그물을 보았고 그로 인해 신음하며 말했다. 인류에게 재앙이로다. 누가 저들에게서 벗어날 수 있으리오?" 그러자 내게 말씀하시는 소리가 들렸다. "겸손이 너희를 저들로부터 구원하리라. 저들은 겸손을 망가뜨리지 못하기 때문이다." 안토니우스 성자는 그 그물을 어떻게 보았을까? 직접 눈으로 보았을까? 아니면 생각으로 보았을까? 안토니우스에게 "겸손이 너희를 저들로부터 구원하리라. 저들은 겸손을 망가뜨리지 못하기 때문이다"라고 말씀하신 분은 과연 누구인가?
답변. 성 대 안토니우스의 제자이자, 위대한 이집트의 수도원장인 성 대 마카리우스[270] 역시 광야의 작은 수도원

---

270) 성 대 마카리우스(300~391)는 이집트의 대 수도사 은수자다. 니트리아 사막에서 수행을 할 때 성 대 안토니우스에게서 수도원에 대한 법과 규율을 배웠다고 전한다. (옮긴이 주)

가장 깊숙한 곳에서 단지 형태만 다를 뿐인 적들의 온갖 간계를 보았다. 성 대 마카리우스는 사람과 비슷한 모양을 한 악마 둘을 보았다. 그들 중 한 명은 꽃을 여럿 붙인 낡은 옷을 입고 있었고 다른 악마는 몸에 헌 옷을 두르고 있었는데, 그 표면에 주머니같이 생긴 망이 달려 있었다. 망토같이 생긴 날개로 뒤덮인 어떤 이가 그들에게 다가왔다. 성 대 마카리우스는 이 모든 것을 육신의 눈으로 보았다.

성 대 안토니우스는 환영을 보듯이 마음의 눈으로 악마의 모든 그물을 보았다. 성경에 "나 몰래 함정 파고 그물 치는 건방진 자들, 내 길목에 올무 치고, 덫을 놓았다"[271]라고 쓰여 있듯이, 악마는 수도사들 옆에 그물을 설치하고 그것으로 수도사들을 함정에 빠뜨리고 덫에 걸리게 해서 덕을 이루는 여정을 잘 마치지 못하게 방해한다. 성 대 안토니우스는 사냥꾼이 그물을 펼쳐 놓듯이 악마의 망이 땅에 설치되어 있는 것을 본 것이다. 어떤 짐승이든 그 안에 떨어지면 벗어날 수 없을 정도로 올가미와 밧줄이 너무 많아 그는 놀라고 두려워했다. 마귀가 수도사를 사로잡는 육체적이고 정신적인 모든 정욕이 안토니우스 성인에게 그런 모

271) 〈시편〉 140편 5절.

습으로 보였던 것이다. 그는 여러 정욕의 그물, 즉 탐식 혹은 과식의 그물, 탐욕의 그물, 음란, 허영, 교만과 다른 정욕의 그물을 안토니우스에게 하나씩 가르쳐 준 거룩한 천사들을 보았다. 그 밖에도 천사들은 적이 그물망과 매복을 설치하는 기술과 교활한 수법을 안토니우스에게 모두 보여 주었다. 마귀는 하느님의 사랑을 따라가는 위대한 여정에 장애물을 설치해 형제들을 가로막고 멈추게 한다. 그물을 보고 그 끔찍함에 충격을 받은 안토니우스가 신음하며 말했다. "우리 수도사들에게 재앙이로다! 어떻게 저 그물에 휘감기지 않고 저기서 벗어나서 빠져나올 수 있을까?" 천사들이 그에게 말했다. "겸손이 이 모든 것으로부터 그들을 구할 것이다. 겸손을 가진 자는 결코 그물에 휘감기지 않을 것이고 타락하지 않을 것이다." 그러나 그들은 겸손 하나만으로 정욕과 악귀를 완전히 이길 수 있다고 말하지 않았다. 겸손과 함께 또 다른 수행이 필요하다. 겸손 없는 행위가 아무 의미가 없는 것과 마찬가지로 겸손 하나만으로는 아무 유익이 없다. 겸손 없는 행위는 소금이 아니라 흙을 묻혀서 쉽게 상해 썩어 버리는 고기나 다름없기 때문이다. 천사들은 수도원장 안토니우스에게 겸손을 갖춘 수도사를 무너뜨릴 힘이 악귀들에게는 없다고 말했다. 왜냐하면 온전한 겸손으로 이루어지는 육체적인 노동, 정신의 내적인 수행, 침묵, 끊임없는 기도가 모든 정욕과 악귀들을 패배시키기 때문이다.

9. **질문.** 수도원장 안토니우스가 말했다. "만일 우리가 선한 수행에 정진한다면, 우리는 하느님 앞에서 몹시 두려워하며 극도로 겸손해야 한다. 우리의 연약함을 아시는 하느님께서 우리를 당신의 손으로 덮으시고 보호해 주시도록 말이다. 왜냐하면 우리가 교만해서 높아지면 하느님께서 자신의 보호를 거두실 것이고 우리는 파멸할 것이기 때문이다." 성인의 이 말씀은 무엇을 의미하는가?

답변. 우리는 궁핍과 비애, 영적 전쟁의 시기에도, 또한 영적 전쟁에서 벗어나 평온하고 평화로운 시기에도 언제나 겸손해야 한다. 겸손은 전쟁 시 우리에게 도움을 주고 인내의 어려움을 이길 힘을 준다. 그리고 싸움에서 벗어나 평온하고 평화로운 시기에 우리를 교만으로부터 지켜 파멸에서 건져 준다.

또한 우리는 게으르고 미혹하여, 하느님을 망각하기 때문에 겸손해야 한다. 이 땅에서 명백한 우리의 연약함이 자연스레 우리를 겸손으로 이끌어 온갖 종류의 교만을 쫓아낼 것이다. 하느님께서는 우리가 늘 위험과 불안 가운데 있는 것을 원하지 않으신다. 반대로 당신의 은혜와 사람을 사랑하심에 따라 우리를 보호하시고 정욕의 싸움과 악마의 흉포함을 중지시키신다. 그러므로 만일 우리가 영적 전쟁과 수행의 시간에는 위험과 곤란으로 겸손에 의지하다가, 평온해져서 영적 전쟁의 위험에서 벗어났을 때는 하느님을 잊고 교만해져서 우쭐댄다면, 하느님께서는 의심할 여지 없이 우리에게서 보호를 거두실 것이고 결국 우리는 파멸해 절망 가운데 죽게 될 것이다. 겸손은 모든 장소와 모든 행위에서 우리에게 무한하게 필요한 것이므로 겸손이 요구되지 않는 경우는 없다.

10. **질문**. 한 장상이 교부들을 모두 보여 주십사 하느님께 기도드리자 모두를 보여 주셨는데 수도원장 성 대 안토니우스만 보이지 않았다. 교부들을 보여 준 이가 말했다. "하느님이 계신 그곳에 수도원장 안토니우스가 있다." 그 장상은 모든 교부들을 보았는데 왜 수도원장 안토니우스만 보지 못했는가?

답변. 장상의 정신이 천상으로 올라가서 그곳에서 교부들을 보았든지, 교부들이 직접 그에게 왔든지, 아니면 천사가 환영을 통해서 보여 준 것이다. 수도원장 안토니우스는 두 가지 이유로 그에게 보이지 않았다. 이는 수도원장 안토니우스의 위대한 영광을 보여 주기 위함이고, 또한 장상이 교부들을 모두 봤다고 교만해 자만에 빠지지 않도록 겸손하게 하기 위한 것이다. 하느님께서는 그의 소원을 이루어 주어 교부들을 환영으로 보여 주심으로써 그가 교부들을 따르게끔 하셨다. 또한 수도원장 안토니우스를 보여 주지 않으심으로써 장상이 안토니우스를 닮을 만한 능력이 부족하다는 생각을 주셔서 교만을 억누르고 겸손하도록 격려하신 것이다.

11. **질문.** 평생 동정을 지킨 수도원장 암몬[272]이 언젠가 수도원장 안토니우스에게 와서 말했다. "내가 당신보다 일을 훨씬 더 많이 하는데, 어떻게 사람들 사이에서 내 이름보다 당신의 이름이 더 영광을 얻는가?" 안토니우스가 그에게 대답했다. "그것은 내가 당신보다 하느님을 더 사랑하기 때문이다." 무슨 의도로 이렇게 말씀하신 것인가?
답변. 수도원장 암몬이 아무리 자신의 일로 칭송을 받고, 수도원장 안토니우스가 아무리 자신의 사랑으로 칭송받는다고 할지라도, 그들이 말한 의도는 다음과 같다. 이 두 성인은 수도사의 직분을 제정하고 광야 생활을 처음 시작한 분들이었으므로, 정신의 내적 조화가 육체적인 수행보다 훨씬 우월하다는 것을 모든 수도사에게 확신시키고 보여 주기로 서로 동의한 것이다. 하느님을 향해 가장 온전한 사랑을 품도록 정신의 내적 조화가 수도사의 영혼을 이

---

272) 267쪽 각주 203번 참조. (옮긴이 주)

끌어 가며 감동시키기 때문이다. 그리고 그 사랑은 수도사로 하여금 하느님의 영광을 보고 계시를 받기에 합당하게 만든다. 육체적인 수행은 수도사를 육체적인 정욕에서 해방하고 덕 안에 확고히 서도록 만들고 음욕을 내쫓을 힘을 주고 육신에 순결함을 공급해 준다. 정신의 수행은 악마와 악마가 뿌린 생각을 대적하도록 영혼을 무장시키고 사랑으로 견고함을 얻어 성령님의 인도하심을 받기에 합당하게 되는 마음의 순수함을 가지게 한다.

선행의 좋은 열매를 맺고 주님을 사랑하는 모든 이가 사람들 가운데 널리 영광을 받을 필요는 없다. 왜냐하면 광야 생활을 처음 시작한 가장 최초의 수도사인 수도원장 바울로[273](수도원장 대 안토니우스는 그를 가끔 예언자 엘리야, 세례자 요한, 사도 바울로라고 불렀다)도 살아생전에 사람들 가운데 전혀 알려지지 않았기 때문이다. 그러나 이미 말했듯이 이 두 장상은 어떤 금욕 수행의 의식이 다른 것보다 우월한지를 상호 간에 확립해 우리에게 가르치고 싶었던 것이다. 육체적인 수행인지, 아니면 정신의 내

---

273) 최초의 은수자다. 이집트에서 태어나 약 341년경에 사망한 것으로 알려져 있다. 아무도 보지 않고 산에 있는 동굴에서 91년 동안 은수 생활을 했다고 전한다. 사망하기 직전에 성 대 안토니우스가 그를 방문해 그의 임종을 지키고 그의 장사를 지냈다. (옮긴이 주)

면 깊이에서 진행되는 투쟁, 끊임없는 기도와 묵상으로 이루어진 영적인 수행인지를 말이다. 이러한 영적인 수행이 온전함에 이르면, 수도사의 정신은 영적인 조화 상태로 고양된다. 그때 수도사는 영적인 기도 속에서 하느님을 놀라워하고 하느님을 관상하며 우리 주 하느님의 영광이 나타나는 것을 본다. 우리 주 하느님을 영원히 찬송할지어다. 아멘.

12. **질문.** 수도원장 안토니우스는 인간이 나약하므로 하느님께서는 우리가 감당하지 못할 전쟁을 악마가 일으키도록 허용하지 않으신다고 말씀하셨다. 어떻게 그러한가?
답변. 하느님께서는 당신을 사랑하는 열망과 선한 일을 행하고자 하는 열성이 우리에게 부족하므로 우리를 불쌍히 여기셔서 우리가 악마로 인해 지나치게 힘들도록 내버려두지 않으신다. 그래서 악마는 우리의 나약함과 게으름 때문에 우리를 더 약하게 공격하는 것이다.

13. **질문.** 수도원장 대 안토니우스가 다음과 같이 한 말의 의미는 무엇인가? "만일 방앗간 주인이 노새의 눈을 가리지 않는다면 그는 아무것도 얻지 못할 것이다. 왜냐하면 노새가 계속 같은 방향으로 돌다가 어지러워서 쓰러져 일이 중단될 것이기 때문이다. 이와 마찬가지로 우리도 하

느님의 배려로 보호받는다. 우리도 처음에는 모르고 선한 일을 행한다. 때로 치욕스러운 생각에 빠진 자신을 탓하며 스스로 성인으로 여기지 않음으로써 우리의 노력이 파탄에 이르지 않게 되는 것이다. 스스로 탓하는 사람은 자신의 상급을 잃지 않기에 그 치욕스러운 생각은 우리의 작은 선을 보호해 주는 방패막이다." 이 가르침에서 무엇이 유익한지를 우리에게 설명해 달라.

답변. 모든 성인이 다 환상을 보는 것은 아니다. 아무리 선한 행실과 덕이 가득할지라도 그들이 행한 선과 그들에게 준비된 약속을 심지어 보지 못할 수도 있다. 하느님께서 그들의 덕을 기뻐하지 않으시고 그들의 선한 행실에 위안을 얻지 못하셔서 그런 것이 아니다. 은혜로우신 하느님께서 선한 이를 위해 준비하신 축복을 줄이시는 일은 결코 없을 것이다! 그러나 하느님께서는 덕이 높은 사람이 교만으로 마음이 높아지지 않고 그들의 덕의 가치가 교만 때문에 영원히 사라지지 않도록, 그들이 준비된 축복을 상실하여 하느님의 은혜와 상관없는 사람이 되기를 원치 않으시기에 이렇게 하시는 것이다. 그들이 설령 선을 행하고 덕을 이루는 데 부지런한 자라고 할지라도, 그리고 하느님께서 그들을 보호한다고 하실지라도, 간혹 악마가 그들을 조롱하고 그들 내면에 수치스러운 생각을 뿌리거나 두려움을 불러일으키거나 상처를 주는 것을 허락하심으로써 하느님께서는 그들이 자신의 나약함을 알고 언제나 조심하고 주의하게끔 만드신다. 왜냐하면 그들이 이 세상에 있는 한 그들의 삶은 변화무쌍한 것이기 때문이다.
그러나 선한 행실로 인해 그들에게 준비된 축복을 생각하는 것은 그것을 받도록 그들 안에 끊임없는 선행을 향한 열성을 유지해 준다. 마찬가지로 자신의 부족함과 나약함을 의식함으로써 그들은 교만을 떨치고 온갖 겸손에 머물게 된다. 그리고 영원한 하느님 나라에서 우리 주 예수 그리스도 안에서 특별한 기쁨을 누리게 될 시간에 자신의 덕을 잃지 않기 위해 모든 방면에서 조심하게 된다.

14. 질문. 시리아에서 수도원장 이레네우스가 수도원장 대 안토니우스를 방문했을 때 수도원장 대 안토니우스가 그를 보고 말했다. "어서 오시오. 아침에 떠오르는 샛별이여." 수도원장 이레네우스가 그에게 대답했다. "안녕하십니까. 우주를 장식하는 환한 기둥이여." 그 이레니우스는 누구인가? 왜 성 대 안토니우스는 그를 그렇게 불렀는가?
답변. 이레네우스는 수도원장 대 안토니우스 시절에 사셨고 온전함과 행실의 수준에서 그와 동등한 분이셨다. 정복자인 황제 콘스탄티누스는 이렇게 말하며 그를 칭송했다. "주 예수 그리스도 덕분에 내 시대에 하늘이 주신 세 분의 거장이 있었으니 수도원장 대 안토니우스, 수도원장

이레네우스, 수도원장 에피파니우스[274]다." 그가 이렇게 말한 이유는 그들이 당시에 유명했던 모든 수도사들을 훨씬 뛰어넘었기 때문이다. 수도원장 대 안토니우스가 그를 샛별이라고 부른 이유는 샛별이 크기와 밝기에서 다른 모든 별을 능가하듯이 수도원장 이레네우스가 은총의 빛에서 그 시대의 다른 모든 수도사를 능가했기 때문이다. 그리고 이레네우스는 성 대 안토니우스의 높은 수준의 온전함과 그가 받은 거대한 은혜의 빛을 모르지 않는다는 것을 표현하려고 그를 우주를 장식하는 환한 기둥이라고 부른 것이다.

15. 질문. 수도원장 대 안토니우스가 말했다. "우리는 자기 수준과 단계를 모르고 우리가 시작한 일이 무엇을 요구하는지 이해하지 못한 채 노력 없이 덕에 이르기를 원하기 때문에 성공에 이르지 못한다. 그래서 만약 우리가 사는 장소에서 유혹을 만나면 악마가 없는 장소가 어딘가 있다

---

274) 에피파니우스(315~403)는 4세기 말엽 키프로스 살라미스의 주교다. 로마 가톨릭 교회와 동방 정교회, 오리엔트 정교회(칼케돈 공의회의 결정을 거부한 교회로 시리아의 정교회, 이집트의 콥트 정교회, 아르메니아 정교회를 일컫는다) 등에서 성인이자 교부로 공경받고 있다. 그는 정통 신앙의 강력한 옹호자라는 명성을 얻었다. 대표 저서는 당시 이단들의 목록을 작성하고 이를 비판한 《파나리온》이다. (옮긴이 주)

는 생각에 다른 장소로 옮겨 간다. 그러나 영적 전쟁이 있다는 것을 아는 자는 하느님의 도우심으로 어디서나 끊임없이 투쟁한다. 왜냐하면 우리 주님께서 '하느님 나라는 바로 너희 가운데 있다'[275]라고 말씀하셨기 때문이다." 이 말씀의 의미는 무엇인가?

답변. 그 말의 의미는 다음과 같다. 사람들은 악마가 없는 장소를 찾겠다고 한 장소에서 다른 장소로 이주하지만 이주한 그곳에서 유혹을 만나면 또 다른 장소로 떠난다. 그러나 영적 전쟁이 있다는 것을 아는 사람은 사는 바로 그곳에서 하느님의 도우심으로 투쟁을 벌이지 다른 장소를 찾지 않는다. "하느님의 나라는 너희 가운데에 있다"라고 우리 주님께서 하신 말씀의 의미는 세상을 나와 자신의 십자가를 지고 우리 주님의 계명에 따라 그를 따라가는 우리 수도사들은 한 장소에 머물러야 하고, 유일하게 우리 영혼의 구원에 대해서만 염려하며, 그곳에서 만나는 온갖 종류의 영적 투쟁을 감내해야 한다는 뜻이다. 하느님을 사랑하는 마음으로 하느님의 계명을 지킴으로써 하느님의 뜻을 실행하기 위해, 우리는 어디에 있든지 간에 정욕으로부터 난 것이든 악마로부터 온 것이든 혹은 사람들로부터 온

---

275) 〈루가의 복음서〉 17장 21절.

것이든 상관없이 모든 영적 전쟁과 유혹을 참을성 있게 감내해야만 한다. 그러나 영적 전쟁에 서툴고 어려움을 감내하는 데 전혀 익숙하지 않은 이들은 한 장소에서 다른 장소로, 한 나라에서 다른 나라로 이주하며 영적 전쟁을 벗어난 평안함과 상념을 피할 은신처를 찾고자 기대하며 다른 장소로 가려고 서두른다.

그러므로 우리는 자기 자리에 머물러서, 만약 영적 싸움 혹은 유혹이 우리를 엄습하면 금식하고 기도하며 무릎을 꿇고 우리 주님의 십자가 앞에서 가슴을 치며 눈물을 흘리고 마음 아파하면서 주님의 도우심과 구원을 간구할 것이다. "실망한 사람 옆에 야훼 함께 계시고 낙심한 사람들을 붙들어 주신다"[276]라고 말씀하셨듯이 그리고 주님께서 "하느님의 나라는 너희 가운데에 있다", 즉 "나는 너희 안에 있다"라고 말씀하셨듯이 주님께서는 언제나 우리와 함께하시고 우리 안에 거하신다. 하느님의 나라는 언제나 우리 안에 거하시는 그리스도다. 사도 성 바울로 역시 이렇게 말한다. "여러분은 자신이 하느님의 성전이며 하느님의 성령께서 자기 안에 살아 계시다는 것을 모르는가?"[277] 그리스도만이 우리 안에 거하시는 것이 아니라 그분 자신

276) 〈시편〉 34장 18절.

277) 〈고린토인들에게 보낸 첫째 편지〉 3장 16절.

이 "너희는 나를 떠나지 말라. 나도 너희를 떠나지 않겠다"[278]라고 말씀하셨듯이 우리도 그분 안에 거한다. 그러므로 만일 우리가 하느님 안에 거한다면, 우리 자신이 그의 거처가 된다면, 유혹과 재앙, 영적 전쟁의 시기에 다른 곳으로 이주해 우리 주님을 떠나지 않을 것이고, 이곳저곳에서 도움과 피난처를 찾지 않고, 우리 안에 거하시는 주님의 도우심으로 우리를 구해 달라고 간청하며 자기가 있는 그 자리에 거할 것이다. 이때 우리는 우리의 생각을 장상들에게 열어 보이고 우리를 위해 기도를 부탁할 것이다. 우리가 자기 자리에서 인내하며 언제나 우리의 구원자이신 주님께 보호를 요청하면, 주님께서는 틀림없이 모든 영적 전쟁에서 우리를 승리자로 이끌어 주실 것이다.

---

278) 〈요한의 복음서〉 15장 4절.

성 대(大) 마카리우스

Ο ΑΓ
ΜΑΚΑ
ΡΙΟϹ
Ο ΑΙΓΥ
ΠΤΙΟϹ
ΑΥΤΟΙϹ
ΤΟ ΦΩϹ
ΑΝΑΠΑΥ
ϹΙϹ ΒΡΩ
ϹΙϹ ΠΟϹΙϹ
ΧΑΡΑ

성 대 마카리우스에 대한 짤막한 소개[1)]

성 대 안토니우스의 가르침의 은사를 가장 가까이 계승한 인물은 이집트의 성 대 마카리우스다. 전설에 따르면, 성 대 마카리우스가 성 대 안토니우스를 두 번 방문했다는 기록이 있다. 그러나 그것만이 유일한 경우는 아니었다고 가정해야 할 것이다. 아마도 성 대 마카리우스가 성 대 안토니우스와 긴 대화를 나눈 적이 한두 번은 아니었을 것이다. 크로니우스[2)]의 기록에 따르자면, 성 대 안토니우스는 은수처에서 나와서 가르침을 듣기 위해 모인 사람들과 수도원에서 그를 기다리는 형제들과 가끔 밤새도록 긴 대화를 나누었다고 한다.[3)] 그래서 성 대 안토니우스의 몇몇 가르침이 성 대 마카리우스의 담화에 단어 하나 틀리지 않고 거의 고스란히 들어가 있는 것이다. 두 사람의 글을 차례

---

1) 편역자인 성 은수자 페오판이 성 대 마카리우스에 대해 소개한 글이다. (옮긴이 주)

2) 기원전 2세기경의 유명한 그리스 철학자다. 자료들에 따라 신피타고라스주의자 혹은 신플라톤주의자로 분류된다. (옮긴이 주)

3) 《랍사이크》 23장.

로 읽는 사람들은 그것을 즉각 알아챌 수 있다. 등대인 성 대 마카리우스가 거대한 발광체인 성 대 안토니우스로부터 빛을 전달받았다고 인정하지 않을 수가 없다.

성 대 마카리우스의 생애와 관련된 이야기는 온전히 우리에게 전해지지 않았다. 그에 대해 알 수 있는 모든 내용은 그의 담화가 출판되었을 때 게재된 그의 전기(傳記)에 모여 있다. 거기에 기록된 가장 훌륭한 행적은 그가 아직 마을 근처에 살았을 때 누명을 견뎌 낸 일이다. 이때 보여 준 겸손함, 자기희생, 하느님의 뜻을 따르는 충성이 얼마나 대단했는지! 이는 이후 성 대 마카리우스 생애 전체의 특징이 된다. 마침내 사탄도 성 대 마카리우스의 겸손함에 패배했다고 공개적으로 인정했다. 그 겸손은 우리가 마침내 성 대 마카리우스에게서 보게 되는 가장 높은 단계의 영적인 온전함과 은혜의 선물에 이르는 사다리였다.

성 대 마카리우스의 글 중에는 50개의 담화와 서신이 있다. 이는 오래전에 러시아어로 번역되어 출간되었으므로, 그것을 있는 그대로 우리 모음집에 넣을 필요는 없다. 우리는 그중에서 성 대 마카리우스의 가르침을 대표할 만한 내용을 선택할 것이다. 왜냐하면 그것은 그리스도교의 중요한 일, 즉 성령의 은혜가 작용할 때 타락한 영혼이 성화해 가는 과정을 자세하고 총체적으로 설명하는 훌륭한 내용이기 때문이다. 이는 그의 거의 모든 가르침이 지향하는 요점이다. 그리스어의 《필로칼리아》도 이와 마찬가지다. 그리스어의 《필로칼리아》는 성 대 마카리우스의 글 중에서 번역가 시메온[4]이 그의 담화 중 발췌한 150개의 항목을 수록하고 있다. 그것으로 우리는 일곱 개의 장을 구성했다. 그러나 시메온이 한 작업은 모든 사람이 할 수 있는 일이다. 그러므로 우리도 그렇게 하는 것이다.

성 대 마카리우스는 수행의 지엽적인 부분들을 다루지 않는다. 그의 담화를 들은 이들은 그러잖아도 열심히 노력하는 사람들이었다. 그러므로 그는 그런 노고와 땀이 마땅히 지향해야 할 최종 목표를 제시하고, 주로 그 노력에 합당한 방향을 잡아 주는 데에만 마음을 썼다. 이미 언급했듯이 그것은 성령의 은혜로 말미암은 영혼의 성화다. 성화는 영혼이 더 깊어지는 것이다. 성화 없이는 생명이 없다. 그것은 미래의 빛나는 상태를 담보한다.

성 대 마카리우스는 타락한 영혼을 다루면서, 그 영혼이 어둠과 부패, 사망의 상태에서 어떻게 빛으로 나올 수

---

4) 번역가 시메온은 10세기 후반 비잔틴 제국의 학자이자 성인전 편찬자였다. 그는 수많은 성인들의 생애를 문학적으로 개작했다. 또한 성 바실리우스를 비롯한 교부들의 저작도 발췌하여 편집했다. 원문을 다른 형태로 옮기거나 개작하는 사람이라는 뜻의 '메타프라스투스'라는 별칭을 가지고 있다. 페오판은 이 별칭을 사용했으나 그 뜻을 살려 '번역가'로 번역했음을 알려 둔다. (옮긴이 주)

있는지, 어떻게 회복되고 소생할 수 있는지를 가르쳐 준다. 그러므로 그의 가르침은 은수자만이 아니라 모든 그리스도인에게 중요한 것이다. 왜냐하면 타락에서 회복시키기 위해 그리스도교가 존재하기 때문이다. 이를 위해 주님께서도 오셨고, 구원을 위한 교회 안의 모든 제도도 그것을 목적으로 하고 있다. 비록 모든 곳에서 성 대 마카리우스는 이 일에 성공하기 위한 조건으로 세상을 등지는 삶을 제시하지만, 세속에서 사는 이들도 자기 나름대로 반드시 세상을 부인해야 한다. 왜냐하면 세상을 사랑하는 것은 하느님과 원수 맺는 것이기 때문이다. 세상을 사랑하면서 어떻게 구원을 얻겠는가?

그의 가르침을 선별하면서 우리는 성 대 마카리우스의 담화를 읽을 때 머릿속에 자연스럽게 그려지는 순서를 유지할 것이다. 성 대 마카리우스는 우리의 최초 모습이 어떠했는지에 대해 우리의 생각을 자주 유도하고, 첫 사람이 얼마나 밝은 상태에 있었는지를 묘사한다. 이것은 그가 가장 매력적이지 않은 모습으로 묘사한 타락한 자의, 그렇지 않아도 암울한 모습을 더 암울하게 보이게 하기 위한 것이다. 마카리우스는 하느님의 사랑, 곧 독생자의 육화와 성령의 은혜를 통해 우리를 구원하시기 위해 보이신 그 무한한 사랑이 더 분명하게 드러나도록 다방면으로 노력한다. 마카리우스는 모든 이에게 구원을 이루고자 하는 소망을 불러일으키고, 그 모든 길을 인내로 통과하고 완주하고자 하는 용기를 북돋기 위해 세 가지 사실을 제시한다. 그 길은 주님을 따르고자 뱃속 깊이까지 단단히 결단하는 것으로부터 시작되고 자기 통제와 자기 부인의 수행을 통해 진행된다. 그 길은 분명하게 느껴지는 은혜의 작용, 또는 그가 말하듯이 마침내 마음속에 성령의 은혜가 힘 있게 실제로 열리는 데까지 도달한 후, 즉 지상에서 우리 주 예수 그리스도 안에서 가능한 완성의 경지까지 인도된 후, 영혼이 미래의 생명에 거하는 이중적 상태로 완결된다.

그리하여 위대한 성 대 마카리우스의 모든 생각을 우리는 다음의 제목하에 모을 것이다.

제1장 최초의 인간의 빛나는 상태
제2장 타락한 인간의 암울한 상태
제3장 우리의 유일한 구원이신 예수 그리스도
제4장 주님 안에서 구원받고자 하는 확고한 결심
제5장 노력의 상태
제6장 성령의 역사를 받아들인 상태
제7장 그리스도인의 최고의 완전함
제8장 죽음과 부활 이후 미래의 상태

모든 곳에서 성 대 마카리우스의 말은 문구 그대로 인용되고 있다. 편집자가 한 일은 제목과 요약문을 단 것뿐이다.

성 대 마카리우스의 가르침 : 그리스도인의 삶[5)]

제1장. 최초의 인간의 빛나는 상태

하느님과의 교제에서 최종 목적과 인간이 누리는 최상의 축복. 하느님께서는 은혜를 베푸셔서 사람 안에 거한다. 하느님 안에 거하지 않는 사람은 어디에서도 평안을 얻을 수 없다. 창조 시 최초 인간의 사명은 하느님과 가까워지는 것이다.

1. 영혼과 하느님 사이, 하느님과 영혼 사이에 존재하는 친밀감과 상호성에 비견할 만한 것은 세상에 존재하지 않는다. 하느님께서는 여러 피조물을 창조하셨다. 하늘과 땅, 태양, 달, 물, 열매를 맺는 나무, 온갖 종류의 짐승을 창조하셨다. 그러나 주님께서는 이 피조물 가운데 그 어디에도 거하지 않으신다. 온갖 피조물이 주님의 주권 안에

---

5) 이 장의 원제에는 "그의 담화 중에서 선별한"이라는 표현이 있는데, 제목이 길어 줄였음을 밝혀 둔다. (옮긴이 주)

있다. 그러나 주님께서는 이들 피조물 속에 보좌를 세우지 않으시고 그들과 교제하지 않으신다. 유일하게 사람과 교제하시고 사람 안에 거하시며 사람에게만 은혜를 베푸신다. 여기서 하느님과 사람 사이의 친밀함이 보이지 않는가?

2. 사람이 거할 수 있도록 하느님께서 하늘과 땅을 창조하셨듯이, 하느님께서는 자신이 거할 곳으로 사람의 몸과 영혼을 창조하셨다. 하느님께서는 그의 형상에 따라 창조된 사랑하는 영혼을 아름다운 신부로 맞이해 자기 집처럼 그 몸 안에 좌정하셔서 평안을 누리기를 원한다. 그러므로 사도는 "우리는 하느님의 집안사람들"[6]이라고 말한다.

3. 사람의 가치는 높다. 하늘, 땅, 태양과 달이 어떤지 보라. 주님께서는 그들 안에 거하지 않으시고 오직 사람 안에만 거하시는 은혜를 베푸셨다. 그러므로 사람은 모든 피조물보다 더 귀하고, 심지어는 눈에 보이는 피조물만이 아니라 보이지 않는 피조물, 즉 섬기는 영들보다 더 귀하다고 나는 감히 말하겠다. 왜냐하면 하느님께서 "우리 모

---

6) 〈히브리인들에게 보낸 편지〉 3장 6절.

습을 닮은 사람을 만들자!"[7]라고 말씀하신 것은 대천사장 미카엘과 가브리엘에 대해 말씀하신 것이 아니라, 영혼 불멸을 염두에 두시고 사람의 이성적인 본성에 대해 말씀하신 것이기 때문이다. 성경에 이렇게 쓰여 있다. "야훼의 천사가 그를 경외하는 자들 둘레에 진을 치고 그들을 구해 주셨다."[8]

4. 그러므로 모든 피조물을 능가하는 이해력과 분별력이 있는 영혼은 유일한 주님의 품 외에는 그 어디서도 평안을 얻지 못한다. 그리고 주님께서는 유일하게 인간 외에는 그 어떤 것에도 호의를 베풀지 않으신다.

5. 결혼하기로 약속한 부유한 처녀가 결혼 전에 아무리 많은 선물을 받아도 실제로 결혼이 이루어지기 전까지는 안심하지 못하듯이, 영혼도 주님과의 온전한 교제에 도달하지 못하는 한 그 무엇으로도 평안을 얻지 못한다. 배고픈 아기의 관심을 아무리 값비싼 의복과 진주에 돌리려고 해도 아기는 엄마의 젖을 먹는 것에 모든 관심을 집중하듯이 영혼도 그렇다고 생각해야 한다(즉 영혼은 모든 것을 물

---

7) 〈창세기〉 1장 26절.

8) 〈시편〉 34편 7절.

리치고 오직 하느님만 맛보기를 갈망한다. 그럴 때만 영혼이 평안을 얻는다).

그러한 사명을 지닌 인간은 창조될 때 그 사명에 합당하게 만들어졌다. 수많은 피조물 가운데 인간은 이 목적을 위해 지어졌다.

6. 영혼은 위대하고 신비로운 것이다. 영혼을 창조할 때 하느님께서는 그 본성에 어떤 결함도 들어가지 않도록, 오히려 그와는 반대로 성령이 지니신 덕의 형상에 따라 영혼을 창조하시고, 성령의 형상에 따라 그 안에 선행의 법, 신중함, 식견, 분별력, 믿음, 사랑, 그리고 그 외 여러 덕을 넣으셨다.

7. 하느님께서는 영혼에 이해력, 의지, 통치하는 지성을 넣으시고, 그 안에 또 다른 놀라운 섬세함을 깃들게 하셨다. 그 영혼이 쉽게 움직이고 날개를 단 듯 가볍고 지치지 않게 만드시고, 성령께서 원하실 때 한순간에 오가며 생각으로 그분을 섬길 수 있도록 만드셨다. 한마디로 말해, 하느님께서는 영혼이 그의 신부, 그의 짝이 되도록, 즉 하느님이 그 영혼과 하나가 될 수 있도록, 말씀에 기록되었듯이 영혼이 그분과 한 영이 될 수 있도록 만드셨다. "그러나

주님과 합하는 사람은 주님과 영적으로 하나가 된다."[9]

8. 남편이 자기 집 안으로 온갖 좋은 것을 공들여 모으듯이, 주님께서도 자기 집, 즉 영혼과 육체에 성령께서 지니신 하늘의 부를 모아 두신다.

그 결과 최초의 피조물은 하느님 안에 거하면서 위대한 특권과 복을 받았다.

9. 죄를 범하기 전까지 피조물은 하느님의 영광에 휩싸여 있었다. 아담은 계명을 지키는 동안 하느님의 친구였고, 하느님과 함께 낙원에 거했다.

10. 아담 안에 말씀이 거하셨고, 아담은 자기 안에 하느님의 영을 가졌다.

11. 최초에 순수했던 이성은 자신의 자리에 거하며 자신의 주권자를 바라보았다. 아담도 순수함 가운데 거하며 자기 생각을 다스리고 하느님의 영광에 싸여 행복을 누렸다.

---

9) 〈고린토인들에게 보낸 첫째 편지〉 6장 17절.

12. 그 안에 거했던 말씀 자체는 그에게 인도하심, 지복의 느낌, 유산, 가르침, 즉 모든 것이었다. 그리고 처음 만들어진 피조물 위에 밖으로부터 영광이 임해 그들은 자신의 벌거벗음을 보지 못했다.

13. 사람은 영예와 순수함 가운데 존재했고, 하늘로부터 시작해 지상에 이르기까지 모든 것의 지배자였다. 그는 정욕을 구분할 줄 알았고, 악마를 낯설어했으며 죄악에서 떨어져 순수했다. 그는 하느님과 닮은 모습이었다.

그러나 이 은혜의 충만함은 아무것도 강요하는 것이 없었다. 사람은 하느님의 은혜와 함께 있든 떨어져 있든 자유로웠다. 그런데 사람이 스스로 분리되었고 영들이 타락했듯이 그도 타락했다.

14. 창조주는 모든 분별력 있는 존재, 즉 천사들, 영혼들과 악마들을 순수하고 매우 단순하게 창조하셨다. 그런데 그들 중에서 몇이 악에 빠졌다. 이 일은 그들의 자의에 의해 일어난 일이다. 왜냐하면 그들은 자신의 의지에 따라 마땅히 해야 할 생각에서 벗어났기 때문이다.

15. 눈에 보이는 피조물은 어떤 바뀌지 않는 본성에 묶여 있다. 그러므로 그들은 그들이 창조된 모습에서 빠져나올 수 없고 그럴 수 있는 의지가 없다. 그런데 여러분은 하느님의 형상과 모양으로 창조되었다. 하느님께서 자유로우시고 원하시는 것을 창조하셨듯이 여러분도 자유롭다. 본성상 여러분은 변하기 쉽다.

16. 우리의 본성은 선과 악, 하느님의 은혜와 그에 반대되는 힘도 쉽게 수용할 수 있다. 본성은 의지에 반해 무엇을 하도록 강제당할 수 없다.

17. 그러므로 아담도 자신의 의지에 따라 계명을 어기고 악한 영의 말에 귀를 기울였다.

18. 엄청난 부와 하느님의 축복이 그에게 준비되어 있었다. 그러나 나쁜 사고와 생각을 갖게 되자마자, 그는 하느님에 대해 죽은 자가 되었다.

제2장. 타락한 인간의 암울한 상태

악마의 말을 들은 아담은 자신을 그에게 팔았고, 악마는 그를 소유하고 그를 온갖 악으로 가득 채웠다.

19. 아담은 하느님의 계명을 어기고 사악한 뱀의 이야기를 듣고는 자신을 팔아 악마의 소유로 넘겼다. 사악한 영은 영혼 곧 그 멋진 피조물의 형태를 취하게 되었다. 영혼은 그 안에 영적인 어둠이 거하는 동안 악한 어둠의 영이 거하는 몸이 되었다. 왜냐하면 어둠의 악한 시간이 지속되는 한, 영혼은 그곳에 살며 그곳에 갇히게 되기 때문이다. 사도 성 바울로는 죄지은 육신과 죽음의 육신에 대해 다음과 같이 말씀하셨다. "예전의 우리는 그분과 함께 십자가에 못 박혀서 죄에 물든 육체는 죽어 버리고 이제는 죄의 종살이에서 벗어나게 되었다는 것을 우리는 알고 있다."[10] "누가 이 죽음의 육체에서 나를 구해 줄 것인가?"[11] 하느님의 본질에서도 악마의 어두운 본질에서도 나오지 않은 영혼은 아름다움으로 가득한, 지혜롭고 위대하며 신

---

10) 〈로마인들에게 보낸 편지〉 6장 6절.

11) 〈로마인들에게 보낸 편지〉 7장 24절.

비한 피조물로 하느님의 아름다운 모양과 형상이었으나, 죄를 범한 이후에 어두운 정욕의 간교함이 그 속에 들어오게 되었다.

20. 악의 왕, 어둠의 왕국이 처음에는 사람을 포로로 삼아 영혼을 어둠의 권력으로 뒤덮었다. 마치 어떤 사람을 황제로 삼으려고 황제의 의복을 그에게 주고, 머리끝부터 발끝까지 황제의 것으로 입히려고 그 사람을 싸듯이 말이다. 그렇게 어둠의 임금은 영혼을, 즉 영혼의 모든 본질을 죄로 뒤덮고 영혼의 모든 것을 더럽히고 영혼을 자신의 왕국으로 사로잡는다. 그래서 영혼의 단 하나의 기관도, 생각도, 정신도, 육체도 자신의 권력으로부터 자유롭게 내버려두지 않고 어둠으로 감싼다. 질병에 걸리면 육체의 한 기관만 고통받는 것이 아니라 육체 전체가 고통에 시달린다. 그렇게 모든 영혼도 악과 죄의 허약함으로 말미암아 고통을 당하기 시작한다. 악마는 모든 영혼, 즉 인간의 필수 불가결한 부분, 그 필수 불가결한 기관을 자신의 악, 즉 죄로 둘러쌌다. 그래서 육체는 고통을 받고 썩어 없어질 것이 되었다.

21. 사도 바울로가 "낡은 인간을 벗어 버렸고"[12]라고 말씀하셨을 때 그는 자기 눈이 눈에, 자기 머리가 머리에, 자기

귀가 귀에, 자기 손이 손에, 자기 발이 발에 부합하는 온전한 인간이 되었음을 의미하는 것이다. 악마는 썩어 문드러지고 부정한 인간, 하느님을 대적하고 하느님의 계명에 불순종하는 인간의 모든 것을 추악하게 만들었다. 즉 눈은 마땅히 보아야 할 것을 보지 않고 사악하게 보도록, 귀는 사악하게 듣고, 발은 악행을 행하기 위해 서둘러 움직이고, 팔은 불법한 일을 행하고, 마음은 악한 것을 생각하도록 사람을 죄로 이끌고 갔다.

22. 낡은 사람은 온전한 사람을 벗어 버렸다. 그리고 어둠의 왕국의 옷, 즉 비방, 불신앙, 하느님을 두려워하지 않음, 허영, 교만, 탐심, 음욕의 옷과 다른 어둠의 왕국의 의복, 부정하고 추악한 누더기를 입고 다닌다.

23. 마귀는 아담의 범죄로 속사람, 하느님을 바라보는 권능 있는 지성에 상처를 입히고 그 지성을 어둡게 만들려고 발악한다. 천상의 복이 그에게 도달할 수 없게 되자 그의 눈은 악과 정욕에 열리게 되었다.

---

12) 〈골로사이인들에게 보낸 편지〉 3장 9절.

24. 악의 영은 (타락한) 영혼에 어둠의 족쇄를 채웠다. 그러므로 영혼은 아무리 원해도 주님을 사랑할 수 없고, 아무리 원해도 믿을 수 없고, 아무리 원해도 기도할 수 없다. 왜냐하면 첫 사람이 범죄를 행한 때부터 명백하게, 그리고 비밀스럽게 저항하는 마음이 우리를 사로잡았기 때문이다.

그러한 파멸적인 상태를 보고 하느님과 천사들은 타락한 영혼을 불쌍히 여기셨다.

25. 아담이 타락한 날 하느님께서 오셨다. 천국을 거니시다가 아담을 보시고 불쌍히 여기셔서 이렇게 말씀하셨다. "그런 복을 받고도 너는 그러한 악을 선택했구나! 그런 영광을 받은 후에 지금은 이런 수치를 겪고 있구나! 어째서 너는 지금 그렇게 음울하고 볼품없고 무상하단 말이냐? 그런 빛을 받은 후에 이런 어둠이 너를 덮고 있다니!" 아담이 타락해서 하느님과 단절되었을 때 창조주는 그를 불쌍히 여기셨다. 천사들도, 모든 권세도, 하늘도, 땅도, 모든 피조물도 그의 죽음과 타락에 통곡했다. 피조물은 그들의 왕으로 주어진 이가 적대적이고 사악한 어둠의 노예가 된 것을 보았다. 아담은 자신의 영혼을 사악한 어둠으로 둘러쌌다. 왜냐하면 어둠의 임금이 그를 지배했기 때문이다. 예루살렘에서 여리고를 통과할 때 도둑에게 온통 상

처를 입고 반쯤 죽은 그 사람[13]이 바로 그(아담)였다.

공의가 그에게 의로운 징벌을 가했고 그는 황폐한 집처럼 남겨졌다.

26. 계명을 어긴 아담은 천국에서 쫓겨났고 하느님의 분노를 초래했다. 언젠가 유대인들에게 분노하신 하느님께서는 치욕을 당하도록 적들에게 예루살렘을 넘기셨다. 그들을 증오하던 자들이 그들을 지배해 그곳에는 축제도 희생 제사도 없어졌다. 마찬가지로 계명을 어긴 영혼에 진노하신 하느님께서는 그 영혼을 원수와 악마와 정욕에 넘기셨다. 그것들은 그 영혼을 유혹하고 완전히 파괴해 그곳에는 축제도 분향도, 영혼이 하느님께 올리는 희생 제사도 사라졌다. 왜냐하면 영혼 안에 있는 아름다운 곳을 향해 가는 길이 야생 동물로 가득 찼고 기어다니는 사악한 영들이 그 속에 둥지를 틀었기 때문이다. 주인이 살지 않는 집이 어둠과 치욕, 능욕에 휩싸이고 더러움과 곰팡이로 가득 차는 것처럼, 영혼도 그 주인이 그 속에서 천사들과 함께 기뻐하지 않으면 죄 많은 어둠, 수치스러운 정욕, 그

13) 〈루가의 복음서〉 10장에 착한 사마리아인의 비유 이야기에 나오는 강도당한 사람을 아담에 비유하고 있다. (옮긴이 주)

리고 온갖 치욕으로 가득 차게 된다.

27. 사람이 불순종함으로써 "들에서 나는 곡식을 먹어야 할 터인데, 땅은 가시덤불과 엉겅퀴를 내리라".[14] 또 땅을 경작하라. 그러나 땅은 열매를 네게 내지 않으리라고 하셨던 것처럼 그의 마음의 땅에도 가시덤불과 엉겅퀴가 나서 자랐다. 원수들은 사람의 영광을 빼앗아 사람을 수치로 뒤덮었다. 그의 빛은 강탈당하고 그는 어둠에 뒤덮였다. 원수들은 그의 영혼을 죽이고, 그의 사고를 흩어 버리고 분리하고, 높은 곳에서 그의 지성을 끌어 내렸다. 그래서 이스라엘은 진정한 바로의 노예가 되었다. 바로는 사람에게 고의든 고의가 아니든 사악한 일을 하고, 점토와 벽돌을 만들도록 강요하는 감시원과 검사관, 즉 악한 영을 사람 위에 세웠다. 그 영들은 사람을 하늘의 생각으로부터 멀어지게 한 후, 악한 일, 즉 물질적이고 땅에 속하는 유한한 일, 헛된 말과 생각과 판단으로 끌어내렸다. 영혼은 높은 곳에서 떨어져서 인간을 증오하는 왕국과 죄 많은 악의 도시를 건설하게 강요하는 잔혹한 왕들을 만났다.

---

14) 〈창세기〉 3장 18절.

타락 이후 모든 피조물과 인류는 원수와 정욕의 폭정 아래 놓이게 되었다.

28. 부유해 그를 섬길 준비가 되어 있는 여러 종을 거느린 황제를 상상해 보라. 원수들이 그를 붙잡아 포로로 잡아가는 일이 일어났다. 그가 잡혀가면 곧 그의 종과 감시원도 그를 따라가야만 한다. 아담도 하느님을 섬기도록 하느님으로부터 창조되었고 피조물이 아담을 섬기도록 주어졌다. 왜냐하면 아담은 모든 피조물의 주인이자 왕으로 세워졌기 때문이다. 그러나 사악한 말이 그에게 접근할 길을 발견하고 그와 이야기를 나누자마자, 처음에는 아담이 밖에서 들려오는 그의 소리에 귀를 기울였고, 나중에는 그 소리가 그의 마음을 파고들어 그의 온 존재를 휘어잡았다. 그렇게 아담이 포로가 되자 그를 섬기며 그에게 순종하던 피조물도 그와 함께 포로가 되었다. 아담을 통해 죽음이 모든 영혼을 지배하게 되었고, 그가 불순종한 결과 아담의 모든 형상이 지워졌으며, 사람들은 변해 악마를 경배하는 데까지 이르렀다. 하느님이 아름답게 창조하신 지상의 열매들이 악마에게 바쳐지고 있다. 사람들은 그들의 제단에 빵과 술, 기름과 짐승을 바친다. 심지어 그들은 악마에게 자기 아들과 딸도 희생 제물로 바쳤다.

29. 아담이 죄를 범한 후부터 하느님의 사랑에서 벗어난 영혼의 생각은 이 세대에 황폐해져 버렸고 물질적이고 땅에 속한 생각들과 뒤섞여 버렸다. 계명을 어긴 후 아담은 해로운 정욕의 누룩을 자신 안에 받아들였다. 그로부터 난 자, 곧 아담의 종족이 대를 이어 그 누룩에 참여하게 되었다. 점차 그 성향이 무르익어 자람에 따라, 온 인류가 악에 찌들기까지 사람들 사이에 간음, 방탕, 우상 숭배, 살인과 다른 어리석은 행동 등 죄의 정욕이 증가했다. 사람들 속에서 악이 자라나 마치 하느님이 계시지 않은 듯 생각하고, 영혼이 없는 돌에 경배하고, 하느님에 대한 개념을 전혀 형성할 수 없을 정도가 되었다. 해로운 정욕의 누룩은 그 정도까지 옛 아담의 종족에게 퍼져 나갔다.

30. 사람이 계명에서 벗어나 진노의 정죄를 당한 후에, 죄는 사람을 자신에게 예속시켰다. 그리고 미묘하고 깊은 비애의 심연 자체인 죄는 내면으로 들어가 영혼의 가장 깊은 비밀스러운 곳까지 차지했다. 영혼과 그 영혼에 뒤엉킨 죄는 가지가 무성하고 뿌리를 땅에 깊이 내린 거대한 나무에 견줄 수 있다. 영혼에 들어간 죄는 그렇게 비밀스럽고 깊은 곳까지 영혼의 목장을 점령한다. 그리고 습관과 편견으로 변해 어린 시절부터 각 사람 안에서 자라나 그에게 나쁜 것을 가르친다.

31. 주님께서 부활시키신 나사로, 엄청난 악취가 나서 아무도 그 관에 가까이 다가갈 수 없었던 이 나사로는 자신의 영혼에 엄청난 악취를 받아들이고 어둠과 암흑으로 가득 찼던 아담의 형상이었다. 그러나 아담, 강도를 만나 상처를 입은 사람, 그리고 나사로에 대해 들을 때, 여러분은 정신이 사방으로 헤매게 허용하지 말고 자기 영혼의 내면에 머물라. 왜냐하면 여러분도 같은 상처와 같은 악취, 같은 어둠을 가지고 있기 때문이다. 우리는 모두 어두워진 종족의 아들이고 모두 그 악취에 참여하고 있다. 아담의 씨에서 나온 우리는 모두 아담이 고통스러워했던 무력함을 똑같이 겪으며 고통스러워한다. 예언자 이사야가 "발바닥에서 정수리까지 성한 데가 없이 상하고 멍들고 맞아 터졌는데도 짜내고 싸매고 약을 발라 주는 이도 없구나"[15]라고 말했던 그런 무력함이 우리에게도 미쳤다. 우리는 그렇게 치유될 수 없는 상처를 입었다.

32. 이집트에서는 어둠이 뒤덮인 사흘 동안 아들이 아버지를, 형제가 형제를, 친구가 진실한 친구를 보지 못했다.

---

15) 〈이사야〉 1장 6절.

그처럼 아담이 계명을 범한 후 이전의 영광에서 추락해 세상의 영에 복종하고 어둠의 덮개가 아담부터 마지막 아담인 그리스도까지 온 영혼에 드리운 후부터, 사람은 진정한 하느님 아버지, 온후하고 선하신 어머니이신 성령의 은혜, 가장 달콤하고 사모해 마지않는 형제인 주님, 그리고 언젠가 함께 기쁘게 환호하고 찬양했던 친구들과 거룩한 천사들을 보지 못하게 되었다. 마지막 아담이 오시기 전뿐 아니라 지금도 진리의 태양이신 그리스도가 빛을 비춰주지 않고, 진실한 빛의 조명을 받아 영혼의 눈이 열리지 않은 모든 사람은 죄의 어둠에 덮인 채, 자신 속에 정욕의 행위가 있으므로 형벌을 받게 된다. 그들에게는 아버지를 볼 수 있는 눈이 없다.

타락의 명백한 결과로 온 세상을 지배하는 혼란이 도래했다.

33. 이 세대의 아이들은 이 땅에서 체질을 당하는 밀에 비유된다. 이 아이들은 땅에 속한 일과 욕망, 무수히 얽힌 물질적 개념들이 끊임없이 격동하는 때에 이 세상의 변덕스러운 생각들 가운데서 체질당한다. 사탄은 영혼을 체로, 즉 지상의 일들로 흔들고 모든 죄 많은 인류를 체질한다. 아담이 계명을 어기고 그에 대한 권력을 장악한 사악한 악마에게 복종해 타락한 이후, 그는 이 세대의 모든 사람을

끊임없이 유혹과 혼란한 생각들로 체질해 땅의 체 안에서 부딪히게 만든다.

34. 체질하는 사람의 체 안에서 밀이 부딪히고 끊임없이 던져져서 여러 번 뒤집히듯이, 사악한 악마는 모든 사람을 지상의 일에 전념하게 만들고 뒤흔들어 불안과 근심에 빠지게 하고, 아담의 죄 많은 종족을 끊임없이 포로로 만들어 놀라게 하며 헛된 생각, 추악한 욕망, 땅에 속한 세상의 관계에 사로잡히게 한다. 주님께서도 앞으로 사악한 영이 그들을 향해 들고 일어날 것이라고 사도들에게 예언하셨다. "사탄이 이제는 키로 밀을 까부르듯이 너희를 제멋대로 다루게 되었다. 그러나 나는 네가 믿음을 잃지 않도록 기도하였다. 그러니 네가 나에게 다시 돌아오거든 형제들에게 힘이 되어 다오."[16] 창조주께서 카인에게 "네가 아무리 애써 땅을 갈아도 이 땅은 더 이상 소출을 내지 않을 것이다. 너는 세상을 떠돌아다니는 신세가 될 것이다"[17]라고 분명하게 말씀하시고 정의하신 내용은 암암리에 모든 죄인의 형상이자 모양이 된다. 왜냐하면 아담의 종족은 계명을 어기고 죄인이 되어 그 모양을 받아들였기 때문이

---

16) 〈루가의 복음서〉 22장 31~32절.

17) 〈창세기〉 4장 12절.

다. 사람들은 두려움과 혼란을 주는 불안정한 생각, 욕심, 온갖 종류의 다양한 쾌락에 흔들리게 된다. 이 세상의 통치자는 온갖 인간적인 생각들을 불러일으키면서 하느님으로부터 태어나지 않은 모든 영혼을 뒤흔들고, 끊임없이 체질하는 밀처럼 모든 이를 흔들어 세상의 유혹, 육체적인 만족, 두려움, 혼란으로 사로잡는다.

35. 그리고 주님께서는 악마의 유혹과 욕망을 따라가는 사람들이 카인의 사악한 모습을 지니고 있다는 것을 보여주시고 그들을 폭로하며 말씀하셨다. "너희는 악마의 자식들이다. 그래서 너희는 그 아비의 욕망대로 하려고 한다. 그는 처음부터 살인자였고 진리 쪽에 서 본 적이 없다. 그에게는 진리가 없기 때문이다."[18] 그러므로 아담의 모든 죄 많은 종족은 자신 속에 이 판결을 지니게 된다. 사탄이 여러분을 던진 지상의 체 안에서 여러분은 탄식하고 떨며 불안해할 것이다. 아담 한 사람으로부터 인류의 모든 종족이 지상 전체로 퍼져 나갔듯이, 그리고 단 하나의 정욕으로 말미암은 타락이 인류의 모든 죄 많은 종족 속으로 파고들었듯이, 악의 임금 혼자만이 변덕스럽고 물질적이

---

18) 〈요한의 복음서〉 8장 44절.

며 헛되고 반항적인 생각을 모든 이에게 뿌릴 능력을 지니고 있다. 바람 하나가 모든 식물과 씨를 뒤흔들어 움직이게 할 수 있고, 밤의 어둠 하나가 전 우주에 퍼진다. 마찬가지로 생각으로 죄와 사망의 어둠을 지배하는 사악한 임금이 내밀하고 잔인한 바람이 불게 해서 지상에 있는 모든 인간 종족을 사로잡아 도취시키고 변덕스러운 생각과 세속적인 열망으로 마음을 휘어잡는다. 그리고 거듭나지 못했기 때문에 "우리는 하늘의 시민이다"[19]라는 말씀에 따라 생각과 마음이 내세로 옮겨가지 못한 모든 영혼을 무지와 무분별, 망각의 어두움으로 가득 채운다.

모두가 이런 일을 겪었지만 이런 상태를 본질적인 것으로 여겼기 때문에 아무도 악이 무엇인지, 악이 어디에서 오는지 몰랐다.

36. 왕에서 거지에 이르기까지 보이는 세계는 온통 혼란과 무질서, 싸움 가운데 있다. 그들 중 누구도 그 원인이 아담의 범죄 이후에 일어난 이 분명한 악, 이 죽음의 독침임을 알지 못한다. 왜냐하면 이 세계에 들어온 죄가 일종의 합리적인 힘이자 사탄의 본질로서 온갖 악을 뿌렸기 때

19) 〈필립비인들에게 보낸 편지〉 3장 20절.

문이다. 죄는 속사람과 정신에 비밀스럽게 작용하고 생각으로 그들과 싸운다. 사람들은 자신이 다른 어떤 힘으로 행동하는지 알지 못하고 본성적으로 자신의 판단에 따라 행한다고 생각한다. 그러나 정신 안에 그리스도의 평화와 그리스도의 빛을 가진 사람들은 어디서 이 모든 것이 비롯되는지 안다.

37. 아담의 종족 중에서 온 땅을 지배하고 자신의 주권적인 통치에 대해 많은 생각을 한 황제들이 얼마나 자주 등장했는가! 그렇게 만족한 상태에 있는 사람은 그 누구도 첫 사람의 범죄로 말미암아 영혼에 손상이 발생했으며, 영혼이 어두워졌다는 것을 알 수 없다. 그러므로 영혼은 그 안에 일어난 변화, 즉 타락에 뒤이어 이제 정신이 수치로 뒤덮였다는 것을 알지 못하고, 마음의 눈이 멀었으므로 우리의 선조인 아담이 범죄 전에 보았던 영광을 보지 못한다.

38. 세상에 게으른 현자들이 있었다. 그들 중 어떤 사람은 철학에서 뛰어남을 보여 주었고 다른 이는 궤변을 연습함으로써 사람들을 놀라게 했고, 또 어떤 이는 수사학에서 힘을 보여 주었다. 또 어떤 이는 문법학자들과 시인들로서 이야기의 법칙에 따라 글을 썼다. 세상의 기술을 연마하는 다양한 예술가들이 있었다. 그들의 내면에 자리 잡은 뱀에

의해 지배당하는 이 모든 이들은 그들 안에 살아 있는 죄를 인식하지 못하고 사악한 힘의 포로와 노예가 되었고 자신들의 지식과 기술에서 아무런 유익을 얻지 못했다.

타락으로 인한 악이 아무리 크다고 할지라도 악이 사람을 완전히 죽인 것은 아니다. 사람 안에는 영적인 삶의 발현이 남아 있었다.

39. 우리는 사람이 완전히 망가지고 파괴되고 죽었다고 말하지 않는다. 하느님과의 관계에서는 죽었지만, 사람은 여전히 자신의 본질에 따라 살아간다.

40. 사람은 죄 때문에 파멸했고 상처를 입었다. 사탄은 인간의 이성을 어둡게 만들었다. 어떤 경우에 사람은 실제로 죽은 상태지만, 어떤 경우에는 살아가면서 판단하고 의지를 소유한다.

41. 범죄 후에도 이해력은 남았다(이것은 양심의 작용에서 분명하게 나타난다). 도둑을 법정에 데려가서 재판하기 시작할 때 왕은 그에게 묻는다. "네가 악을 행할 때 네가 붙잡혀서 죽음에 넘겨질 것을 정말로 몰랐느냐?" 도둑은 본인이 그러리라는 것을 알았기 때문에 몰랐다고 감히

말할 수 없다. 그리고 음란한 자가 과연 자신이 나쁜 짓을 한다는 것을 모르겠는가? 도둑은 과연 죄를 짓고 있다는 것을 모르겠는가? 사람들은 성경이 없이도 본질적인 분별력에 따라 하느님이 있다는 것을 정말 모르겠는가? 그날에 하느님이 있다는 것을 몰랐다고 말하는 것이 불가능할 것이다. 천둥과 번개가 치는 가운데 그들에게 다음과 같이 선포될 것이다. 피조물을 다스리시는 하느님께서 있다는 것을 과연 몰랐단 말이냐?

42. 거짓 가르침으로 기만에 빠진 이들은 사람이 결정적으로 죽었고 아무런 선한 일을 절대로 할 수 없다고 부당하게 주장한다.

43. 하느님께서 처음에 그들에게 주셨던 자유는 사람 안에 그대로 남아 있다. 온전한 사람이 어떤 불가피한 이유로 선에 붙들려 있지 않듯이, 죄를 짓고 자신을 악마의 그릇으로 만든 사람도 악에 붙들려 있지 않는다.

44. 여러분에게는 자유가 있다. 만일 여러분이 파멸을 원한다면 여러분의 본성은 쉽게 변할 수 있다. 사람이 원한다면, 그는 하느님께 순종하고 의의 길로 가며 자신의 욕망을 제어한다. 왜냐하면 이러한 사람은 맞서 싸우는 사

람이기 때문에, 확고한 생각으로 악한 열망과 부패한 갈망을 이기기 때문이다.

45. 그러나 사람들이 자신의 자유 의지로 죄의 동기를 제거하겠다고 생각하는 것은 헛된 일이다. 인간에게 가능한 자유는 사탄에게 저항하는 데까지 미칠 뿐, 그런 가능성이 있다고 하더라도 확실하게 정욕을 지배할 힘을 지니는 데까지 이르지는 못한다. 성경에는 이렇게 쓰여 있다. "야훼께서 집을 세우지 아니하시면 집 짓는 자들의 수고가 헛되며 야훼께서 성을 지키지 아니하시면 파수꾼의 깨어 있음이 헛일이다."[20]

46. 악은 온갖 부정한 욕망을 불러일으키며, 감지될 만큼 우리 안에서 온 힘을 다해 움직인다. 그러나 어떤 사람들이 말하듯이, 물과 포도주가 섞여 있는 것처럼 그렇게 우리 속에 녹아 있는 것이 아니다. 밭에서 알곡과 가라지가 제각기 자라듯이, 그리고 도둑과 주인이 따로 거하듯이, 악은 우리 안에 따로 존재한다.

---

20) 〈시편〉 127편 1절.

47. 태양이 비치고 바람이 불 때, 태양도 그 실체와 본성이 있고, 바람도 그 실체와 본성이 있다. 마찬가지로 영혼 속에 죄가 더해졌지만, 죄도 영혼도 각자 자신의 특별한 본성이 있다.

48. 샘물은 깨끗한 물을 내뿜지만, 그 바닥에는 진흙이 깔려 있다. 만일 누군가가 그 진흙을 휘저으면, 샘물 전체가 흐려진다. 이와 마찬가지로 영혼에도 소요가 일어나면 악덕이 섞여 들게 된다. 사탄은 어떤 방식으로든 영혼과 하나가 되고, 두 영은 음란 혹은 살인을 저지를 때 하나가 된다. 그러므로 성경에 "창녀와 관계를 하는 사람은 그 창녀와 한 몸이 된다는 것을 모르는가?"[21]라는 말씀이 있는 것이다. 다른 때에는 독립적인 영혼이 자기 멋대로 행한 후, 자기 행동에 대해 회개하고 울면서 기도해 자신을 하느님께서 기억해 주시도록 한다. 그런데 만약 영혼이 늘 악으로 자신을 더럽힌다면 그것이 어떻게 가능하겠는가? 왜냐하면 잔인한 사탄은 그 사람들이 회개하는 것을 절대로 원하지 않기 때문이다.

---

21) 〈고린토인들에게 보낸 첫째 편지〉 6장 16절.

제3장. 우리의 유일한 구원이신 예수 그리스도

타락한 이에게 유일한 구원은 주님이시다. 주님께서는 우리를 불쌍히 여기셔서 우리의 구원을 위해 사람이 되어 이 땅에 오셨다. 주님께서는 자기 피로 우리의 죄를 씻으시고 성령의 은혜로 망가진 우리의 본성을 새롭게 하시고 우리를 천국에 합당한 모습으로 만드셨다.

49. 세상은 화려하고 거대한 집과 금과 은을 소유하고 다양한 부를 누리며 여러 명의 종을 부리다가 갑자기 병에 걸려 약해진 부자에 비유될 수 있다. 그의 앞에 서 있는 친척과 그가 가지고 있는 온갖 부귀도 그를 병에서 구해 줄 수 없다. 어떠한 세속적인 부지런함도, 부도, 다른 무엇도 죄에 빠진 영혼을 죄에서 건질 수 없고, 오로지 그리스도가 오셔야만 영혼과 육신을 씻을 수 있다.

50. 아담 때부터 죄가 지배하기 시작한 이후에 불법 가운데 잉태되어 죄 가운데 태어난 인류는 어머니의 자궁에 있을 때부터 하느님에게서 멀어지게 되고, 어머니의 배에서부터 잘못된 길에 있었다. 이를 불쌍히 여기신 하느님의 어린양이 "우리의 구원이신 하느님께서 우리 짐을 져 주

신다"[22]라고 말씀하신 대로 먼저 강한 자를 결박하시고, 그 후에 자기 능력으로 사탄의 포획물이 된 인류를 되찾으시고 세상의 죄를 짊어지시기 위해 오셨다.

51. 사탄과 어둠의 임금들은 아담이 계명을 범한 때부터 마치 자기 소유의 보좌인 양 그의 온몸과 육체에 자리를 잡았다. 그 때문에 마침내 주님께서 오셔서 동정녀에게서 육신을 취하셨다. 눈에 보이는 신성으로 오기를 원하셨다면 누가 그것을 견딜 수 있었겠는가? 그와는 반대로, 주님께서는 이 무기, 즉 육체를 수단으로 사람들에게 말씀하셨다. 그리고 마침내 주님께서 육체에 자리 잡은 악한 영들을 보좌로부터, 즉 그들이 지배하는 개념과 생각들로부터 끌어내리셨고, 양심을 정결케 하시고 정신과 생각과 육체를 자신의 보좌로 만드셨다.

52. 하느님께서는 모세에게 구리 뱀을 만들고 그것을 들어 올려 나무 위에 박으라고 명하셨다. 그러자 뱀에게 물린 모든 사람이 구리 뱀을 보고 나았다. 죽은 뱀이 산 뱀들을 이긴 것은 구리 뱀이 육체로 오신 하느님의 형상이었기

22) 〈시편〉 68장 19절.

때문이다. 주님께서는 성모님에게 받으신 자기 육체를 십자가에 올리시고 나무에 몸을 뻗고 그 위에 못 박히셨다. 그래서 마음속에 살아 기어다니고 있는 뱀을 죽은 육체가 이기고 죽인 것이다. 여기에 위대한 기적이 있다.

53. 의인들과 선조들, 예언자들, 족장들 가운데 그 누구도 해로운 정욕으로 처음부터 치유할 수 없는 상처를 입은 영혼을 고칠 수 없었다. 모세가 왔지만, 그도 온전한 치유를 줄 수 없었다. 제사장, 봉헌물, 십일조, 안식일의 성수, 초하루 의식,[23] 손 씻는 의식, 번제가 있었고, 여타 모든 의가 율법에 따라 수행되었지만, 영혼은 치유되지 못했고 악한 생각의 더러운 흐름에서 깨끗해질 수 없었다. 대가 없이 치료해 주시고 자신을 인류의 구원을 위한 희생물로 내어 주신 진정한 의사이신 구원자께서 오시기 전까지 그 어떤 영혼의 의사도 인간을 고칠 수 없었다. 그분 홀로 위대한 구원을 이루시고 영혼을 치유하셨다. 그분이 영혼을 노예 상태에서 해방하셨고, 어둠에서 꺼내셨다.

---

23) 구약의 〈민수기〉 10장 10절, 28장 11~15절에 나오는 절기로 매월 초하루를 기념하며 희락의 날로 불린다. 나팔을 불고 번제와 화목 제물을 드리고 아침과 저녁에 성전에서 잔치를 벌인다. (옮긴이 주)

54. 이 땅에서 스스로 하는 치유, 즉 자신의 의로운 행실만 가지고는 보이지 않는 상처로부터 영혼을 치유할 수 없었다. 오로지 하늘로부터 내려오는 신적인 본질의 힘으로만, 즉 성령님의 은사에 의해서만 사람은 치유받을 수 있고 성령으로 마음의 정결함을 얻은 후 생명에 이를 수 있다.

55. 농부가 땅을 개간할 때 좋은 도구와 옷을 가져가야 하는 것처럼, 하늘의 황제이자 진정한 일꾼이신 그리스도께서는 악으로 피폐해진 인류에게 오셨을 때, 육신을 입고 무기 대신 십자가를 지셨다. 황폐해진 영혼을 개간하셨고 영혼에서 엉겅퀴와 가시덤불을 뽑아내셨고, 죄의 잡초를 파내셔서 이전의 모든 죄를 불로 태우셨다. 영혼을 십자가의 나무로 개간하신 그분은 영혼에 가장 아름다운 정원을 심으셔서 주권자이신 하느님께 온갖 달콤하고 탐스러운 열매를 맺게 하셨다.

56. 주 예수 그리스도는 새로운 언약을 주셔서 십자가와 죽음으로 지옥과 죄의 문을 무너뜨리시고 신실한 영혼들을 이끌어 그들 안에 위로자를 주시고 그들을 자신의 왕국으로 인도하신다.

57. 율법에서 제사장은 비둘기 두 마리를 준비해야 한다.

한 마리는 희생 제물로 바치고 그 피를 다른 살아 있는 비둘기에게 뿌린 후에 자유롭게 날아가게 놓아주어야 한다. 이 행동은 진리의 형상이자 그림자다. 그리스도께서 찔리시고 그의 피가 우리를 적셔 우리에게 날개를 주셨기 때문이다. 성령님의 날개를 우리에게 주셔서 신성의 공기 속에서 비상하게 하신 것이다.

58. 우리 주 예수 그리스도께서는 우리의 본성을 변화시키고 새롭게 하시기 위해, 그리고 죄를 범한 후에 정욕으로 타락한 영혼을 신적인 영으로 녹여 다시 창조하시기 위해 오셨다. 그분은 자기를 믿는 자들을 새로운 정신, 새로운 영혼, 새로운 눈, 새로운 귀, 그리고 새로운 영적 언어를 가진 자들로 만드시기 위해, 즉 한마디로 새로운 사람으로 만들기 위해 오셨다.

59. 사탄이 자신에게 복종한 사람들을 데려가서 해로운 정욕으로 감싸고 죄의 영을 바르고 그들의 내면에 온갖 불법의 포도주를 부어 그들을 자신을 위해 새로운 사람으로 만들었듯이, 주님께서는 사람을 죄에서 건지시고 성령으로 기름 부으셔서 그를 새로운 사람으로 만드셨다.

60. 보이는 세계에서는 물 위에 가볍고 쉽게 움직일 수 있

는 나무로 만든 배가 없다면 아무도 바다를 가로질러 건널 수 없다. 바다 위를 걸어가다가는 물에 빠져 죽을 것이기 때문이다. 마찬가지로 영혼도 모든 사악함을 이기고 초월하는 하늘의 성령을 자신 안에 받아들이지 않는다면, 자기 힘으로는 죄의 쓰디쓴 바다, 사악한 힘과 어두운 정욕의 심연을 건너서 극복할 수 없다.

구원을 다 이루신 주님께서는 구원받기를 원하는 사람들은 구원해 주시지만 그 누구에게도 강요하지 않으신다.

61. 우리 주 예수 그리스도는 사람을 구원하고자 하는 염려를 스스로 짊어지시고 하느님의 모든 섭리를 실행하셨다. 처음부터 조상들, 족장들, 율법, 예언자들을 통해 모든 노력을 다하시고, 마지막으로 스스로 이 땅에 내려오셔서 십자가의 치욕을 마다하지 않으시고 죽음을 감당하셨다. 그가 이 모든 노고와 노력을 하신 것은 사람이 그의 신성으로 거듭나기를 바라셔서 그분, 즉 그분의 본질로부터 성령으로 거듭나게 하기 위함이었다. 아이를 낳지 못하면 지상의 아버지들이 슬퍼하듯이, 주님도 자신의 형상을 지닌 인류를 사랑하셔서 자신의 신적인 씨앗으로 그들을 낳기를 원하셨다. 하지만 어떤 이들이 그러한 탄생을 받아들여서 성령의 허리로부터 태어나기를 원하지 않는다면,

그들을 구원하기 위해 대신 고통을 당하고 죽은 그리스도께는 크나큰 슬픔이 된다.

62. 주님께서는 모든 사람을 위해 죽었고, 모든 사람을 생명으로 부르고 계신다. 주님은 모든 사람이 이 생명을 얻기를 원한다. 이 생명은 위로부터 하느님에게서 태어나는 것이다. 그러한 탄생 없이 영혼은 살 수 없다. 주님께서는 이렇게 말씀하신다. "누구든지 새로 나지 아니하면 아무도 하느님의 나라를 볼 수 없다."[24] 그러므로 주님을 믿고 그분께 다가가 이 생명을 얻은 모든 사람은 그들을 낳은 부모에게 하늘에서 크나큰 기쁨과 즐거움을 가져다준다. 그리고 모든 천사와 거룩한 권세들이 성령으로 태어나 영이 된 영혼을 기뻐한다.

63. 농부는 어디에나 씨를 뿌리고 그 씨가 열매 맺기를 바란다. 그래서 나중에 수확할 때 열매를 발견하지 못하면 슬퍼한다. 그와 같이 주님께서도 그의 말씀이 사람들의 마음에 뿌려지기를 원한다. 농부가 잘 익지 않은 곡식을 보고 슬퍼하듯이, 주님께서도 빈약하고 열매를 맺지 않는

---

24) 〈요한의 복음서〉 3장 3절

마음을 보고 마음 아파한다.

64. 황제가 가난하고 병든 사람을 발견했을 때, 그를 외면하지 않고 의사들에게 그의 상처를 고치게 하고, 그를 자신의 궁전으로 데려와 홍포를 입히고 왕관을 씌운 뒤 잔칫상에 함께 앉게 하듯이, 하늘의 임금이신 그리스도께서는 병든 사람에게 오셔서 그를 치유하시고 임금의 잔칫상에 앉히셨다. 그의 의지에 반해 강제적으로 행하시는 것이 아니라 설득하는 방법으로 역사하셔서 그를 그러한 영예의 자리에 올리셨다.

65. 주님께서 원하는 자들을 부르시고 "이제 잔칫상도 차려 놓고 소와 살진 짐승도 잡아 모든 준비를 다 갖추었으니"[25]라고 선언하시기 위해 종들을 보내셨다고 복음서에 기록되어 있다. 그러나 초청받은 자들 스스로가 거절하면서 어떤 사람은 '나는 겨릿소 다섯 쌍을 샀는데 그것들을 부려 보러 가는 길이오. 미안하오',[26] 또 다른 사람은 '내가 지금 막 장가들었는데 어떻게 갈 수가 있겠소?'[27]라고

25) 〈마태오의 복음서〉 22장 4절.

26) 〈루가의 복음서〉 14장 19절.

27) 〈루가의 복음서〉 14장 20절.

말했다. 알겠는가, 초청한 이는 준비가 되었는데 초청받은 자들이 거절하니, 물론 그들 스스로 자신에게 잘못한 것이다. 알겠는가, 주님께서 왕국을 준비하시고 들어오라고 그들을 부르시나, 그들이 원하지 않는다.

66. 주님께서는 끊임없이 우리 마음의 문을 두드리신다. 우리가 그분께 문을 열면 들어오셔서 우리 영혼에 거하시고 우리 안에 거처를 만드시기 위해서다. "들으라. 내가 문 밖에 서서 문을 두드리고 있다. 누구든지 내 음성을 듣고 문을 열면 나는 그 집에 들어가서 그와 함께 먹고, 그도 나와 함께 먹게 될 것이다."[28] 주님께서는 우리 영혼에 오셔서 그 안에 거처를 마련하시기 위해 자기 몸을 죽음에 넘기셨고, 우리를 노예 상태에서 구속하시면서 기꺼이 무수한 고통을 당하셨다. 그분은 우리 영혼의 양식이요, 음료요, 영원한 생명이다. 그러므로 주님께서는 우리에게 들어오시려고 끊임없이 문을 두드리신다. 그분은 우리의 양식이요, 음료요, 영원한 생명이시니 영접해 안으로 받아들이라. 그분을 자신 안에 영접하지 않고 지금까지 그분을 자신 안에 평안히 모시지 않은 모든 영혼, 혹은 더 낫

---

28) 〈요한 묵시록〉 3장 20절.

게 말해서 스스로가 그분 안에서 안식을 얻지 못한 모든 영혼은 하늘나라에서 성도들과 함께 하나님의 유업을 받지 못하고 하늘의 도성에 들어갈 수 없다. 주 예수 그리스도시여, 당신의 손길로 우리를 그곳으로 인도하소서!

제4장. 주님 안에서 구원받고자 하는 확고한 결심

구원을 향한 영혼의 움직임은 구원받고자 하는 소원과 그것을 주 안에서 이루고자 하는 확고한 결심이 설 때 시작된다. 주님께서는 우리의 구원을 이루시고 그것을 위해 모든 것을 준비하시고 모든 사람이 구원받기를 원하신다. 우리가 주님께 다가가 구원이 시작되기만을 기다리신다.

가. 필수 불가결한 조건으로서 우리가 소원을 갖기를 기다리신다.

67. 사람은 본성상 먼저 시작할 수 있는 능력을 지니고 있고, 하느님께서는 그것을 요구하신다. 그러므로 사람이 먼저 이해하고 깨달아 사랑하고 의지를 발휘하라고 명한다. 생각을 행동으로 옮길 수 있도록 혹은 수고를 견디거나 일을 완수할 수 있도록 간절히 바라고 믿는 이들에게 주님의 은총이 주어진다. 그러므로 사람의 의지가 어쨌든 본질적인 조건이다. 설령 하느님께서 자신의 자유대로 행하실 수 있다고 할지라도, 만약 사람의 의지가 없다면 하느님께서는 아무것도 행하지 않으신다. 그러므로 성령이

하시는 일의 완성은 사람의 의지에 달렸다. 다시 말하지만, 만일 우리가 자신의 의지를 온전히 드린다면, 모든 점에서 놀라우시고 전혀 측량할 수 없는 하느님께서는 모든 일을 우리가 했다고 인정해 주신다.

68. 하혈하는 병에 걸린 여인이 치료받지 못해 아픈 상태였지만 다리를 가지고 있었기에 치유받기 위해 주님께 다가갔다. 그리고 눈먼 이는 보이지 않았기 때문에 주님께 가까이 갈 수 없었지만, 큰 목소리로 "다윗의 자손이신 예수님, 저에게 자비를 베풀어 주십시오!"[29]라고 외쳤다. 그리하여 주님께서 그에게 오셔서 눈을 열어 주셨을 때 믿고 치유를 받았다. 이처럼 영혼도 아무리 수치스러운 정욕의 상처로 찢기고 죄악의 어둠에 눈이 멀었다 하더라도, 예수님께 오셔서 영혼에 영원한 해방을 달라고 울부짖고 그분을 부를 수 있는 의지를 소유하고 있다.

69. 만일 그 눈먼 자가 울부짖지 않았다면, 하혈병에 걸린 여인이 주님께 오지 않았다면 그들은 치유를 받지 못했을 것이다. 마찬가지로 만일 누군가가 자신의 의지를 드려

---

29) 〈마르크의 복음서〉 10장 47절.

전심으로 주님께 나아와 의심 없는 믿음으로 그분께 간구하지 않는다면, 그는 치유받지 못할 것이다. 그들은 즉각 치유를 받았는데, 왜 우리는 아직 비밀스러운 정욕에서 고침을 받지 못하는 것인가? 우리의 불신앙 때문에, 우리의 이견 때문에, 우리가 그분을 온 마음으로 사랑하지 않고 진실로 믿지 않고, 그분이 어서 우리 안에서 진정한 치유를 베푸시도록 그분께 진실로 나아가지 않기 때문이다. 주님은 "너희가 악하면서도 자녀에게 좋은 것을 줄 줄 알거든 하늘에 계신 아버지께서야 구하는 사람에게 더 좋은 것 곧 성령을 주시지 않겠느냐?"[30]라고 언약하셨고, "구하라, 받을 것이다. 찾으라, 얻을 것이다. 문을 두드리라, 열릴 것이다"[31]라고 약속하셨다. "이 영원한 생명은 거짓말을 하시지 않는 하느님께서 아득한 옛날에 벌써 약속해 주신 것이다."[32]

70. 아기는 아무것도 할 수 있는 힘이 없고 스스로 걸어서 어머니에게 갈 수 없어도 어머니를 찾아 움직이고 외치며 운다. 그러면 어머니는 그를 불쌍히 여기고 아이가 안간

---

30) 〈루가의 복음서〉 11장 13절.

31) 〈마태오의 복음서〉 7장 7절.

32) 〈디도에게 보낸 편지〉 1장 2절.

힘을 쓰고 울부짖으며 자신을 찾는 것을 기뻐한다. 아기가 어머니에게 다가갈 수 없으면, 어머니는 아기가 오랫동안 자신을 찾는 것을 보고는 아기를 사랑하는 마음에 다가와, 크나큰 사랑으로 아기를 안고 달래며 먹여 준다. 사람을 사랑하시는 하느님께서도 자기를 찾는 영혼에 그렇게 하신다. 그리고 자신에게 고유한 사랑과 선하심에 한층 더 이끌려 지혜로운 영혼에 꼭 붙으셔서 사도 성 바울로의 말씀대로 그 영혼과 "하나가 되신다".[33)]

71. 주님께서는 자비를 베푸시고 우리가 돌아오기를 기다리시며 오래 참으신다. 마치 예언자가 "넘어졌다가 일어나지 않는 사람이 있다더냐? 떠나갔다가 돌아오지 않는 사람이 있다더냐?"[34)]라고 말한 것처럼, 만일 우리가 죄를 지으면 우리가 회개하기를 염원하시고, 만일 우리가 타락하면 우리를 다시 받아들이는 것을 부끄러워하지 않으신다. 우리가 미몽에서 깨어나 선한 생각을 갖고 속히 바른 방식으로 그분의 도움을 구하며 하느님에게 돌아오기만 하면, 하느님께서는 우리를 구원하실 준비가 되어 있다. 하느님께서는 우리의 힘이 닿는 한 우리의 의지로 뜨겁게

---

33) 〈고린토인들에게 보낸 첫째 편지〉 6장 17절.

34) 〈예레미야〉 8장 4절.

그분께 향하기를, 우리의 선한 믿음과 열심을 기대하시며, 그분 스스로 모든 진보를 우리 안에서 이루신다. 그러므로 모든 편견, 태만함과 게으름을 벗어 버리고 용기를 내어 그분의 발자취를 따라갈 준비를 하라. 육의 결과가 언제 나타날지 모르니 악에 이끌려 하루하루 이것을 미루지 말라.

나. 희망은 어떻게 형성되는가?

가) 하느님의 일깨우심

주님께서는 보이지 않게 영혼을 깨닫게 하시고, 때로는 불행으로, 때로는 사도 성 바울로에게 하셨듯이 직접 역사하셔서 돌이키게도 하신다. 하지만 회개하라고 어디서나 선포하는 것은 하느님의 말씀이다.

72. 하느님께서는 (죄 가운데 있는 사람을) 다시 생명으로 이끄시는 것을 기뻐하시며, 그에게 울고 회개하라고 설득하신다. 만일 사람이 계속 그렇게 하면(자신에 대해 애통해하면) 하느님께서는 오래전부터 계속되어 온 죄를 참회하는 사람에게 울며 회개하라고 다시 설득하신다(세세한

것까지 애통해하기를).

73. 하느님의 뜻에 따라 여러분이 슬픔과 고통, 상처 가운데 있을 때는 힘들게 여기던 바로 그것이 여러분의 영혼에 유익이 된다. 만일 불행이 여러분에게 덮친다면 여러분은 스스로 판단하기 시작한다. 이 세상에서 내가 불행하니, 가서 이 세상을 버리고 하느님을 섬기리라. "네가 완전한 사람이 되려거든 가서 너의 재산을 다 팔아 가난한 사람들에게 나누어 주어라"[35]라고 하신 말씀을 듣고 그러한 생각에 이르면 육체적인 교제를 미워하고 하느님을 섬기라. 그러면 세상에서 자신이 당한 불행으로 인해 그리스도의 말씀에 순종하게 된 것에 감사하게 될 것이다. 마침내 여러분이 보이는 것과의 관계에서 어느 정도 생각을 바꾸고 세상과 육체적인 교류에서 멀어졌다면, 여러분의 이성도 변화되어야 하고, 육체적인 지혜도 하늘의 지혜로 변화되어야 한다. 그때 여러분은 들었던 계명에 대해 생각하기 시작할 것이다. 아직 평화를 소유하지는 못하지만, 들은 것을 얻고자 마음을 쓰고 노력하게 될 것이다.

35) 〈마태오의 복음서〉 19장 21절.

74. 사도 성 바울로가 어떻게 하느님의 부르심을 받았는가? 폭도가 누군가를 포로로 잡아가지만, 나중에는 진짜 임금에게 사로잡히는 법이다. 마찬가지로 성 사도 바울로도 그의 내면에서 반란을 일으키는 죄의 영에 사로잡혀 교회를 핍박하고 탈취했지만, 하느님을 대적하는 마음이 아니라 무지로 인해 마치 진리를 위한 것인 양 그 일을 행했기 때문에, 주님께서는 그를 멸시하지 않으시고 사로잡으셨다. 하늘의 진정한 황제께서는 말로 표현할 수 없을 정도로 그의 눈을 부시게 하고 당신의 목소리를 듣게 하셨다. 종에게 하듯 그의 얼굴을 치신 후 자유를 주셨다. 주권자의 자비를 알겠는가. 악에 들러붙어 완고해진 영혼들을 주님께서 한순간에 변화시키시고 그들에게 은혜와 평강을 전하실 수 있다는 것을 알겠는가.

75. 왕은 자신의 증서와 선물을 주고 싶은 사람들에게 편지를 써서 모든 이들이 그것을 알도록 한다. "어서 내게로 와서 나에게서 왕의 선물을 받으려고 노력하라." 만일 오지 않아서 받지 못한다면 편지를 읽은 것이 그들에게 아무 유익이 되지 못할 것이다. 오히려 그들이 와서 왕의 손에서 영예를 얻기를 원하지 않았다는 이유로 곧 죽을 죄인이 될 것이다. 그렇게 왕이신 하느님께서는 믿는 사람들에게 그의 신성으로부터 하늘의 선물을 구하라고 선포하시며

하느님의 말씀을 편지처럼 그들에게 내미셨다. 그러므로 성경 말씀에 이렇게 쓰여 있다. "우리는 그 영광과 능력에 힘입어 귀중하고 가장 훌륭한 약속을 받았다. 여러분은 그 덕분으로 정욕에서 나오는 이 세상의 부패에서 멀리 떠나 하느님의 본성을 나누어 받게 되었다."[36] 만일 사람이 오지 않고, 구하지 않고, 받아들이지 않으면 성경을 읽는 것이 그에게 아무 유익이 되지 않을 것이다. 그와 반대로 그것 없이는 영생을 얻기란 불가능한 생명의 선물을 하늘의 왕으로부터 받기 원하지 않았기 때문에, 그는 죽을 죄인이 된다.

나) 의지를 기울여 부르심을 따르기 위한 자신과의 싸움

76. 하느님의 말씀을 듣는 즉시 선한 영예를 얻기에 합당한 사람이 되지는 않는다. 혐오스러운 것을 긍정하면 의지를 잃고, 이성을 대적하는 적대적인 힘의 존재도 부정한다. 다시 말하지만, 말씀을 듣는 사람은 상한 심령이 되고 나중에 훈련하기 시작해 싸움을 배우고 사탄을 대적해 투쟁한다. 그리고 오랜 경주와 투쟁 끝에 승리해 그리스도

---

36) 〈베드로의 둘째 편지〉 1장 4절.

인이 된다(즉 그리스도를 엄격하게 따르는 자가 되기로 결단한다).

다) 의지의 방향을 결정하는 데 작용하는 이해와 확신

이성은 자신과의 이 투쟁에서 격려하고 동기를 부여하는 진리를 이해하고 확신을 갖기 위해 힘을 모은다. 성 대 마카리우스의 글에서는 하느님께서 우리의 구원을 위해 하신 일과 그분께서 이 일을 어떠한 언약으로 확고하게 하셨는지에 대한 이해가 첫 자리에 온다. 그는 다양한 표현으로 이 주제로 자주 되돌아온다.

77. 영혼의 이성적인 본질을 탐구하되, 가볍게 탐구하지 말라. 불멸의 영혼은 일종의 귀중한 그릇이다. 하늘과 땅이 얼마나 위대한지 보라. 그런데 하느님께서는 그들을 생각지 않으시고 오직 여러분만 생각한다. 자신의 고결함과 가치를 바라보라. 왜냐하면 죽은 자, 상처 입은 자를 부르셔서 순수한 아담의 최초 형상을 우리에게 되돌리기 위해 하느님은 천사들을 보내지 않으시고 직접 우리의 변호자로 오셨다. 하느님께서는 우리를 변호하시고 우리를 죽음에서 건지기 위해 오셨다. 굳건히 서서 하느님께서 우리를 얼마나 아끼고 돌보시는지 상상해 보라.

78. 누더기를 입은 어떤 가련한 고아 소녀를 발견한 왕이 부끄러워하지 않고 소녀에게서 더러운 옷을 벗기고 검은 때를 씻게 한 후, 밝은 의복으로 치장시켜 왕의 식탁과 잔칫상에 동석하여 참여하게 했다고 상상해 보라. 주님께서도 마찬가지로 상처 입고 파멸한 영혼을 찾아내셔서 그 영혼을 치료하시고 더러워진 옷과 수치스러운 악을 벗기신 후, 천상의 신적인 빛을 내는 왕의 영광스러운 옷을 입히시고 면류관을 씌우셔서 왕의 식탁의 기쁨과 즐거움에 참여하게 하셨다.

79. 그러므로 그리스도교는 하찮은 무언가가 아니라 위대한 신비다. 자신의 고결함을, 즉 여러분이 왕과 같은 신분으로 부름을 받았다는 것, '선택된 민족이고 왕의 사제들이며 거룩한 겨레이고 하느님의 소유가 된 백성'[37]이라는 것을 인식하라. 그리스도교의 신비는 이 세상이 보기에 오묘한 것이다. 눈에 보이는 왕의 영광과 부는 땅에 속한 것이고 썩을 것이고 지나가는 것이지만, 하느님 나라의 부요함은 신적이고 천상적이며 영광스럽고 절대 사라지지

---

37) 〈베드로의 첫째 편지〉 2장 9절.

않으며 멈추지 않는다. 왜냐하면 그들은 하늘의 교회에서 하늘의 왕과 함께 다스릴 것이기 때문이다. 그분 자신이 죽은 자들 가운데서 살아나신 최초의 분[38]이시므로 그와 함께 통치하는 자들도 처음 난 자들이다.

80. 그리스도인에게 주어진 언약은 위대하며 형언할 수 없다. 하늘과 땅의 모든 영광과 아름다움도, 그 모든 장식과 다양함, 부요함, 아름다움, 보이는 것으로 인한 쾌락도 믿음과 부요함을 지닌 한 영혼과 비교할 수가 없다. 이렇게 많은 주님의 격려와 언약이 있는데, 어떻게 우리가 전적으로 주님께 나아가 그분께 자신을 헌신하기를 원하지 않을 수 있는가? 복음에 따라 다른 모든 것을 부인하고 다른 무엇도 사랑하지 않으면서 영혼을 다해 유일하신 그분을 사랑하기를 원하지 않을 수 있는가? 이 모든 것이 우리에게 주어졌으니 이 얼마나 큰 영광인가! 선조들과 예언자들의 시대부터 주님께서는 얼마나 우리를 지켜보셨는가! 얼마나 많은 언약이 선포되었는가! 처음부터 우리를 향하신 주권자의 자비하심이 어떠했는가! 마침내 그리스도께서 직접 오셔서 회개한 우리를 생명으로 이끄시기 위

---

38) 〈골로사이인들에게 보낸 편지〉 1장 18절.

해 십자가에 못 박히심으로 우리를 향한 형언할 수 없는 자비를 증명하셨다. 우리는 아직도 자기 뜻과 세상을 향한 사랑, 나쁜 충동과 습관과 결별하지 않았다. 이를 통해 믿음이 부족하거나 믿음이 없는 것으로 드러난다! 그런데도 주님께서는 보이지 않게 우리를 보호하시고 평화를 주시며 우리의 죄에 따라 우리를 끝까지 악과 세상의 유혹에 내주지 않으신다. 언젠가 당신께 돌아오리라고 생각하시면서, 크나큰 자비와 오래 참으심으로 우리를 죽도록 내버려두지 않으시고 우리에게 자비를 베푸신다.

81. "눈으로 본 적이 없고 귀로 들은 적이 없으며 아무도 상상조차 하지 못한 일을 하느님께서는 당신을 사랑하는 사람들을 위하여 마련해 주셨다"[39]라는 말씀의 의미는 무엇인가? 당시 위대한 의인들, 왕들과 예언자들은 구원자가 오시리라는 것을 알았지만, 그분께서 고통당하고, 십자가에 못 박히고, 십자가에서 피를 흘리고, 불과 성령으로 세례를 받으리라는 것, 그의 살과 피의 형상으로 교회로 빵과 포도주를 가져오게 될 것이고, 성체성혈성사에 참여하는 이들은 영적으로 주님의 몸을 먹게 될 것이며, 사

---

39) 〈고린토인들에게 보낸 첫째 편지〉 2장 9절.

도들과 그리스도인들은 위로자를 받아들여 위로부터 힘을 받아 성령과 하나가 되리라는 것을 알지도 못했고, 듣지도 못했으며, 그들 마음에 떠오르지도 않았다.

82. 우리에게 그러한 은총이 준비되었고, 그러한 언약이 주어졌고 우리를 향한 주님의 선한 뜻이 그러하시니, 서둘러 영원한 생명을 얻고 온전히 주님을 기쁘게 해 드리기 위해 자신을 헌신하기를 게을리하지 말고 지체하지 말라.

83. 영혼의 존엄함에 대해, 그리고 이 이성적인 본질이 얼마나 귀한지에 대해 들을 때, 여러분은 하늘과 땅을 내버려두고 여러분을 양자로, 형제로, 그리스도의 신부로 부르셨다는 것을 이해할 수 있는가? 보이는 세계에서 신랑의 모든 것은 신부의 것이기도 하다. 이와 마찬가지로 주님의 모든 것이 여러분에게 맡겨졌다. 여러분을 부르시고 변호하시기 위해 주님께서 직접 오셨기 때문이다. 그런데 여러분은 자신의 고결함을 상상하지도 깨닫지도 못한다. 그러므로 영적인 남편께서 "사람은 제아무리 영화를 누려도 잠깐 살다 죽고 마는 짐승과 같다"[40]라고 말씀하시며

---

40) 〈시편〉 49편 20절.

여러분의 타락을 슬퍼하신다.

라) 이 뒤에 다른 동기가 따라온다. 즉 우리의 목적은 자신과 유사한 이, 즉 그리스도와 함께 있는 것이고, 특히 그리스도를 따를 때만이 우리에게 좋고, 그를 따르지 않을 때보다 더 나쁜 상태는 없다.

84. 눈을 들어 하늘을 보면 하늘에 있는 둥근 태양, 빛과 광선이 땅으로 내려오고, 빛의 모든 힘과 그 광채가 땅으로 퍼지는 것을 발견할 것이다. 마찬가지로 주님께서도 아버지의 오른편에 앉아 계시고 모든 정사와 권세보다 더 위에 계시지만, 주님의 도움을 기대하는 자를 당신이 거하는 곳으로 데리고 올라가시기 위해 주님의 눈은 땅에 있는 사람들의 마음을 향한다. "내가 있는 곳에는 나를 섬기는 사람도 같이 있게 될 것이다"[41]라고 말씀하셨기 때문이다. 그러나 말하지 못하는 짐승은 우리보다 훨씬 총명하다. 왜냐하면 이들 각자가 자기 종(種)과 결합하기 때문이다. 야생 동물은 야생 동물과, 양은 또 자기 종과 결합한다. 그런데 여러분은 하늘의 혈통, 즉 하느님께 돌아가지

41) 〈요한의 복음서〉 12장 26절.

않고, 마치 독수리에 붙잡힌 새가 희생당하듯이, 혹은 양이 늑대에 게 잡아먹히듯이, 혹은 뱀에게 손을 뻗어서 물린 아이들이 죽어 가듯이, 죄의 노예가 되고 죄와 합심하고 있다. 자신을 대적해 싸우고 자신을 적의 먹이로 내주면서 악한 생각에 동의하고 그것에 기울어지고 있다.

85. 영혼은 소통하고 바라는 바에 있어서 하나가 된 대상에 소속된다. 그러므로 영혼은 자신 안에 하느님의 빛을 가지고 그 안에 살면서 온갖 선행으로 아름답게 될 때는 안식의 빛에 참여하게 되지만, 자신 안에 죄악 된 어둠을 가지게 될 때는 심판을 당하게 된다. 하느님과 함께 영원한 안식과 빛 안에 살기 원하는 영혼은 이전의 악한 암흑에 대해서는 죽고 하느님께 양육을 받기 위해서 다른 삶으로 옮겨 가야 한다. 이 말을 듣고 이런 일이 여러분 안에서 일어났는지를 살펴보라. 만일 그렇지 않다면 여러분은 끊임없이 비통해하고 울고 아파해야만 한다. 아직 하느님의 나라에 대해 죽어 있는 자로서 참된 삶에 합당한 자가 되기 위해 주님께 부르짖고 믿음으로 구하라. 하느님은 육체를 그것의 본질에서 창조하지 않으셨기에, 생명과 먹을 것, 마실 것, 의복과 신발을 육체로부터 취하게 하지 않으신다. 반대로 몸을 벌거벗은 모습으로 창조해 생명에 필요한 모든 것을 외부에서 취하도록, 즉 그의 외부에 존재

하는 것, 먹을 것과 마실 것, 의복 없이는 몸이 살 수 없도록 만드셨다. 만일 몸이 외부에서 아무것도 취하지 않고 그 본질 속에 있는 것만으로 살아야 한다면, 몸은 파괴되어 죽을 것이다. 마찬가지로 하느님의 형상대로 창조되었지만(왜냐하면 하느님은 영혼이 영원한 생명을 갖도록 계획하시고 은혜를 베푸셨기 때문이다) 자기 안에 하느님의 빛을 갖지 않은 영혼도 자신의 본질이 아니라, 하느님의 신성, 그분 자신의 영, 그분 자신의 빛으로부터 영혼의 진정한 삶을 구성하는 영적인 먹을 것과 영적인 마실 것, 천상의 의복을 받게 될 것이다.

86. 앞서 이야기한 것에 따르자면, 몸 안에 있는 생명은 몸 자체로부터가 아니라, 몸 밖에 있는 것, 즉 흙으로부터 왔으므로 밖에 존재하는 것 없이 몸은 살 수 없다. 마찬가지로 만일 영혼이 이제 살아 있는 자들의 몸(흙)으로 부활하지 않고, 그곳에서 영적으로 양식을 먹고, 주님 앞에서 영적으로 자라지 않는다면, 그리고 신성이 형언할 수 없는 하늘의 아름다운 의복으로 영혼을 입히지 않는다면, 영혼 스스로가 그 양식 없이 즐거움과 평안 가운데 사는 것은 불가능하다. 하느님의 본질은 생명의 빵(그분은 '나는 생명의 빵',[42] '물이 솟는 샘',[43] '인간의 마음을 즐겁게 하는 포도주',[44] '즐거움의 기름'[45]이라고 하셨다), 하늘의 영의

각종 양식, 하느님이 주시는 하늘의 빛나는 의복, 이 모든 것을 가지고 있기 때문이다. 영혼이 누리는 하늘의 삶이 이런 것으로 이루어진다. 파괴되고 죽을 수밖에 없는 몸이 본성대로 머물러 있을 때 몸은 얼마나 가련한지. 하느님의 영과 교통하지 않은 채 자신의 본성에만 머물러 영원한 신적 생명을 얻지 못하는 영혼도 얼마나 가련한가. 환자의 몸이 음식을 받아들이지 못할 때 가까운 모든 이들과 그를 사랑하는 사람들이 절망해 우는 것처럼, 하느님과 거룩한 천사들은 하늘에 속한 영의 음식을 먹지 못하고 썩지 않는 삶을 살지 못하는 영혼을 위해 눈물을 흘려야 마땅하다고 인정한다.

87. 그러므로 만일 여러분의 속사람이 경험적으로, 그리고 분명히 이 모든 것을 알고 있다면, 여러분은 진실로 영원한 삶을 살고 있으며, 여러분의 영혼은 주님과 함께 평화를 누리고 있는 것이다. 여러분은 참된 삶을 살도록 주님으로부터 이것을 얻고 받아들인 것이다. 만일 자신 안

---

42) 〈요한의 복음서〉 6장 35절.

43) 〈요한의 복음서〉 4장 14절.

44) 〈시편〉 104편 15절.

45) 〈시편〉 45편 7절.

에서 이런 것을 인식하지 못한다면 울고 슬퍼하고 탄식하라. 여러분은 아직 영원하고 영적인 부요함을 얻지 못했고, 지금까지 참된 삶을 받아들이지 못했기 때문이다. 죄로 인해 무서운 빈곤 상태에 처해 있으므로 밤낮으로 주님께 간구하며 자신의 영적 빈곤에 대해 슬퍼하라. 오, 만일 누구든 자신의 영적 빈곤에 대한 슬픔을 갖는다면! 오, 만일 우리가 배부른 자처럼 태평하게 시간을 보내지 않는다면! 애통해하며 찾고, 물러서지 않고 주님께 구하는 자는 주님께서 불의한 재판관과 과부에 대해 결론을 맺으며 말씀하셨듯이, 곧 해방을 얻고 하늘의 부요함을 받게 될 것이다. "하느님께서 택하신 백성이 밤낮 부르짖는데도 올바르게 판결해 주지 않으시고 오랫동안 그대로 내버려두실 것 같으냐? 사실 하느님께서는 그들에게 지체 없이 올바른 판결을 내려주실 것이다."[46]

88. 주님께서는 어둠, 죄, 부정한 영, 사악한 힘이 지배하는 무덤에 죽은 채로 누워 있는 사람을 위해서 오셨다. 주님께서는 이제 이 세대에서 그를 부활시키시고 살리셔서 모든 더러움에서 그를 씻기시고 자신의 빛으로 환하게 비

---

46) 〈루가의 복음서〉 18장 7~8절.

추시기 위해, 그리고 당신의 신성이 담긴 하늘의 의복을 입히시기 위해 오셨다. 영혼이 먼저 부활해서 영화롭게 된 후 몸이 부활할 때 그 몸은 영화롭게 된다. 이제 더 빛을 받아 영화롭게 된 영혼으로 인해 몸도 빛을 발하고, 손으로 만들어지지 않은 하늘의 거처에서 빛의 영광에 둘러싸이게 된다. 하느님의 영광은 표현할 수 없고 이해할 수도 없다! 측량할 수 없고 무한하며 이해할 수 없는 그리스도인의 부요함을 표현하거나 묘사하는 것은 불가능하다. 그리스도인의 유산은 하느님 자신이기 때문에, 모든 노력을 다해 그리스도인의 수행을 시작해 이 부요함을 받아야만 한다. 왜냐하면 "당신은 내가 받을 분깃, 내가 마실 잔, 나의 몫은 당신 홀로 간직하고 계십니다"[47]라고 말씀하시기 때문이다.

89. 소금을 치지 않은 고기가 썩기 시작하고 심한 악취로 가득하게 되면, 참을 수 없는 악취 때문에 모든 사람이 고개를 돌려 버린다. 고기가 썩으면 벌레가 꼬여 들어 그 고기를 양분으로 삼아 그 속에 들어앉아 산다. 그러나 곧바로 소금을 뿌리면 썩은 고기를 먹고 살던 벌레는 죽어 버

---

47) 〈시편〉 16편 5절.

리고 악취도 사라진다. 소금에는 벌레를 죽이고 악취를 없애는 속성이 있기 때문이다. 마찬가지로 성령을 받지 않은 영혼, 즉 하늘의 소금이라 할 수 있는 하느님의 능력에 참여하지 않은 모든 영혼은 썩게 되고 사악한 생각이 뿜어내는 심한 악취로 가득하게 된다. 하느님께서는 그런 영혼 속에 거하는 어둡고 허망한 생각과 정욕이 뿜어내는 끔찍한 악취에서 얼굴을 돌리신다. 그런 영혼 속에서는 악하고 무서운 벌레, 즉 사악한 영과 어두운 힘이 영혼을 양식으로 취하며 활동한다. 그들은 그 영혼에 꼬여 들어 영혼을 먹어 치우고 부패시킨다. "곪아 터진 상처에서 냄새가 난다. 모두 나의 어리석었던 탓이다."[48] 그러나 영혼이 하느님께로 달려가 그분을 신뢰하고 인간을 사랑하시는 복되신 영이 주시는 생명의 소금을 구하면 곧바로 하늘로부터 소금이 내려와 그 영혼 속에 있는 끔찍한 벌레를 죽이고 해로운 악취를 없애 버리며, 영혼을 깨끗하게 한다. 그렇게 참된 소금이 영혼을 건강하게 하고 상하지 않게 만들면, 영혼은 다시금 하늘의 주권자에게 쓰임을 받고 그분을 섬기게 된다. 이러한 이유로 하느님께서는 "너희가 드리는 곡식 예물에는 반드시 소금을 쳐야 한다"[49]라

---

48) 〈시편〉 38편 5절.

49) 〈레위기〉 2장 13절.

고 율법에도 명하셨던 것이다.

90. 보이는 세계에서 누군가 벌거벗었다면 그 사람은 큰 수치와 불명예를 당하게 된다. 친구들은 그에게서 돌아서고 친척들도 그럴 것이다. 자녀들은 아버지의 벗은 몸을 보지 않기 위해 고개를 돌리고 뒷걸음쳐 들어가서 그 몸을 덮을 것이다.[50] 마찬가지로 하느님께서는 확실히 증명되어 성령의 옷을 입지 않은 영혼, 즉 능력과 진리로 주 예수 그리스도를 옷 입지 않은 영혼으로부터 고개를 돌리신다.

91. 최초의 인간은 자신이 벌거벗은 것을 보고 부끄러워했다. 벌거벗은 것은 얼마나 불명예스러운 일인가? 육체적으로 벌거벗은 것이 그토록 부끄럽다면, 하느님의 능력을 잃어버린 채 모든 진리 안에서 썩지 않고 형언할 수 없는 주 예수 그리스도의 영으로 덧입지 못한 영혼은 온갖 정욕으로 인한 수치와 불명예를 얼마나 더 덮어쓰겠는가! 하느님의 영광을 잃어버린 모든 사람은 육체적으로 벌거벗은 아담이 부끄러워했듯이 자기 자신을 부끄러워하고 자신의 불명예를 자각해야 한다. 아담은 비록 무화과 나

---

50) 〈창세기〉 9장 23절.

뭇잎으로 자신을 위해 옷을 지어 입었지만, 자신의 빈곤함과 벌거벗음을 자각하고 부끄러워했던 것이다. 따라서 그러한 영혼은 형언할 수 없는 빛 가운데 영광으로 옷 입혀 주시는 그리스도께 간구할 것이다. 그리고 자신을 위해 허망한 생각으로 지은 옷을 입지 않고 자신의 의로움에 속아 그에게 구원의 옷이 있다고 생각하지 않을 것이다.

92. 주인이 직접 살면서 관리하는 집이 온갖 아름답고 화려한 장식으로 가득 차 있듯이, 자신의 주권자를 모시고 있고 그 안에 그분이 살고 계신 영혼은 온갖 아름다움과 화려함으로 가득 찬다. 왜냐하면 영적인 보화를 가지고 계신 주님께서 그 영혼의 거주자이시며 실권자이시기 때문이다. 그러나 주인이 없는 집에는 화가 있다. 왜냐하면 그 집은 파괴되고 황폐해지며 온갖 불결함과 무질서로 가득 차기 때문이다. 예언자 이사야는 "들짐승들이 뒹굴고 사람 살던 집에서 부엉이가 우글거리며 타조들이 깃들이고 들귀신들이 춤추는 곳이 되리라"[51]라고 말했다. 텅 비어 버린 집에서 야생 고양이와 개, 모든 불결한 것이 자신의 거처를 발견한다. 자신의 심각한 타락에서 일어서지

51) 〈이사야〉 13장 21절.

못하고, 자기 신랑과 불화하도록 설득하고 강요하는 생각, 그리스도와 등을 지고 자신을 타락하게 만드는 생각을 가진 영혼에 화가 있을 것이다.

마) 앞에서 제시된 내용을 마음에 그려 볼 때 영혼은 주님을 따르라는 부르심에 응할 준비가 된다. 그러나 아직 시간이 충분히 남아 있다는 생각이 찾아와서 그러한 바람을 잘라 버린다. 성 대 마카리우스는 그런 자들에게 구원의 일을 미루는 것의 위험을 강하게 제시하며 경고한다. 하느님의 인내가 끝날지도 모른다. 그때는 파멸을 피할 수 없다.

93. 이 모든 것을 무시하고 편견에 가득 차 살아가는 우리에게 시간이 지나 사도 성 바울로가 하신 말씀이 이루어질까 두렵다. "하느님의 자비를 깨닫기는커녕 오히려 그 큰 자비와 관용과 인내를 업신여기는 자가 있다니 될 말인가?"[52] 만약 하느님의 오래 참으심과 선하심과 온유하심 가운데 우리가 더욱 많은 죄를 저지르고 태만과 무시하는 태도로 자신에게 가장 무거운 심판이 임하도록 한다면, 사도 성 바울로의 이 말씀이 우리에게 이루어질 것이다. "마음이 완고해서 회개할 생각도 하지 않으니 이런 자는 하느

52) 〈로마인들에게 보낸 편지〉 2장 4절.

님의 공정한 심판이 내릴 진노의 날에 자기가 받을 벌을 쌓아 올리고 있는 것이다."[53] 우리는 정신을 차리고 구원의 때를 얻기 위해 전심으로 하느님께 향해야 한다. 하느님의 선하심은 크고 헤아릴 수 없으며 인간을 향한 하느님의 인내는 표현할 길이 없다.

94. 만약 여러분이 하느님의 오래 참으심과 선하심을 알고자 한다면, 하느님의 감동으로 된 성경에서 이것을 배울 수 있다. "그리스도도 인성으로 말하면 그들에게서 나셨다."[54] 이스라엘을 보라. 그들이 얼마나 많은 죄를 지었는가? 그들이 몇 번이나 유혹에 넘어갔는가? 그러나 하느님께서는 그들을 완전히 버리지 않으시고 그들의 유익을 위해 잠시만 징계하셨다. 그들의 완악한 마음을 부드럽게 하셔서 그들을 회개시키시고 일깨우시고자 예언자들을 보내셨다. 그들이 죄를 짓고 하느님의 마음을 상하게 할 때, 하느님은 얼마나 오랫동안 그들을 참으셨는가? 회개하는 자들을 기쁘게 받아 주시고 그들이 또 유혹에 넘어갈 때도 떠나지 않으시고 예언자들을 통해 회개하라고 부르셨다. 그들은 여러 번 하느님에게서 멀어지고 돌아오기를

53) 〈로마인들에게 보낸 편지〉 2장 5절.

54) 〈로마인들에게 보낸 편지〉 9장 5절.

반복했지만, 하느님은 그때마다 기쁨으로 맞아 주셨다. 그러나 마침내 그들은 조상들과 거룩한 예언자들이 전해 준 대로 그들의 구속자요 구원자, 왕이요 예언자가 되실 그들의 주권자에게 손을 댐으로써 크나큰 죄에 빠지고 말았다. 그분이 오셨을 때, 그들은 그분을 받아들이지 않았고 심지어 크게 모욕했으며 마침내 십자가의 사형에 내어주었다. 이러한 크나큰 모욕과 극악한 범죄를 더함으로써 그들의 죄는 최고에 달했다. 성소의 휘장이 찢어졌을 때, 그들에게서 성령이 떠나셨고 그들은 완전히 버림받았다. 그리하여 주님께서 예정하신 대로 이방인에게 내어 준 성전은 파괴되고 황폐해졌다. "저 모든 건물을 잘 보아 두라. 나는 분명히 말한다. 저 돌들이 어느 하나도 제자리에 그대로 얹혀 있지 못하고 다 무너지고 말 것이다."[55] 그렇게 그들은 이방인에게 넘겨지고, 그들을 사로잡은 왕들에 의해 전 세계로 흩어졌으며 그들의 고국에 돌아갈 수 없게 되었다.

95. 자비롭고 선하신 하느님께서는 우리 각자를 향해 당신의 인내를 나타내신다. 우리에게서 여러 번 모욕을 당

55) 〈마태오의 복음서〉 24장 2절.

하셨지만 침묵하시고, 시간이 지나면 우리가 정신을 차리고 변화되어 더 이상 그분의 마음을 상하게 하지 않기를 기대하신다. "이와 같이 죄인 하나가 회개하면 하느님의 천사들이 기뻐할 것이다."[56] "이와 같이 하늘에 계신 너희의 아버지께서는 이 보잘것없는 사람들 가운데 하나라도 망하는 것을 원하시지 않는다."[57] 자비롭고 오래 참으시는 하느님께서는 숨겨진 것이든 드러난 것이든 죄에 걸려 넘어지는 모든 사람을 벌하지 않으시고, 죄를 보시면서도 사람이 회개하기를 기대하시고 침묵하신다. 그때 누군가 매우 태만해져서 죄에 죄를 더하고 태평함에 태평함을 더하며 한 가지 죄에 다른 죄를 더해 많은 죄를 짓는다면, 그는 마침내 거기서 빠져나올 수 없게 되고 마귀에게 자신을 내어 주어 완전히 멸망하게 된다.

96. 소돔 사람들이 그러했다. 그들은 죄를 많이 짓고도 회개하지 않았고 마침내 악한 의도로 천사들과 대적해 더 이상 회개할 여지가 없는 그런 죄에 빠져 완전히 버림받았다. 그들은 지나치게 많은 죄를 지었기 때문에 하느님의 심판을 받아 불에 타 버렸다. 노아 때도 그러했다. 그들은

---

56) 〈루가의 복음서〉 15장 10절.

57) 〈마태오의 복음서〉 18장 14절.

여러 번 타락했는데도 회개하지 않았고, 마침내 온 땅을 부패시킬 정도로 죄를 짓기에 이르렀다. 이집트인들도 마찬가지다. 그들은 여러 번 하느님을 모욕하고 하느님의 백성에게 죄를 지었다. 그러나 하느님께서는 자비로우셔서 그들을 완전히 멸해 버릴 재앙을 내리지 않으셨다. 그들을 돌이켜 회개하게 하시기 위해 가벼운 벌을 내리심으로써 자신의 인내를 나타내셨다. 그러나 그들은 하느님의 백성 앞에서 많은 죄를 짓고 다시 그것을 후회하면서도 악하게 제멋대로 행했고, 고대의 불신앙을 고집스럽게 유지했으며 하느님의 백성에게 노역의 짐을 지게 했다. 하느님께서 모세를 통해 많은 기적을 행하시고 자기 백성을 이집트에서 끌어냈을 때, 이집트인들은 하느님의 백성을 추격함으로써 큰 죄를 지었다. 그리하여 마침내 하느님께서는 그들을 심판해 멸하셨다. 보이는 삶을 살 가치가 없는 것으로 여겨 그들을 바다에 빠뜨려 버리신 것이다.

97. 사랑하는 여러분에게 나는 성경의 말씀을 사용해 자세하게 말했다. 그럼으로써 자비로우시며 우리가 모든 간교함과 나쁜 편견으로부터 완전히 멀어지기를 기대하시면서, 회개하는 자를 큰 기쁨으로 맞아 주시는 주님께 어떻게 빨리 회개해 나아갈 수 있는지 살펴보았다. 우리가 이것에 대해 자세하게 이야기한 이유는 매일 우리가 더 부주의해

지고 타락해 하느님의 진노를 불러오지 않게 하기 위해서다. 그러므로 진실한 마음으로 회개해 하느님께 나아가자. 절망은 악의와 교활함이 불러온 것이므로 이전의 죄를 기억하면서 우리의 구원에 대해 낙심하지 말라. 이전에 지은 죄는 인간을 절망과 무위, 태만, 무관심으로 인도한다. 그리하여 인간을 향한 주님의 큰 자비하심에 의지해 회개하여 그분께 나아온 사람이 구원받지 못하게 한다.

바) 영혼이 구원의 일을 시작하려는 확고한 결심을 하면, 사탄은 영혼을 향해 절망과 좌절의 마지막 불화살을 쏜다.

98. 사탄이 마음속에서 여러분에게 이런 말을 걸어 올 때가 있다. "잘 봐, 네가 얼마나 나쁜 짓을 했는지. 잘 봐, 네 영혼이 얼마나 난폭함으로 가득 차 있는지. 네가 얼마나 많은 죄의 짐을 지고 있는지. 너는 구원받기 이미 틀렸어." 사탄이 그렇게 하는 이유는 여러분을 절망에 빠뜨리기 위함이다. 그는 여러분이 회개하는 것을 싫어한다. 범죄를 통해 죄가 들어오면 매시간 그는 사람이 사람에게 하듯이 영혼에 말을 건다. 사탄에게 이렇게 대답하라. 성경에 이런 말씀이 있다. "죄인이라고 해도 죽는 것을 나는 기뻐하지 않는다. 주 야훼가 하는 말이다. 죄인이라도 마음을 바로잡아 버릇을 고치고 사는 것을 나는 기뻐한다. 그러나

너희는 돌아오라. 나쁜 버릇을 고치고 돌아오라. 이스라엘 족속아, 어찌하여 너희는 죽으려고 하느냐!"[58] 주님께서 오신 것은 죄인을 구원하고 죽은 자들을 살리고 어둠 속에 있는 자들에게 빛을 비춰 주시기 위함이다. 진실로 주님께서는 이 땅에 오셔서 우리를 자녀로 삼으시고 거룩한 평화의 도성, 영원한 생명과 영광으로 초대하신다. 주님은 우리가 시작한 것을 잘 마치고 가난과 순례, 극한 고통의 상태에서도 끈질기게 문을 두드리듯이 하느님께 멈추지 않고 구하기를 원하신다. 육체가 영혼에 가깝듯이 주님은 우리 가까이 계시며, 우리에게 오셔서 닫힌 마음의 문을 여시고 하늘의 부요함을 선물해 주신다. 주님은 선하시며 사람을 사랑하신다. 우리가 끝까지 인내하면서 그분을 찾기만 한다면, 그분의 약속은 헛되지 않다.

99. 페르시아 진영과 로마 진영이 있다고 상상해 보라. 각 진영에서 비슷한 힘을 지닌 용맹한 두 젊은이가 나와 전투를 벌인다. 말하자면 적은 똑같은 힘과 지성을 가지고 있는 것이다. 이 두 적과 같이 사탄은 영혼을 설득해 자신의 의지를 따르도록 달콤한 말로 유혹하지만, 영혼은 반발하

58) 〈에제키엘〉 33장 11절.

며 결코 그를 따르려 하지 않는다. 왜냐하면 선과 악, 두 힘은 자극할 수는 있지만 강제할 수는 없기 때문이다. 간절히 구하면 하느님의 도우심이 주어진다. 그러면 마음은 영적 싸움을 통해 하늘로부터 무기를 얻어 그것으로 죄에 대해 승리를 거두고 죄의 뿌리를 뽑아 버린다. 왜냐하면 영혼은 죄에 대항할 수는 있지만, 하느님 없이는 죄를 이길 수도, 죄를 뿌리 뽑을 수도 없기 때문이다. 죄가 힘센 거인과 같고 영혼이 아이와 같다고 주장하는 사람들은 잘못 말하고 있는 것이다. 만약 죄가 거인과 같고 영혼이 아이와 같아서 둘 사이의 차이가 그토록 크다면, 인간에게 사탄과 싸우라는 율법을 주신 율법의 제정자 하느님은 불공정하신 분이기 때문이다.

100. 만약 우리를 짓누르는 죄로부터 회개하는 것이 실천할 수 없고 불가능한 것이라는 생각이 든다면(우리가 이미 말했듯이, 그러한 생각은 악의에 의해 암시된 것이고 우리의 구원에 장애가 된다), 다음과 같은 사실을 기억하고 명심하라. 당신의 자비하심으로 우리에게 오신 주님께서는 눈먼 자에게 시력을 주시고, 약한 자들을 고치셨으며, 모든 병을 치료하셨고 이미 그 육체가 썩고 파괴된 죽은 자들을 살리셨다. 귀먹은 자들을 듣게 하셨고 어떤 사람에게서는 군대 귀신을 쫓아내셨으며 귀신 들린 자에게

온전한 정신을 되돌려주셨다. 그러므로 주님께서는 회개하고 그분의 자비하심을 구하며 도우심을 요청하는 영혼을 순결함과 평정심, 그리고 모든 질서 있는 선한 일로 이끄신다. 그의 정신을 새롭게 하시며, 그에게 건강과 통찰력, 이해력과 평온한 생각을 주실 것이다. 눈이 멀고 귀먹은 죽은 불신앙, 무지와 뻔뻔함에서 순결함과 덕, 깨끗한 마음으로 인도하실 것이다. 왜냐하면 육체를 창조하신 분께서 영혼도 창조하셨기 때문이다. 이 땅에 거하실 때 선한 의사였던 주님께서는 그분의 자비하심을 따라 당신께 나아와 도움과 치유를 구하는 모든 자들의 필요를 풍성하게 채워 주셨다. 그처럼 주님께서는 영적인 것에도 풍성하시다.

101. 주님께서는 우리가 쉬지 않고 물러나거나 지치지 않고 당신께 은혜로운 중재를 요청하도록 하시기 위해 이 모든 것으로 우리에게 확신을 주셨다. 왜냐하면 주님께서는 죄인이 회개하게 하시기 위해 오셨고, 그분을 믿는 자들을 고쳐 주시기 위해 오셨기 때문이다. 우리는 해로운 편견을 버리고 우리 힘이 닿는 만큼 자신의 나쁜 행실과 세속적인 유혹을 미워하고, 교활하고 허망한 생각을 물리치며, 할 수 있는 한 그분께 항상 붙어 있어야 할 것이다. 주님께서는 우리에게 도움을 베풀 준비를 하고 계신다. 주

님께서는 매우 자비로우셔서 죽은 자를 살리시고 치유할 수 없는 정욕을 고치신다. 왜냐하면 주님께서는 여러분을 향하여 여러분을 부르시며, 자신의 의지와 자발성에 따라 힘이 닿는 한 모든 세속적인 사랑에서 떠나 마음을 이 땅에서 멀리하고 자기를 간절히 소원하고 찾는 사람을 구해 주시기 때문이다.

사) 모든 추악한 생각이 없어지고 의지를 굴복시키기 위한 자신과의 싸움이 끝나고 자신의 구원을 위해 주님을 섬기겠다는 결심이 서면, 그 결심은 죽음처럼 강해진다. 그 결심은 이렇게 표현된다. "설사 죽는 한이 있어도, 나는 더 이상 죄를 묵인하지 않겠다."

102. 성 대 마카리우스는 진실한 결심을 한 영혼에 대해 다음과 같이 말한다. "영혼에 무슨 일이 닥치더라도 수천 가지 유혹 속에서도 모든 것을 견디며, 영혼은 이렇게 말한다. 설사 죽더라도 그분을 떠나지 않으리라(다시 말해, 죄와 원수를 즐겁게 하려고 주님을 떠나지 않겠다는 말이다)."

아) 마치 짐승들을 희생 제물로 잡았던 것처럼, 그는 자주 이 결심을 영혼을 제단에 올려놓는 행위로 표현한다. 왜냐하면

이 결심은 주님께 자신을 희생의 번제물로 드렸던 행위와 같기 때문이다.

103. 만약 육신을 중시하던 사람이 자신을 변화시키기 위해 행동할 결심을 한다면, 그는 먼저 이전의 악한 삶을 끊어 내고 그러한 삶의 악한 열매를 맺지 않는 자가 되어야 한다.

104. (희생 제물에 대해서는 다음과 같이 율법에 정해져 있었다.) 우선 제사장이 희생 제물을 잡고 제물이 죽은 다음에 여러 조각으로 자른다. 소금을 친 다음 마지막으로 불 위에 올려놓는다. 만약 제사장이 먼저 양을 잡아 죽이지 않는다면, 소금을 칠 수 없고 하느님께 번제물로 드릴 수 없다. 마찬가지로 우리의 영혼은 참된 대제사장이신 그리스도께 나아가면서 그분에 의해 죽임을 당해야 하고 자신의 지혜와 이전에 살던 악한 삶, 즉 죄를 위한 삶에 대해 죽어야 하는 것이다. 생명이 제물에서 떠나는 것처럼 악한 정욕도 삶에서 떠나야 한다. 육체에서 영혼이 떠나면 그 육체는 죽고 더 이상 이전의 삶을 살지 못하고 듣지도 걷지도 못하게 된다. 마찬가지로 하늘의 대제사장이신 그리스도께서 그분의 은혜로운 힘으로써 이 세상을 위해 살던 생명을 죽이실 때, 영혼은 이전의 악한 삶에 대해 죽

고 더 이상 듣지도 말하지도 못하며 죄 많은 어둠 속에 살지도 않게 된다. 왜냐하면 악한 정욕이 은혜에 의해 영혼에서 떠나기 때문이다. 그리하여 사도 성 바울로는 이렇게 부르짖는다. "나에게는 우리 주 예수 그리스도의 십자가밖에는 아무것도 자랑할 것이 없다. 그리스도께서 십자가에 못 박히심으로써 세상은 나에 대해서 죽었고 나는 세상에 대해서 죽었다."[59]

자) 이 진리를 더 강하게 마음에 새기도록 성 대 마카리우스는 영적인 삶에서 일어나는 모든 실패와 타락, 배반, 모든 도덕적인 무질서의 원인이 세상과 결별하고 주님을 섬기려는 자기희생적인 결심이 부족한 데서 기인한다는 것을 자세히 묘사하고 있다.

105. 선하게 출발해 선하게 마치는 사람, 넘어지지 않고 목표에 도달하는 사람, 한 분이신 하느님을 향한 유일한 사랑을 가지고 모든 것을 부인하는 사람은 매우 적다. 많은 이들이 감동되어 하늘의 은혜에 참여하며 하늘의 사랑에 마음이 사로잡히지만 도중에 만나는 다양한 싸움과 수행, 수고, 사탄의 유혹을 견뎌 내지 못한다. 모든 사람에게

59) 〈갈라디아인들에게 보낸 편지〉 6장 14절.

는 이 세상에서 무엇인가를 사랑하고 싶은 열망이 있다. 그래서 자신의 사랑을 온전히 부인하지 못하고 약함 때문에, 혹은 아무 행동도 하지 않거나 소심한 의지, 혹은 땅의 어떤 것을 사랑하는 마음 때문에 다양한 세속적인 욕심으로 돌아가 이 세상에 머물면서 그 속에 깊이 빠져 버린다. 진실로 선한 삶을 끝까지 살고자 하는 사람은 하늘에 대한 사랑에 어떤 다른 사랑이나 헌신도 자발적으로 받아들이거나 섞어서는 안 된다. 그래야만 영적인 삶에 장애물이 생겨 뒤돌아 가 결국 생명을 잃는 일이 없게 될 것이다. 하느님의 약속은 위대하고 말로 표현할 수 없는 것이므로 우리에게는 믿음과 희망, 수고와 위대한 수행, 오랜 시련이 요구된다. 하늘나라를 열망하는 사람이 받기를 기대하는 복락은 아주 큰 것이다. 그는 그리스도와 함께 영원히 통치하기를 소원한다. 그러니 짧은 이생 동안 죽음이 올 때까지 싸움과 수고, 유혹을 견디기로 단단히 결심해야 하지 않겠는가? 주님은 이렇게 명하셨다. "나를 따르려는 사람은 누구든지 자기를 버리고 제 십자가를 지고 따라야 한다."[60] 또 이렇게 말씀하셨다. "누구든지 나에게 올 때 자기 부모나 처자나 형제자매나 심지어 자기 자신마저 미워

---

60) 〈마태오의 복음서〉 16장 24절.

하지 않으면 내 제자가 될 수 없다."[61] 그러나 많은 이들은 하늘나라를 받고 영생을 상속하기를 바라면서도, 자신이 원하는 대로 살고 원하는 대로 행한다. 더 분명히 말하면 그들 안에 심어진 허망한 것을 따르기를 거부하지 않고 자신을 부인하지 않으면서 하늘나라를 받고 영생을 상속하기를 원한다. 그러나 그것은 불가능하다.

106. 주님의 말씀은 진실하다. 주님의 계명에 따라 넘어지지 않고 나아가며 자신을 온전히 부인하는 사람들은 모든 세속적인 욕심과 관계, 오락과 만족, 세상일을 싫어하며 자신의 눈앞에 유일하신 주님만을 두고 그분의 계명을 따르기를 원한다. 사람이 만약 마음이 원하는 대로 행하면서 자신을 부인하기를 원치 않고, 그분을 사랑하면서도 또 다른 것을 사랑하고 이 세상의 만족과 욕심에 빠지고, 주님을 향한 온전한 사랑을 갖지 못한다면 그는 자신의 의지에 따라 유혹에 빠지고 만다.

107. 때로 겉으로 보기에 선한 사업이 영예와 인간의 칭찬을 위해 실행에 옮겨질 때가 있다. 이것은 하느님 앞에서

---

61) 〈루가의 복음서〉 14장 26절.

는 불의와 도둑질과 같다. "저자들은 겁에 질려 소스라치리라. 하느님께서 에워싼 자들의 뼈를 흩으시고 물리치시면 저들은 웃음거리가 되리라."[62] 겉으로 보기에 선한 일 안에서도 악마는 자신에게 봉사하는 것을 본다. 그는 세속적인 욕망 속에서 매우 다양한 속임수를 행한다. 사람이 자기 의지에 따라 이 땅의 육체적인 사랑에 묶이면 죄가 인간의 발목을 잡는다. 죄는 그에게 족쇄와 사슬, 무거운 짐이 되어 악한 세대 속에 그를 빠뜨려 버리고 질식시켜 버린다. 그리하여 그가 힘을 내어 하느님께 돌아가는 것을 묵과하지 않는다. 사람이 세상에서 사랑하는 그것이 그의 정신을 무겁게 하고 그를 사로잡으며 힘을 내도록 허락하지 않는다. 모든 인류는 이것에 의해 시험당하고 도시, 산, 수도원, 들 혹은 황야에 사는 모든 그리스도인도 시험을 당한다. 사람은 자신의 의지에 따라 무엇인가를 사랑하기 시작한다. 그의 사랑은 무엇인가에 얽매이게 되고 더 이상 온전히 하느님을 향하지 않게 된다. 예를 들어, 어떤 사람은 재산을, 어떤 사람은 금과 은을, 어떤 사람은 인간의 영예를 위해 박식한 세속적인 지혜를, 어떤 사람은 관직을, 어떤 사람은 영예를, 어떤 사람은 시도 때도 없이

---

62) 〈시편〉 53편 5절.

모이는 것을, 어떤 사람은 종일 산만한 상태에서 태평하게 지내는 것을 좋아한다. 또 어떤 사람은 공허한 생각에 유혹받고 어떤 사람은 인간적인 영예를 위해 신학 교사가 되기 좋아하고 어떤 사람은 무위와 태만을 즐긴다. 또 다른 사람은 옷에 애착을 갖고 어떤 사람은 땅의 것에 신경을 쓰며 어떤 사람은 잠자는 것 또는 농담, 또는 더러운 말을 좋아한다. 누군가 크게든 작게든 세상에 애착하게 되면, 그것이 그를 제어하게 되고 그가 힘을 내도록 허락하지 않는다. 사람이 아무리 용감하게 어떤 정욕과 싸우더라도 그가 사랑하는 그것이 그를 사로잡고 그에게 짐을 지우며 족쇄가 된다. 그리하여 그의 정신이 하느님을 향해 그분을 기쁘게 해 드리는 것을 방해한다. 그분 한 분만을 섬기며 그의 왕국에 유익하고 필요한 사람이 되지 못하게 만들고 영생을 얻지 못하게 만든다.

108. 참으로 주님만을 따르며 그분을 향해 자신의 사랑을 온전히 드리는 영혼은 힘이 있는 한 그분 한 분에게 자신의 마음을 묶고 그분 안에서 은혜의 도움을 얻으며 자기 자신을 부인하고 자신의 마음이 원하는 것을 따르지 않는다. 우리에게서 떨어지지 않고 우리를 유혹하는 악 때문에 사람은 교활하게 행동한다. 영혼은 주님을 사랑하게 되자마자 믿음과 부지런함으로 올가미에서 벗어나게 되

고 위로부터 오는 도움으로 영원한 왕국을 얻는다. 참으로 그 왕국을 사랑하게 되면, 그는 자신의 의지와 주님의 도우심으로 영생을 얻게 될 것이다.

109. 많은 이들이 자신의 의지에 따라 파멸하고 바다에 빠지며 포로로 잡혀간다. 일례로 어떤 집이 불에 타고 있다고 가정해 보라. 어떤 사람은 불이 난 것을 알자마자 자신의 영혼만을 걱정해 모든 것을 버려두고 밖으로 달려 나가 자신을 구한다. 또 다른 사람은 집안의 몇 가지 가재도구나 다른 것을 챙겨 나오기 위해 집으로 들어가 그것을 챙긴다. 그러는 사이 불이 집을 휘감아 집 안에 있는 그를 덮쳐 불태운다. 이 사람은 잠시 자기 자신 이외에 다른 것을 사랑했기 때문에 자신의 의지에 따라 불 속에서 파멸한 것이 아닌가? 이와 비슷한 예로 어떤 사람이 바다를 항해하다가 심한 파도를 만났다고 생각해 보라. 어떤 사람은 옷을 다 벗고 자신만을 구하기 위해 물속으로 뛰어든다. 파도에 휩쓸려 자신의 영혼에 대한 걱정 외에는 아무것에도 얽매이지 않은 그는 파도 위를 헤엄치면서 불운한 바다에서 빠져나올 가능성을 발견한다. 또 다른 사람은 자기 옷 중에서 무엇인가를 구해 내려는 마음을 먹고 그것을 입고 가더라도 헤엄쳐 바다에서 나올 수 있으리라고 생각한다. 그러나 그가 입고 있는 옷이 그의 몸을 무겁게 만들어 바

다 깊은 곳에 그를 빠뜨린다. 작은 탐욕 때문에 자신의 영혼을 염려하지 않았던 그는 파멸하고 만다. 그가 자신의 의지에 따라 죽음에 희생되었다는 것을 알 수 있지 않은가? 또 외부 세력의 침입에 대한 소문이 돈다고 상상해 보라. 어떤 사람은 그 소문을 듣자마자 조금도 지체하지 않고 아무것도 가지지 않은 채 길을 떠나 도망간다. 또 다른 사람은 적이 온다는 것을 믿지 못하거나 자신의 물건 중 어떤 것을 가져가고 싶어서 꾸물거리다가 적이 와서 그를 포로로 잡아 타국으로 끌고 가 그곳에서 억지로 노예 생활을 하게 한다. 그 사람은 행동의 결여, 용기의 부족, 물건에 대한 사랑 때문에 자신의 의지에 따라 포로로 끌려간 것이다.

110. 그들과 마찬가지로 주님의 계명을 따르지 않는 사람은 자기 자신을 부인하지 않고 주님 한 분만 사랑하지 않고 자발적으로 땅의 것에 속박된다. 성령의 영감을 받은 거룩한 성경을 통해 주님에 대한 완전한 사랑의 진실을 알고자 한다면, 욥이 그가 가졌던 모든 것, 즉 자녀, 재산, 가축, 종, 기타 자산을 다 잃었던 것을 보라. 사람들은 그가 많은 것을 얻은 사람으로 여겼다. 그러나 주님께서 그를 시험하시자 욥이 하느님 한 분 외에 아무것도 얻지 못했음이 드러났다. 마찬가지로 아브라함도 "네 고향과 친척과

아비의 집을 떠나 내가 장차 보여 줄 땅으로 가거라"[63]라는 주님의 명령을 받았을 때, 그는 곧바로 모든 것, 즉 나라, 토지, 친척, 부모를 버리고 주님의 말씀을 따라갔다. 그 후 그에게 일어난 많은 시련과 유혹 속에서, 즉 아내를 빼앗기고 타국에 살면서 모욕당했을 때, 그는 이 모든 상황에서 한 분 하느님을 무엇보다 사랑한다는 사실을 증명했다. 마침내 약속된 대로 오랜 세월이 흐른 후 그토록 원했던 외아들을 얻었을 때, 하느님께서는 그에게 기꺼이 아들을 희생 제물로 바칠 것을 요구하셨다. 그때 아브라함은 모든 것을 잃었고 참으로 자기 자신을 부인했다. 외아들을 바침으로써 그는 하느님 외에 다른 것을 사랑하지 않는다는 것을 증명했던 것이다. 그렇게 기꺼이 아들을 바쳤는데, 만약 그에게 자신의 모든 소유를 포기하라거나 가난한 사람과 나누라는 명령이 내려졌다면, 그는 얼마나 더 기꺼운 마음으로 행했겠는가? 이제 주님에 대한 완전하고 자발적인 사랑의 진실을 알겠는가?

111. 따라서 이런 의인과 함께 공동 상속자가 되기를 원하는 사람은 하느님 외에 다른 것을 사랑해서는 안 된다. 그

---

63) 〈창세기〉 12장 1절.

래야만 시험을 당할 때 주님을 향한 자신의 사랑을 완전하게 보존하면서 유익하고 쓸모 있는 사람이 될 것이다. 항상 자신의 의지에 따라 하느님 한 분만을 사랑하고 모든 세속적인 사랑을 부인하는 사람만이 수행의 전 과정을 통과할 수 있을 것이다. 그러나 그런 사랑을 받아들이고 모든 세속적인 만족과 소망을 부인하고 마귀의 저항과 유혹을 기꺼이 견뎌 내는 사람은 많지 않다. 많은 이들이 하느님의 왕국을 수고와 수행 없이 땀 흘리지 않고 얻기를 원한다. 그러나 그것은 불가능하다.

112. 이 세상에서 어떤 사람은 수확 때나 다른 일이 있을 때 부자에게 가서 생계를 위해 필요한 것을 얻고자 한다. 그런데 그들 중 어떤 이는 게으르고 태만해 다른 사람처럼 마땅히 해야 할 일을 하지 않고 부잣집에서 노동하지도 땀을 흘리지도 않으면서, 자신의 힘을 다해 인내심을 가지고 바르게 일한 사람과 똑같은 보수를 받기 원한다. 마찬가지로 우리는 성경에서 어떤 의인에 대해 읽을 때, 그가 하느님을 매우 기쁘게 해 드렸으며 하느님의 친구이자 대화 상대가 되었음을 알게 된다. 또 모든 영적 아버지가 어떻게 하느님의 친구와 상속자가 되었으며, 하느님을 위해 얼마나 많은 환난을 겪고 고난을 받았는지, 얼마나 용감히 일하고 수행을 실천했는지 보게 된다. 우리는 그들을 칭

송하며 그들과 동등한 은사와 직분을 얻고 그 영광스러운 선물을 받기를 원한다. 다만 그들이 행한 수행과 환난과 고난만은 옆으로 제쳐 놓는다. 하느님으로부터 그들이 받은 영예와 직분을 얻기를 간절히 원하지만, 그들의 수고와 피곤함, 수행은 취하려 하지 않는다. 이 모든 것은 모든 이들이 원하는 것이다. 방탕한 자, 세리, 불의한 자도 하느님의 나라를 노고와 수행 없이 쉽게 얻기를 원한다. 우리의 여정에 유혹과 수많은 시련, 환란, 싸움, 땀 흘림이 있는 이유는 모든 마음과 힘을 다하고 심지어 죽음까지 감수하며 주님 한 분을 사랑하고 그분을 향한 사랑 속에서 자신을 위해서는 더 이상 아무것도 원하지 않는 그런 사람이 되기 위한 것이다. 진실로 주님의 말씀에 따라 자기 자신을 부인하고 자신보다 주님 한 분을 더 사랑한 사람이 하늘나라에 들어가는 것이다. 자신의 높은 사랑에 대해 그는 하늘의 높은 선물을 상으로 받게 될 것이다.

결심하는 것이 출발점이다. 그리고 수고가 헛되지 않기 위해서는 그 결심에 목적을 부여하는 것이 필요하다. 그렇다면 목적은 무엇인가? 성령의 은혜에 의해 본성을 새롭게 하는 것에 이르는 것이다. 그 목적을 향해 가기로 결심한 사람은 자신의 온 힘을 기울여야 한다. 그리하여 성령의 능력과 활동력이 그를 덮어 불이 모든 불결한 것을 태우도록 해야 한다. 이런 일이 이루어질 때 사람은 영적으로 살아나게 되고 그때에야 그는 진정한 인간이 된다. 이것이야말로 성 대 마카리우스의 주된 생각이며, 다른 모든 생각은 그 주변에 있다.

113. 하느님께 나아와 진정으로 그리스도를 따르기를 원하는 사람은 변화되어 더 나은 새로운 사람이 된 것을 보여 주고, 옛 사람에게 속한 어떤 것도 자신 속에 간직하지 않으려는 목적을 가져야 한다. "누구든지 그리스도를 믿으면 새 사람이 된다. 낡은 것은 사라지고 새것이 나타났다."[64]

---

64) 〈고린토인들에게 보낸 둘째 편지〉 5장 17절.

114. 진실로 그리스도를 믿는 영혼은 현재의 죄악 된 상태에서 다른 선한 상태로 옮겨 가야 한다. 현재의 보잘것없는 본성은 다른 신적인 본성으로 변해야 하며, 우리와 함께 일하시는 성령의 능력에 의해 새로운 본성이 되어야 한다. 그때 영혼은 하늘나라에 합당하게 될 것이다. 이것을 행할 수 있는 자는 그분을 믿고 참으로 사랑하며 그분의 모든 거룩한 계명을 지키는 우리뿐이다. 예언자 엘리사 때에 가벼운 속성을 가진 물에 뜨는 나무가 무거운 속성을 가진 철을 운반했다면,[65] 주님은 오늘날 얼마나 더 가볍고 자유롭게 움직이며 선한 하늘의 성령을 풍성히 보내 주시겠는가! 그리하여 악의 바다에 빠져 있는 영혼을 가볍게 하고 용기를 북돋워 주며 하늘의 높이까지 올려 주고, 그 본성을 변화시켜 주실 것이다.

115. 영혼 없는 몸은 죽었고 아무것도 할 수 없듯이, 하늘의 영혼, 하느님의 영이 없는 영혼은 하늘나라와 단절되어 있으며, 성령이 없이는 하느님의 일을 할 수 없다.

---

65) 〈열왕기 하〉 6장 5~6절에 기록된 사건을 말하는 것이다. 한 사람이 나무를 베다가 쇠도끼를 물에 빠뜨렸을 때, 엘리사가 나뭇가지를 베어 물에 던지자 쇠도끼가 떠올랐다. (옮긴이 주)

116. 따라서 주님을 믿고 그분께 오기를 원하는 자는 이곳에서 하느님의 영을 받기 위해 기도해야 한다. 왜냐하면 그분은 영혼의 생명이시며, 주님께서 오신 것은 이곳에서 영혼에게 생명, 즉 성령을 주시기 위함이기 때문이다.

117. 하느님께서는 거룩한 하늘에서 내려오셔서 우리의 이성적인 본성과 지상의 육체를 스스로 취하시고 그분의 신성에 합일시키심으로써 우리에게 은혜를 베푸셨다. 그것은 먼지에 불과한 여러분이 하늘의 영혼을 자신 속에 받아들이게 하시기 위함이었다. 여러분의 영혼이 성령과 교제할 때, 하늘의 영혼이 여러분의 영혼으로 들어간다. 그때 여러분은 하느님 안에서 완전한 사람이 되며 상속자이자 아들이 된다.

118. 따라서 우리는 주님을 사랑하고 모든 선한 일에서 진보하도록 노력해야 한다. 그리고 지치지 않고 끊임없이 우리에게 주신 성령의 약속을 완전히 받아들일 수 있도록 간구해야 한다. 그러면 우리가 아직 육체에 있을 때 우리의 영혼이 살아날 것이다. 이 세상에 있을 때 우리의 영혼이 굳은 믿음과 기도로 거룩한 성령을 받지 못하고, 은혜에 녹아들어 신적인 본성에 참여하지 못하고, 성령과의 협

력으로 모든 계명을 결점 없이 순수하게 행하지 못한다면, 그 영혼은 하늘나라에 합당하지 않다.

119. 최초의 인간이 불순종한 결과 우리는 우리의 본성에 낯선 해로운 정욕을 받아들이게 되었다. 그리고 습관과 오랜 동화(同化)에 의해 그것이 마치 우리의 본성인 것처럼 만들었다. 우리는 다시금 성령의 특별한 은사로 우리 속에서 이 낯선 것을 몰아내고, 최초의 순수한 상태를 회복해야 한다. 만약 수많은 탄원과 간구, 믿음, 기도, 세상으로부터 회개함으로써 성령이 주시는 하늘의 사랑을 받아들이지 않으면, 악에 의해 더럽혀진 우리의 본성은 사랑이신 주님께 붙어 있지 못할 것이고, 성령의 사랑에 의해 성화되지 못할 것이며, 우리는 끝까지 주님의 계명을 따르지 못하고 모든 면에서 흠이 남게 될 것이다. 그리하여 하늘나라를 얻지 못하게 될 것이다.

회개해 주님께 돌이킨 사람은 성사(聖事)를 받아들임으로써 이미 은혜에 참여하고 있다. 그러나 은혜는 모든 사람에게 똑같이 드러나지 않는다. 어떤 사람에게는 곧바로 임하지만, 다른 사람에게는 오랜 시간 시련을 겪게 한 후에야 비로소 자신의 활동을 나타낸다.

120. 하느님의 지혜는 자유 의지를 시험하기 위해 헤아릴 수 없고 연구할 수 없는 방식으로 인류에게 다양하게 은혜를 행사한다. 그리하여 전심으로 하느님을 사랑하며 그분을 위해 온갖 위험과 노고를 견디는 사람들이 드러나게 된다. 그들은 믿음과 기도의 삶을 시작하자마자 아직 이 세상에 살 동안에 노고와 땀, 고초 없이도 성령의 은사와 선물을 미리 받는다. 이때 하느님은 아무 이유 없이, 되는 대로가 아니라, 표현할 수 없고 헤아릴 수 없는 지혜에 따라 은혜를 주신다. 그리하여 하느님의 은혜를 곧바로 받는 사람들의 뜻과 자유 의지가 선하게 사용되도록 하신다. 즉 그들은 자신의 노력 없이 그들에게 보여 주신 하느님의 은혜를 얻고 그 달콤함을 느낀 후, 자신의 의지와 마음을 다해 부지런함과 끈기로 사랑의 열매를 맺어 선물에 보답해야 할 의무가 있는 것이다. 즉 전적으로 자신을 드리고 주님의 사랑에 헌신하여 오직 주님의 뜻만을 행하며 모든 육체적인 욕망으로부터 멀어져야 하는 것이다.

121. 그런데 어떤 사람들은 세상에서 멀어지고 복음서에 따라 이 세상을 부인하고 커다란 인내로써 기도와 금식, 부지런함, 기타 선한 일에 진보를 나타내지만, 하느님께서는 그들에게 곧바로 은혜와 위로, 영적인 은사를 주시지 않고 선물을 미루신다. 이것은 아무 이유 없이, 되는 대로

가 아니라, 표현할 수 없고 헤아릴 수 없는 지혜에 따라 자유 의지를 시험하시기 위해 그렇게 하시는 것이다. 그리하여 구하는 자에게 주시고 두드리는 자에게 생명의 문을 열어 주신다고 약속하신 하느님을 그들이 진실하고 참된 분으로 정확히 믿는지 보고자 하시는 것이다. 그리고 그들이 하느님의 말씀을 정말로 믿는지, 의심하지 않고 끝까지 믿음에 머물지, 부지런히 구하고 찾을 것인지, 기한이 늦춰지고 그들의 의지와 마음을 시험한 결과 끝까지 견디지 못하고 시련과 두려움 속에서 하느님에게서 돌아서지 않을지, 게으름과 불신, 절망에 빠지지 않을지를 보고자 하시는 것이다.

122. 하느님께서 미루고 연기하시기 때문에 곧바로 받지 못하는 사람은 더 마음이 불타오르고 더 강하게 하늘의 은혜를 갈망한다. 그래서 은혜를 얻기 위해 매일 더 많은 소망을 가지고 지치지 않고 노력하며 모든 선한 일을 힘써 행한다. 그들은 영혼 속에 있는 악한 생각으로 약해지지 않고 게으름과 조급함, 절망에 빠지지 않는다. 혹은 은혜가 늦어지는 것을 핑계로 '언제 하느님의 은혜를 받을 것인가?'라고 생각하며 악마의 꼬임에 빠져 나약함과 태만에 빠지지 않는다. 반대로 주님께서 그의 믿음과 의지적인 사랑을 시험하시면서 늦추시고 연기하시는 만큼, 그는

더 정성을 다해 약해지거나 지치지 않고 하느님의 선물을 구해야 한다. 믿음을 가지고 끝까지 인내하면서 구하는 자에게 은혜를 주시겠다고 약속하신 하느님께서 거짓되지 않으시고 참되시다는 것을 한번 믿고 확신했다면 말이다.

123. 충성된 영혼은 하느님을 충성되고 참되신 분으로 공경한다. 그리고 진실한 말씀에 따라 '하느님께서는 참되시다'는 것을 확신한다.[66] 그들은 위에서 말한 믿음의 개념에 비추어 자기 자신을 시험한다. 그에게 어떤 약점이 있는지, 그 약점이 얼마나 자신에게서 비롯되는지, 그 약점이 일에서, 노력에서, 부지런함에서, 믿음에서, 사랑에서, 혹은 다른 덕에서 나타나는지를 살핀다. 그렇게 자신을 세밀하고 정확하게 시험해 본 후에 힘이 닿는 대로 하느님을 기쁘게 해 드리기 위해 자신을 강제한다. 그는 만약 그분 앞에서 끝까지 부지런히 섬기고 인내하면, 참되신 하느님께서 영적인 은사를 거두어 가지 않으시리라는 것, 그리고 육체에 머물러 있는 상태에서도 하늘의 은혜와 영생을 얻으리라는 것을 확실하게 믿는 사람이다.

---

66) 〈요한의 복음서〉 3장 33절.

124. 그런 식으로 그는 모든 것을 부인하고 자신의 모든 사랑을 주님에게로 향하며, 강한 열망과 갈망과 목마름으로 그분 한 분만을 기다리면서, 이 세상에서 어떤 것으로도 위로받거나 안심하지 않고 항상 은혜가 주는 평안과 위로를 구한다. 그리고 자신을 스스로 속박하면서 끊임없이 물질적인 생각에 저항하고 오직 하느님의 도우심과 보호만을 기대한다. 뜻을 정하고, 부지런하고 인내하기로 결심한 그런 영혼 속에 주님께서는 이미 비밀스럽게 거하셔서 그를 지키시며 모든 선한 열매를 맺도록 돕기를 원하신다. 자유로운 뜻과 자유로운 사랑, 그리고 모든 거룩한 하느님의 계명에 대한 강한 호감에는 각기 다른 한계와 분량, 무게가 있다. 그렇게 자신의 사랑과 의무의 분량을 실행한 영혼은 하느님의 나라와 영생을 얻는다.

은혜 속에 있는 보편적인 법칙은 자신을 갑자기 의탁하지 말라는 것이다. 성 대 마카리우스는 성경의 많은 예로 교훈을 더해 믿는 각 사람에게 이것을 설명하고 있다.

125. 하느님의 은혜는 사람이 굉장한 인내를 가지고 오랫동안 수행을 할 때 영혼 속에서 영적인 결실을 맺는다. 그것은 큰 인내와 지혜, 그리고 이성의 비밀스러운 감독에 의

해 이루어진다. 그때 은혜의 활동은 이미 그 사람 안에서 완전하게 나타난다. 그의 자유로운 뜻이 무수한 시련을 통해 성령을 기쁘게 하는 것으로 판명되었고, 시간이 지나면서 원숙함과 인내를 드러냈기 때문이다. 그런 분명한 본보기들은 성령에 의해 영감을 받은 성경에서 제시된다.

126. 내가 주장하는 것은 요셉에게 있었던 일과 유사하다. 얼마나 많은 시간과 세월이 지나서야 하느님의 뜻이 그를 향해 정하신 바가 성취되고 비전이 이루어졌는가? 그 전에 요셉은 얼마나 많은 수고와 슬픔, 속박을 겪었는가? 그가 모든 것을 용감하게 견디고 모든 면에서 잘 단련되고 충실한 종으로 하느님께 판명되었을 때, 그는 이집트의 총리가 되었고 자기 민족을 먹일 수 있었다. 보이지 않는 것에 대한 예언과 오래전에 하느님께서 위대한 계획에 따라 미리 말씀하셨던 그분의 뜻이 성취되었던 것이다.

127. 비슷한 일이 다윗에게도 있었다. 하느님께서는 예언자 사무엘을 통해 그를 왕으로 기름 부으셨다. 그가 기름 부음을 받았을 때, 그는 사울에게 쫓겨 죽음에서 자신을 구하기 위해 도망쳐야 했다. 어디에 하느님의 기름 부음이 있는가? 어디에 빠른 약속의 성취가 있는가? 기름 부음을 받자마자 그는 지독한 슬픔을 겪어야 했고 광야로 도피했

으며 심지어 일용할 양식조차 없이 사울의 간계로부터 도망쳐 이방인에게 구원을 요청해야 했다. 하느님으로부터 왕으로 기름 부음 받은 자가 그런 슬픔을 겪었던 것이다! 여러 해 동안 시험을 당하고 시련을 겪으며, 슬픔을 참고 넉넉히 견뎌 낸 후, 그는 자신을 하느님께 완전히 의탁했으며 자신에게 이것을 입증했다. "하느님께서 예언자의 기름 부음을 통해 내게 행하신 일과 말씀하신 일은 분명코 성취될 것이다." 오랜 시간 인내한 후에야 마침내 하느님의 뜻이 이루어졌다. 숱한 시련 후에 다윗은 왕위에 올랐다. 하느님의 말씀은 그때 확실한 것이 되었고, 예언자에 의해 행해진 기름 부음은 확고하고 참된 것으로 판명되었다.

128. 우리는 은혜의 활동이 사람 속에 나타나고 충성된 영혼만이 얻는 성령의 은사를 사람이 받게 되는 것은 오직 오랜 기간의 싸움, 위대한 인내와 너그러움의 경험, 시험과 시련을 겪은 후, 사람의 자유로운 뜻이 모든 슬픔에 단련되었을 때뿐이라는 것을 성경 말씀을 통해 들었다. 사람의 자유로운 뜻이 성령을 어떤 것으로도 근심케 하지 않고 은혜로 말미암아 모든 일에서 계명을 따를 때, 그 사람은 모든 정욕으로부터 자유로워지고 성사(聖事)에서 선포된 영적 아들 됨과 영적 부요함, 그리고 이 세상의 것이 아닌 참된 그리스도인만이 참여할 수 있는 그런 이해력을

완전히 받게 된다. 그런 사람은 자신 속에 있는 세상의 영으로 분별하고 지식에 통달하고 지혜로운 다른 모든 사람과 모든 면에서 구별된다.

129. 그러므로 모든 뜻과 마음을 다해서 주님께 나아가 그리스도를 따르는 자가 되라. 그리하여 그리스도의 뜻을 행하고 모든 그리스도의 계명을 기억하고 지키라. 세상에 대한 사랑에서 완전히 멀어져서 우리의 영혼을 오직 그리스도께만 바치라. 그리스도 한 분만 생각하고 그분에 대해서만 마음을 쓰고 그분 한 분만 찾는 데 마음에 두라. 만약 육체적인 이유로 부지런히 실행하고 하느님을 순종하기 어렵다면, 최소한 우리의 마음이 주님을 향한 사랑과 그분을 찾고 그분을 추구하는 것에서 멀어지지 않도록 하라. 그런 마음과 올바른 생각으로 공의로운 길로 행하며 항상 자신에게 주의를 기울인다면, 성령의 약속을 받게 되고 영혼을 사로잡고 있는 정욕의 어둠 속에서 파멸하는 대신 은혜로 말미암아 구원받게 될 것이다. 이것을 통해 영원한 나라에 합당한 자가 되고 그리스도와 함께 영원히 복락을 누릴 가치가 있는 자로 인정받게 될 것이다. 아버지와 아들과 성령을 영원히 찬양하라. 아멘.

이 때문에 주님을 위해 일하기로 결심한 모든 사람은 처음에는 노력해야 한다. 그때 그는 오직 자신의 이성적인 의지의 힘만으로 모든 선한 일을 하도록 자신을 강제하고 양심이 찬성하지 않는 모든 것을 절제해야 한다. 마음에서 그렇게 하고자 하는 공감이 전혀 일어나지 않아도 그렇게 해야 한다. 자, 결심했는가? 모든 선한 일을 하고 모든 악한 것에 저항하도록 자신을 제어하기 시작하라.

130. 주님께 나아가서 영생을 상속받기를 원하는 자, 그리스도의 거처가 되고 성령의 열매를 거둘 수 있는 상태에 이르기 위해 성령으로 가득 차기를 원하는 자, 순전하고 흠 없이 그리스도의 계명을 실행하기를 원하는 자는 무엇보다 먼저 주님을 굳게 믿고 주님의 계명이 명하는 바에 자신을 전적으로 바쳐야 한다. 그리고 온 이성이 보이는 어떤 것으로 채워지지 않도록 모든 면에서 세상을 거부하기 시작해야 한다. 그 사람은 믿음을 가지고 기도하며 하느님만을 바라는 상태에 쉼 없이 거해야 한다. 그러면서 항상 하느님께서 찾아오시고 도우실 것을 기대하며 그 하나만을 매 순간 이성의 목적으로 삼아야 한다. 그 후에 그 사람은 자신 안에 죄가 거하고 있기 때문에 모든 선한 일과 주님의 모든 계명을 실행하도록 자신을 강제해야 한다. 예를 들어, 그 사람은 모든 사람 앞에서 겸손하도록 자신을 강제하고 자신을 모든 사람보다 낮고 천한 자로 여기

며, 복음서의 말씀대로 어떤 사람으로부터도 영예나 칭찬, 혹은 영광을 구하지 말아야 한다. 항상 눈앞에 주님 한 분과 그분의 계명만을 두고 주님께서 말씀하신 대로 온유한 마음으로 주님 한 분만을 기쁘게 해 드리기를 원해야 한다. "나는 마음이 온유하고 겸손하니 내 멍에를 메고 나에게 배우라. 그러면 너희의 영혼이 안식을 얻을 것이다."[67]

131. 이처럼 주님께서 말씀하신 대로, 할 수 있는 만큼 은혜롭고 선하고 자비로운 사람이 되기 위해 습관을 들여야 한다. "그러니 너희의 아버지께서 자비로우신 것같이 너희도 자비로운 사람이 되라."[68] 무엇보다도 주님의 겸손과 그분의 삶, 온유함, 사람들을 대하신 태도를 모범으로 기억 속에 간직해야 한다. 그리고 주님께서 오셔서 그의 안에 머무시고 모든 주님의 계명을 실행하도록 그를 온전케 하시고 강하게 하실 것과, 주님께서 그의 영혼의 처소가 되실 것을 항상 믿고 구하며 기도 가운데 머물러야 한다. 그러면 지금은 마음에 내키지 않아서 강제적으로 하는 것을 언젠가는 자유롭게 하게 될 것이다. 항상 자신을

---

67) 〈마태오의 복음서〉 11장 29절.

68) 〈루가의 복음서〉 6장 36절.

선한 일에 익숙하게 훈련하면서 늘 주님을 기억하고 끊임없이 큰 사랑으로 그를 기다려야 한다. 그때 주님께서는 그의 뜻과 선한 노력을 보시고 그가 주님을 기억하기 위해 어떻게 자신을 제어하는지, 어떻게 그의 마음이 할 수 있는 만큼 모든 힘을 다해, 그의 의지에 반해 끊임없이 선과 겸손, 온유함, 사랑으로 향하는지 보신다. 그때 주님께서는 그에게 자비를 베푸셔서 그를 성령으로 충만케 하시고 원수들과 그의 안에 거하고 있는 죄로부터 건져 주신다. 그때 그는 힘들이지 않고도 모든 진리 가운데서 주님의 모든 계명을 실행하게 될 것이다. 더 정확히 말하자면, 주님께서 그 안에서 자신의 계명을 실행하시는 것이다. 그리하여 그는 순전하게 성령의 열매를 맺을 수 있게 된다.

132. 주님께 나아가는 사람은 모든 선한 일을 하도록 자신을 제어해야 한다. 사랑이 없다면 사랑하도록, 온유함이 없다면 온유해지도록, 동정심을 가지고 자비로운 마음을 갖도록, 무시당하는 것을 참을 수 있도록, 무시당할 때는 너그러워지도록, 굴욕과 불명예를 당할 때는 분노하지 않도록 자신을 제어해야 한다. "여러분 자신이 복수할 생각을 하지 말고 하느님의 진노에 맡기라. 성서에도 '원수 갚는 것은 내가 할 일이니 내가 갚아 주겠다' 하신 주님의 말씀이 있다."[69] 영적인 기도를 하지 않고 있다면 기도하도

록 자신을 제어해야 한다. 그러면 하느님께서 그 사람이 자신의 의지에 반해 노력하고 힘들게 자신을 제어하는 것을 보시고 참된 영적 기도와 사랑, 온유, 자비로운 마음, 선함, 한마디로 모든 영적인 열매로 그를 가득 채워 주실 것이다.

133. 만약 기도하지 않는 사람이 기도의 은혜를 받기 위해 오직 기도만을 하도록 자신을 다스린다면, 그러나 온유함, 겸손, 사랑 등 다른 주님의 계명을 실행하는 일에는 자신을 다스리지 않고 진보하려고 마음을 쓰거나 노력도 하지 않는다면, 그의 뜻과 자유 의지에 따라 구한 만큼 때때로 그에게 기도의 은혜가 주어질 것이다. 그러나 성정상 그는 이전과 똑같은 사람으로 남아 있을 것이다. 그는 온유한 사람이 되기 위해 노력하지 않았고 자신을 준비하지 않았기 때문에 온유함을 가지지 못할 것이다. 그는 겸손해지기 위해 구하지도 않았고 자신을 강제하지도 않았기에 겸손해지지 못할 것이다. 그는 기도를 구하면서 사랑에 대해서는 마음을 쓰지도 않았고 노력을 보이지도 않았기에 모든 사람에 대한 사랑을 가지지 못할 것이다.

---

69) 〈로마인들에게 보낸 편지〉 12장 19절.

134. 그러나 이러한 덕을 가지지도 배우지도 못하고 자신을 준비시키지도 않은 사람은 기도의 은혜를 받은 후 그 은혜를 잊어버리고 교만해 넘어지거나, 그에게 주어진 은혜 안에서 영적으로 진보하거나 자라나지 못한다. 왜냐하면 모든 뜻을 다해 주님의 계명을 실행하는 데 자신을 바치지 않기 때문이다. 성령께서 평안히 거하시게 하는 조건은 겸손, 사랑, 온유 등 주님의 계명들을 지키는 것이다.

135. 따라서 진정으로 하느님을 기쁘게 해 드리고 하느님으로부터 성령이 주시는 하늘의 은혜를 받고 성령 안에서 자라고 완전해지기를 원하는 사람은 하느님의 모든 계명을 실행하도록 자신을 강제하고 말씀에 쓰인 대로 의지에 반해서라도 자신의 마음을 굴복시켜야 한다. "또, 당신의 법령을 어김없이 따르고, 모든 거짓된 길을 역겨워하리이다"[70]라고 한 것과 같다.

선한 일을 하도록 자신을 제어하는 것은 노력의 한 측면이다. 또 다른 측면은 악한 일을 행하지 않도록 자신에게 저항하는 것이다. 이것은 영적 싸움이다. 그것에 대해 성 대

---

70) 〈시편〉 119편 128절.

마카리우스는 이렇게 가르친다.

136. 진정으로 하느님을 기쁘게 해 드리고 악의 혐오스러운 모습을 참으로 미워하기를 원하는 사람은 수행과 싸움에서 두 종류의 투쟁을 해야 한다. 보이는 이 세상의 일에서는 오락과 세속적인 관계와 죄의 습관들을 멀리해야 한다. 내밀한 일에서는 악한 영과 싸워야 한다. 그것에 대해 사도 성 바울로는 이렇게 말했다. "우리가 대항하여 싸워야 할 원수들은 인간이 아니라 권세와 세력의 악신들과 암흑 세계의 지배자들과 하늘의 악령들이다."[71]

137. 계명을 어기고 낙원에서 쫓겨난 인간은 이중적인 방식으로 두 종류의 속박에 얽매이게 되었다. 이 세상에서는 세속적인 일, 세상에 대한 사랑, 즉 육체적인 만족과 정욕, 부와 영광, 재산, 아내, 자녀, 친척, 나라, 장소, 옷, 한마디로 모든 보이는 것에 대한 사랑에 얽매인다. 그 때문에 하느님의 말씀은 자발적으로 이런 것을 거부할 것을 명령한다(왜냐하면 각 사람은 모든 보이는 것에 선한 의지로 묶이게 되기 때문이다). 이 모든 것을 거부하고 그로부

---

71) 〈에페소인들에게 보낸 편지〉 6장 12절.

터 자유로워짐으로써 그는 계명을 완전하게 행하는 자가 된다. 그러나 악한 영은 어둠의 족쇄로 영혼을 휘감고 에워싸고 가로막는다.

138. 따라서 누구든지 하느님의 말씀을 듣고 수행의 길로 들어서면 그는 세속적인 일과 세속적인 관계를 거부하고 모든 육체적인 만족을 물리친다. 그때 그는 생각을 끊임없이 주님께 향함으로써 마음속에서 또 다른 싸움, 또 다른 비밀스러운 저항, 악령이 주는 생각과의 또 다른 투쟁이 일어나고 있고, 또 다른 수행이 그의 앞에 놓여 있다는 것을 알게 된다. 그렇게 의심 없는 믿음과 커다란 인내로 끊임없이 주님을 부르고 그분에게서 도움을 기대함으로써, 그는 이곳에서 이미 속박, 굴레, 장애물, 악령의 어둠으로부터, 즉 비밀스러운 정욕의 활동으로부터 내적 자유를 얻을 수 있다.

139. 이 싸움은 은혜와 하느님의 능력에 의해서만 끝날 수 있다. 왜냐하면 인간은 스스로 저항과 방황하는 생각, 보이지 않는 정욕과 악한 자의 간계로부터 자유로워질 수 없기 때문이다. 어떤 사람이 이 세상에서 보이는 사물에 얽매여 다양한 세상의 족쇄로 휘감겨 있고 악하고 해로운 정욕에 몰두해 있다면, 그는 자기 내면에 또 다른 싸움과 투

쟁, 전투가 있다는 것을 인식하지 못할 것이다. 그가 힘을 다해 눈에 보이는 세속적인 족쇄와 물질적인 근심, 육체적인 만족에서 벗어나 자유로워지고 이 세상에서 멀어져서 항상 주님께만 붙어 있다면 얼마나 좋겠는가! 만약 그 사람이 나중에 그의 내면에서 일어나는 정욕과의 싸움, 내적 전투, 악한 생각을 인식하게 되더라도 말이다. 그런데 내가 전에 말했던 것처럼 그가 세상을 거부하지 않고 전심으로 세상의 욕망을 거절하지 않고 온전히 주님께 붙어 있기를 원하지 않는다면, 그는 내밀한 악령의 거짓말과 비밀스러운 해로운 정욕을 인식하지 못하고 자기 자신조차 모르는 자가 될 것이다. 왜냐하면 그는 자신의 문제를 알지 못하고 자신 속에 비밀스러운 정욕을 가지고 있으면서도 그것을 인지하지 못할 것이기 때문이다. 그리고 여전히 자발적으로 보이는 것에만 집착하고 세속적인 보호에 매달릴 것이다.

140. 사람이 참으로 세상을 거부하고 수행하며 자신에게서 이 땅의 짐을 벗어 버리고 공허한 욕구, 육체적인 만족, 영광, 우두머리가 되는 것, 인간적인 명예로부터 자유로워지고 전심으로 이런 것에서 멀어지면, 세상에서 자신의 의지를 거부하는 만큼 주님께서는 그의 수행을 비밀스럽게 도우신다. 그가 전적으로, 즉 몸과 마음을 다해 항상 주님

을 섬기는 데 확고하게 거할 때, 그는 자신 속에서 저항과 비밀스러운 정욕, 보이지 않는 족쇄, 내밀한 전투, 비밀스러운 투쟁과 싸움이 일어나는 것을 알아차리게 된다. 그리하여 사도 성 바울로가 열거한 영적인 무기, 즉 '진리로 허리를 동이고 정의로 가슴에 무장을 하고 발에는 평화의 복음을 갖추어 신고 믿음의 방패, 구원의 투구, 성령의 칼'[72]을 주님께 구해 하늘로부터 받고, 그것으로 무장한 후 악마가 꾸미는 비밀스러운 계교를 이겨 낼 것이다. 그리고 이런 무기를 얻은 후 기도와 인내, 간구, 금식, 무엇보다 믿음으로 "권세와 세력의 악신들과 암흑세계의 지배자들과 하늘의 악령들"[73]과의 싸움을 수행할 수 있는 상태가 될 것이다. 그렇게 모든 선한 일에서 성령의 도우심과 자신을 격렬히 대적하는 세력을 이겨 낸 후, 그는 영생에 합당하게 되어 아버지와 아들과 성령께 영광을 돌리게 될 것이다. 그에게 영광과 권세가 영원히 있을지어다. 아멘.

141. 어떤 사람들은 주님께서 사람에게 보이는 열매를 요구하시지만, 사실은 하느님 당신께서 비밀스러운 일을 행하신다고 말한다. 그러나 사실은 그렇지 않다. 그와는 반

---

72) 〈에페소인들에게 보낸 편지〉 6장 14~17절.

73) 〈에페소인들에게 보낸 편지〉 6장 12절.

대다. 누구나 외적으로 자신을 보호하는 만큼 그는 보이지 않는 생각과도 싸워야 한다. 왜냐하면 주님께서는 여러분이 자신에게 분노하고 자신의 이성과 싸우고 더러운 생각에 동의하지 않고 그 생각을 즐기지 않기를 요구하시기 때문이다.

142. 영혼은 저항하고 대적하고 물리쳐야 한다. 노동과 슬픔 속에 머무르면서 대적할 때, 여러분은 마침내 승리를 거두기 시작한다. 여러분의 의지는 약해지기도 하고 다시 일어서기도 한다. 죄는 다시 여러분의 의지를 무너뜨린다. 열 번, 스무 번 싸움에서 승리하고 영혼을 무너뜨린다. 그러나 시간이 지나면 영혼은 어떤 한 싸움에서 죄에 대해 승리를 거두게 된다. 그리고 또다시 영혼이 굳게 서서 약해지지 않으면, 결국 우월한 위치를 차지해 일을 해결하고 죄에 대해 승리를 거두기 시작한다. 그렇게 사람은 죄를 극복하고 죄에 대해 승리하는 자가 된다.

143. 숲에서 야생 동물과 함께 방목되는 말은 사람에게 복종하지 않는다. 말을 잡으면, 그것을 길들이기 위해 절도 있고 똑바로 걷는 것을 배울 때까지 그 위에 무거운 족쇄를 채운다. 그 후 경험 많은 기수가 말을 싸움에 능하도록 훈련한다. 말에게 장비를 입히고 가슴걸이와 얼굴 덮개를

풀고, 이전에 매었던 족쇄를 손에 들고 말의 눈앞에서 흔들어 보여서 말이 놀라지 않게 한다. 그렇게 기수에 의해 훈련받고 나서도 충분히 길들지 않는다면 그 말은 전쟁에 나갈 수가 없다. 그러나 충분히 배우고 싸움에 익숙해지면 싸움의 냄새를 맡고 소리를 듣자마자 말이 스스로 적들에게로 돌진한다. 그래서 말의 울음소리만으로도 적들에게 두려움을 일으키는 것이다.

144. 이와 마찬가지로 영혼도 죄를 범한 후부터 거칠어지고 순종할 줄 모르게 되어 세상의 황야에서 짐승, 즉 악한 영과 가까워지고 계속해서 죄를 섬긴다. 영혼이 하느님의 말씀을 듣고 믿게 되면, 성령에 의해 굴레가 씌워져서 거친 품성과 육체적인 지혜를 벗어 버리고 기수이신 그리스도의 지배를 받게 된다. 그 후 그를 단련하기 위해 슬픔과 겸손하게 함, 곤란이 찾아와 성령께서 점차 그를 길들이시고 죄를 점진적으로 약하게 하고 없애 가신다. 그런 식으로 영혼은 의(義)의 갑옷을 입고 구원의 투구를 쓰고 믿음의 창을 가지고 적과 싸우는 법을 배우고, 주님의 영으로 무장해 악한 영과 싸우며, 악한 자의 불화살을 꺼뜨려 버린다. 영적인 무기 없이는 군대에 들어가지 못한다. 그러나 주님의 무기를 갖게 되면 격렬한 싸움의 소리를 듣고 느끼자마자, 영혼은 〈욥기〉의 말씀처럼 "아우성치는 함

성을 헤치며 땅을 주름잡고 결눈 한번 팔지 않고 돌진한다".[74] 왜냐하면 영혼이 기원하는 소리만 들어도 적은 넘어지기 때문이다. 그런 수행을 하고 성령의 도우심으로 싸움에서 승리를 거두고 나면, 영혼은 커다란 담대함으로 승리의 면류관을 받게 될 것이며 하늘의 왕과 함께 안식하게 될 것이다.

145. 세상으로부터 물러나서 하느님을 찾고 하느님에 대해 생각하기 시작하자마자, 자신의 본성과 이전의 습관, 그리고 타고난 습성과 싸워야만 할 것이다. 이 습성과 싸울 때 여러분에게 저항하고 여러분의 이성과 다투는 생각을 알아차리게 될 것이다. 이 생각이 여러분의 마음을 끌어당기고 여러분이 이미 예전에 피했던 눈에 보이는 것으로 여러분을 현혹할 것이다. 그러면 생각이 생각을, 이성이 이성을, 영혼이 영혼을, 영이 영을 대항하는 투쟁과 싸움이 시작될 것이다.

146. 왜냐하면 마음속에 거하는 내밀하고 섬세한 어떤 어둠의 힘이 드러나기 때문이다. 그러면 주님께서는 여러분

---

74) 〈욥기〉 39장 24절.

의 영혼과 몸 가까이에서 여러분의 투쟁을 보시고 여러분 안에 내밀한 하늘의 생각을 넣어 주시고 비밀스럽게 여러분에게 평화를 주시기 시작한다. 그러나 아직은 하느님의 은혜가 여러분을 훈련 아래 두시고 가장 슬픈 순간에 여러분을 돌보신다. 그리고 여러분이 평안한 상태에 이르면 여러분이 자신에 대해 알게 하시고, 여러분의 유익을 위해 싸움을 허용하셨다는 것을 보여 주신다. 부자의 아들처럼 양육자가 그를 벌하는 동안에는 가르침과 상처와 충격이 무겁게 여겨진다. 성인이 되기까지는 그런 법이다. 그러나 성인이 되면 양육자에게 감사하게 된다. 마찬가지로 완전한 성인이 되기까지 하느님의 은혜가 섭리해 우리를 가르친다.

주님을 위해 일하려고 결심한 사람은 그러한 노고가 앞에 놓여 있으므로 모든 수행을 하기로 단호하게 결정하는 것 외에도 분별력과 주의, 조심성을 가져야만 한다.

147. 아주 정확하고 완벽하게 그리스도인의 삶을 살기 원하는 사람은 무엇보다 먼저 온 힘을 다해서 자기 영혼의 의미와 분별력에 대해 마음을 써야 한다. 그래야만 정확하게 선한 것과 악한 것을 구별하는 능력을 획득해 영혼에 본질적이지 않은 어떤 것이 순수한 본성 안으로 들어왔는

지 인식하고 올바르고 흠 없이 살 수 있게 된다. 그리고 눈으로 보는 것과 같이 분별력을 사용함으로써, 악이 우리에게 속삭일 때 그에 응하지 않을 수 있는 상태가 된다. 이것을 통해 하느님께서 주시는 은사를 획득한 후 우리는 주님께 합당한 자들이 된다.

148. 눈은 몸의 안내자다. 눈은 보고 온몸을 행해야 할 길로 인도한다. 한번 상상해 보라. 누군가가 가시덤불과 엉겅퀴로 무성한 숲을 지나가고 있다. 그곳에 불이 길을 가로막고 있고 칼이 꽂혀 있다. 그리고 격류와 많은 물이 있다. 만약 여행자가 빈틈이 없고 조심성이 있으며 겁이 없다면, 그는 눈을 안내자로 삼아 매우 주의해 이 어려운 지역을 지나갈 것이다. 나무와 엉겅퀴 사이에서 찢어지지 않고 진흙으로 더럽혀지지 않도록, 그리고 칼에 베이지 않도록 손과 발을 자신의 긴 옷으로 잘 보호할 것이다. 눈은 온몸을 위한 빛의 역할을 하면서 그에게 길을 보여 줄 것이다. 그래서 격류를 만나 상심하거나 물에 빠지지 않도록, 혹은 어떤 험난한 곳에서 해를 당하지 않도록 할 것이다. 그렇게 빈틈없고 사려 깊은 여행자는 매우 조심스럽게 자신의 긴 옷을 걷어 올리고 눈이 가리키는 대로 곧바로 걸어갈 것이다. 그리고 해를 당하지 않도록 자신을 보호하고, 입은 옷이 불에 타거나 찢어지지 않도록 할 것이

다. 만약 그런 지역을 태만하고 게으르고 태평하고 우둔한 사람이 지나간다면, 그의 긴 옷은 여기저기 사방으로 흩어질 것이다. 그 여행자에게는 어떻게든 자기 옷을 걷어 올려야겠다는 확고한 생각이 부족해 그 옷은 나뭇가지와 엉겅퀴에 찢어지거나 불에 타거나 꽂혀 있는 칼에 베이거나 진흙 속에서 더럽혀질 것이다. 한마디로 그의 아름다운 새 옷은 곧 그의 부주의함과 무위(無爲), 게으름 때문에 망가지고 말 것이다. 만약 여행자가 눈이 지시하는 것에 온전히 그리고 마땅히 주의를 기울이지 않는다면, 그는 구덩이에 떨어지거나 물에 빠지게 될 것이다.

149. 이와 마찬가지로 영혼은 아름다운 옷과 같은 육체의 옷을 자기 위에 걸치고, 육체와 온 영혼에 방향을 제시하는 분별력을 지니고 있다. 어둠과 불, 급류, 즉 이 시대의 욕망과 쾌락, 다른 미련한 것 사이로 나 있는 가시나무가 빽빽한 인생의 숲을 지나갈 때, 영혼은 깨어 있어야 하고 용기와 부지런함, 주의력을 가지고 어디서나 자신을 자제하고 보호해야 한다. 육체의 옷이 가시나무로 빽빽한 이 세상의 숲에서 염려와 분망함, 지상의 오락으로 찢어지거나 욕망의 불에 타지 않도록 해야 한다. 그래서 이 옷을 입은 영혼은 간교한 것을 보지 않기 위해 눈을 옆으로 돌리고, 험담을 듣지 않기 위해 귀를 옆으로 돌리고, 공허한 대

화에 끼어들지 않기 위해 혀를 자제하고, 나쁜 일에 가담하지 않기 위해 손과 발을 조심한다. 왜냐하면 영혼에는 육체의 지체를 옆으로 돌려서 나쁜 것을 보는 것과 간교하고 더러운 말을 듣는 것, 마땅치 않은 말을 하는 것, 세속적이고 간교한 일을 하는 것을 육체의 지체에 허용하지 않을 수 있는 의지가 주어져 있기 때문이다.

150. 주님께서는 누군가가 세속적인 만족과 물질적인 오락, 염려, 이 땅의 속박, 공허한 생각으로부터 용감하게 돌이키는 것을 보시자마자, 그런 사람에게 은혜의 도움을 베푸시며 악한 시대 속에서 자기 삶을 아름답게 살아 나가는 영혼을 넘어지지 않게 지키신다. 그렇게 해서 영혼은 할 수 있는 한 아름답게 자기 자신과 자기 육체의 옷을 보존하고 모든 세속적인 욕망에서 돌이킨 데 대해, 그리고 하느님의 도우심을 받아 이 세상의 무대에서 자기 삶을 아름답게 마무리한 데 대해 하늘로부터 하느님과 천사의 찬사를 얻는다.

151. 만약 누군가가 무위와 태평함 때문에 이 삶에서 조심성 없이 행한다면, 그리고 자신의 의지로 모든 세속적인 욕망에서 돌이키지 않고 주님 한 분만을 전력으로 찾지 않는다면, 그의 육체의 옷은 이 세상의 가시와 나무에 찢어

지고 욕망의 불에 타 버리고 쾌락의 오물로 더럽혀질 것이다. 영혼은 심판의 날에 담대함을 갖지 못하게 될 것이다. 왜냐하면 더럽혀지지 않도록 자기 옷을 지키지 못했고 이 세상의 유혹 속에서 그것을 부패시켰기 때문이다. 이것 때문에 영혼은 왕국에서 쫓겨나게 될 것이다. 자신의 의지로 자기를 세상에 내어 주고, 세상의 쾌락에 유혹되거나 물질적인 것 속에서 방황하는 사람과 더불어 하느님께서 무엇을 하실 수 있겠는가? 하느님께서는 물질적인 만족과 이전의 습관으로부터 회개해 전력을 다해 항상 주님을 생각하고 자신을 부인하며 주님 한 분만을 찾는 사람에게 도움을 베푸신다. 하느님께서는 어떤 경우에도 이 세상의 밀림 속에서 그물과 망에 걸리지 않도록 조심하는 사람, "두렵고 떨리는 마음으로 자신의 구원을 위해 힘쓰는 사람",[75] 매우 주의해 그물과 망, 이 세상의 정욕을 피하고 주님의 도우심을 구하며 주님의 자비하심을 따라 은혜로 구원받기를 기대하는 사람을 지키신다.

수행자는 주님께서 그가 열심히 수고하는 것을 보시고 그 영혼의 진실성을 확인하시고 나서 그에게 성령을 주실 것이

75) 〈필립비인들에게 보낸 편지〉 2장 12절.

며, 그분 자신이 그의 영혼과 결합하시리라는 희망과 흔들리지 않는 확신 속에서 수행 중 격려를 얻어야 한다. 성 대 마카리우스는 이 문제를 매우 자주 다룬다. 수행에 대한 거의 모든 교훈이 이 희망을 불어넣는 데로 귀결된다.

152. 이 세상에서 보이는 모든 일은 노동으로부터 유익을 얻으려는 희망으로 행해진다. 만약 누군가 노동으로 즐거움을 얻으리라는 것을 완전하게 확신하지 못한다면, 그에게 노동은 유익이 없을 것이다. 농부는 열매를 수확하게 될 희망으로 씨앗을 뿌린다. 열매를 기대하며 노동을 견디는 것이다. "밭을 가는 사람이 희망을 가지고 일하고, 타작하는 사람이 자기 몫을 얻으리라는 희망을 가지고 일하는 것은 당연한 일이다"[76]라고 성경에 기록되어 있다. 또한 아내를 맞이할 때는 자손을 얻을 희망을 품고, 상인은 이익을 위해 바다로 출발하고 자신을 기꺼이 죽음에 내놓는다. 하느님의 나라에서도 마찬가지다. 사람은 마음의 눈이 밝아지리라는 희망으로 자신을 이 세상의 일에서 멀리하시고 기도와 용서로 시간을 보낸다. 그리고 주님께서 오셔서 그에게 자신을 나타내실 때, 그의 안에 거하고 있

---

76) 〈고린토인들에게 보낸 첫째 편지〉 9장 10절.

는 죄로부터 그를 깨끗하게 해 주실 것이라고 기대한다.

153. 그리스도인은 미래의 왕국과 해방을 기대하고 기뻐하고 고대하며 이렇게 말해야 한다. "만약 오늘 내가 해방되지 못한다면, 내일 아침 해방될 것이다." 포도나무를 심은 포도원지기는 노동하기에 앞서 기쁨과 희망을 품는다. 그리고 포도가 아직 열리지 않았을 때, 머릿속에 포도즙을 짜는 기계를 생생하게 상상하고 수입을 계산하며 노동에 임한다. 집에서 많은 지출이 발생하는 동안 희망과 기대를 품고 그는 열심히 노동에 전념한다. 마찬가지로 집을 짓는 자와 땅을 경작하는 자는 미래의 이윤을 기대하면서 처음에는 자신이 소유한 것을 많이 지출한다. 만약 사람에게 앞으로 해방과 삶을 얻으리라는 기쁨과 희망이 없다면, 그는 슬픔을 견디며 짐을 지고 좁은 길로 가지 못할 것이다. 그를 따라다니는 희망과 기쁨이 그가 노동하고 슬픔을 견디고 짐을 지고 좁은 길로 가도록 해 줄 것이다.

154. 믿는 자는 자신의 마음이 변화되어 자기 뜻이 바뀌도록 하느님께 구해야 한다. 여러분은 이성과 생각이 그분을 향하고 그분을 보고자 하는 기대 외에 다른 어떤 것도 생각 속에 품지 않도록 해야 한다. 그러면 틀림없이 영혼은 장난이 심한 아이처럼 죄로 어수선해진 생각을 모아서

차분하게 만들 것이다. 끊임없는 금식 가운데 주님께서 오셔서 실제로 영혼을 하나로 모아 주실 때, 차분해진 생각이 자기 육체의 집 안에 들어오게 하라. 미래는 알 수 없으므로 우리를 이끄시는 분께 희망을 두고 더욱 그분을 기대하라. "내가 너를 이끌고 앞장서서 언덕을 훤하게 밀고 나가리라. 청동 성문을 두드려 부수고 쇠 빗장을 부러뜨리리라."[77] 그리고 또 말씀하셨다. "'빚을 삭쳐 주는 해, 제7년이 얼마 남지 않았구나' 하며 인색한 생각이 들어 가난한 형제를 냉대하여 꾸어 주지 않는 일이 없도록 마음에 다짐하라."[78] 그리고 마음속에서 "그들은 강대한 백성으로 수효도 많았거니와 아나킴에 못지않게 키도 컸다"[79]라고 말하지 말라.

155. 만약 나태해지지 않고 더러운 생각이 제멋대로 일어나도록 내버려두지 않고 자신의 의지로써 이성을 끌어당겨 모든 생각이 주님을 향하도록 제어한다면, 분명 주님께서는 우리에게 오시고 실제로 우리를 당신께로 오게 하실 것이다. 왜냐하면 주님을 기쁘게 해 드리는 것과 섬김은

---

77) 〈이사야〉 45장 2절.

78) 〈신명기〉 15장 9절.

79) 〈신명기〉 2장 21절.

생각에 달려 있기 때문이다. 따라서 주님을 기쁘게 해 드리고 항상 그분을 기대하고 생각 속에서 그분을 찾으면서 자신의 의지와 뜻을 그분에게 끊임없이 향하게 하라. 왜냐하면 여러분의 이성을 그분을 찾는 데 집중하는 만큼, 그분은 더 많이 자비와 선하심으로 반드시 여러분을 찾아오실 것이며 평온케 해 주실 것이기 때문이다. 그분은 여러분의 이성과 생각의 움직임을 지켜보시고 어떻게 그분을 찾는지, 온 영혼을 다해 찾는지, 게으름이나 나태함은 없는지 살피신다.

156. 그분을 찾는 여러분의 부지런함을 보시고 주님께서는 나타나시고 도움을 베푸시며 여러분에게 승리를 주셔서 사탄에게서 여러분을 구해 내실 것이다. 따라서 이 육체를 올려 드려 제단을 만들고 그 위에 우리의 모든 생각을 올려놓으라. 주님께서 하늘에서 보이지 않는 큰불을 내리셔서 제단과 그 위에 있는 모든 것을 삼키도록 주님께 간구하라. 그러면 모든 바알의 사제들, 즉 대적하는 세력은 망할 것이다. 그리고 그때 영혼에 내리는 사람의 손바닥만 한 하늘의 비를 보게 될 것이다.[80] 예언자가 말한 하

---

80) 〈열왕기 상〉 18장 44절.

느님의 약속이 우리에게 이루어질 것이다. “그날이 오면 내가 무너진 다윗의 초막을 일으키리라. 틈이 벌어진 성벽을 수축하고 허물어진 터를 다시 세워 옛 모습을 되찾아 주리라.”[81]

성 대 마카리우스는 특별히 힘겨운 수행에 대해 언급하지 않는다. 왜냐하면 그가 대화했던 사람들이 이미 그러한 수행을 다 하고 있었기 때문이다. 기회가 있을 때 그는 단지 그것을 열거하기만 한다. 금식, 밤샘 기도, 은수, 육체적인 노동, 순종, 상호 원조, 인내. 그는 기도에 대해서만 더 자세하게 말한다. 왜냐하면 기도는 모든 덕과 수행을 이끌어 가며, 특히 성령의 영감을 따르기 때문이다.

157. 수행에 대해, 어떤 삶의 모습이 최고로 높은지에 대해서는 사랑하는 형제들이여, 다음을 보라. 모든 덕은 영적인 사슬의 고리처럼 서로 연결되어 있다. 하나는 다른 것에 의존하고 있다. 기도는 사랑에, 사랑은 기쁨에, 기쁨은 온유에, 온유는 겸손에, 겸손은 섬김에, 섬김은 희망에, 희망은 믿음에, 믿음은 순종에, 순종은 단순함에 의존하고 있다. 반대로 악한 일도 서로 의존하고 있다. 미움은 화

81) 〈아모스〉 9장 11절.

를 잘 내는 것에, 화를 잘 내는 것은 교만에, 교만은 허영에, 허영은 불신앙에, 불신앙은 잔인함에, 잔인함은 태만에, 태만은 참을성 없음에, 참을성 없음은 쾌락을 사랑하는 것에 의존한다. 다른 악덕도 서로 연결되어 있다. 마찬가지로 선한 면에서도 어떤 덕은 다른 것에 의존해 있으며 그것은 서로 연결되어 있다.

158. 모든 선한 노력에서 가장 중요한 것은 기도 가운데 부지런히 머무는 것이다. 기도로 하느님께 구하면서 우리는 매일 다른 덕도 행할 수 있다. 인정받은 사람들이 하느님의 거룩함과 영적인 실제성에 참여하는 일, 그리고 이성이 지향하는 바가 주님을 향한 사랑과 합해지는 것은 기도를 통해 일어난다. 매일 기도 가운데 머물도록 자신을 강제하는 사람은 하느님을 향한 영적인 사랑을 가지고 하느님께 충실하고 싶은 불타는 열망으로 타오른다. 그리고 영적으로 거룩하게 되는 완전함의 은혜를 받는다.

159. 육체적인 습관을 따라 크게 소리를 지르거나 침묵하거나 무릎을 꿇고 기도해서는 안 된다. 대신 하느님께서 언제 영혼의 모든 행로와 길, 모든 감정에 찾아오시고 방문하실지 그때를 기대하면서 깨어 마음으로 주의를 기울여야 한다. 그런 식으로 가끔은 침묵하고 가끔은 큰 소리

로 호소하며 울부짖어 기도하면서 마음이 하느님 안에 견고히 머물도록 해야 한다. 육체가 어떤 일을 할 때 그 일에 전념하면 육체의 모든 지체가 서로 돕는 것처럼, 영혼도 마음을 딴 데 빼앗겨 여러 생각으로 혼란스러워하지 않고, 모든 희망을 그리스도에게 두면서 전적으로 우리 자신을 주님을 사랑하는 기도에 바친다. 그럴 때 주님께서는 영혼을 밝혀 주셔서 참된 용서를 가르쳐 주시고, 순결하고 영적이고 하느님께 합당한 기도를 드리며 영과 진정으로 경배하도록 해 주실 것이다.

160. 주님께 나아가는 자는 침묵과 평온, 커다란 평정 가운데서 기도하며 무례하고 혼잡한 외침이 아닌, 아픈 마음과 건전한 생각을 가지고 주님께 귀를 기울여야 한다. 하느님의 종은 예언자가 말했듯이 무질서가 아닌 모든 온유함과 지혜 가운데 머물러야 한다. "내가 굽어보는 사람은 억눌려 그 마음이 찢어지고 나의 말을 송구스럽게 받는 사람이다."[82] 모세와 엘리야 시대에 하느님께서 그들에게 나타나셨을 때는 주권자의 권능 앞에서 큰 나팔 소리와 군대가 제 역할을 했지만, 주님께서 오시는 것은 위에서 열

82) 〈이사야〉 66장 2절.

거한 것, 즉 평화와 침묵, 평온으로 드러날 것이다. "불길이 지나간 다음, 조용하고 여린 소리가 들려왔다"[83]라고 말씀하시기 때문이다. 이로써 하느님의 평온은 평화와 질서에 있다는 것을 보여 주고 있다.

161. 기도의 참된 기초는 생각에 주의를 기울이고 위대한 침묵과 평화 속에서 기도하는 것이다. 기도하는 사람에게는 자기 생각에 모든 주의를 기울이는 것이 필요하다. 악한 생각의 양식이 되는 것은 잘라 버리고 생각을 온통 하느님께 향하게 해, 생각이 원하는 대로 행하지 않고 떠돌아다니는 생각을 하나로 모아서 자연스러운 생각을 악한 생각과 구분해야 한다. 죄에 빠진 영혼은 산의 숲 또는 강의 갈대, 또는 가시나무와 유사하다. 따라서 이 지역을 통과하고자 하는 사람은 앞으로 팔을 내밀어서 힘을 다해 자기 앞에 있는 가지를 치워야 한다. 대적하는 세력이 넣어 준 생각으로 가득한 숲이 온통 영혼을 둘러싸고 있다. 따라서 이성에는 대단한 부지런함과 주의력이 요구된다. 그래야 사람은 대적하는 세력이 넣어 준 낯선 생각을 구별해낼 수 있다. 생각에 주의를 기울이는 사람은 기도 속에서

83) 〈열왕기 상〉 19장 12절.

내적으로 수행한다. 그런 사람은 자기의 이해력과 분별력을 가지고 믿음의 진보를 이루며 저항하는 생각을 물리치고 주님의 뜻 안에서 행할 수 있다.

수행자가 주의해야 할 점 중에서 성 대 마카리우스가 무엇보다 강조하는 것은 단지 외적인 완전무결함에만 머물지 말라는 것이다. 외적인 측면에서의 수행은 모든 고행과 덕을 습득하는 것을 그 과제로 하고 있지만 이것에만 머물 것이 아니라, 외적인 수행을 내적인 삶의 발전과 성령의 활동성을 얻는 데로 향하게 해야 한다. 그러나 어떤 사람은 여기에만 머물러 단지 행동만 교정하고 마음에는 주의를 기울이지 않고 성령의 은혜도 구하지 않는다. 그 때문에 수행해도 열매를 얻지 못하는 것이다. 성 대 마카리우스는 무엇보다 이것을 경계하고 확신시키고 있다.

162. 많은 사람이 외적인 것을 엄격하게 준수하고 학문을 익히고 올바른 삶에 대해 마음을 쓰는 사람을 완전하다고 생각한다. 그러면서 마음은 살피지 않고 영혼이 가지고 있는 악덕을 알아차리지 못한다. 그러나 우리 몸의 지체에는 내면의 악한 생각에 상응하는 악의 뿌리가 있다. 집에는 강도, 즉 대적하는 힘, 생각으로 적대하는 것이 숨어 있다. 만약 죄와 싸우지 않는다면, 내면의 악은 점점 넘쳐

흘러서 사람을 명백한 죄로 이끌어 실제로 죄를 행하도록 만들 것이다. 왜냐하면 악은 샘의 구멍처럼 항상 물길을 분출하기 때문이다. 따라서 수천 가지 악에 빠지지 않도록 악의 흐름을 막도록 노력하라.

163. 세상은 악의 질병으로 고통당하고 있지만 그것을 모르고 있다. 마음을 태우고 온몸을 타고 흐르며 사람에게 방탕과 수천 가지 악한 행실을 하도록 부추기는 불결한 불이 있다. 짜증을 내면서 내면으로 즐거움을 느끼는 사람은 마음으로 음행하는 것이다. 악이 그런 식으로 양식을 발견하면 명백한 음행에 빠지게 된다. 탐욕과 허영, 오만, 질투, 짜증이 나는 성질에 대해서도 똑같이 생각하라. 누군가 점심에 초대되어 음식을 많이 대접받을 때처럼, 죄는 모든 것을 맛보라고 속삭인다. 그러면 쾌락에 빠진 영혼은 무거운 짐을 지게 된다.

164. 그 누가 이렇게 말할 수 있겠는가? "나는 금식을 하고 순례자의 삶을 살며 나의 모든 재산을 다 나누어 주었다. 그러니 이미 거룩한 것이 아닌가?" 나쁜 것을 절제하는 것은 아직 완전함이 아니다. 참으로 여러분이 겸손한 이성을 갖게 되었단 말인가? 이성 아래 숨어 깊은 생각 속에 둥지를 틀고 소위 영혼의 비밀스러운 창고 속에서 여러분을

죽게 만드는 뱀을 죽였단 말인가? 마음은 심연이다. 참으로 여러분은 그 뱀을 죽이고 이전에 여러분 속에 있었던 온갖 더러운 것을 내던졌다. 지혜로운 자, 율법과 사도, 그리스도가 오신 것은 모두 깨끗하게 하는 데 목적이 있다. 누구나, 유대인이나 헬라인도 다 깨끗함을 좋아하지만 깨끗하게 될 수가 없다. 따라서 어떻게 어떤 수단으로 마음의 청결함에 도달할 수 있는지 찾아내야 한다. 우리를 위해 십자가에 달리신 그분의 도움이 없이는 이 일이 불가능하다. 그분이야말로 길이요, 생명이요, 진리요, 문이요, 보물이요, 살아 있는 하늘의 양식이다. 그것을 모르고서는 누구도 진리를 인식하고 구원받을 수 없다. 외적 인간과 보이는 사물이 가치 없음을 판단했기 때문에 여러분은 모든 것을 부인하고 자기 재산을 나눠 주었다. 만약 여러분이 지식과 말의 힘, 세속적인 지혜를 가지고 있다면, 모든 것을 자신으로부터 내던지고 모든 것을 하찮은 것으로 생각해야 한다. 그때에야 말의 아름다움이 아니라 거룩한 십자가로 말미암아 역사하는 힘인 참된 지혜, 강력한 설교로 자기를 교훈할 수 있는 상태가 될 것이다.

165. 영적 전사와 수행자에게 가장 중요한 무기는 자기의 마음속으로 들어가서 사탄과 싸우고 익숙한 습관에 저항하고 생각과 논쟁하고 자기 자신과 싸우는 것이다.

166. 겉으로는 더러움과 음란으로부터 자기 육체를 지키지만, 내면으로 간음하며 생각으로 음란하다면, 여러분은 하느님 앞에서 간음하는 것이며, 동정(童貞)을 지키는 여러분의 육체에는 아무런 유익이 없다. 마찬가지로 내면에 거하는 뱀, 즉 악한 영과 교제해 열매를 맺지 못하는 영혼은 하느님 앞에서 음행하는 것이다. 성경에 "누구든지 여자를 보고 음란한 생각을 품는 사람은 벌써 마음으로 그 여자를 범했다"[84]라고 기록되어 있다. 육체적으로 행해지는 음행이 있고 사탄과 교제하는 영혼의 음행이 있다. 똑같은 영혼이 마귀 또는 하느님과 천사의 공모자가 될 수 있다. 악마와 음행하는 자는 이미 하늘의 신랑에게 쓸모없어지게 된다.

167. 나는 수고하는 농부가 땅에 씨를 뿌린 후 위에서 비를 내려 주기를 기다려야 한다는 비유를 여러 번 이야기했다. 만약 구름이 떠오르지 않고 바람이 불지 않는다면, 농부의 수고는 그에게 아무런 유익을 가져다주지 못할 것이고, 씨앗도 아무 변화 없이 그저 땅에 누워 있어야 할 것이

84) 〈마태오의 복음서〉 5장 28절.

다. 이것을 영적으로 적용해 보자. 만약 사람이 자기 한계에 갇혀서 그의 본성에 예외적인 것을 받아들이지 않는다면, 그는 주님께 합당한 열매를 맺을 수 없다. 인간이 해야 할 행위는 무엇인가? 세상을 거부하고 멀리하며 기도에 깨어 있으며 하느님과 형제를 사랑하는 것이다. 이 모든 것에 항상 머무는 것이 그가 해야 할 일이다. 그러나 만약 그가 자신의 행위에만 머물고 무엇인가 다른 것을 기대하지 않아서, 성령의 바람이 그의 영혼에 불지 않고 하늘에 구름이 떠오르지 않고 하늘에서 비가 내려 영혼을 적셔 주지 않는다면, 사람은 주님께 합당한 열매를 맺을 수 없다.

성 대 마카리우스는 그렇게 외적으로 결함이 없는 사람 중에서 특히 학자를 구별한다. 그는 책과 대화에서 어떤 일에 대해 알아내고 그것에 대해 해석하지만 정작 그 일 자체에는 손을 대지 않는다. 따라서 그는 영적인 행함에서 무식한 자보다 뒤처져 있고 그의 해석은 온전치 못할 때가 많다.

168. 영적인 것에 대해 말하면서 스스로 그 맛을 보지 못한 사람은 한낮의 무더위 속 빈 들판에서 갈증으로 괴로워하면서도 마치 물이 흐르는 샘물을 실제로 마시는 것처럼 묘사하는 사람과 같다. 그의 입술과 혀는 그것을 태우는 갈증으로 말라 버렸다. 혹은 꿀에 대해 달다고 말하면서

직접 그것을 맛본 적은 없고 그 달콤함의 효력을 알지 못하는 사람과 같다. 자신 안에서 그 효력을 감각하고 확인하지 않은 사람이 완전함과 기쁨, 혹은 평정심에 대해 말할 때, 실제로는 그들 모두가 자신이 말하는 것과 같지는 않다. 그런 사람이 시간이 지나 부분적으로나마 실제로 그런 것을 접하게 될 때, 그는 스스로 '내가 생각했던 것과는 다르군. 나는 다른 식으로 생각했고 성령은 다른 식으로 행하시는구나'라고 생각할 것이다.

169. 빵과 음식에 대해서 논하는 것과 직접 빵을 먹고 그 영양분을 받아들여서 몸 전체가 힘을 얻게 되는 것은 전혀 다른 일이다. 가장 달콤한 음료에 대해 말하는 것과 실제로 가서 그 샘에서 떠서 달콤한 음료를 실컷 마시는 것은 전혀 다른 일이다. 전쟁과 용감한 투사와 전사에 대해 말하는 것과 전선에 직접 나가서 적과 전투를 치르고 공격하고 후퇴하면서 타격을 입기도 하고 결국 승리를 거두는 것은 전혀 다른 일이다. 영적인 일도 마찬가지다. 지식과 이성으로 말씀을 설명하는 것과 내면적으로 이성 안에서 실제로 성령을 맛보고 성령의 보화와 은혜, 그 역사(役事)를 소유하는 것은 전혀 다른 일이다. 말만 하는 사람은 꿈꾸는 자이고, 자신의 이성으로 오만해진 자다.

170. 세상에서 전쟁이 선포되면 똑똑한 자와 고관은 전장으로 가지 않고 죽음을 두려워해 집에 남는다. 전쟁에 불려 나가는 이는 비천한 사람, 가난한 사람, 평범한 사람이다. 그들이 적에게 승리를 거두고 적을 국경 밖으로 몰아내면 그들은 왕으로부터 포상과 화환을 받고 명예와 지위를 얻는다. 그러나 높은 자는 그들 뒤에 남는다. 영적인 세계에서도 마찬가지다. 무식쟁이는 처음 말씀을 듣고 진리를 사랑하는 마음으로 그 말씀을 실천하여 하나님으로부터 영적인 은혜를 받는다. 그러나 소위 지혜로워서 말씀을 세세한 데까지 파고드는 자는 싸움을 피해서 발전하지 못하고, 그래서 싸움에 참여해 승리한 사람 뒤에 남게 된다.

따라서 어떻게 해서든지 성령의 은혜를 받는 것에 마음을 써야 한다. 왜냐하면 여러분 안에 성령의 은혜가 없으면 여러분의 모든 희생과 수고는 아무것도 아니며, 마지막 시간에 마귀가 여러분을 붙잡아 자신의 심연으로 끌고 갈 것이기 때문이다. 성령이 있는 사람은 마귀를 태워 버릴 것이다.

171. 어떤 사람이 주님을 위해서 자신의 것을 버리고 이 세상과 세속적인 쾌락, 재산, 부모를 떠나 자신을 십자가에 못 박고 나그네와 가난한 자와 아무것도 갖지 않은 자가 되었는데도, 세속적인 편안함 대신 자신 안에 하느님의

평안을 얻지 못하고 자신의 영혼 속에서 영적인 달콤함을 느끼지 못한다고 가정해 보자. 속사람이 썩어 버릴 옷 대신에 하느님의 빛의 의복을 덧입지 못한다면, 이전의 육체적인 교제 대신에 영혼 속에서 하늘의 교제를 맛보지 못한다면, 이 세상의 보이는 기쁨 대신 자기 내면에서 영의 기쁨과 하늘의 은혜가 주는 위로를 소유하지 못한다면, "나는 떳떳하게 당신 얼굴을 뵈오리이다. 이 밤이 새어 당신을 뵙는 일, 이 몸은 그것만으로 만족합니다"[85]라고 말씀에 쓰인 대로 영혼이 하느님으로 충분히 만족하지 못하다면, 한마디로 말해서 일시적인 쾌락 대신에 자신의 영혼 속에서 갈망하던 썩지 않을 즐거움을 지금 얻지 못한다면, 그는 맛을 잃은 소금이고 모든 사람보다 더 가련한 자일 것이다. 그는 현재의 것을 상실하고도 하느님의 것을 누리지 못하고 있으며, 성령의 역사에 따라 자신의 속사람으로 하느님의 비밀을 인식하지 못했기 때문이다.

172. 영혼이 스스로 성령의 도움 없이도 일을 완성할 수 있다고 생각하고 자신의 힘만을 의지해서 노력하면 죄를 많이 짓게 된다. 성령 없이 자기 힘만으로 완전한 순결함

---

85) 〈시편〉 17편 15절.

에서 진보를 이룰 수 있다고 생각하는 영혼은 하늘나라에 합당치 않다. 만약 정욕의 영향 아래 있는 사람이 세상을 부인하지 않은 채 하느님께 나아가지 않고, 기대와 인내를 가지고 자신의 본성에 낯선 어떤 복, 즉 성령의 힘을 받을 것을 믿지 않는다면, 그리고 주님으로부터 오는 신적인 생명이 영혼에 흘러 들어가지 않는다면, 그는 참된 생명을 느끼지 못할 것이며 물질적인 것에 취한 상태에서 깨어나지 못할 것이다. 성령이 어두운 영혼에 빛을 비추지 않을 것이고 그 영혼은 거룩히 빛나지 않을 것이다. 영혼은 무지의 가장 깊은 잠에서 깨어나지 못할 것이다. 그리하여 하느님과 하느님의 힘, 은혜의 역사를 참으로 알지 못할 것이다.

173. 따라서 주님을 믿고 그분께 나아가기 위해 노력하는 사람은 이곳에서 이미 성령을 받기 위해 기도해야 한다. 왜냐하면 성령은 영혼의 생명이며, 주님은 이곳에서 이미 생명, 즉 성령을 주시기 위해서 오셨기 때문이다. "빛이 있는 동안에 빛을 믿고 빛의 자녀가 되라."[86] 그리고 또 "우리는 해가 있는 동안에 나를 보내신 분의 일을 해야 한다.

---

86) 〈요한의 복음서〉 12장 36절.

이제 밤이 올 터인데 그때는 아무도 일을 할 수가 없다"[87] 라고 성경에 기록되어 있다. 따라서 만약 이곳에서 영혼이 생명, 즉 성령의 신적인 빛을 구하고 받아들이지 못했다면, 그 사람은 육체를 떠날 때 하늘나라에 들어가지 못하고 어둠의 나라로 추방되어 지옥에서 마귀들과 함께 마지막을 맞이할 것이다. 금이나 은이 불에 들어가면 더 순수해지고 양질이 되어 나무나 풀 등 어떤 것도 그것을 변하게 하지 못한다. 왜냐하면 그것이 불과 같이 되어 다가오는 모든 것을 먹어 치우기 때문이다. 마찬가지로 영혼도 영적인 불과 신적인 빛에 거하면 어떤 악한 영으로부터 해를 당하지 않을 것이다. 만약 무엇인가 영혼에 다가온다면, 하늘의 성령의 불이 그것을 먹어 치울 것이다. 새는 높은 곳을 날 때 어떤 걱정도 하지 않고 어떤 사냥꾼도 맹수도 두려워하지 않는다. 높이 비상하며 모두를 비웃는다. 마찬가지로 영혼도 성령의 날개를 받아 모든 것 위, 하늘 높이 날면서 모든 것을 비웃는다.

174. 만일 누군가가 자신 안에 아직 확고히 심어진 하느님의 은혜를 가지고 있지 못하다면, 밤이고 낮이고 마치 뭔

---

87) 〈요한의 복음서〉 9장 4절.

가 본질적인 것에 열중하듯 때로 그 본질적인 것을 총괄하는 뭔가에 마음이 붙들리게 하고 그를 일깨워 선으로 향하게 하라. 그 사람 안에 보살핌과 두려움, 아파하는 마음, 그리고 항상 선한 마음이 본질적이고 변하지 않는 것으로서 확고히 있도록 하라.

제6장. 성령의 역사를 받아들인 상태

자기 연민 없이 양심적으로 수행하는 사람에게는 마침내 은혜의 능력과 역사가 열리게 된다. 은혜는 마음속에서 영적인 온기로, 생각이 차분해지는 것으로, 모든 세속적인 것에 대한 욕심을 버리는 것으로, 땅에서 귀하게 여겨지는 것의 가치가 작아지는 것으로 드러난다. 이것이 영적인 삶의 고유한 씨앗이다. 이것으로부터 영혼이 성령으로 충만해지고 정욕으로부터 영혼이 정화되며 정욕에 의해 초래된 상처가 아무는 것이 시작된다.

175. 마리아를 본받으라. 다른 어떤 것에도 마음에 두지 말고 오직 이렇게 말씀하신 분만을 바라보라. "나는 이 세상에 불을 지르러 왔다. 이 불이 이미 타올랐다면 얼마나 좋았겠느냐?"[88] 영혼의 불타오름은 마음을 소생시킨다. 물질적이지 않은 영적인 불은 영혼을 거룩하게 하고 용광로 속에 있는 진짜 금처럼 영혼을 단련한다. 그리고 지푸라기와 엉겅퀴와 같은 악덕을 태워 버린다. 왜냐하면 "사실 하느님은 태워 버리는 불"[89]이시기 때문이다. 이 불의

---

88) 〈루가의 복음서〉 12장 49절.

효력을 열심히 간구한 다윗은 이렇게 말했다. "야훼여, 샅샅이 캐어 보고 알아보소서. 속속들이 내 마음 뒤집어 보소서."[90]

176. 주님께서 부활하신 후 그들과 말씀하실 때 이 불이 글레오파[91]의 마음을 뜨겁게 했다. 성경에 기록된 대로 천사와 섬기는 영이 이 밝은 불에 참여한다. "하느님께서 천사들을 바람으로 쓰시고 일꾼들을 불꽃으로 삼으셨다."[92] 이 불은 내면의 눈 속에 있는 들보를 태워서 이성을 깨끗하게 만든다. 그리하여 본성적인 통찰력을 돌려받은 사람은 "나의 눈을 열어 주시어 당신 법의 그 놀라운 일을 보게 하소서"[93]라고 말한 사람처럼 하느님의 기적을 항상 볼 수 있게 된다. 그래서 이 불은 마귀를 몰아내고 죄를 없애 버린다.

---

89) 〈히브리인들에게 보낸 편지〉 12장 29절.

90) 〈시편〉 26편 2절.

91) 예수님이 엠마오로 가는 길에서 만나 주신 두 제자 중의 한 사람이다. 〈루가의 복음서〉 24장 13~32절. (옮긴이 주)

92) 〈히브리인들에게 보낸 편지〉 1장 7절.

93) 〈시편〉 119편 18절.

177. 철이나 납, 은이나 금은 불에 들어가면 단단한 속성을 잃고 부드러운 물질로 변한다. 불 속에 있는 동안 불의 열기로 용해되고 본질적인 단단한 속성을 잃어버린다. 마찬가지로 세상을 거부하고 유일하신 주님만을 사랑하며, 열렬한 마음의 추구로 노동과 수행을 실행하며 끊임없이 희망과 믿음 속에서 주님을 기대하고, 자기 안에 하늘로부터 오는 성령의 신성과 사랑의 불을 받아들인 영혼은 이미 모든 세속적인 사랑을 거부하고 정욕이 주는 모든 해(害)에서 해방된다. 그는 모든 것을 자신으로부터 제거하고 자신의 본성적인 특성과 죄악 된 무자비함을 변화시키고 모든 것을 불필요한 것으로 여긴다. 그 영혼은 자신 속에 받아들인 유일한 하늘의 신랑 안에서 그분을 향한 열렬하고 말할 수 없는 사랑으로 평온을 얻는다.

178. 여러분에게 말한다. 우리가 더 이상 이 사랑 속에 머물지 않으면, 우리 영혼은 바로 자신 앞에 있는 가장 사랑하는 형제도 외면할 것이다. 왜냐하면 영혼의 생명과 평온은 하늘의 왕과의 비밀스럽고 말할 수 없는 교제이기 때문이다. 육체적인 교제를 사랑하면 아버지와 어머니, 형제와 갈라진다. 그들과 관련된 모든 것은 이성에서 부차적인 것이 된다. 사람이 그들을 사랑한다 해도 부차적인 존재로서 사랑한다. 그래도 함께 사는 아내에게는 마음이

가게 된다. "그러므로 사람이 부모를 떠나 자기 아내와 결합하여 둘이 한 몸을 이룬다"[94]라는 말씀이 있기 때문이다. 육체적인 사랑이 모든 사랑을 그렇게 거부한다면, 하물며 갈망하던 저 하늘의 성령과의 교제에 들어가는 데 실제로 성공한 사람은 얼마나 더 세상에 대한 사랑을 거부하겠는가? 모든 것이 그에게는 얼마나 불필요하게 여겨지겠는가? 그는 하늘에 대한 갈망에 의해 굴복되었고, 그 갈망에 완전히 종속되어 있기 때문이다. 그곳에 그의 갈망이 있고, 그곳에 그의 생각이 있으며, 그는 그곳에서 살고 그곳에 그의 생각이 돌아다니고 있다. 신성과 하늘의 사랑, 영의 갈망에 굴복된 마음이 항상 그곳에 머물고 있다.

179. 신적인 생명을 가진 영적인 이슬을 받아 하늘의 왕이신 그리스도에 대한 신적인 사랑으로 마음이 사로잡힌 사람은 그분의 아름다움과 말로 표현할 수 없는 영광, 썩지 않는 웅장함, 참되고 영원한 왕 그리스도의 상상하지도 못하는 풍요로움에 애착을 품게 된다. 그는 갈망과 사랑의 포로가 되고 전적으로 그리스도에게 향하면서, 영으로 바라보는 말로 표현할 수 없는 복을 찾아내기를 열망한다.

---

94) 〈에페소인들에게 보낸 편지〉 5장 31절.

그는 그것을 땅의 어떤 아름다움과 영광, 웅장함과 명예, 왕과 고관의 부요함과도 바꾸지 않는다. 왜냐하면 그는 신적인 사랑에 사로잡혔고 하늘의 영원한 삶이 그의 영혼으로 들어갔기 때문이다. 그는 하늘 왕의 온전한 사랑만을 바라며 커다란 갈망을 가지고 눈앞에 그분 한 분만을 둔다. 그분을 위해 모든 세속적인 사랑을 버리고 땅의 모든 속박에서 멀어진다. 그럼으로써 언제나 마음속에 이 갈망만을 가지고 그것에 어떤 다른 것이 섞이지 않도록 하기 위해서다.

180. 은혜를 실제로 맛본 그리스도인만이 땅 위의 모든 세상과 왕의 보화, 부요함, 영광, 말의 지혜, 이 모든 것이 하나의 공상이고, 견고한 기초를 가지지 않는, 지나가는 것이라는 사실을 이해할 수 있다. 하늘 아래 있는 것은 그가 무시해 마땅한 것이다. 왜 그런가? 하늘보다 높은 곳에 있는 것이야말로 뛰어나고 놀라운 것이며, 왕의 보화, 말의 지혜, 세속적인 영광 속에는 그런 것이 없기 때문이다. 주님과 모든 것의 창조주를 내면에 가지고 있는 사람이 얻은 가치와 부요함은 지나가는 것이 아니라 영원한 것이다.

181. 성령과 교제하고 성령에 참여하는 그리스도인의 이성과 이해력은 한결같고 확고하며 안정되고 평온하며 산

만하지 않다. 그는 변덕스럽고 공허한 생각에 굴복하지 않으며, 그리스도의 평화와 성령의 사랑 안에 머무른다. 주님께서는 그런 사람에 대해 "죽음의 세계에서 벗어나 생명의 세계로 들어섰다"[95]라고 말씀하셨다. 새롭게 된 마음과 평온해진 생각, 주님에 대한 사랑과 하늘에 속한 충성으로 새로운 피조물이 된 그리스도인은 세상의 모든 사람과 구별된다. 주님께서 오신 것은 주님을 참으로 믿는 사람이 영적인 복을 얻게 하시기 위한 것이다.

182. 하혈을 하던 여인은 진정한 믿음으로 주님의 옷자락에 손을 대었을 때 그 즉시 치유를 받았다. 그처럼 치유될 수 없는 죄와 불결하고 악한 생각의 근원을 가지고 있는 어떤 영혼이라도 그리스도께 와서 진정으로 믿고 구하면, 치유될 수 없는 정욕의 흐름으로부터 구원의 치유를 받게 될 것이다. 그리고 유일하신 예수님의 능력으로 불결한 생각을 뿜어내는 근원이 약해지고 말라 버릴 것이다. 그러나 그 외에 다른 사람에게는 이런 죄가 치유될 가능성이 없다.

95) 〈요한의 복음서〉 5장 24절.

183. 태양이 떠오르면 그 빛이 땅 위에 비치고, 태양이 서쪽으로 지면 그 모든 빛을 거두어들인다. 마찬가지로 성령으로 거듭나지 못한 영혼은 온통 이 땅에서 자기 생각으로 가득 차 있고 그 생각은 땅끝까지 뻗쳐 있다. 그러나 성령으로 천상의 출생과 교제를 얻는 데 성공한 영혼은 자신의 모든 생각을 하나로 모아들이고, 그 생각을 자기 속에 담아서 손으로 짓지 않은 하늘의 처소에 계신 주님께 나아간다. 그러면 그 모든 생각은 신적인 하늘로 올라가 천상의 것으로 깨끗해지고 거룩해진다. 왜냐하면 세상의 왕인 악한 영의 감옥에서 해방된 영혼은 깨끗하고 거룩한 생각을 얻기 때문이다. 하느님은 기쁜 마음으로 사람이 신적인 본성에 참여하도록 창조하셨다.

이것은 은혜가 작용하는 첫 순간부터 나타난다. 그러나 여기에 이미 어떤 완전함이 있다고 생각하는 것은 매우 위험하다. 이것은 단지 시작에 불과하다. 은혜는 느껴지기 시작해서 점점 더 내적으로 변화될 때까지 조금씩 마음을 채워간다.

184. 신적인 은혜의 작용이 각 사람의 믿음의 정도에 따라 영혼을 덮고 영혼이 위로부터 오는 도움을 받아들일 때, 은혜는 아직 부분적으로만 영혼을 덮고 있는 것이다. 그

러므로 영혼 전체가 밝아진 것으로 생각해서는 안 된다. 영혼의 내부에는 아직 거대한 악덕의 목초지가 남아 있다. 사람은 내면에서 작용하는 은혜와 협력해 많은 수고와 노력을 해야 한다. 그러므로 한순간에 사람을 정화하고 그를 완전하게 만든 신적인 은혜는 점진적으로 영혼을 찾아와 그가 전심으로 하느님을 향한 사랑을 지키고 있는지, 어떤 일에서도 사탄과 협력하고 있지 않은지, 자신을 은혜에 완전히 맡기고 있는지 사람의 뜻을 시험한다. 그런 식으로 오랜 시간 동안 잘 단련되어 어떤 일에서도 은혜를 슬프게 하거나 모욕하지 않은 영혼은 점차 자신을 위한 도움을 발견한다. 은혜는 영혼 속에 있는 목초지를 차지한다. 온 영혼이 이 그릇을 다스리고 있는 하늘의 은혜에 둘러싸일 때까지, 영혼이 단련되고 은혜에 협력하는 정도에 따라, 은혜는 영혼의 가장 깊은 성분과 생각에 이르기까지 뿌리를 내린다.

185. 많은 사람이 내면에서 은혜가 작용하는 것으로 인해 오류에 빠져들었다. 그는 완전에 도달했다고 생각하고 "우리는 충분하다. 어떤 것도 필요하지 않다"라고 말했다. 그러나 주님은 무한하시고 이해할 수 없는 분이시다. 그리스도인은 감히 도달했다고 말해서는 안 되고 밤낮으로 겸손해야 한다. 영혼에는 많은 부분이 있고 그 깊이는 엄

청나다. 영혼 안에 들어간 죄는 이미 그 모든 목초지와 마음의 성분을 차지해 버린다. 그 후에 사람이 은혜를 구하면 은혜가 그에게 와서 아마도 영혼의 성분을 차지할 것이다. 그러나 경험이 없는 사람은 은혜로 위로받고 나서, 온 은혜가 그의 영혼을 가득 채워서 죄가 제거되었다고 생각한다. 그러나 영혼의 많은 부분이 아직 죄의 지배에 놓여 있고 그 한 부분만이 은혜 아래 놓여 있다. 사람은 그렇게 속으면서도 사실을 모른다.

186. 병을 앓고 있는 사람이라도 어떤 신체 부위는 건강하다. 예를 들면, 시력의 도구인 눈이나 어떤 다른 신체 부위는 건강하지만, 다른 부위는 손상되어 있다. 영적인 것을 논할 때도 마찬가지다. 어떤 사람은 영적인 세 부분이 건강할 수 있다. 그러나 그렇다고 해서 그 사람이 아직 완전한 것은 아니다. 영적인 단계가 얼마나 많은지 보라. 악은 갑자기 정화되거나 제거되지 않고 부분적으로만 그렇게 된다.

187. 어머니의 자궁 안에 있는 태아는 단번에 성장하는 것이 아니라 점차 인간의 모습을 띠고 자라나 태어난다. 그러나 아직 완전하게 성장한 사람은 아니다. 성인으로 자라기까지 오랜 시간이 걸린다. 마찬가지로 보리나 밀의

씨앗은 땅에 뿌려지자마자 뿌리를 내리는 것이 아니고, 추위와 바람이 지나가고 나서 때가 되어야 그루터기를 낸다. 배나무를 심는 사람은 곧바로 열매를 거두지 않는다. 마찬가지로 지혜와 섬세함이 많이 요구되는 영적인 일은 어떤 사람이 주장하듯이 옷을 입고 벗는 것처럼 되는 것이 아니고 점진적으로 성장한다고 성경에 다음과 같이 기록되어 있다. "우리 모두가 하느님의 아드님에 대한 믿음과 지식에 있어서 하나가 되어 성숙한 인간으로서 그리스도의 완전성에 도달하게 되는 것이다."[96]

188. 그러나 꿀벌이 비밀스럽게 벌집에 꿀을 만들듯이 은혜도 비밀스럽게 사람의 마음속에 사랑을 만들어 낸다. 그러면 쓰라림은 달콤함으로 변하고 잔인한 마음은 부드러운 마음으로 변한다. 은 세공사와 조각가는 조금씩 홈을 파서 그릇 위에 여러 그림을 새겨 넣는다. 그리고 작업이 끝나면 그때야 완전하게 반짝거리는 그릇을 보여 준다. 마찬가지로 참된 예술가(그리스도)이신 주님께서는 우리의 마음을 조각해 장식하시고 비밀스러운 방식으로 새롭게 하신다. 그리하여 영혼이 육체를 떠날 때 그 아름

96) 〈에페소인들에게 보낸 편지〉 4장 13절.

다움이 드러나게 된다.

그래서 은혜를 한번 맛본 사람은 계속해서 은혜를 맛보기를 더욱더 끊임없이 갈망한다.

189. 진리를 사랑하고 선을 사랑하는 영혼, 큰 희망과 믿음을 가지고 완전히 그리스도로 옷 입기를 소원하는 사람은 다른 사람이 일깨워 주는 것이 필요치 않으며, 그리스도를 향한 하늘의 갈망과 사랑이 자기 안에서 조금이라도 감해지는 것을 못 견딘다. 그리스도의 십자가에 완전히 못 박힌 그는 영적인 신랑을 사모하는 가운데 자신이 영적으로 진보하고 있다는 것을 매일 의식한다. 그는 하늘을 바라는 마음에 사로잡혀 의롭고 선한 행실을 갈망하면서, 영적인 빛을 강렬하게 끝없이 갈망한다. 만약 자신의 믿음에 대한 보상으로 신적인 비밀을 아는 자격을 갖게 되거나 하늘의 은혜의 즐거움에 참여하게 된다 해도, 그는 자기 자신이 무엇이라도 되는 양 여기지 않고 자신을 의지하지도 않는다. 그러나 영적인 은사를 받을 자격을 갖추게 되면, 그는 하늘에 대한 무한한 갈망으로 더욱 노력하며 영적인 은사를 추구한다. 그는 자신 안에서 영적인 진보를 더 많이 느낄수록 더 많이 은혜에 참여하고 은혜가 커지기를 갈망한다. 성경에서 말하듯이, 영적으로 더 부요

해질수록 하늘의 신랑에 대한 영적인 갈망이 충족되지 않기 때문에 영적 갈증이 더 심해지는 것이다. "나를 먹는 사람은 더 먹고 싶어지고, 나를 마시는 사람은 더 마시고 싶어진다."[97]

190. 하느님과 그리스도를 참으로 사랑하는 영혼은 주님을 향한 채워지지 않는 갈망 때문에 수천 가지 의로운 행위를 한다 해도 마치 자신이 아무것도 하지 않은 것처럼 생각한다. 그는 금식과 밤샘 기도로 자기 육체를 지치게 만들면서도 아직 아무런 선한 일도 시작하지 않은 것처럼 느낀다. 또한 여러 영적인 은사 혹은 계시와 하늘의 비밀에 도달하는 자격을 얻었을지라도, 주님을 향한 무한하고 채워지지 않는 사랑 때문에 자신이 아직 아무것도 얻지 못했다고 여긴다. 그러한 영혼은 매일 목말라하고 갈망하면서 믿음과 사랑을 가지고 기도 가운데 머물며, 은혜의 비밀을 알고 모든 선한 일에 준비되어 있음에도 만족할 줄을 모른다. 그 영혼은 성령의 사랑에 사로잡혀서 은혜의 도움을 받아 자신 안에 하늘의 신랑을 향한 불타는 갈망을 끊임없이 불러일으키고, 성령의 지성소에서 그분과 비밀

97) 〈집회서〉 24장 21절.

스럽고 말로 표현할 수 없는 교제를 할 수 있는 자로 인정 받기를 갈망한다. 그리고 말로 표현할 수 없는 영적인 빛 속에서 영혼이 활짝 열려 하늘의 신랑을 얼굴과 얼굴을 맞대고 본다. 그러면 그 영혼은 그분과 확실히 하나가 되어 그분의 죽음을 따라 그리스도를 위해 죽기를 갈망하고 끊임없이 고대한다. 그 영혼은 성령을 통해 죄와 정욕의 어둠으로부터 완전히 해방되고 성령으로 깨끗해지며, 자신의 영혼과 육체도 정화되어 하늘의 평화를 받아들일 수 있는 깨끗한 그릇이 될 것으로, 그래서 하늘에 계신 참된 왕이신 그리스도의 거처가 될 자격을 얻을 수 있으리라고 의심 없이 믿는다. 그때 그 영혼은 이미 이곳에서 성령의 깨끗한 거처가 되어 하늘의 삶에 합당하게 된다.

191. 그러나 영혼이 그렇게 준비되는 것은 갑자기 그리고 시험 없이 되지 않는다. 오랜 기간 많은 수고와 수행을 부지런히 행하고, 시련과 여러 시험을 거친 후에야 영혼은 영적인 성장과 심지어 완전한 정도의 평정에까지 도달하게 된다. 어떠한 죄의 유혹도 기꺼이 용감하게 견디어 낸 영혼은 그때야 위대한 영예, 영적인 은사, 하늘의 부요함을 얻을 자격을 갖추게 되고, 우리 주 예수 그리스도의 하늘의 왕국을 상속받게 된다.

192. 그리스도교는 음식이고 음료다. 그것을 더 많이 맛본 사람은 그 달콤함을 더 갈망하게 되고 점점 더 요구하게 되며 참지 못하고 만족할 수 없는 상태가 된다. 목마른 사람에게 달콤한 음료를 주면 그것을 맛본 후에 그는 더 갈증으로 타오르면서 음료에 가까이 다가가게 된다. 마찬가지로 영을 맛보는 것은 그런 사람의 갈증과 유사하게 해소될 수 없는 갈증을 일으킨다. 이것은 단순한 말이 아니라 비밀스럽게 이성을 돕는 성령의 역사다.

193. 샘이 있다고 상상해 보라. 어떤 목마른 사람이 그곳에서 물을 마시기 시작한다. 그가 물을 마시고 있을 때 누군가가 그의 주의를 돌려 그가 마시고 싶은 만큼 실컷 마시지 못하게 한다. 그러면 이미 물맛을 본 그 사람은 더 갈증으로 타오르게 되고 더 열렬하게 마실 것을 찾는다. 영적인 일에서도 그런 현상이 일어난다. 어떤 사람이 이미 하늘의 양식을 맛보고 그것에 참여했는데 갑자기 그 순간 그를 멈추게 하면 누구도 그를 배부르게 하지 못한다.

194. 주님은 인간의 나약함과 인간이 쉽게 교만해진다는 것을 아신다. 그래서 그를 멈추게 하시고 그를 끊임없는 훈련과 동요 속에 머물도록 하신다. 적은 것을 얻어도 모든 이가 참을 수 없을 정도로 교만해진다면, 그런 여러분

을 단번에 완전히 배부르게 한다면 여러분은 얼마나 더 참을 수 없는 존재가 되겠는가? 그러나 하느님께서는 여러분의 나약함을 아시고 그분의 뜻을 따라 여러분에게 슬픔을 보내 주셔서 여러분이 더 겸손해지고 더 열렬하게 하느님을 찾도록 한다.

점점 더 주님을 갈망하는 사람은 자신이 모든 면에서 부족하고 불충분하다고 느낀다. 그래서 겸손이 그들 속에 깊이 뿌리박힌 감정이 된다. 그 감정은 앞으로 있을 모든 영적 진보의 조건이 된다.

195. 사람이 어떻게 가난한 마음을 가질 수 있을까? 특히 그가 변화되었고 영적으로 진보했으며 이전에 가지지 못했던 지식과 이해에 도달했다고 느낀다면 말이다. 사람이 가난한 마음의 상태가 될 정도로 영적으로 성장하지 못했다면, 그는 아직 가난한 마음을 가지지 못하고 오히려 자신에 대해 높게 생각한다. 그가 이러한 것을 깨달을 정도로 영적으로 진보했을 때, 은혜가 그를 가르쳐 가난한 마음을 갖도록 한다. 그가 의인이고 하느님이 선택한 자임에도 불구하고 그는 자신이 무엇이라도 되는 양 생각하지 않고, 비록 알고 있고 가지고 있는 것이 있어도 아무것도 알지 못하고 소유하지 않은 것처럼, 자신의 영혼을 가치

없고 아무것도 아닌 것으로 여긴다. 그런 생각은 사람의 이성 속에 본래부터 타고나 뿌리박힌 것과 같이 된다. 우리의 선조 아브라함이 하느님의 선택을 받았을 때 자신을 '티끌과 재'라고 부른 것[98]을 알고 있지 않는가? 다윗도 왕으로 기름 부음 받았을 때 하느님 앞에서 이렇게 말했다. "나는 사람도 아닌 구더기, 세상에서 천더기, 사람들의 조롱거리."[99] 그러므로 그들과 함께 공동 상속자가 되고 하늘 도성에서 공동 시민이 되어 그들과 함께 영광을 얻으려면, 그들과 똑같은 겸손한 지혜를 가지고 자신이 무엇이라도 되는 것처럼 생각하지 말고 상한 마음을 가져야 한다.

196. 은혜를 받은 사람은 자신을 모든 죄인보다 더 낮은 사람으로 간주한다. 그런 생각은 그에게 본질적인 것처럼 심겨 있다. 하느님을 더 깊이 알게 될수록 그는 자신을 더 무지한 자로 여긴다. 그는 더 많이 배울수록 자신을 아무것도 모르는 사람으로 간주한다. 도우시는 은혜는 영혼 안에 본질적인 무엇인가를 만들어 낸다.

197. 하느님 앞에서 잘 훈련된 사람은 자신을 매우 하찮고

---

98) 〈창세기〉 18장 27절.

99) 〈시편〉 22편 6절.

전혀 훈련되지 않은 자로 여긴다. 그에게는 자신을 낮게, 심지어 아무것도 아니게 여기는 것이 본질적이고 필연적인 일이 된다. 그런 사람은 그에게 무엇이 주어졌고 무엇을 그가 가지고 있지 않았으며, 자신이 그의 본질에 예외적인 무엇인가를 획득했다는 것을 정말 모를까? 여러분에게 말하건대, 그런 사람은 자신을 매우 훈련된 사람으로도, 영적으로 매우 진보한 사람으로도 여기지 않고, 자신이 무엇을 획득했으며 무엇을 가지고 있지 않았는지도 알지 못한다. 그에게 임하는 은혜가 그를 가르쳐 실상 그가 영적으로 진보하고 있어도 자신의 영혼을 귀중한 것으로 여기지 않게 한다. 당연히 그는 자신을 아무 가치 없는 자로 인정한다. 그는 하느님에게 귀중한 이들이지만 자신에게는 귀중하지 않다. 하느님에 대한 지식을 소유하고 영적 진보를 이룬 상태에서도 그는 자신을 아무것도 알지 못하는 자로 여기며, 하느님에 대해서는 부요하지만, 스스로는 자신을 가난한 자로 여긴다.

198. 만약 누군가가 은혜에 참여했다고 자기를 높이며 교만한 모습을 그대가 보게 된다면, 그가 자신의 영혼을 대단치 않은 하찮은 것으로 여기지 않으며, 자신의 영혼을 가난하고 혐오스러운 것으로 여기지 않는다면, 비록 그가 기적을 행하고 죽은 자를 살렸다 하더라도, 그 사람에게

악이 침투하고 있는데도 자신은 그 사실을 모르는 것이다. 그가 기적을 행한다 해도 그를 믿으면 안 된다. 왜냐하면 그리스도교의 표지는 하느님 앞에서 잘 훈련된 사람이 그것을 사람들에게서 숨기려고 노력하는 데 있기 때문이다. 만약 왕의 모든 보화를 자신이 가지고 있으면 그는 항상 이렇게 말한다. "이것은 나의 보화가 아니라 다른 사람이 내게 맡긴 것이다. 나는 가난하다. 맡긴 분이 원하면 그것을 내게서 가져가실 것이다." 만약 누군가 이렇게 말한다고 해 보라. "나는 부자다. 나는 내가 얻은 것에 만족한다. 더 이상 필요한 것이 없다." 그런 사람은 그리스도인이 아니라 미혹과 악마의 그릇이다. 하느님께서 심으신 것은 충분하다고 할 만큼 먹을 수가 없다. 누구라도 그것을 맛보고 참여한 만큼 더 갈망하게 마련이다. 그런 사람은 하느님을 향한 뜨겁고 무한한 사랑을 가진다. 그가 영적으로 더 많이 진보하고 더 많이 얻을수록, 그는 모든 면에서 빈곤하고 아무것도 얻은 것이 없는 사람처럼 자신을 가난한 자로 인정한다. 그는 이렇게 말한다. "나는 이 태양이 나를 비출 만한 자격도 없는 사람이다." 이것이 그리스도교의 상징인 겸손이다.

199. 어떤 사람이든 위대한 겸손의 지혜를 실천하지 않는다면, 그는 사탄에게 넘겨지고 그에게 주어진 하느님의 은

혜를 빼앗기게 될 것이다. 그러면 그는 헐벗고 빈곤해져서 그의 자만심이 드러나게 될 것이다. 그러므로 하느님의 은혜로 부요해진 사람은 위대한 겸손의 지혜와 선한 마음의 상태에 머물러 있어야 하며, 자신을 가난하고 아무것도 소유하지 않은 사람으로 생각해야 한다. 그리고 '내가 가지고 있는 것은 모두 다른 이의 것이고, 다른 이가 나에게 준 것이며 그가 원하기만 하면 내게서 가져갈 것이다'라고 생각해야 한다. 그렇게 자신을 하느님과 사람들 앞에서 낮추는 사람은 그에게 주어진 은혜를 간직할 수 있다. "누구든지 자기를 높이는 사람은 낮아지고 자기를 낮추는 사람은 높아진다."[100] 그는 자신을 하느님의 선택을 받은 자로 판단해야 한다. 그리고 충성된 자가 되어 자신을 가치 없게 여겨야 한다. 그런 영혼은 하느님을 기쁘게 해 드리고 그리스도에 의해 생명을 얻는다.

그러나 그에게는 무엇보다도 자만과 교만, 판단을 경계하라는 경고가 주어진다. 왜냐하면 그것 때문에 은혜가 떠나기 때문이다. 은혜가 사라지면 곧바로 타락하게 된다.

200. 만약 왕이 어떤 가난한 사람에게 자신의 보화를 맡겼

---

100) 〈마태오의 복음서〉 23장 12절.

다고 해 보라. 보화를 맡은 사람은 그것을 자신의 소유로 여기지 않고, 어디서나 자신의 가난을 인정하고 남의 보화를 감히 탕진하지 않는다. 왜냐하면 그는 항상 이렇게 생각하기 때문이다. '나에게 있는 이 보화는 다른 이의 것일 뿐 아니라, 힘센 왕이 내게 맡긴 것이다. 그가 원하면 내게서 그것을 가져갈 것이다.' 하느님의 은혜를 가지고 있는 사람도 자신에 대해 그렇게 생각하고 겸손한 지혜로 자신의 가난을 고백해야 한다. 만약 가난한 사람이 왕이 그에게 맡긴 보화를 받고 이 보화에 기대를 걸고 그것을 자기의 부(富)인 것처럼 마음을 높이기 시작한다면, 그리고 그의 마음이 자랑으로 가득 찬다면, 왕은 그에게서 자신의 보화를 가져가 버릴 것이다. 그것을 보관하기 위해 가지고 있던 사람은 다시 전처럼 가난하게 될 것이다. 그러므로 만약 은혜를 가진 사람이 교만해진다면, 주님은 그에게서 은혜를 거두어 가시고, 그는 주님에게서 은혜를 받기 전과 같은 상태로 남겨지게 될 것이다.

201. 성령의 은혜를 받고 평온과 기대와 영적인 달콤함 속에서 은혜의 위로를 발견한 사람은 이 은혜에 기대어 자신을 높이고 태만에 빠져 상한 마음을 갖지 않고 겸손하게 생각을 낮추지 않을 수 있다. 그리고 완전한 평정의 상태에 도달하지 않고 부지런함과 믿음으로 완전히 은혜로 충

만해지지 않고서도, 그 상태에 만족해 안도해 버리고, 작은 은혜가 주는 위로에 머물러 버릴 수 있다. 그런 사람은 겸손에서 더 큰 성장을 이루기보다 교만해질 것이다. 어떤 은사를 받는다고 해도 무사태평함과 부주의, 공허한 자만심 때문에 그것을 빼앗기게 될 것이다.

202. 여러분 모두에게 말씀드린다. 나는 성령의 은사를 모두 받고 성령에 참여한 후에 완전한 사랑에 도달하지 못하고 타락한 사람들을 보았다. 어떤 고결한 사람이 세속을 거부하고 자신의 모든 재산을 팔아 노예들에게 자유를 주었다. 분별 있고 사려 깊은 사람으로서 이미 정직한 삶으로 이름이 알려진 그는 자만과 자부심에 빠져서 넘어졌고, 마침내 방탕과 수천 가지 악행에 떨어졌다.

203. 어떤 사람은 박해의 시기에 자기 육체를 고통에 내어주고 고백자[101]가 되었다. 나중에 평화로운 시기가 왔을 때, 그는 자유를 얻었고 사람들의 존경을 받게 되었다. 그는 전에 심한 연기로 고통을 받아 눈꺼풀이 상했는데, 영예를 얻은 후 기도하기 위해 앞으로 불려 나갔을 때, 빵을

---

101) 박해 등에 굴하지 않은 독실한 신자를 의미하는 말이다. (옮긴이 주)

집어 그것을 시중드는 소년에게 함부로 주었다. 그러자 그의 이성은 마치 하느님의 말씀을 한 번도 들은 적이 없는 것과 같은 상태가 되고 말았다.

204. 또 다른 어떤 수행자는 나와 함께 한집에 살며 함께 기도하면서 너무나 은혜로 충만해져서 내 옆에서 기도하다가 우밀레니예[102]의 상태에 이르렀다. 그의 안에서 은혜가 뜨겁게 타오르고 있었기 때문이다. 그는 치유의 은사를 받았다. 그는 귀신을 쫓아냈을 뿐 아니라, 지독한 병으로 손발이 마비된 사람들에게 안수해 치료하곤 했다. 그러나 후에 태만해지고 세상의 영광을 얻고 스스로 높이며 교만해져서 가장 깊은 죄에 빠지고 말았다. 치유의 은사를 받은 사람이 넘어진 것을 보라. 사랑의 단계에 이르지 못한 사람들이 넘어지는 것을 볼 수 있지 않은가? 그러나 사랑에 도달해 그 사랑에 묶이고 취한 사람은 마치 자신의 본성을 느끼지 못하기라도 하듯, 다른 세계의 포로가 되어 그곳으로 이끌려 간다.

---

102) 온유한 마음, 혹은 부드러움, 겸손으로 번역할 수 있으며 복음적 부드러움, 따뜻함이 있는 심오한 감정을 의미한다. 성스러운 갈망의 감정과 나란히 자만을 경계하는 겸손함을 의미하기도 한다. (옮긴이 주)

205. 충성스럽고 진리를 사랑하는 영혼은 의로운 자에게 준비된 영원한 복과 말할 수 없는 하느님의 은혜가 내려오는 것을 바라보면서, 자기 자신과 자신의 부지런함, 자신의 수고와 수행이 성령의 약속에 합당치 않다고 여긴다. 마음이 가난한 사람은 주님을 기쁘게 한다. 그는 의에 목마르고 주린다. 그는 마음이 상한 사람이다. 그러한 의도와 노력, 수고와 선을 향한 사랑을 받아들이고 끝까지 그 상태에 머물러 있는 사람은 진실로 생명과 영원한 나라를 얻게 될 것이다. 그러므로 형제 중 누구도 다른 형제 앞에서 자신을 높이고 마귀에게 속아서 자기 자신을 대단하게 여기며 "나는 이미 영적인 은사를 가지고 있다"라고 말해서는 안 된다. 그리스도인이 그렇게 생각하는 것은 합당하지 않기 때문이다. 내일 형제에게 무슨 일이 일어날지 여러분은 모른다. 여러분과 그의 종말이 어떻게 될지도 모른다. 그러니 각 사람은 자신에게 주의를 기울이고 끊임없이 자신의 양심을 살펴보아야 하며, 자신의 마음이 행하는 일, 또 얼마나 부지런히 그리고 열심히 마음이 하느님을 추구하고 있는지를 시험해 보아야 한다. 완전한 목적인 자유와 평정심, 영적인 평안을 마음에 두면서 끊임없이 게으름을 부리지 않고 살아가야 한다. 물론 어떤 은사나 의로움에도 기대를 걸어서는 안 된다.

206. 은혜가 작용했던 적이 있던 사람이 어떻게 해서 넘어지게 될까? 본성상 가장 순결한 생각이 비속해져서 타락하는 경우가 있다. 사람은 자기를 높이기 시작하고 다른 사람을 판단하며 "너는 죄인이다"라고 말하면서, 자기 자신을 의로운 자로 인정한다. 사도 성 바울로가 말씀하신 것을 여러분은 정말 모른단 말인가? "내가 잔뜩 교만해질까 봐 하느님께서 내 몸에 가시로 찌르는 것 같은 병을 하나 주셨다. 그것은 사탄의 하수인으로서 나를 줄곧 괴롭혀 왔다. 그래서 나는 교만에 빠지지 않게 되었다."[103] 순수한 본성에는 교만의 가능성이 있다.

207. 그러므로 그리스도인은 결코 누구도 판단하지 않도록 모든 노력을 다해야 한다. 창녀도 죄인도 무례한 사람일지라도 마찬가지다. 모든 사람이 창조된 원래의 선한 존재로 변화되도록, 그들을 단순한 의도와 깨끗한 눈으로 바라보아야 한다. 그 누구도 모욕하지 않고 판단하지 말고 누구도 미워하지 않으며 사람들을 차별하지 않아야 한다.

---

103) 〈고린토인들에게 보낸 둘째 편지〉 12장 7절.

208. 은혜를 선물로 받고서도 사람이 타락할 수 있을까? 태만해지면 타락한다. 왜냐하면 사탄은 결코 아무 일도 하지 않는 법이 없으며, 게으름을 피우지 않고 싸움을 걸어 오기 때문이다. 그러므로 여러분은 하느님 앞에서 자신이 추구하는 것을 멈추면 안 된다. 분명히 은혜의 비밀을 체험했다 하더라도 태만에 빠진다면 여러분은 많은 해를 당하게 될 것이다.

209. 그리스도인의 가치는 대단히 높다. 그것과 비교할 수 있는 것은 없다. 만약 누군가 부주의한 상태에서 악의에 마음을 빼앗긴다면, 그는 성벽이 없어서 저항도 하지 않은 채 강도들의 침입을 받아 황폐해지고 불태워진 도시와 같을 것이다. 만약 여러분이 태만하고 자신에게 부주의해진다면, 악한 영이 와서 이 세대의 사상을 마구 뿌려놓아서 여러분의 마음을 황폐하게 만들고 말 것이다.

따라서 그들은 어떤 보화를 받았는지 인식하면서 즐거워하는 정도만큼, 그것을 잃을까 봐 두려워한다. 그들은 은혜의 영이 근심해 떠나지 않도록 자신의 영적인 직무를 온전히 수행하려고 노력한다.

210. 수행자는 염원하는 것을 받기 전까지, 주님이 오시기

전까지, 성령의 모든 감각과 행위가 그의 안에 거하기까지 자신의 수행과 삶에 기대를 걸지 않는다. 그가 주님의 은혜를 맛보고 영적인 열매를 즐기게 되면, 그리고 어둠의 덮개가 걷히고 그리스도의 빛이 비치어 말로 표현할 수 없는 기쁨 속에 그 빛이 작동하게 되면, 그는 주님의 위대한 사랑을 확인하게 될 것이다. 이익을 얻은 상인처럼 그는 기뻐하면서도, 동시에 강도와 악한 영으로부터 재난을 당할까 봐 슬퍼하고 두려워한다. 그가 하늘의 예루살렘인 하느님의 나라에 들어갈 자격을 얻기 전에 나약해져서 그의 수고를 망치게 될 수 있기 때문이다.

211. 바다를 항해하는 상인은 순풍과 고요한 바다를 만나도 항구에 도착하기 전까지는, 갑자기 역풍이 불고 파도가 일어 배가 위험에 처하지나 않을까 항상 두려워한다. 마찬가지로 그리스도인은 성령의 은혜로운 바람으로 숨 쉬고 있어도, 그에게 저항하는 세력이 바람을 일으켜 영혼 속에 반란과 동요를 일으키지나 않을까 여전히 두려워한다. 그러므로 평온의 항구, 완전한 평화, 영원한 삶, 영원한 복락, 거룩한 자들의 도시, 하늘의 예루살렘, 장자들의 교회[104]에 들어가기 위해서는 엄청난 부지런함이 요구된다. 그러한 단계를 거치지 않은 사람에게는 두려워할 무수한 이유가 있다. 이것을 통과할 때 악한 힘이 그를 타락

시킬 수 있기 때문이다.

212. 어떤 부자 또는 아주 명예로운 왕이 가진 것이라고는 자기 육체밖에 없는 가난한 처녀에게 호의를 보여 그녀의 연인이 되고 그녀를 신부요, 반려자로 삼고자 한다고 해보라. 그 여자가 마침내 자기 남편에게 호감을 나타내고 그에 대한 사랑을 지키면, 아무것도 가진 것이 없던 가난했던 그 여자는 남편이 가지고 있는 모든 소유의 여주인이 된다. 그러나 만약 그 여자가 남편의 집에서 자신의 의무에 반하고 품위 없이 행동한다면, 그 여자는 불명예와 치욕을 당하고 쫓겨날 것이다. 그리고 모세의 율법에 남편에게 순종하지 않고 합당치 않게 행하는 아내에 대해 쓰여 있는 대로, 그 여자는 두 손을 머리에 얹은 채 떠나게 될 것이다.[105] 그러면 그 여자는 자신이 어떤 부요함과 영예를 잃었는지, 자신의 무분별로 인해 어떤 불명예를 당하게 되었는지 깨닫고 괴로워하며 슬피 울게 될 것이다.

213. 그러므로 하늘의 신랑이신 그리스도께서 비밀스럽고 신적인 교제를 위해 자기 약혼녀로 삼으셔서 이미 하늘

---

104) 〈히브리인들에게 보낸 편지〉 12장 23절.

105) 〈신명기〉 24장 1절.

의 부요함을 맛본 영혼은, 매우 부지런하고 진실하게 자신의 약혼자 되신 그리스도를 기쁘게 해 드려야 한다. 영혼은 자신에게 맡겨진 영적인 직무를 합당하고 올바른 방식으로 수행해야 한다. 그럼으로써 모든 면에서 하느님을 기쁘게 해 드리고 어떤 것으로라도 성령을 슬프게 하지 말고, 마땅히 완전한 순결과 그리스도에 대한 사랑을 보존해야 한다. 그리고 자신에게 주어진 은혜에 완전히 헌신해 하늘의 왕의 집에서 온전히 행해야 한다. 그런 영혼은 모든 주님의 복을 관리하는 여주인이 되고, 그 육체는 그리스도의 신성으로 영화롭게 된다. 그러나 그 영혼이 죄를 짓고 자신의 직무를 행할 때 의무에 반해 행동한다면, 그래서 그리스도를 기쁘게 해 드리지 못하고 그분의 뜻을 따르지 않는다면, 그리고 자신 안에 있는 그리스도의 은혜에 협력하지 않는다면, 그 영혼은 비방을 받고 부끄러운 불명예에 떨어져 삶으로부터 단절될 것이다. 왜냐하면 하늘의 왕과 교제하기에 합당하지 않은 자, 왕과 교제할 수 없는 자가 되어 버렸기 때문이다. 모든 천사와 권세들, 그리고 사도들과 예언자들, 순교자들은 이 영혼에 대해 슬퍼하고 애통해하며 운다.

214. 그러므로 우리는 모든 분별력을 가지고 조심스럽게 행해야 한다. 그러므로 성경에 쓰인 대로 "두렵고 떨리는

마음으로 여러분 자신의 구원을 위해서 힘쓰라".[106] 여러분 모두는 그리스도의 영에 참여한 자로서 작은 일이나 큰 일이나 어떤 일에서도 냉담하게 행동해서는 안 된다. 그리고 이미 여러분이 참여한 그 생명을 빼앗기지 않도록 성령을 근심케 하지 말라.

215. 같은 내용을 다르게 말해 보겠다. 종이 왕의 궁전에 들어가 왕 앞에서 섬긴다고 해 보라. 그는 왕의 재산에서 그에게 맡겨진 것을 내놓는다. 그 자신은 아무것도 가지지 않은 채 왕의 세간을 가지고 왕을 섬긴다. 그러나 이 일에는 깊은 분별력과 신중함이 필요하다. 그래야만 그는 합당하지 않은 일을 하지 않을 것이다. 가령 왕의 식탁에 놓아야 할 음식 대신에 다른 것을 놓지 않을 것이고, 모든 음식을 처음부터 끝까지 순서대로 내놓을 것이다. 만약 그가 무지와 무분별 때문에 왕을 합당하지 않게 섬긴다면, 그는 위험과 죽음에 처하게 될 것이다.

216. 마찬가지로 은혜와 영으로 하느님을 섬기기로 자신을 헌신하고자 결심한 이후, 우리 영혼에는 커다란 분별력

---

106) 〈필립비인들에게 보낸 편지〉 2장 12절.

과 지식이 필요하다. 그래야만 하느님의 무한함을 인식하는 데에서, 즉 영으로 하느님을 섬기는 것을 판단하는 데에서 하느님의 은혜에 따르지 않고 제멋대로 생각하는 죄를 짓지 않게 된다. 우리는 영으로 하느님을 섬긴다. 그것은 우린 안의 영에 의해 비밀리에 이루어진다. 그분의 무한한 은혜 없이는 그 누구도 하느님을 섬길 수 없고 모든 것에서 하느님의 뜻을 행하며 하느님을 기쁘게 해 드릴 수 없다.

217. 영혼이 은혜를 받으면, 영혼에는 큰 분별력과 사려 깊음이 요구된다. 하느님 자신이 이것을 그분께 구하는 영혼에 주신다. 그러면 영혼은 자신이 받아들인 성령으로 하느님이 기쁘시도록 섬길 수 있게 된다. 그리고 어떤 일에서도 악에 지지 않고, 무지와 무모함, 태만함 때문에 죄를 짓지 않고 의무에 반해 주권자의 의지를 거스르지 않게 된다. 왜냐하면 그렇게 하지 않는 영혼에는 죽음과 울부짖음이 형벌로 주어지게 될 것이기 때문이다. 이것에 대해 거룩한 사도 성 바울로는 다음과 같이 말한다. "나는 내 몸을 사정없이 단련하여 언제나 민첩하게 움직일 수 있게 한다. 이것은 내가 남들에게는 이기자고 외쳐 놓고 나 자신이 실격자가 되지 않게 하려는 것이다."[107] 과연 사도 성 바울로가 어떤 두려움을 가졌는지 아시겠는가? 그러므

로 하느님의 은혜를 받은 우리는 하느님의 뜻에 따라 영적 예배를 수행할 수 있도록, 그리고 이 모든 것을 경시하는 생각에 익숙해지지 않도록 기도해야 한다. 그렇게 하느님을 기쁘게 하는 삶을 살고 하느님의 뜻에 따라 영으로 그분을 섬김으로써 우리는 영생을 상속받게 된다.

218. 왕의 궁정에 들어가는 고위 관리나 지역 관리는 대답할 때 잘못해서 책망이나 벌을 받을까 봐 어떻게 대답해야 할지 매우 두려워할 수 있다. 그러나 왕을 한 번도 본 적이 없는 마을 사람이나 소박한 사람은 걱정 없이 행동할 수 있다. 이 지상의 세계, 왕부터 가난한 자에 이르기까지 그리스도의 영광을 모르면, 이 세상의 일을 걱정하고 심판의 날에 대해서는 좀처럼 기억하지 않는다. 생각으로 그리스도의 보좌가 있는 법정에 들어가서 항상 그리스도 앞에 서 있는 사람은 거룩한 그분의 계명을 어느 것이라도 어길까 봐 항상 두려워하고 떨며 머무른다.

219. 만약 종이 자기 주인 가까이 있다면, 그는 항상 두려움 가운데 있을 것이고, 주인 없이는 아무것도 하지 않을

---

107) 〈고린토인들에게 보낸 첫째 편지〉 9장 27절.

것이다. 우리 역시 우리의 생각을 우리의 주권자이자 우리 마음을 아시는 그리스도 앞에 드러내야 한다. 그리고 그분께 우리의 기대와 희망을 두어야 한다. 왜냐하면 그분은 우리의 영광이시고 우리의 아버지시며 우리의 부요함이 되시기 때문이다. 그러므로 항상 여러분은 양심 안에 조심스러움과 두려움을 가져야 한다.

220. 어떤 지역을 다스리거나 왕의 보화를 맡게 된 사람은 항상 왕을 불명예스럽게 할까 봐 걱정한다. 마찬가지로 영적인 일을 맡은 사람은 평온을 가지고 있으면서도 마치 가지고 있지 않은 것같이 항상 걱정한다. 그는 밖에서 침입해 들어온 어둠의 왕국, 즉 그 목초지를 차지해 버린 야만인을 영혼으로부터 몰아낸다.

이 목적을 위해서 그는 어떻게 해서라도 마음으로 주님을 떠나지 않으려고 노력한다. 그는 마치 조타수가 뱃사람을 혹은 마부가 말을 다루듯이 자기 내면을 질서 있게 유지한다.

221. 하느님은 묘사하거나 이해할 수 없는 분이다. 그분은 천사가 하늘에서 땅으로 내려오는 것처럼 한 곳에서 다른 곳으로 옮겨 가지 않으시면서 자신을 모든 곳에, 산 위

에, 바다에, 심연 아래에 드러낸다. 그분은 하늘에도 계시고 여기에도 계신다. 만약 깊은 심연에서 주님을 찾는다면 주님께서 그곳에서 기적을 행하고 계신 것을 발견하게 될 것이다. 만약 그분을 구덩이 속에서 찾는다면, 그분이 두 사자 사이에서 의로운 다니엘을 보호하고 계신 것을 알게 될 것이다. 만약 그분을 불 속에서 찾는다면, 그분이 그곳에서 자기 종을 돕고 계신 것을 알게 될 것이다. 만약 그분을 산 위에서 찾는다면, 그분이 그곳에서 엘리야와 모세와 함께 계신 것을 알게 될 것이다. 주님은 땅 아래, 하늘 위, 우리 안, 그 어디나 계신다.

222. 그리스도인은 항상 하느님을 기억해야 한다. 성경에 "마음을 다 기울이고 정성을 다 바치고 힘을 다 쏟아 너의 하느님 야훼를 사랑하라"[108]라고 기록되어 있다. 기도하는 집에 들어갈 때만 주님을 사랑하는 것이 아니라, 길에 있을 때나 대화할 때나 음식을 먹을 때도 하느님을 기억하고 그분을 사랑하고 그분께 충실해야 한다. 왜냐하면 주님은 "너희의 재물이 있는 곳에 너희의 마음도 있다"[109]라고 말씀하셨기 때문이다. 사람의 마음이 애착하는 것이나

108) 〈신명기〉 6장 5절.

109) 〈마태오의 복음서〉 6장 21절.

그의 소원이 향하는 것, 바로 그것이 그에게는 하느님이다. 만약 마음으로 항상 하느님을 갈망한다면, 하느님은 그의 마음의 주님이 되신다. 마른 나뭇가지를 불 속에 던지면 불의 힘을 저항하지 못하고 곧바로 타 버리는 것처럼, 마귀들이 성령의 은사들을 얻은 사람을 공격하고자 할 때, 그들은 하느님께서 내리시는 불의 힘으로 타서 없어져 버린다. 다만 그 사람이 항상 주님께 붙어 있고 그분에게 기대와 소망을 둔다면 말이다. 만약 산들이 견고한 것처럼 마귀들이 강하다 해도, 그들은 양초가 불에 타는 것처럼 기도로 타 버릴 것이다.

223. 주님의 거룩한 자가 세상의 수치스러운 자리에 앉아서 그 유혹을 바라볼 때가 있다. 그러나 그는 내적으로 하느님과 대화하면서, 외적인 눈으로 세상에서 일어나는 일을 본다. 세속적인 사람은 아첨의 영의 영향을 받아 세속적으로 지혜로운 척한다. 그러나 그리스도인은 다른 마음과 다른 이성을 가지고 있다. 그는 다른 세대와 다른 도성(都城)에 속한 사람이다. 성령께서 그의 영혼과 교제하고 계시기 때문이다.

224. 사도 성 바울로는 이렇게 말했다. "어느 예배소에서나 남자들이 성을 내거나 다투거나 하는 일이 없이 깨끗한

손을 쳐들어 기도하기를 바란다."[110] 복음서에 의하면 "마음에서 나오는 것은 살인, 간음, 음란, 도둑질, 거짓 증언, 모독과 같은 여러 가지 악한 생각들이다".[111] 그러므로 기도할 때 자신의 마음과 생각에 주의를 기울이라. 깨끗한 기도가 하느님께 올라가도록 하라. 특히 기도를 막는 것이 없는지, 여러분이 드리는 기도가 깨끗한 기도인지, 농부가 농사로, 남편이 아내로, 상인이 장사로 그 생각이 가득 차 있는 것처럼, 여러분의 생각이 주님으로 가득 차 있는지 살펴보라. 기도하기 위해 무릎을 꿇을 때 다른 무엇이 여러분의 생각을 빼앗아 가지는 않는가?

225. 성경 말씀에 "마음을 다 기울이고 정성을 다 바치고 힘을 다 쏟아 너의 하느님 야훼를 사랑하라"[112]라고 쓰여 있다. 여러분은 성령님을 사랑하고 소유하고 있다고 말한다. 그러나 정말로 여러분은 내면에서 주님을 기억하고 그 분에 대한 사랑과 뜨거움을 가지고 있는가? 여러분은 밤낮으로 주님과 함께 있는가? 만약 그러한 사랑이 있다면, 여러분은 깨끗하다. 그러나 만약 그러한 사랑이 없다면, 이

---

110) 〈디모테오에게 보낸 첫째 편지〉 2장 8절.

111) 〈마태오의 복음서〉 15장 19절.

112) 〈신명기〉 6장 5절.

땅의 염려와 더럽고 악한 생각이 찾아올 때, 정말로 그런 것에 무릎 꿇지 않고 항상 여러분의 영혼이 하느님의 사랑에 이끌리고 있는지, 하느님께 충실한지 잘 살펴보라. 세속적인 생각은 이 땅의 썩어 버릴 것으로 이성을 어지럽히고, 하느님을 사랑하거나 주님을 기억하지 못하도록 한다. 무지한 사람이 기도를 시작하면서 무릎을 꿇을 때 그의 이성이 평온한 상태로 들어가는 경우가 종종 있다. 그가 악이 저항하는 벽 밑을 파서 깊이 들어가는 만큼 그 벽은 무너지게 된다. 그리고 그 사람은 강한 자나 지혜로운 자, 혹은 웅변가가 도달하지 못한 식견과 지혜에 이르게 된다. 다른 자들은 하느님의 비밀을 알고 있는 그의 이성이 지닌 섬세함에 도달하거나 그것을 인식할 수 없다.

226. 놋으로 만든 그릇을 밖에 있는 불 속 장작 위에 올려놓으면, 그 안에 있는 것이 데워지고 불의 열기로 인해 끓게 된다. 만약 누군가가 게으름을 피워서 장작을 더 넣지 않는다면, 열기는 사그라지고 마침내 꺼지게 될 것이다. 은혜는 여러분 안에 있는 하늘의 불과 같다. 기도할 때 자기 생각을 그리스도에 대한 사랑에 바치라. 그러면 장작을 넣는 것처럼 여러분의 생각이 불이 되어 하느님의 사랑에 잠기게 될 것이다. 성령이 물러가고 여러분 밖에 있는 것처럼 보일지라도, 성령은 여러분 안에 거하시고 여러분

밖에도 계신다. 누군가 게으름을 피운다면 그가 세속적인 일이나 산만함에 빠지지 않더라도, 또다시 죄가 찾아와서 영혼을 둘러싸고 그 사람을 짓누르기 시작한다. 그러면 영혼은 이전의 평온한 상태를 기억하고 슬퍼하며 더 자주 고통당하기 시작한다.

227. 다시금 마음이 하느님께 향하고 다시 이전의 기대를 품고 그분께 다가가기 시작하며, 다시 하느님을 더 강하게 찾기 시작하면서 "주여, 당신께 간구합니다!"라고 말한다. 마치 낚싯대가 조금씩 물고기를 깊은 바다에서 끌어올리듯이, 조금씩 불이 더해지면서 영혼을 불타오르게 하고 안정시킨다. 만약 이런 것이 없고 영혼이 쓰라림과 죽음을 맛보지 않았다면, 어떻게 쓴 것을 단 것과, 죽음을 생명과 구분하고 생명을 주시는 아버지와 아들과 성령께 영원히 감사할 수 있겠는가!

228. 배가 완전히 장비를 갖추고 나면, 조타수는 모든 사람에게 명령하고 그들을 관리한다. 어떤 사람은 질책하고 다른 사람에게는 무엇을 해야 할지 지시한다. 마찬가지로 우리 마음도 조타수를 가지고 있다. 그것은 이성과 잘못을 드러내는 양심, 그리고 판단하고 정당화하는 생각이다. 왜냐하면 사도 성 바울로가 이렇게 말씀하셨기 때문

이다. "그들의 양심이 증언하고 그들의 엇갈리는 생각들이 서로 고발하기도 하고 변호하기도 하면서, 그들은 율법에서 요구하는 행위가 자기들의 마음에 쓰여 있음을 보여준다."

229. 전차와 재갈, 동물, 그리고 필요한 모든 것이 마부 한 사람의 손에 놓여 있다고 해 보라. 원하기만 하면 그는 맹렬한 속도로 마차 위에서 질주할 수 있고, 또 원할 때는 마차의 속도를 늦출 수 있다. 또 마차의 방향을 바꾸고 싶으면 마차는 그곳으로 달려간다. 왜냐하면 마차가 마부의 힘에 놓여 있기 때문이다. 마찬가지로 마음은 그것과 연결된 많은 본성적인 생각을 가진다. 이성과 양심이 마음에 깨달음과 방향성을 주고, 마음속에서 일어나는 본성적인 생각을 잠재운다. 영혼은 하나지만 여러 요소로 구성된다.

230. 말을 마차에 맨 후 사람은 마차를 움직여 서로에게 돌진한다. 그는 상대 마차를 엎어 버리고 승리하려고 애쓴다. 수행자의 마음도 그런 볼거리를 제공한다. 그의 마음에서 악한 영이 영혼과 싸움을 벌이고, 하느님과 천사들이 그것을 바라본다. 게다가 매시간 많은 새로운 생각이 영혼 속에, 악의가 그 생각으로 들어간다. 영혼은 많은 비

밀스러운 생각을 가지며, 이 시간에도 그 생각을 생산해 내고 있다. 악의도 여러 생각과 계획을 하면서 매시간 영혼을 대항하는 새로운 생각을 낳는다. 이성은 기수다. 이성은 영혼의 마차에 말을 매고 생각을 제어하며, 사탄의 마차를 대항해 돌진한다. 사탄은 영혼에 대항해 마차를 준비해 두었기 때문이다.

여기서도 죄와 원수로 인해 싸움이 끊이지 않는다는 사실을 알 수 있다. 마음의 움직임과 생각의 끊임없는 싸움이 생겨나며, 싸움은 더 치열해진다.

231. 많은 이들은 그들 안에 은혜가 있음에도 죄에 의해 강탈당하고 있다는 것을 알지 못한다. 마치 어떤 집에 젊은 여자와 젊은 남자가 살고 있는데, 여자가 남자에게 유혹당해 마침내 둘 사이의 음행으로 인해 경멸스럽게 되는 것처럼, 죄라는 끔찍한 뱀은 영혼에 함께 거하며 영혼을 유혹하고 설득한다. 만약 영혼이 동의한다면 육체가 없는 영혼은 육체가 없는 악한 영과 교제하게 되는 것이다. 즉 영과 영이 교제하는 것이다. 악한 생각을 받아들이고 그것에 동의하는 사람은 마음속에서 간음을 저지른다. 그러므로 수행의 척도는 여러분이 생각으로 간음하지 않고, 마음으로 저항하고 내면에서 악과 싸워 악에 순종하지 않고

생각 속에서 악을 즐기지 않는 것에 있다. 그리하여 주님께서 여러분이 이렇게 준비된 것을 발견하시게 된다면, 마지막 날에 여러분을 그의 왕국으로 맞아 주실 것이다.

232. 악에 깊이 빠져 죄 가운데서 행하는 사람도 선으로 향할 수 있고, 성령에 매여 하늘의 것으로 기뻐하는 사람도 악으로 향할 수 있는 본성을 가지고 있다. 하느님의 은혜를 맛보고 성령에 참여한 사람들도 조심하지 않으면, 마음이 식어 세상에 살았을 때보다 더 나빠질 수 있다. 이것은 하느님이 변하시거나 약해지시거나 성령이 식어 버리기 때문이 아니라, 사람들 스스로 은혜에 부합하지 못하고 유혹을 받아 천 가지 악에 빠지기 때문에 일어나는 것이다.

233. 하느님의 감미로움을 이미 맛본 사람들도 여전히 대적의 활동에 영향을 받는다. 그들은 미숙해 하느님께서 찾아오신 이후에 심지어 그리스도교의 성사 중에도 육신의 생각이 활동한다는 사실에 놀란다. 그러나 이런 상태에 익숙해진 사람들은 그것에 놀라지 않는다. 이는 마치 오랜 기간 숙련된 경험 있는 농부들이 토양이 비옥해도 완전히 태평하게 있지 않고 기아나 빈곤에 대비하며, 반대로 굶주림과 빈곤이 덮쳐 오더라도 상황이 곧 변할 것을 알기에 전적으로 희망을 잃지 않는 것과 같다. 영적인 일에서

도 영혼이 여러 가지 유혹에 빠져도 영혼은 놀라거나 절망하지 않는다. 왜냐하면 하느님의 허락으로 영혼이 시험을 당하고 처벌받는다는 사실을 알고 있기 때문이다. 그러므로 영혼은 매우 풍요롭고 평화로울 때도 부주의하지 않고 변화에 대비한다.

234. 사람이 깊은 은혜 속에 있고 은혜에 의해 풍성해져도, 여전히 그의 속에는 악의 독이 있다. 하지만 그에게는 그를 돕는 중보자가 있다. 샘에서 물이 흐르면 그 주변 장소는 물기에 젖어 촉촉해지지만, 무더위가 닥치면 샘도 그 주변 장소도 메말라 버린다. 은혜가 충만한 하느님의 종들에게 은혜가 역사하면 자연적인 욕망뿐 아니라 마귀에 의해 자극된 욕망도 시들게 된다. 왜냐하면 현재 하느님의 사람들은 첫 번째 아담보다 더 우월한 상태에 있기 때문이다.

235. 어떤 사람들은 하느님의 은혜를 충분히 누림으로써 그들 속에 있는 죄보다 더 강해져서 하느님 앞에서 기도하며 안식을 누린다. 그러나 비록 그들이 하느님의 은혜 안에 있다고 하더라도, 어떤 때는 악한 생각에 빠지고 죄에 침범당하기도 한다. 하지만 경솔하고 무지한 사람들은 은혜가 종종 그들 속에서 활동할 때, 그들 속에는 이제 죄가

없다고 생각한다. 그러나 판단력이 있고 신중한 사람들은 하느님의 은혜를 입고 있어도 그들이 수치스럽고 불순한 생각에 빠질 수 있다는 것을 감히 부인하지 않는다.

236. 드물지만 형제들 가운데 어떤 사람들은 커다란 기쁨과 은혜를 얻은 후 5~6년 동안 "우리 속에 있는 정욕이 시들었다"라고 말하곤 한다. 그 후 정욕에서 완전하게 자유로워졌다고 생각했을 때, 그들 속에 숨어 있던 죄악이 활동하게 되면서 그들이 정욕으로 불타오르면 그로 인해 놀라면서 "그렇게 오랜 세월이 지난 후에도 어디서 그러한 죄악이 우리에게서 생겨나는 것일까?"라고 말한다. 그러므로 분별 있게 판단하는 사람이라면 누구도 감히 "내 안에 은혜가 있으므로 나는 죄에서 완전히 벗어났다"라고 말해서는 안 된다. 그와는 반대로 두 인격이 마음에 영향을 끼친다. 이 문제에 익숙지 않은 사람들은 은혜가 그들에게 어느 정도 영향을 주자마자, 그들이 이미 승리자이며 완전한 그리스도인이 되었다고 생각한다. 그러므로 나는 이렇게 생각한다. 하늘에 태양이 맑은 공기 속에서 빛날 때, 구름이 일어나 태양을 가리고 공기가 답답해져도, 구름 뒤에 있는 태양은 빛에서나 본질에서나 어떠한 손상도 받지 않는다. 완전한 정결함에 도달하지 못한 사람들도 그렇다. 하느님의 은혜 속에 머물면서도 아직 영혼 깊은 곳에서는 죄에 사로

잡혀 있고 완전히 선에 굳건해지지 못했을지라도, 그들은 자신 안에 하느님을 향한 열망을 강하게 하는 자연스러운 마음의 움직임과 생각을 소유하고 있다.

237. 이와 반대로 영혼의 깊은 곳에서 선함을 굳게 고수하고 은혜를 충만히 소유하고 있는 사람들도 때때로 악한 생각의 노예이자 포로가 되고 죄악의 편에 머물기도 한다. 그러므로 사람이 경험적으로 우리 안에 무슨 일이 일어나고 있는지를 알기 위해서는 신중함이 필요하다. 나는 성령을 받은 사도들도 완전히 평온한 것은 아니었다고 생각한다. 그들이 기뻐하고 즐거워할 때조차도 악이 아니라 은혜의 활동이 그들을 두렵고 떨리게 했다. 은혜 자체가 그들에게 사소한 일에서라도 그릇된 길로 가지 못하게 경고했다. 벽에 돌조각을 던진 사람은 조금도 벽을 상하게 하거나 벽을 자리에서 움직이게 할 수 없다. 혹은 갑옷을 입은 사람에게 화살을 쏘아도 갑옷이 화살을 격퇴하기 때문에 그 갑옷이나 몸을 상하게 하지 못한다. 악의 일부가 사도들에게도 접근했지만, 그들에게 해를 끼치지 못했다. 왜냐하면 그들은 그리스도의 완전한 힘으로 옷을 입었고, 완전하고 의로운 일을 할 수 있는 자유를 가지고 있었기 때문이다. 어떤 사람들은 은혜가 있을 때 영혼은 이제 어떤 것에 대해서도 염려하지 않는다고 주장한다. 그러나

하느님께서는 완전한 사람들에게도 은혜에 따라 성령을 섬길 영혼의 의지를 요구한다. 그래서 "성령의 불을 끄지 말라"[113]라고 사도 성 바울로가 말씀하신 것이다.

238. 눈에 보이는 세상의 땅에는 자주 가시덤불이 자라난다. 농부는 땅을 개간하고 열심히 경작해 씨를 뿌리지만, 가시덤불과 파종되지 않은 것들이 자라고 번식한다. 왜냐하면 아담의 범죄로 인해 "들에서 나는 곡식을 먹어야 할 터인데, 땅은 가시덤불과 엉겅퀴를 내리라"[114]라고 말씀하셨기 때문이다. 농부가 수고를 해 가시덤불을 뽑아내도 더욱 번식한다. 여기에서 영적인 의미를 깨달으라. 범죄로 인해 땅은 계속해서 가시덤불과 엉겅퀴를 내놓는다. 사람이 땅을 일구고 수고하지만, 악한 영의 가시덤불은 계속 나온다. 그 후에 성령께서 인간의 약함을 도와주시고 주님께서는 하늘의 씨를 마음의 땅에 뿌려 그것을 자라나게 하신다. 그러나 주님의 씨가 떨어질 때도 여전히 가시와 엉겅퀴는 나온다. 주님과 사람이 영혼의 땅을 열심히 경작해도, 여름이 와서 은혜가 커지고 가시덤불이 무더위 때문에 말라 버릴 때까지, 일곱 가지 악한 영들은 여전히

---

113) 〈데살로니카인들에게 보낸 첫째 편지〉 5장 19절.

114) 〈창세기〉 3장 18절.

가시덤불이 생겨나게 한다.

239. 악은 본성 그 자체에 거하지만 먹을 것이 있는 곳에서만 번성한다. 밀의 아래쪽 줄기들은 가라지에 의해 질식당할 수 있다. 하지만 여름이 와서 식물이 말라 버리고 나면, 가라지는 밀에 조금도 해를 끼칠 수 없다. 순수한 밀 서른 말이 있다고 생각해 보라. 그 안에 불순물과 가라지가 조금 있다면, 가라지는 밀 더미 속에 보이지 않은 채 있게 될 것이다. 은혜도 마찬가지다. 하느님의 은사와 은혜가 사람 안에서 더해질 때, 그는 주님 안에서 부유해진다. 그러면 부분적으로 악이 사람 속에 남아 있을지라도 그를 해할 수 없으며, 그를 지배하는 어떠한 힘도 그 안에서 적은 몫도 가질 수 없다. 주님이 오신 이유와 그분의 섭리는 죄의 노예가 되어 죄책감을 느끼며 죄에 복종하는 우리를 해방해 죄와 죽음을 이기는 자들이 되게 하기 위함이다.

240. 사도들이 원했다면 죄를 지을 수 있었을까, 아니면 그들의 의지보다 은혜가 더 컸던 것일까? 그들은 빛 가운데 거하며 은혜를 받아 자신을 높이지 않았기에 죄를 지을 수 없었을 것이다. 그들은 은혜가 자신들 안에서 약했다고 말하지 않았다. 우리는 온전히 영적인 사람들조차도 그들이 의지대로 원하는 것을 행할 수 있으며, 마음을 어

디에든 기울일 가능성을 허용하는 것이 은혜가 하는 일이라고 확신할 수 있다. 인간의 본성 자체는 약해서 본성과 함께 있는 선에서 벗어날 가능성이 있다. 그러나 완전한 장비, 갑옷 등 다른 무기들을 갖추고 내적으로 견고해지면 적들은 그들을 공격하지 않는다. 설사 공격해 오더라도 그들에게는 이미 무기를 사용해 적들을 물리치고 적과 싸워 이길 수 있는 의지가 있다. 아니면 무기를 가지고 있으면서도 사탄과 싸우지 않고 더불어 즐겁고 평화롭게 지낼 수도 있다. 이처럼 그리스도인들은 완전한 힘을 입고 하늘의 무기를 가지고 있으면서도 원하기만 하면, 사탄과 함께 즐기면서 싸우지 않고 그와 평화롭게 지낼 수 있다. 본성은 쉽게 변할 수 있고, 인간에게는 자의적인 특성이 남아 있어서 그가 원한다면 하느님의 아들이 될 수도 있고 멸망의 아들이 될 수도 있다.

241. 완전한 자들에게 슬픔이나 싸움이 있을까? 아니면 그들은 걱정 없이 완전히 평온할 수 있을까? 적이 공격하기를 멈추는 사람은 단 한 명도 없다. 사탄은 무자비하고 인간을 혐오하기 때문에 모든 인간을 공격하는 일을 게을리하지 않지만, 모든 이들을 똑같은 힘으로 공격하지는 않는다. 어떤 사람들은 죄로 인해 심한 싸움과 고통을 겪지만, 적의 저항에 개의치 않음으로써 싸움에서 강하게 되고

지혜로워진다. 자신의 구원에 대해 흔들림이 없고 확신이 있으므로 그들에게는 이러한 것이 아무 위험이 되지 않는다. 왜냐하면 그들은 자주 악과 싸우면서 단련되어 경험을 얻은 데다 하느님께서 그들과 함께 계시기 때문이다. 그들은 하느님의 인도하심을 받고 안식할 수 있다. 그러나 아직 단련되지 않은 사람들은 슬픔에 빠지고 그들에 대항해 싸움이 일어나게 되면, 즉시 불행과 파멸에 빠지게 된다.

242. 어떤 사람들은 그들 안에서 강하게 작용하는 하느님의 은혜로 자기를 보호함으로써 그의 신체가 매우 정결하다고 생각한다. 마치 그리스도교 안에는 이미 정욕이 거할 자리가 없고, 마음은 순결하고 깨끗해졌으며, 속사람이 이미 신성한 천상에 있는 것처럼 결론을 내린다. 그러한 사람은 자신이 의심할 여지 없이 완전한 단계에 도달했다고 생각한다. 하지만 자신이 안전한 정박지에 들어갔다고 생각할 때, 그에게 파도가 밀려와 그는 다시금 물과 하늘만 보이고 죽음이 기다리는 그곳으로 이끌려 가 바다 한가운데 있는 자신을 보게 된다. 우리에게 들어온 죄는 모든 악한 정욕을 낳는다. 그러나 다시금 어떠한 은혜, 말하자면 바다 깊은 곳에서 작은 물 한 방울 같은 것을 얻은 사람들은 매시간 그리고 매일 일어나는 기적을 발견한다.

그러므로 특별히 새로운 하느님의 일하심을 체험한 사람은 그가 어떻게 속을 수 있었는지 놀라움을 금치 못하는 것이다. 마침내 신성한 하늘의 은혜가 그를 비추고 지도해 평온하게 하고, 모든 것이 선을 이루도록 한다.

243. 신성한 성전이자 그리스도의 제단이 자리한 여러분의 마음속에서 의를 행하라. 죽은 행실로부터 여러분의 양심을 깨끗하게 하는 그리스도의 십자가를 자랑하라. 영으로 하나님을 섬기며, 누구에게 예배하는지 분명히 깨닫도록 하라. 그래서 "너희는 무엇인지도 모르고 예배하지만 우리는 우리가 예배드리는 분을 잘 알고 있다"[115]라고 성경에서 말씀하신 것이다. 여러분을 이끄시는 하느님을 신뢰하라. 신부가 신랑과 사귀듯 여러분의 영혼이 하느님과의 교제에 들어갈 것이다. "참으로 심오한 진리가 담겨져 있는 말씀이다. 나는 이 말씀이 그리스도와 교회의 관계를 말해 준다고 본다."[116] 이것은 또한 흠이 없는 영혼에 대해 말하는 것이기도 하다.

244. 열매 맺는 나무들과 향기로운 식물들이 있는 정원을

---

115) 〈요한의 복음서〉 4장 22절.

116) 〈에페소인들에게 보낸 편지〉 5장 32절.

상상해 보라. 정원은 온통 아름답게 꾸며져 있고, 울타리 대신 작은 벽으로 둘러싸여 있다. 이 벽을 따라 강이 빠르게 흐르고 있다. 흐르는 강물이 가볍게 벽에 부딪히기만 해도 그 벽의 기초는 무너지기 시작할 것이고, 물은 정원으로 들어가는 통로를 조금씩 넓혀서 토대를 완전히 침식할 것이다. 강물이 정원에 들어가고 나면 모든 식물을 꺾어 없애 버릴 것이며, 수고한 것들을 모두 망가뜨리고, 정원을 황무지로 만들 것이다. 인간의 마음도 그러하다. 인간의 마음속에는 아름다운 생각들이 있지만, 죄의 급류가 끊임없이 다가와서 마음을 쓰러뜨리고 자기편으로 데려가려 한다. 그래서 마음이 조금이라도 경솔하고 부정한 생각에 빠지게 되면, 아침의 영들이 거기서 벌써 그들의 먹잇감을 발견하고, 그곳으로 침입해서 모든 아름다움을 엎어 버리고, 선한 생각들을 아무것도 아닌 것으로 만들어 버리며, 영혼을 황폐하게 만든다.

이 싸움 외에도 다른 외적인 싸움이 다가온다. 수행자의 마음에 하느님의 은혜가 나타나기 시작하면 동시에 다른 사람들의 적의를 품은 공격이 시작된다. 안에서 추방된 사탄은 밖에서 무장한다. 이것은 그리스도인이 영적으로 완전해지기 위해 불가피한 조건이다.

245. 하느님의 사람들은 투쟁과 수행을 완수할 수 있도록 자신을 준비해야 한다. 용감한 젊은이가 그에게 닥치는 싸움과 어려움을 견디면서 공격을 하는 것처럼, 그리스도인들은 공격받을 때 승리하기 위해서 인내를 가지고 환란과 안팎의 싸움을 견뎌 내야 한다. 이것이 그리스도교의 길이다. 성령이 있는 곳에는 박해와 싸움이 그림자처럼 따른다. 보라, 예언자들도 그들 속에서 성령이 행하셨지만, 항상 자기 민족에게 박해받지 않았는가? 보라, 길과 진리이신 주님께서도 다른 백성이 아닌 당신의 백성에게 박해받으셨다. 당신의 민족인 이스라엘 사람들이 주님을 박해하고 십자가에 못 박았다. 사도들에게도 이와 유사한 일이 일어났다. 왜냐하면 십자가 사건이 일어난 순간부터 위로자 성령께서 그리스도인들에게 오셨기 때문이다. 이전에는 유대인 중 누구도 박해받지 않았지만, 이제 오직 그리스도인들만이 순교자가 되었다. 그러므로 이에 놀라지 말아야 한다. 진리는 박해받게 마련이다.

246. 사탄이 어떻게 하느님께 욥을 달라고 했는지에 대해서 성경에 기록된 것은 단순한 일이 아니다. 왜냐하면 그 누구도 하느님의 허락 없이 혼자서는 아무것도 할 수 없기 때문이다. 악마가 주님께 무엇이라고 말했는가? 그를 내 손에 달라. "그는 반드시 당신께 면전에서 욕을 할 것이

다."[117] 그러나 욥도, 하느님도, 악마도 변하지 않았다. 욥이 자신에게 베푸신 하나님의 도우심을 체험하고 은혜를 입어 충성스럽고 열정적인 태도를 보였을 때, 사탄은 그를 시험하려 하며 주님께 이렇게 말했다. "그를 도와주고 보호하므로, 그가 당신을 섬기는 것입니다. 그를 내버려두고 나에게 주십시오. 그는 반드시 당신께 면전에서 욕을 할 것입니다." 영혼을 위로했던 은혜는 마침내 영혼으로부터 떠나게 되고 영혼은 유혹에 굴복한다. 그리하여 사탄이 와서 영혼을 쇠약하게 만들고, 하느님을 신뢰하는 데서 멀어지도록 수천 가지 재난, 절망, 낙담, 악한 생각을 가져다주고 영혼을 괴롭힌다. 분별 있는 영혼은 불행과 슬픔 속에서도 희망을 잃지 않고, 이전처럼 자신을 제어하며 어떤 일이 닥치더라도 수천 가지 유혹 가운데서 모든 것을 견디면서 말한다. "내가 죽는 한이 있더라도 나는 그를 떠나지 않을 것이다."

247. 모든 의인은 좁은 길을 걸으면서 끝까지 하느님을 기쁘게 해 드렸다. 아브라함은 하느님으로 인해 부자가 되었으나 세상과의 관계에서는 자신을 티끌과 재라고 불렀

---

117) 〈욥기〉 1장 11절.

다.[118] 그리고 다윗은 자신에 대해 “나는 사람도 아닌 구더기, 세상에서 천더기, 사람들의 조롱거리”[119]라고 말했다. 마찬가지로 모든 사도와 예언자들도 고난을 겪고 비난받았다. 자신을 위해서가 아니라 여러분을 위해 모든 선한 것의 형상으로 오신, 길이며 진리이신 주님께서 얼마나 비천한 모습으로 오셨는지 바라보라. 하느님, 하느님의 아들, 왕이자 왕의 아들이신 그가 노예의 모습을 취하셨다. 그는 치료제를 공급하시고 상처 입은 자들을 치료하시면서, 겉보기에 마치 상처 입은 자 중 하나와 같아지셨다.

248. 그러나 그분이 겉모습으로 낮아지고 우리와 비슷한 것처럼 보일 때 하느님의 위엄을 무시하지 말라. 그분은 자신을 위해서가 아니라 우리를 위해 그렇게 나타나신 것이다. 생각해 보라. 사람들이 “그를 십자가에 못 박아라, 못 박아라!” 하고 부르짖고 몰려들었을 때, 그 순간 주님께서는 그 누구보다 더 낮아지셨다. 일반적으로 세상에서 어떤 악인에게 법이 선고를 내리면, 모든 백성은 그를 싫어하고 업신여긴다. 십자가에 못 박히는 동안 주님도 죽

---

118) 〈창세기〉 18장 27절.

119) 〈시편〉 22편 6절.

음을 선고받은 사람처럼, 바리새인들에 의해 아무것도 아닌 것으로 여겨졌다. 그들은 또한 그분의 얼굴에 침을 뱉고, 가시 면류관을 씌우고, 양 뺨을 때리며 얼마나 큰 수치와 굴욕을 당하게 했는가? "나는 때리는 자들에게 등을 맡기며 수염을 뽑는 자들에게 턱을 내민다. 나는 욕설과 침 뱉음을 받지 않으려고 얼굴을 가리지도 않는다"[120]라고 성경에 기록되어 있다. 하느님께서 그토록 큰 모욕과 고통, 그리고 굴욕을 감당하셨거늘, 본성상 흙에 지나지 않으며 결국 죽을 수밖에 없는 여러분이 아무리 자신을 낮춘다 하여도, 여러분이 주님과 같아질 수는 없을 것이다. 하느님은 우리를 위해 자신을 낮추셨는데, 우리는 스스로 겸손해하지도 않고 자신을 높이고 자랑한다. 주님께서는 스스로 고난의 슬픔과 짐을 짊어지시고 우리에게 당신의 평화를 주러 오셨다. 그러나 여러분은 자신의 상처가 치유될 수 있도록 고통을 겪고 수고로움을 견디는 것도 원치 않는다. 그분의 고난과 오래 참음에 영원히 영광을 돌린다.

249. 하느님께서 이 땅에서 그런 길을 걸어가셨다면, 여러분은 그분을 본받아야 한다. 사도들과 예언자들도 모두

---

120) 〈이사야〉 50장 6절.

이 길을 걸어갔다. 만약 우리가 주님과 사도들의 본보기를 기초로 교훈을 받기 원한다면, 우리는 그분들을 따라야 한다. 사도 성 바울로는 성령으로 이렇게 말한다. "그러므로 나는 여러분에게 권한다. 나를 본받으라."[121] 여러분이 인간적인 영광을 사랑하고 존경과 평안을 구한다면, 여러분은 그 길에서 벗어난 것이다. 성경에 "자녀가 되면 또한 상속자도 되는 것이다. 과연 우리는 하느님의 상속자로서 그리스도와 함께 상속을 받을 사람이다. 우리가 그리스도와 함께 고난을 받고 있으니 영광도 그와 함께 받을 것이 아닌가?"[122]라고 기록되어 있다. 신부는 신랑과 함께 고난을 통해 그리스도의 협력자이자 공동 상속자가 되기 때문이다. 그 누구도 고통 없이는, 평탄하지 않은 길, 곧 좁디좁은 길을 가지 않고는 영원히 왕과 함께 통치하고 안식할 수 없다.

250. 사탄에게는 어느 정도까지 공격이 허용될까? 혹 사탄이 원하는 만큼 우리를 공격할 수 있을까? 사탄의 갈망은 그리스도인들뿐만 아니라 우상 숭배자들과 온 세상을 향한 것이다. 그러므로 사탄이 원하는 만큼 공격할 수 있

---

121) 〈고린토인들에게 보낸 첫째 편지〉 4장 16절.

122) 〈로마인들에게 보낸 편지〉 8장 17절.

다면 모든 사람을 박멸할 것이다. 왜 그럴까? 이것이 사탄의 일이고 그의 의지이기 때문이다. 도예가는 그릇을 불에 구울 때 지나치게 가열되어 그릇이 갈라지지 않도록 불을 너무 많이 때지 않으며, 덜 구워지지 않도록 너무 적게 불을 때지도 않는다. 마찬가지로 금과 은으로 물건을 만드는 사람은 불로 적당히 가열한다. 불이 지나치게 강하면 금과 은은 녹아 내려 액체가 되어 사라지기 때문이다. 인간의 이성은 짐을 나르는 짐승, 이를테면 낙타나 무거운 짐을 운반하는 다른 동물들의 힘과 그 짐 사이의 균형을 가늠할 수 있다. 이처럼 하느님께서는 인간 육체의 한계를 아시기에, 대적하는 세력들이 각기 다른 강도로 역사하도록 허용하신다.

이 모든 것을 인내심 있게 견디며 어떤 상황에서도 원수 앞에 굴복하지 않으면, 영혼은 더욱 정결해지고 성령의 강력한 은혜에 감화된다. 이 은혜는 결국 이성의 빛, 특별한 기쁨이 깃든 도덕적 상태, 비전, 그리고 하나님의 인도하심으로 드러난다. 이는 영혼이 완전함에 가까워지고 있음을 분명히 보여 준다.

251. 누군가가 하느님을 사랑하면, 하느님은 또한 그에게 당신의 사랑을 나타내신다. 하느님을 믿는 사람에게는 하

늘의 믿음을 더하시고 그 사람은 특별해진다. 그러므로 여러분이 온 몸과 마음으로 주님께 나아가 은사를 드리면, 주님께서도 당신의 모든 것을 여러분의 영혼에 나누어 주셔서, 모든 일을 감당하게 하시고 순전한 사랑으로 기도하게 하실 것이다.

252. 마리아는 모든 것을 버리고 주님의 발아래 앉아 온종일 하느님을 찬송한다. 발아래에 앉아 있는 것이 최고의 사랑이라는 것을 아는가? 그러니 하느님의 말씀이 더욱 빛나도록 좀 들어 보라. 만일 누군가가 주님을 사랑하고 그렇게 하는 것이 마땅하다는 듯이 그분의 말씀에 귀를 기울이고, 귀를 기울일 뿐 아니라 사랑 안에 거한다고 해 보라. 비록 그 사람은 하느님으로부터 무엇을 받을지, 혹은 하느님께서 어느 정도까지 그 영혼에 은사를 주실지 모르지만, 하느님께서는 이미 그 사랑 때문에 그 영혼에 보답하기를 원하신다. 주님께서는 당신을 사랑해 당신의 발아래 앉은 마리아에게 상을 주셨을 뿐만 아니라, 자신의 본질로부터 비롯된 어떤 비밀스러운 힘을 주셨다. 하느님께서 평화를 가지고 마리아에게 하신 말씀 그 자체는 영이자 어떤 힘이었다. 이 말씀은 그녀의 마음속으로 들어가서 혼 안의 혼, 영 안의 영이 되었으며, 그녀의 마음은 신적인 힘으로 가득하게 되었다. 신적인 힘은 그 힘이 머무는 곳

에서 필연적으로 분리될 수 없는 소유물처럼 거하게 되기 때문이다. 주님께서는 그녀에게 무엇을 주실 것인지 미리 아셨으므로 "마리아는 참 좋은 몫을 택했다"[123]라고 말씀하신 것이다. 그러나 시간이 지남에 따라 열성적으로 봉사한 마르다 역시 이러한 은사를 받게 되었다. 왜냐하면 그녀 역시 자신의 영혼에 이 신성한 힘을 받아들였기 때문이다.

253. 만일 주님께 와서 그분과 함께 있는 사람들이 능력을 받는다면 놀라울 것이 무엇인가? 때로 사도들이 말을 할 때 성령이 모든 청중에게 내려오셨다.[124] 고르넬리오는 들었던 말씀을 통해 능력을 받았다. 주님께서 마리아, 자캐오, 머리를 풀어서 주님의 발을 닦은 죄지은 여인, 사마리아 여인, 강도에게 말씀하실 때 능력이 나타났고 성령이 그들의 영혼과 하나가 되었다. 그리고 지금도 주님을 사랑해서 모든 것을 버리고 끊임없이 기도에 열중하는 사람들은 다른 이들이 몰랐던 것을 비밀리에 배우게 된다. 하느님은 그들의 소망에 따라 진리 자체를 그들에게 계시하시고 "나는 진리다"[125]라는 말씀의 뜻을 그들에게 가르쳐

123) 〈루가의 복음서〉 10장 42절.

124) 〈사도행전〉 10장 44절.

주신다. 주님께서 십자가에 못 박히시기 전까지 주님과 함께 머물렀던 사도들은 나병 환자들이 깨끗해지고 죽은 자들이 살아나는 큰 기적들을 보았지만, 신성한 힘이 그들 마음속에 머물고 활동하는 것은 알지 못했다. 그들은 영적으로 다시 태어나고 하늘의 영혼과 연합해 새로운 피조물이 되는 것을 몰랐다. 그들은 주님께서 그들에게 행한 표적들로 인해 주님을 사랑했다. 마침내 주님께서 사도들에게 말씀하셨다. "표적들에 놀라워하느냐? 나는 온 세상이 가지고 있지 않은 큰 유산을 너희들에게 준다."

254. 주님께서 죽은 자들 가운데서 부활하시고 승천하시기 전에는 주님의 말씀이 사도들에게 이상하게 들렸다. 주님께서 승천하신 후에야 위로자 성령이 그들에게 임했고 그들의 영혼과 연합되었다. 진리 자체이신 주님은 믿는 자들의 영혼 속에 자기를 드러내신다. 하늘의 사람이 자기 사람에게 오셔서 그들 사이에 하나가 되는 친교가 이루어진다. 따라서 하느님에 대한 사랑과 믿음의 열성을 따라 섬기며 모든 것을 열심히 행하는 사람들은 시간이 지남에 따라 진리 자체를 알도록 인도된다. 왜냐하면 주님

125) 〈요한의 복음서〉 14장 6절.

께서는 그들의 영혼에 자신을 계시하시고 성령이 함께 거하심을 그들에게 가르치기 때문이다.

255. “너희는 야훼의 어지심을 맛들이고 깨달으라. 그에게 피신하는 자는 복되다”[126]라고 성경에 기록되어 있다. 여기서 맛본다는 것은 의심할 바 없이 마음에서 역사하시는 성령님의 실재하는 능력을 체험하는 것이다. 본질상 빛의 아들들로서 성령 안에서 신약의 말씀을 섬기는 사람들은 사람에게서가 아니라 하느님에게서만 배운다. 은혜 자체가 그들의 마음에 성령의 법을 기록한다. 그러므로 그들은 문자로 기록된 성경 속에서만 자신에게 확증이 되는 것을 찾아서는 안 된다. 하느님의 은혜는 마음의 돌판에도 성령의 법칙과 하늘의 비밀들을 기록한다. 마음은 몸의 모든 마디를 다스리고 지배한다. 은혜가 마음의 목초지를 차지할 때, 은혜는 몸의 모든 기관과 생각들을 지배한다. 왜냐하면 그곳에 이성과 모든 생각, 영혼의 열망이 있기 때문이다. 이것이 은혜가 몸의 모든 기관에 스며드는 이유다.

---

126) 〈시편〉 34편 8절.

256. 하느님께서는 모든 사람을 판단하시고, 각 사람에 대해 알고 계신다. 사람이 어떤 근거에서 말을 하고, 어디에서 멈춰 있는지, 그리고 어떤 단계에 있는지 세상의 영을 가지고 있는 사람 중 그 누구도 알 수도, 판단할 수도 없다. 사도 성 바울로가 "영적인 것을 영적인 표현으로 설명하는 것"[127]이라고 말씀하신 것처럼 자신 속에 하느님의 영을 가진 사람만이 하느님과 같이 알 수 있다.

257. 하느님의 자녀가 되고 성령으로 거듭난 사람들은 그들을 깨우치시고 위로하시는 그리스도를 자기 속에 모시고 여러 가지 방법으로 성령의 인도를 받는다. 영적인 안식을 누릴 때 은혜가 눈에 보이지 않게 그들의 마음속에서 활동한다. 그러한 영혼 속에서 은혜가 어떻게 작용하는지를 보여 주기 위해 눈에 보이는 세상의 즐거움에서 비슷한 이미지를 가지고 예를 들어 보겠다. 때로 그들은 왕의 만찬에 있는 것처럼 즐거워하며 말로 표현할 수 없는 즐거움으로 기뻐한다. 때로는 자신의 약혼자와의 교제 속에서 평안함을 누리는 신부처럼 하느님의 평안 속에 거한다. 때로는 아직 육체 가운데 있지만 육체가 없는 천사처럼 가

127) 〈고린토인들에게 보낸 첫째 편지〉 2장 13절.

벼움과 원기를 느낀다. 때로는 술에 취한 것처럼 성령으로 취해 기뻐하고, 신성한 영적 비밀에 취하기도 한다.

258. 그러나 때로 그들은 인류를 위해 울고 탄식하며, 아담의 후손 모두를 위해 기도하며, 인류에 대한 영적인 사랑에 불타 눈물을 흘리고 울기도 한다. 때때로 성령은 그들을 기쁨과 사랑으로 불타게 하셔서, 가능하다면 그들이 악한 자와 선한 자를 구분하지 않고 모든 사람을 자신의 마음에 품도록 하실 것이다. 때때로 그들은 영의 겸손함으로 모든 사람 앞에서 자신을 낮추고 그들 자신을 가장 못나고 작은 자로 생각한다. 때때로 성령은 그들을 표현할 수 없는 기쁨 속에 두신다. 때때로 그들은 왕의 갑옷을 입고 전장에 나가 원수들을 물리치기 위해 싸우는 강한 전사와 같다. 이처럼 영적인 사람은 성령의 하늘 무기로 무장해 원수들을 공격하고 자신의 발아래 두기 위해 그들과 싸운다.

259. 때때로 영혼은 영적인 만족과 말로 표현할 수 없는 안식과 평안 속에 거하면서, 어떤 위대한 침묵과 고요함과 평화 속에 놓인다. 때때로 영혼은 은혜를 통해 무언가를 이해하기도 하고, 말로 표현할 수 없는 지혜를 얻기도 하며, 혀와 입술로 말할 수 없고 헤아릴 수도 없는 성령의 지식을

얻기도 한다. 때때로 사람은 평범한 사람 중 하나처럼 되기도 한다. 그렇게 은혜는 사람들 속에서 다양하게 활동하며, 여러 방법으로 영혼을 인도하고 하느님의 뜻에 따라 영혼에 평화를 주며, 하느님 아버지 앞에 완전하고 흠이 없고 정결하게 서도록 많은 방법으로 영혼을 훈련한다.

260. 우리가 열거한 이와 같은 성령의 행함은 완전함에 더욱 가까운 이들에게서 가장 많이 나타난다. 앞서 열거한 셀 수 없이 다양한 은혜의 안식은 여러 다른 말로 표현되고, 사람 속에서 끊임없이 이루어져서 한 행위가 다른 행위에 뒤따르게 된다. 모든 정욕으로부터 전적으로 깨끗해지고, 말로 표현할 수 없는 교제 안에서 위로자이신 성령과 하나가 되고, 영으로 녹아 영혼이 성령의 완전한 상태로 상승할 때, 영혼은 영이 된다. 그때 영혼은 온통 빛이 되고, 온통 눈이 되고, 온통 영이 되고, 온통 기쁨이 되고, 온통 안식이 되고, 온통 사랑이 되고, 온통 자비가 되고, 온통 은혜와 선이 된다. 바다 깊은 곳에 있는 돌이 물로 둘러싸여 있는 것처럼, 성령과 연합된 사람은 영적인 힘으로 끊임없이 선을 행하고 내면이 흠이 없고 순결하고 정결해져서 그리스도를 닮아 간다. 성령으로 새롭게 된 사람이 어떻게 악의 열매를 겉으로 드러낼 수 있겠는가? 반대로 성령의 열매는 모든 면에서 항상 그들 속에서 빛난다.

261. 사람이 기도하며 무릎을 꿇을 때, 그의 마음은 하느님의 행하심으로 가득 채워진다. 예언자 이사야가 "신랑이 신부를 반기듯 너의 하느님께서 너를 반기신다"[128]라고 말씀하셨듯이, 영혼은 신부와 신랑처럼 주님과 더불어 즐거워한다. 종일 무언가로 바쁜 사람이 한 시간 동안 기도에 자신을 바치면, 그는 내면에서 큰 즐거움을 느끼며 기도의 상태, 내세의 무한한 깊이로 빠져들고, 환희에 차 날아오르는 이성은 완전히 그곳으로 옮아간다. 이때 세상의 지혜는 생각 속에서 잊힌다. 왜냐하면 생각은 신성한 하늘의 것, 무한하고 이해할 수 없고 인간의 입술로는 말하는 것이 불가능한, 무언가 기적적인 것들로 가득 차고 사로잡히기 때문이다. 이때 사람은 기도하며 말한다. "오, 나의 영혼이 기도 속에서 떠날 수만 있다면."

262. 사람이 언제나 이와 같은 상태에 이를 수 있을까? 사실 은혜는 어린 시절부터 사람 안에 머물며 끊임없이 작용하고, 마치 누룩처럼 삶 속에 깊이 스며든다. 그렇게 머물러 있는 은혜는 점차 사람의 존재 안에 뿌리를 내리고, 마

---

128) 〈이사야〉 62장 5절.

침내는 자연스럽고도 분리될 수 없는, 마치 본질처럼 그와 하나가 된다. 그러나 은혜는 자신이 원하는 대로 사람 속에서 그의 유익을 위해 자신의 활동을 다양하게 변화시킨다. 때로 이 불은 더 강하게 타오르고, 때로는 더 약하고 조용하게 타오른다. 어떤 경우에는 이 빛이 더 밝게 빛나고, 다른 때는 줄어들거나 꺼져 버린다. 항상 빛나는 이 등불은 종종 더 밝아지고 하느님의 사랑으로 빛난다. 그러나 다른 때에는 빛을 아껴서 내보내므로 사람 속에 있는 빛은 더 약해지곤 한다.

263. 어떤 사람들에게는 십자가의 표적이 빛 가운데 나타났고 속사람 깊이 박혔다. 때때로 사람은 기도하는 중에 황홀경의 상태에 이르기도 했다. 그는 제단 앞에 서서 성유를 바른 세 개의 빵을 받았고 그가 그것을 맛본 만큼 빵은 부풀어 오르고 커졌다. 때로는 이 세대의 지상에는 없고 인간의 손으로는 준비할 수 없는 어떤 빛나는 옷이 나타나기도 했다. 주님께서 요한과 베드로와 함께 산을 오르신 후 변모하셨던 것처럼, 어떤 사람이 입은 옷이 변모되었을 때 그는 경탄하며 놀라워했다. 어떤 때에는 마음속에 나타나는 이 빛이 가장 깊고 가장 내면에 있는 은밀한 빛을 열어젖혔다. 그래서 그러한 달콤함과 관상에 푹 빠진 사람은 이미 자신을 제어하지 못하게 된다. 그는 넘

치는 사랑과 달콤함, 그리고 깊이 간직한 비밀로 인해 이 세상에서 마치 떠다니는 부표나 미개인처럼 된다. 그리하여 자유를 얻은 사람은 완전함에 도달하고 정결하며 죄로부터 자유롭게 된다. 그러나 그 후 은혜는 줄어들고, 대적하는 힘이 내려와 그를 덮는다. 은혜는 부분적으로만 보이고, 완전함의 낮은 단계에 머물게 된다.

264. 사람은 이를테면 열두 단계를 거쳐 완전함에 도달해야 한다. 어떤 때에는 실제로 최종 단계에 도달해 완전함에 이른다. 그 후에 은혜가 다시 약해지기 시작하면서 인간은 한 계단 내려가게 되어 열한 번째 단계에 있게 된다. 그러나 어떤 사람은 은혜가 풍성해 밤낮으로 가장 높은 수준에 서 있다. 그는 자유롭고 정결하며 항상 은혜에 사로잡혀 있고 고양되어 있다. 기적을 직접 보고 체험한 사람에게 그런 일이 항상 일어난다면, 그 사람은 굳이 말을 조리 있게 하거나 다른 부담을 지려 하지 않을 것이다. 그리고 평소처럼 자기 자신이나 일상적인 일에 대해 듣고 신경 쓰려 하지 않을 것이다. 그는 감탄과 도취 속에서 한쪽 구석에 앉아만 있을 것이다. 그러므로 육체의 울타리가 무너지고 죽음에서 완전히 승리할 때까지는 형제를 돌보고 말씀으로 봉사할 수 있도록 그에게 완전함이 주어지지 않는다.

265. 실제로 다음과 같은 일이 일어나곤 한다. 어떤 어두운 힘이 응축된 공기처럼 사람 위에 드리워 살포시 그를 덮는다. 등잔은 계속 타오르고 빛을 내지만 그 빛 위에 마치 장막이 드리워져 있는 것만 같다. 그러므로 사람은 여전히 불완전하고 죄로부터 전혀 자유롭지 못하다는 것을 인정한다. 따라서 비록 울타리의 담이 이미 파괴되고 부서졌으나, 다른 면에서는 전혀 그리고 영원히 파괴되지 않았다고 말할 수 있다. 왜냐하면 은혜가 더 세게 타올라서 사람을 위로하고 쉬게 하는가 하면, 은혜가 줄어들고 빛을 잃을 때가 있기 때문이다. 은혜는 이 모든 것을 사람의 유익을 위해 행한다. 잠시라도 완전함에 이르러 저 세계를 맛보고 경험적으로 안 사람이 있는가? 지금까지 나는 온전하거나 자유로운 그리스도인을 단 한 사람도 본 적이 없다. 혹 누군가가 은혜 안에서 평안을 누리고 비밀과 계시, 은혜의 큰 달콤함을 느끼는 데 이르더라도 여전히 죄는 그 안에 거하고 있다. 어떤 사람들은 그들 안에 넘치는 은혜와 빛 때문에 자신이 자유롭고 완전하다고 생각하지만, 이 점에서 그들은 죄를 짓고 있는 것이다. 그들은 미숙해서 은혜가 그들 안에서 작용한다는 사실로 인해 속고 있는 것이다. 지금까지 나는 자유로운 사람을 한 명도 보지 못했다. 이전에 나 자신이 부분적으로 그런 정도에 도달해 보

았기 때문에 왜 완전한 사람이 없는지 알고 있다.

266. 여러분은 어느 단계에 있는지 생각해 보라. 십자가의 표적이 일어난 후, 은혜가 작용해 모든 몸의 기관과 마음이 평화로워진다. 그리하여 영혼은 큰 기쁨으로 착한 어린아이처럼 된다. 그러한 사람은 이미 헬라인도 유대인도 죄인도 세상 사람도 판단하지 않는다. 속사람은 깨끗한 마음의 눈으로 모든 사람을 바라보고 온 세상에 대해 기뻐하며, 할 수 있는 한 헬라인들과 유대인들을 존중하고 사랑하기를 원한다. 왕의 아들인 그는 아버지를 의지하듯이 하느님의 아들을 굳게 의지한다. 그의 앞에 문이 열리고 그는 많은 방 안으로 들어간다. 그러면 그의 앞에 똑같은 수의 문이, 예를 들어 백 개의 방에서 또 다른 백 개의 방으로 향하는 문이 열리고 그는 부요해진다. 그가 부요해지는 만큼 새로운 기적들이 나타난다. 아들이자 상속자인 그에게 인간의 본성으로 표현할 수 없고 입과 혀로도 말할 수 없는 것이 맡겨진다.

제7장. 그리스도인의 최고의 완전함

267. 예언자 에제키엘은 자신이 본 신성하고 영광스러운 현상과 환상을 알려 주고, 그것을 말로 표현할 수 없는 비밀로 가득 찬 현상이라고 묘사했다. 그는 들판에 있는 영적 동물 네 마리가 이끄는 천사의 바퀴를 보았다. 각 동물은 네 개의 얼굴을 가지고 있었는데, 하나는 사자의 얼굴, 다른 얼굴은 독수리의 얼굴과 소의 얼굴, 그리고 사람의 얼굴이었다. 그리고 그 얼굴들마다 날개가 있어서 어느 쪽이 앞이고 뒤인지 알 수 없었다. 그들의 어깨에는 눈이 가득했고, 가슴에도 눈이 가득했으며, 눈이 없는 곳이 없었다. 각 얼굴에는 바퀴가 세 개씩 있었고, 바퀴 안에 또 다른 바퀴가 있는 듯 보였으며, 그 바퀴들에는 영이 깃들어 있었다. 그리고 예언자는 사람 모양 같은 형상을 보았는데, 그의 발등은 사파이어와 같았다. 이 바퀴(즉 천사들과 동물들)는 그 위 보좌에 앉은 주권자를 향하고 있었다. 그가 어디로 가든 동물들의 얼굴은 그곳으로 향했다. 그리고 예언자는 그 천사들의 날개 아래에서 그들을 지지하고 이끄는 사람의 손 같은 것을 보았다.

268. 예언자 에제키엘이 황홀함 속에서 보았던 것은 참되

고 확실했다. 그러나 그것은 다른 것을 지시하는 것이었다. 즉 그리스도께서 오시는 마지막 때에 열린 비밀, 예로부터 실제로 숨겨져 있는 비밀, 무엇인가 신비롭고 신성한 것을 예표(豫表)한 것이다. 예언자는 주님을 영접해 그의 영광의 보좌가 될 영혼의 신비를 관상했다. 영혼에 자리와 처소를 준비하신 성령은 영혼을 그의 빛에 참여시키며 말할 수 없는 영광스러운 아름다움으로 빛나게 한다. 영혼은 온통 빛이 되고, 온통 얼굴이 되며, 온통 눈이 된다. 영혼에는 빛의 영적인 눈으로 가득 차지 않은 부분이 없다. 즉 그 안에는 어두운 것이 전혀 없다. 영혼은 온통 빛과 영이 되고 눈으로 가득 차며 끝이나 뒷모습이 없고 어디서나 얼굴이 보인다. 왜냐하면 그리스도의 빛이 가진 영광의 말할 수 없는 아름다움이 영혼 위로 내려왔고 그 위에 자리 잡고 있기 때문이다. 태양이 모든 곳에서 똑같은 것과 같다. 태양에는 마지막 부분도 부족한 부분도 없다. 똑같은 부분들로 구성되어 태양 전체가 완전히 빛나며 모든 것이 빛이다. 또는 불, 즉 불빛 그 자체와 같아 그 속에는 첫 번째나 마지막, 혹은 더 큰 것이나 더 작은 것이 없다. 이같이 그리스도의 얼굴에서 나오는 빛의 영광이 갖는 말할 수 없는 아름다움으로 온전히 빛나고 성령과의 교제에 온전히 들어가 하느님의 거처와 보좌가 된 영혼은 전체가 눈이 되고 빛이 되고 얼굴이 되고 영광이 되고 영이 된다. 그리스도께서 영적인 아름다움으로 영혼을 준비시키시고 꾸미시며 장식하신다. 그리고 영혼을 품으시고 인도하시고 붙드시고 들어 올리신다. 왜냐하면 사람의 손이 천사들 아래 있다고 쓰여 있기 때문이다.[129] 그리스도께서 영혼에 의해 움직이시기도 하고 영혼을 인도하시기도 한다.

269. 바퀴를 끄는 네 마리의 동물은 영혼의 정신적인 통치력을 형상화한 것이다. 독수리는 새를, 사자는 야생 동물을, 소는 유순한 동물을, 그리고 인간은 모든 피조물을 다스린다. 영혼에는 더 존엄한 정신적인 힘, 즉 의지, 양심, 이성, 사랑의 힘이 있다. 그 힘으로 영적인 바퀴가 움직이며 하느님은 그 안에 계신다. 그리고 이 환상은 하늘에 있는 거룩한 자들의 교회에 대해 다른 식으로 설명한 것이다. 예언자가 동물에 대해 말한 것처럼, 동물의 키는 매우 컸으며, 그것은 온통 눈으로 가득 차서 그 눈의 수나 키를 알 수 없었다. 왜냐하면 이에 대한 지식이 알려져 있지 않았기 때문이다. 모든 사람이 하늘에 있는 별들을 보고 감탄하지만, 누구도 별들의 숫자를 아는 것은 불가능하다.

---

129) 〈에제키엘〉 1장 8절.

이같이 하늘에 있는 거룩한 자들의 교회에 들어가서 그곳에서 즐거워하는 것은 수행하는 모든 자들에게 주어져 있지만, 거룩한 자들의 수를 알고 파악하는 것은 하느님 한 분께만 속한 것이다. 바퀴 위, 온통 눈으로 가득한 동물들의 위, 혹은 그분의 보좌와 자리가 되고 눈과 빛이 된 각 영혼에 앉으신 분은 그분이 아시는 대로 영의 고삐를 쥐고 영혼을 인도하시면서 나아가고 움직이신다. 영적인 동물들은 자신이 가고 싶어 하는 곳으로 가는 것이 아니라, 그들 위에 앉으셔서 그들을 인도하시는 분이 알고 원하시는 곳으로 간다. 그분은 자신의 영으로 길을 가리키며 다스리고 인도하신다. 영혼은 자신의 의지대로 원할 때 하늘로 올라가지 않는다. 하느님께서는 몸을 무너뜨리신 후 영혼을 인도하시고 생각을 하늘로 향하도록 하신다. 그리고 다시 그분이 원하시는 대로 영혼은 육신과 생각 속에서 행하고, 그분의 뜻을 따라 땅끝까지 간다. 그러면 그분은 영혼에 비밀의 계시를 보여 주신다. 오, 참으로 뛰어나시고 선하시며, 유일하시고 참된 주권자시여! 그러므로 지금 이 순간 영혼이 영광스럽게 되어 성령과 하나가 된다면, 육체 또한 부분적으로 부활에 합당한 상태에 이르게 될 것이다.

270. 주님께서 사도들에게 "너희는 세상의 빛이다"[130]라

고 말씀하셨듯이 의인들의 영혼은 하늘의 빛이 된다. 주님께서는 그들이 세상에 빛을 비추도록 그들을 빛으로 만드시고 명령하셨다. "등불을 켜서 됫박으로 덮어 두는 사람은 없다. 누구나 등경 위에 얹어 둔다. 그래야 집 안에 있는 사람들을 다 밝게 비출 수 있지 않겠느냐? 너희도 이와 같이 너희의 빛을 사람들 앞에 비추어 그들이 너희의 착한 행실을 보고 하늘에 계신 아버지를 찬양하게 하라."[131] 이것은 주님께 받은 은사를 숨기지 말고 모든 원하는 사람들에게 알리라는 것을 의미한다. "눈은 몸의 등불이다. 그러므로 네 눈이 성하면 온몸이 밝을 것이며 네 눈이 성하지 못하면 온몸이 어두울 것이다. 그러니 만일 네 마음의 빛이 빛이 아니라 어둠이라면 그 어둠이 얼마나 심하겠느냐?"[132] 눈은 몸을 위한 빛이다. 눈이 건강할 때 몸 전체가 밝아진다. 눈에 무엇인가 들어가서 눈이 희미해지면 몸 전체가 어둠 속에 있게 된다. 사도들은 전 세계를 위한 눈과 빛으로 세워졌다. 그리하여 주님께서 그들에게 다음과 같이 명령하셨다. "세상을 위한 빛인 너희들이 굳게 서서 유혹에 빠지지 않는다면 세상의 모든 몸이 밝아질 것이

---

130) 〈마태오의 복음서〉 5장 14절.

131) 〈마태오의 복음서〉 5장 15~16절.

132) 〈마태오의 복음서〉 6장 22~23절.

다. 그런데 만일 세상의 빛인 너희들이 어두워진다면 세상은 얼마나 어두워지겠느냐?" 그리하여 빛이 된 사도들은 그들을 비추시는 하늘의 성령의 빛으로 믿는 이들의 마음을 깨우침으로써 그들을 위한 빛으로 봉사했다.

271. 옛사람과 옛 땅의 사람 중 예수님께서 흑암의 옷을 벗겨 주신 사람들은 예수 그리스도의 새로운 하늘의 사람이 된 것이다. 주님께서는 말로 표현할 수 없는 빛의 왕국의 옷, 믿음, 소망, 사랑, 기쁨, 평화, 자비, 선함, 빛, 생명, 안식, 신성하고 생명을 주는 옷으로 그들을 입히셨다. 하느님은 사랑, 기쁨, 평화, 선함, 자비다. 마찬가지로 새사람도 은혜로 그와 같이 된다.

272. 완전함의 단계에 들어가서 왕과 가까워질 수 있는 자격을 얻은 온전한 그리스도인들은 항상 자신을 그리스도의 십자가를 위한 거룩한 제물로 드린다. 예언자들의 시대에는 왕과 예언자들이 기름 부음을 받았으므로, 기름 부음은 무엇보다 영예로운 것이었다. 마찬가지로 오늘날에도 은혜로 그리스도인들이 되고 하늘의 기름 부음을 받은 영적인 사람들은 하늘의 비밀을 지닌 왕이자 예언자들이다. 그들은 결박되기도 하고 포로로 끌려가 지위를 빼앗기기도 하고 처형되기도 하고 선물로 바쳐지기도 하는 아

들들, 주인들, 그리고 신들이다. 지상의 식물로부터, 즉 눈에 보이는 나무로부터 얻은 기름이 기름 부음을 받은 자들에게 절대적인 지위를 얻게 해 주는 힘을 가졌다(그들이 왕으로 세워졌다는 것이 모두에게 알려졌기 때문이다. 기름 부음을 받은 다윗도 박해와 슬픔을 겪었지만 7년 후에 왕이 되었다). 그렇다면 이성과 속사람에 기쁨을 주고 빛을 비추어 주는 하늘의 기름으로 기름 부음을 받은 사람은 더더욱 썩지 않는 왕국과 영원한 능력의 인장(印章), 위로자이신 성령의 보증을 받을 것이다(위로자 성령께서 슬픔에 처한 사람들을 위로하시고 기쁨을 주신다는 것을 생각하라).

273. 하늘에 심긴 생명나무인 예수 그리스도의 기름 부음을 받은 자들은 완전함에 들어갈 자격, 즉 왕국과 아들 됨의 자격을 얻는다. 그들은 이 세상에 있으면서도 이미 하늘 왕의 비밀을 공유하고 있으므로, 전능자 앞에서 담대함을 가질 수 있고 천사들과 거룩한 영들이 있는 그분의 궁정으로 들어간다. 다가올 세기에 준비돼 있는 완전한 유산을 아직 받지 못했으나, 그 보증을 받은 이들은 이미 왕관을 쓰고 통치하는 자들로 스스로 지위를 확보했다. 풍요로우시고 담대하신 성령이 함께하시므로 그들은 그리스도와 함께 통치할 것이라는 사실에 놀라지 않는다. 왜 그런

가? 비록 여전히 육신에 거하고 있지만, 이미 장차 올 세대의 감미로운 체험과 능력의 역사를 맛보고 있기 때문이다.

274. 세상이 종말에 이르러 이 땅이 없어지게 되면, 의인들은 하늘 왕국, 그 빛과 영광 속에 살게 될 것이다. 그들은 그리스도께서 언제나 아버지의 오른편에서 영광을 누리시는 것을 보게 될 것이다. 지금 벌써 그 세상으로 포로가 되어 옮겨진 사람들은 그 세상의 아름다움과 기적을 바라보고 있다. 왜냐하면 우리는 아직 이 땅에 있는 동안에도 마음에서 내적으로 그 세계의 거주민과 시민으로서 하늘에 거처를 두고 있기 때문이다. 깨끗한 눈이 태양을 항상 순전하게 바라보는 것처럼 완전히 정결해진 마음은 그리스도의 빛이 뿜어내는 영광을 항상 본다. 그리고 신성과 연합된 주님의 몸이 성령과 늘 함께 거하는 것처럼, 정결한 마음은 밤낮으로 주님과 함께 거한다. 그러나 사람은 갑자기 이러한 단계에 도달할 수 없고, 수고와 슬픔, 위대한 수행을 통해서만 도달할 수 있다.

275. 주님께서 모든 통치권과 권세를 내려놓고 육신을 입으셨듯이, 그리스도인들은 성령으로 옷 입고 안식 가운데 거한다. 그들은 외부로부터 싸움이 닥쳐오고 사탄이 가까이 다가온다 해도, 내면이 주님의 능력에 둘러싸여 있어서

사탄의 공격에 대해 불안해하지 않는다. 사탄이 40일 동안 광야에서 주님을 시험했을 때, 외부에서 그분의 몸에 공격을 가해 그분을 조금이라도 상하게 할 수 있었는가? 그 몸 안에는 하느님이 계셨다. 마찬가지로 그리스도인들 역시 외부의 유혹을 받아도 내면이 하느님의 능력으로 채워져 있으므로 어떤 해도 당하지 않는다. 누군가 그러한 단계에 도달했다면, 그는 그리스도의 완전한 사랑과 신성의 충만함에 이른 것이다. 그렇지 않은 사람은 여전히 내적으로 싸우고 있다. 어떤 때에는 기도 가운데 안식하지만, 또 다른 때에는 슬픔과 전투 속에 있다. 사람이 영적으로 아직 어린아이일 때는 주님께서 그를 전투 속에서 인도해 주시며 기뻐하신다. 그의 내면에는 마치 두 얼굴이 있는 것 같아서 빛과 어둠, 안식과 슬픔이 나타난다. 어떤 때에는 평안함 속에서 기도하기도 하고, 어떤 때에는 혼란에 빠지기도 한다.

276. 사도 성 바울로가 하신 말씀을 듣지 못했는가? "내가 인간의 여러 언어를 말하고 천사의 말까지 한다 하더라도 사랑이 없으면 나는 울리는 징과 요란한 꽹과리와 다를 것이 없다. 내가 하느님의 말씀을 받아 전할 수 있다 하더라도 온갖 신비를 환히 꿰뚫어 보고 모든 지식을 가졌다 하더라도 산을 옮길 만한 완전한 믿음을 가졌다 하더라도 사

랑이 없으면 나는 아무것도 아니다. 내가 비록 모든 재산을 남에게 나누어 준다 하더라도 또 내가 남을 위하여 불 속에 뛰어든다 하더라도 사랑이 없으면 모두 아무 소용이 없다."[133] 이 은사들은 완전함을 향해 나아가도록 하는 것이기 때문이다. 그 은사를 얻은 사람들은 빛 속에 있을지라도 그들은 여전히 영적으로 어린아이들이다. 많은 형제가 이 단계까지 올라가서 치유, 계시, 예언의 선물을 받았지만, 아직 완전한 연합 속에서 완전한 사랑에는 이르지 못했다.[134] 그래서 그들 속에 싸움이 일어나고 그들은 태만해 넘어졌다. 그러나 완전한 사랑에 도달한 사람은 은혜의 죄수와 포로가 된다. 점차 완전한 사랑의 단계에 접근하고 있지만, 아직 사랑의 포로가 되는 데까지 도달하지 못한 사람은 여전히 두려움 아래 있고 싸움과 넘어짐의 위협을 받고 있다. 그가 자신을 방어하지 않으면, 사탄이 그를 넘어뜨린다.

277. 모든 사람은 눈의 더 안쪽에 또 다른 눈이 있고, 청각의 더 안쪽에 또 다른 청각이 있다는 것을 알아야 한다. 눈

---

133) 〈고린토인들에게 보낸 첫째 편지〉 13장 1~3절.

134) 〈골로사이인들에게 보낸 편지〉 3장 14절, "그뿐만 아니라 사랑을 실천하라. 사랑은 모든 것을 하나로 묶어 완전하게 한다."

이 친구나 사랑하는 사람의 얼굴을 보고 감각적으로 인식하는 것처럼, 신성한 빛으로 밝아진 가치 있고 충실한 영혼의 눈은 경배받기에 합당한 영으로 비추어지자마자, 진정한 친구이자 가장 달콤하고 간절히 사모하는 신랑이신 주님을 영으로써 보고 인식한다. 그렇게 간절히 사모하고 말로 표현할 수 없는 아름다움을 생각으로 바라보는 영혼은 거룩한 사랑에 사로잡히고 모든 영적인 선행에 이끌린다. 그 결과 간절히 사모하는 주님에 대한 무한하고 다함이 없는 사랑을 얻게 된다.

278. 하느님께서는 모세를 통해 주신 율법의 보호 아래에서 안식일에 모든 사람이 쉬고 아무것도 하지 말라고 명하셨다. 이것은 주님께서 영혼에 주시는 참된 안식일의 형상과 그림자였다. 수치스럽고 부정한 생각에서 벗어나 자유롭게 된 영혼은 참된 안식일을 지키고, 모든 어두운 일을 떨치고 자유롭게 되어 진정한 평화를 누린다. 원형이 되는 안식일에 비록 몸은 안식했지만, 영혼은 간사함과 죄악으로 묶여 있었다. 그러나 이 참된 안식일은 영혼의 참된 쉼이다. 영혼은 사탄이 주는 생각에서 벗어나 깨끗해져서 영원한 하느님의 안식과 기쁨 속에 머무른다.

279. 주님께서는 "고생하며 무거운 짐을 지고 허덕이는 사

람은 다 나에게로 오라. 내가 편히 쉬게 하리라"[135]라고 말씀하시며 사람을 안식으로 부르신다. 주님께서는 순종해 나아오는 영혼이 무겁고 짐스러우며 부정한 생각들에서 쉼을 얻게 하신다. 영혼은 모든 불의에서 벗어나 참되고 즐겁고 거룩한 안식을 누리고, 말할 수 없는 기쁨과 즐거움의 영적 축제를 즐기며, 정결한 마음으로 순전하고 하느님을 기쁘시게 해 드리는 봉사를 한다. 이것이 참되고 즐거운 안식일이다. 그러므로 우리도 이러한 안식에 들어가도록, 부끄럽고 악하고 헛된 생각들을 끊어 버리도록, 그리하여 정결한 마음으로 하느님을 섬기고 성령의 축제를 즐길 기회를 얻도록 하느님께 간구해야 할 것이다. 이러한 안식에 들어가는 자는 복 있는 사람이다.

280. 영혼이 하느님께 단단히 붙어 있고, 자비로우시고 영혼을 사랑하시는 주님께서 이 영혼을 찾아오셔서 가까이 계신다면, 그리고 영혼이 끊임없이 주님의 은혜를 생각하는 데 머문다면, 영혼과 주님은 하나의 영이 되고, 하나로 녹아들어 하나의 정신이 된다. 비록 몸은 땅에 있어도, 그의 정신은 세 번째 하늘로 올라가서 주님께 굳게 붙어 그

135) 〈마태오의 복음서〉 11장 28절.

분을 섬기며 하늘의 예루살렘에 온전히 머무른다.

281. 하늘 도성에 있는 높은 위엄의 보좌에 앉아 계신 주님은 우리의 육체 속에서 우리 영혼과 함께 거하신다. 왜냐하면 주님은 영혼의 형상을 거룩한 이들의 하늘 도성인 예루살렘에 높이 올려 두셨고, 신성의 이루 말할 수 없는 빛의 형상을 우리 영혼이 거하는 육체 속에 두셨기 때문이다. 주님은 육체의 도성 안에 있는 영혼을 섬기시고, 우리 영혼은 하늘의 도성에 계신 주님을 섬긴다. 영혼은 하늘에서 주님의 상속자가 되고 주님은 땅에서 우리의 영혼을 받으셨다. 어두워진 죄인의 생각과 마음도 몸에서 멀리 떨어져 있을 수 있고, 순식간에 넓은 공간을 여행할 수 있으며, 먼 나라로 이동하며, 종종 몸은 땅에서 넘어져도, 생각은 세상 반대편에서 사랑하는 자와 함께하며 마치 자신이 그곳에 사는 것처럼 느낀다. 죄인의 영혼이 그렇게 섬세하고 빠르게 움직이며 정신이 어떤 장애물도 없이 먼 곳에 있을 수 있다면, 하물며 성령의 능력으로 어둠의 휘장이 제거된 영혼은 어떠하겠는가? 현명한 눈이 하늘의 빛에 의해 밝아지고 영혼이 수치스러운 정욕으로부터 완전히 해방되어 은혜로 정결해질 때, 영혼은 하늘에서 주님을 온전히 영으로 섬기고, 온전히 그분을 몸으로 섬기며 생각이 확장되어 원하는 곳, 원하는 때 어디에서나 그

리스도를 섬긴다.

282. 사도 성 바울로는 이렇게 말씀하신다. "모든 성도들과 함께 하느님의 신비가 얼마나 넓고 길고 높고 깊은지를 깨달아 알고 인간의 모든 지식을 초월한 그리스도의 사랑을 알 수 있게 되기를 바란다. 이렇게 해서 여러분이 완성되고 하느님의 계획이 완전히 이루어지기를 빈다."[136] 말로 표현할 수 없는 영혼의 비밀을 생각하라. 주님께서는 영혼 위에 드리워진 어둠을 걷어 내시고 영혼을 눈뜨게 하시며 자기를 계시하신다. 그분은 우리가 모든 가시적이고 비가시적인 피조물의 너비와 길이와 깊이와 높이를 이해할 수 있도록 우리의 생각을 넓게 하신다.

---

136) 〈에페소인들에게 보낸 편지〉 3장 18~19절.

제8장. 죽음과 부활 이후 미래의 상태

283. 인간의 영혼이 육체에서 떠날 때 어떤 위대하고 신비한 일이 성취될 것이다. 만약 영혼이 죄가 있다면 악마의 무리와 악한 천사와 어둠의 세력이 와서 그 영혼을 취해 자신의 영역으로 데려갈 것이다. 아무도 이것에 놀라지 않아야 한다. 왜냐하면 이 세상에 살면서 영혼이 그들에게 복종하고 따르며 그들의 노예가 되었다면, 세상을 떠날 때 더욱 그들의 권세 아래 놓이게 될 것이기 때문이다. 선한 영역에서도 이런 일이 발생한다고 상상해 보라. 하느님의 거룩한 종들의 곁에는 천사들이 있으며 거룩한 영이 그들을 둘러싸 보호하고 있다. 그들이 몸에서 떠날 때 천사의 얼굴은 그들의 영혼을 자신의 영역, 깨끗한 세계로 받아들여 그들을 주님께로 인도할 것이다.

284. 진정한 죽음은 내부, 곧 마음속에 있는데 죽음은 비밀스러운 것이며 내면이 죽는 것이다. 그러므로 누군가가 죽음으로부터 이 비밀스러운 삶으로 옮겨 간다면, 그는 진정으로 영원히 살며 죽지 않는다. 심지어 몸 자체가 일시적으로 파괴되더라도, 그들은 다시 영광 속에서 부활할 것이다. 그러므로 그리스도인의 죽음을 잠과 안식

으로 부르는 것이다.

285. 상인이 물건을 판 이익을 몇 배로 남겨서 먼 곳에서 돌아올 때 집과 정원, 필요한 옷을 마련하도록 가족에게 돈을 보낸다. 그가 큰 부를 이루어 고향으로 올 때, 그의 가족과 친척들은 큰 기쁨으로 그를 맞이한다. 영적인 것도 그렇다. 어떤 사람들이 하늘의 부를 사들이면, 같은 나라 시민들, 즉 거룩한 천사의 영들이 그것에 대해 알게 된다. 그들은 놀라며 "지상에 있는 우리의 형제들이 큰 부를 얻었다"라고 말한다. 그러한 이들은 세상을 떠날 때 주님과 함께 큰 기쁨을 가지고 내세로 올라간다. 주님과 함께 있는 자들은 그들을 위해 정원과 밝고 값진 옷을 준비하고 맞이한다.

286. 아직 영적 싸움에 있는 사람이 자신의 영혼에서 죄와 은혜가 같이 작용할 때 이 세상을 떠난다면, 동시에 죄와 은혜에 사로잡혀 있는 이 사람은 과연 어디로 가겠는가? 그가 마음에 목적을 두고 있는 좋아하는 곳으로 갈 것이다. 만약 슬픔이나 싸움이 여러분에게 밀어닥친다면 저항하고 미워해야 한다. 왜냐하면 싸움이 일어나는 것은 여러분의 소관이 아니지만, 미워하는 것은 여러분의 일이기 때문이다. 여러분이 분투하고 온 마음을 다해 주님을 사

랑하기 때문에, 주님께서는 여러분의 마음을 보시고 한순간에 여러분의 영혼에서 죽음을 제거하시고(이것은 그분에게 어렵지 않다) 그분의 가슴과 빛으로 여러분을 받아들이신다. 주님께서는 한순간에 여러분을 어둠의 입에서 건져 내셔서 즉시 그분의 왕국으로 인도하신다. 여러분이 하느님에 대한 사랑을 품고 있다면, 하느님께서 이 모든 것을 한순간에 행하시기란 쉬운 일이다. 영혼이 하느님과 교제할 자격이 있으므로, 하느님께서 사람에게 행위를 요구하시는 것이다.

287. 잉태한 여인은 배 속에 아기를 품고 다닌다. 그리고 마침내 때가 되어 아기가 태에서 나오면, 여인은 하늘, 땅, 태양을 한 번도 본 적이 없는 새로운 피조물을 마주하게 된다. 친구와 친척들은 즉시 기쁜 얼굴로 아기를 팔에 안는다. 그러나 어떤 문제로 인해 아기가 배 속에서 죽게 되면 그 일을 담당하는 의사들은 날카로운 도구를 써야 한다. 그러면 아기는 죽음에서 죽음으로, 어둠에서 어둠으로 옮겨진다. 영적인 것도 마찬가지다. 신성의 씨를 받은 사람들은 그 신성을 보이지 않게 자기 속에 가지고 있다. 그런데 그들 안에 사는 죄 때문에 그들은 어둡고 두려운 곳에서 시들어 간다. 그러나 그들이 스스로 방어하고 씨를 지킨다면, 때가 되어 그 씨를 낳게 될 것이며, 마침내

육체와 분리될 때 천사들과 모든 하늘의 존재들이 기쁜 낯으로 그들을 맞아들일 것이다. 그러나 용감하게 싸우려고 그리스도의 무기를 들었던 사람이라도 약해지면, 곧 그는 원수들에게 항복하게 될 것이며, 육체와 분리될 때 지금 그를 사로잡고 있는 어둠에서 더 끔찍한 또 다른 어둠과 멸망으로 가게 될 것이다.

288. 세관원들이 비좁은 통로에 앉아서 지나가는 사람들을 멈춰 세우고 괴롭히는 것처럼, 악마들도 영혼들을 세밀히 관찰하며 붙잡고 늘어진다. 영혼이 완전히 깨끗해지지 않으면, 육체에서 떠날 때 하늘나라에 들어가서 주님 앞에 서는 것을 허락받지 못하고, 공중에 있는 악마에 의해 밑으로 끌어내려진다. 사람은 육체에 거하면서도 수고와 큰 노력을 통해 미리 위로부터 오는 주님의 은혜를 받을 수 있다. 그들은 선한 삶을 살았기 때문에 주님께서 "내가 있는 곳에는 나를 섬기는 사람도 같이 있게 될 것이다"[137]라고 약속하신 대로 안식에 도달한 사람들과 함께 주님께로 떠날 것이다. 그리고 영원토록 아버지와 아들과 성령과 함께 지금도, 그리고 항상, 영원히 함께 통치할 것이다.

---

137) 〈요한의 복음서〉 12장 26절.

289. 각 사람은 내세에 예비된 영광스러운 성전을 얻기 위해 모든 미덕 안에서 힘써 노력하고 끊임없이 성장해 나가야 한다. 그리고 지금도 그것을 얻을 수 있다는 것을 믿어야 한다. 만약 우리 육체의 성전이 무너진다면 우리에게는 그것 외에 우리의 영혼이 거할 다른 성전이 없다. "우리가 그것을 입으면 벌거숭이가 되지 않을 것이다"[138)]라는 말씀처럼 우리의 신실한 영혼은 그 안에서만 누릴 수 있는 성령과의 교제와 연합을 박탈당하지 않을 것이다. 그러므로 모든 실제적인 면과 능력 면에서 참된 그리스도인인 이들은 육체에서 떠날 때 사람의 손으로 짓지 않은 성전을 가지고 있다는 것을 확신하고 기대하며 기뻐한다. 이 성전은 그들 안에 거하시는 성령의 능력이다. 그들은 육체의 성전이 무너져도 두려워하지 않는다. 왜냐하면 그들은 부활의 때에 육체의 성전을 세우고 영광스럽게 할 하늘의 영적인 성전과 영광을 소유하고 있기 때문이다. 사도 성 바울로는 말씀하셨다. "예수를 죽은 자들 가운데서 다시 살리신 분의 성령께서 여러분 안에 계시면 그리스도를 죽은 자들 가운데서 다시 살리신 분께서 여러분 안에 살아

---

138) 〈고린토인들에게 보낸 둘째 편지〉 5장 3절.

계신 당신의 성령을 시켜 여러분의 죽을 몸까지도 살려 주실 것이다."[139] "우리의 죽을 몸에 예수의 생명이 살아 있음을 드러내려는 것이다."[140] "이 장막에 머물러 있는 동안 우리는 무거운 짐에 짓눌려 신음하고 있다. 그렇다고 해서 우리가 이 장막을 벗어 버리고자 하는 것은 아니다. 다만 하늘의 집을 덧입음으로써 죽음이 생명에게 삼켜져 없어지게 되기를 갈망하고 있다."[141]

290. 그러므로 우리가 믿음을 가지고 선한 삶을 살아서 내버려지지 않도록 내세의 옷을 이곳에서 미리 장만하도록 노력하라. 그날에는 그 무엇으로도 우리의 육체를 영화롭게 하지 못할 것이다. 각 사람이 믿음과 부지런함으로 성령에 참여할 자격을 얻은 만큼, 그날에 그의 육체도 영광을 누릴 것이다. 영혼이 지금 내면의 보물 창고 속에 모은 것은 그때가 되면 나무가 그러하듯이, 육체 밖으로 나타나고 보일 것이다. 겨울이 지난 후 눈에 보이지 않는 태양과 바람의 힘이 마치 옷처럼 나무를 따뜻하게 할 때, 나무는 속에서 잎과 꽃과 열매를 밖으로 내보내고, 야생화들도 땅

---

139) 〈로마인들에게 보낸 편지〉 8장 11절.

140) 〈고린토인들에게 보낸 둘째 편지〉 4장 11절.

141) 〈고린토인들에게 보낸 둘째 편지〉 5장 4절.

속에서 나와 땅을 덮는다. 주님께서 백합에 대해 "온갖 영화를 누린 솔로몬도 이 꽃 한 송이만큼 화려하게 차려 입지 못하였다"[142]라고 말씀하신 것과 같이 이 모든 것이 부활의 날에 그리스도인의 본보기, 형상과 모양이 된다.

291. 하느님을 사랑하는 모든 영혼, 즉 참된 그리스도인들에게는 4월이라고 불리는 첫 달인 크산티쿠스월[143]이 있는데, 이는 바로 부활의 날이다. 그날에 거룩한 자들의 몸을 덮고 있는 성령의 영광이 진리의 태양이신 하느님의 힘으로 안으로부터 드러날 것이다. 그들은 그 영광을 영혼 속에 비밀히 간직하고 있었다. 지금 영혼 속에 가지고 있는 것이 그때는 육체에 나타나게 될 것이다. "너희는 이 달을 한 해의 첫 달로 삼고, 달수를 이 달에서 시작하여 계산하여라."[144] 이달은 모든 피조물에 기쁨을 가져다준다. 이 달은 땅을 넓게 열어서 벌거벗은 나무에 옷을 입힌다. 이 달은 모든 동물에게 기쁨을 가져다준다. 이달은 모든 사람 사이에 즐거움을 퍼뜨린다. 이달은 그리스도인들에는

---

142) 〈마태오의 복음서〉 6장 29절.

143) 고대 그리스력으로 오늘날 4월에 해당하며, 유대인의 니산월과 비슷한 시기다. (옮긴이 주)

144) 〈출애굽기〉 12장 2절.

부활의 시간이다. 그때 그들의 육체는 지금 그들 안에 숨겨져 있는 표현할 수 없는 빛, 즉 성령의 힘으로 영화롭게 될 것이다. 그때 성령은 그들의 옷, 음식, 음료, 기쁨, 즐거움, 평화, 의복이 되며 또한 영생이 될 것이다. 그들이 지금 자신 안에 받아들인 성령은 그때 그들을 위해 빛난 광채와 하늘의 아름다움이 될 것이다.

292. 그러므로 우리 각 사람은 모든 덕을 갖추기 위해 열심히 노력하고 수고하며, 부지런히 자신을 훈련하고, 주님을 믿고 그분께 간절히 구해야 한다. 이 땅에서부터 내적으로 미리 내세의 참여자가 되어, 영혼이 성령 안에서 누리는 내세의 거룩한 교제를 사모하도록 하라. 악의 더러움에서 깨끗해져서, 부활의 날에 다시 살아날 우리의 벌거벗은 육체를 덮을 옷을 준비하도록 하라. 그 옷으로 수치를 가리고, 그 옷으로 육체가 소생되어 하늘나라에서 영원한 안식을 누릴 수 있도록 하라. 성경은 그리스도께서 하늘로부터 오셔서, 모든 시대에 죽은 아담의 후손들을 부활시키시고, 그들을 둘로 나누실 것이라고 기록하고 있다. 그리고 성령의 인침을 받은 자들을 자신의 사람이라 선포하시며, 그들을 자신의 오른편에 세우실 것이다. 주님께서 "내 양들은 내 목소리를 알아듣는다",[145) "나는 내 양들을 알고 내 양들은 나를 안다"[146)]라고 말씀하셨다. 그

때 선한 행실을 한 그들의 몸은 신성한 영광의 옷을 입을 것이며, 이곳에서 이미 그들의 영혼 속에 있던 영적인 영광으로 가득하게 될 것이다. 성경에 기록된 말씀대로 신성한 빛으로 영화롭게 되고 하늘로 끌어올려진 이들은 "항상 주님과 함께 있게 될 것이다".[147] 그리고 그분과 무한히 영원토록 통치할 것이다. 그러므로 우리 안에 미리 주님의 표식과 날인을 가지도록 노력하라. 심판의 때에 하느님께서 땅의 모든 종족, 즉 아담 전체를 모으시고 구별하실 때, 목자가 양 떼를 부를 때, 자신 안에 표식을 지닌 모든 사람은 자신의 목자를 알아볼 것이며, 목자는 자신의 날인을 가진 사람들을 알아보시고 모든 민족 가운데서 그들을 모으실 것이다. 그러면 그들은 그분의 음성을 듣고 그분을 따르게 될 것이다. 세상은 두 부분으로 나뉠 것이다. 하나는 어두운 무리가 되어 영원한 불로, 다른 하나는 빛으로 가득 찬 무리가 되어 하늘의 몫을 받으러 올라간다. 현재 우리 영혼이 얻은 것이 그때 드러나고 빛날 것이며 육체는 영광으로 덧입혀질 것이다.

---

145) 〈요한의 복음서〉 10장 27절.

146) 〈요한의 복음서〉 10장 14절.

147) 〈데살로니카인들에게 보낸 첫째 편지〉 4장 17절.

293. 부활의 때에 신체 기관들은 어떻게 될까? 하느님께는 이 일이 어렵지 않다. 이것이 그분의 약속이다. 그러나 인간의 약함과 인간적인 이성에는 이것이 마치 불가능한 것처럼 여겨진다. 하느님은 티끌과 흙을 취하셔서 흙과 전혀 닮지 않은 어떤 다른 유의 본질, 즉 육체의 본질을 만드셨고 머리카락, 피부, 뼈와 혈관과 같은 많은 종류의 본질을 창조하셨다. 불에 던져진 바늘이 색깔이 변하고 불로 변해도 철의 본질은 파괴되지 않고 똑같이 유지되는 것과 같이, 부활의 날에 신체 기관들이 부활하게 될 것이다. 그리고 기록된 대로 "머리카락 하나도 잃지 않을 것이다".[148] 모든 것이 빛나는 모습이 될 것이고, 온몸이 빛과 불에 잠겨 변형될 것이지만, 누군가 주장하는 것처럼 해체되지도 불이 되지도 않고 이전의 본질이 없어지지도 않을 것이다. 왜냐하면 베드로는 베드로로, 바울로는 바울로로, 필립비인들은 필립비인들로 남아 있을 것이며, 성령으로 충만해진 각 사람도 자신의 본질과 존재에 머물러 있을 것이기 때문이다. 만일 본질이 해체된다고 주장한다면, 더 이상 베드로도 바울로도 없고 모든 곳, 어디에나 하느님만이 계실 것이다. 지옥에 가는 사람들은 형벌을 느

148) 〈루가의 복음서〉 21장 18절.

끼지 않고, 하늘 왕국으로 가는 사람들은 지극한 행복을 느끼지 못할 것이다.

294. 온갖 열매 맺는 나무들이 있는 정원을 상상해 보라. 거기에는 열매와 나뭇잎이 있는 배와 사과, 포도나무가 있었는데 정원과 모든 나무와 잎이 변해 다른 본질로 바뀌고, 이전의 모든 것들이 빛나는 모습으로 변했다. 마치 이처럼 부활의 때에 사람들은 변할 것이며, 신체 기관은 거룩하고 빛나는 모습이 될 것이다.

295. 주님께서 산에 오르셨을 때, 영광스럽게 변모하시며 신성한 광채와 한없는 빛으로 변화하신 것처럼, 성도들의 몸도 그와 같이 변화하여 빛나게 될 것이다. 그리스도의 내적인 영광이 뻗어 나와 그리스도의 몸이 빛난 것처럼, 성도들의 내면에 존재하는 그리스도의 능력이 그들의 몸에 넘치도록 부어질 것이다. 왜냐하면 지금도 그들은 마음으로 그리스도의 본질과 본성에 참여하고 있기 때문이다. 성경에 기록되었듯이 "사람을 거룩하게 해 주시는 분과 거룩하게 된 사람들은 모두 같은 근원에서"[149] 나왔기

149) 〈히브리인들에게 보낸 편지〉 2장 11절.

때문이다. 주님께서는 "아버지께서 내게 주신 영광을 나도 그들에게 주었다. 그것은 아버지와 내가 하나인 것처럼 이 사람들도 하나가 되게 하려는 것이다"[150]라고 하셨다. 하나의 불로 많은 등불을 켜는 것처럼, 그리스도의 지체인 성도의 육체는 그리스도와 같아져야만 한다.

296. 완전한 이들도 육체 속에 머무는 동안에는 자유가 있어서 염려에서 벗어나지 못하고 두려움 아래 있다. 그래서 유혹이 그들을 찾아오는 것이다. 거룩한 자들의 도성에 들어갈 때 비로소 영혼은 슬픔과 유혹 없이 거할 수 있다. 왜냐하면 그곳에는 걱정이나 슬픔, 수고나 늙음, 사탄이나 싸움이 없기 때문이다. 오직 안식과 기쁨, 평화와 구원만 있다. 그곳에는 포로들을 구원하시는 구원자, 하늘의 신성한 치료를 베푸시며 사람들을 지배하는 영혼의 정욕을 치유하시는 의사이신 주님께서 계신다. 한마디로 예수님은 왕이요 하느님이시며, 사탄은 박해자이자 악한 왕이다.

297. 어떤 사람들은 재산을 팔고 노예를 풀어 주며 계명에

---

150) 〈요한의 복음서〉 17장 22절.

순종하지만, 이 세상에서 성령을 받기 위해서는 노력하지 않는다. 정말로 이렇게 살면 천국에 들어가지 못할 것인가? 이것은 민감한 문제다. 어떤 사람들은 천국도 하나이고, 지옥도 하나라고 주장한다. 우리는 똑같은 천국과 똑같은 지옥에도 많은 단계와 정도의 차이가 있다고 말한다. 신체 기관들 속에는 하나의 영혼이 있는데, 이 영혼은 위로는 뇌에 작용하고 아래로는 다리를 움직이게 한다. 신성은 모든 곳에 거하시며 피조물 안에 거하신다. 그러나 신성 자체는 모든 피조물, 하늘의 피조물들과 심연 아래에 있는 피조물들을 모두 포용하고, 온전히 헤아릴 수 없을 만큼 광대하셔서 피조물 밖에도 거한다. 그 신성은 사람들에게 귀를 기울이시며, 모든 일에서 매우 지혜롭게 행하신다. 어떤 사람들은 자신이 요청하는 것이 무엇인지 알지 못하면서 기도하고, 어떤 사람들은 금식하며, 다른 이들은 봉사의 직무를 수행한다. 의로운 재판관이신 하느님께서는 모든 사람에게 믿음에 상응하는 상을 주신다. 그들은 하느님에 대한 두려움 때문에 행하지만, 그들 모두가 아들, 왕, 상속자가 되는 것은 아니다.

298. 세상에 사는 동안 어떤 이들은 살인, 음행을 저지르고 다른 이들은 약탈을 행하지만, 또 어떤 이들은 자기 재산을 가난한 사람들에 나누어 주기도 한다. 주님께서는

그들 모두를 보시고 선을 행하는 사람들에게 평안과 상을 주신다. 넘치는 분량을 받는 사람도 있고 적은 분량을 받는 사람도 있다. 빛과 영광에도 차이가 있다. 지옥에서 형벌을 받는 자 중에는 살인자와 강도도 있고 작은 죄를 지은 사람도 있다. 하나의 천국, 하나의 지옥이 있을 뿐, 정도의 차이가 없다고 주장하는 사람들은 잘못 말하는 것이다. 요즘 잔혹한 일들과 난폭한 행위들에 빠져 있는 세속적인 사람들이 얼마나 많이 있는가? 그리고 하느님께 기도하고 하느님을 두려워하는 사람들 또한 얼마나 많이 있는가? 하느님께서는 그들 모두를 보시고 의로운 재판관으로서 어떤 이들에게는 안식을 다른 이들에게는 형벌을 준비하신다.

부록
성 대 안토니우스와 성 대 마카리우스에 대해

기독교 수행의 창시자 성 대 안토니우스(251?~356?)는 '이집트의 안토니우스', '사막의 안토니우스', '은수사 안토니우스', '대수도원장 안토니우스', '아바스의 안토니우스'라고 다양하게 불린다. 그는 이집트 헤라클레오폴리스에서 부유한 콥트족 가정에서 태어났다. 18세쯤 되었을 때 부모를 잃었고 34세(285년)에 "완전한 사람이 되려거든, 가서 너의 재산을 팔아 가난한 이들에게 주라. 그러면 하늘에서 보물을 차지하게 될 것이다. 그리고 와서 나를 따르라"라고 하신 복음서의 가르침을 문자 그대로 순종했다. 가문의 소유지 일부를 그의 이웃들에게 나누어 주었고 남은 재산을 팔아 가난한 자들을 위해 기부한 후, 그는 나일강 동쪽 니트리아 사막 가운데 있는 굴로 들어가 은수자가 되었다.

안토니우스는 문명과 완전히 단절된 채 순전히 사막에서 생활한 최초의 금욕주의자 가운데 한 사람이다. 그는 니트리아 사막에서 13년 동안 지내면서 기도와 관상, 그리고 생계를 위한 노동에 종사했다. 동시대인인 아타나시우스에 따르면, 성 대 안토니우스는 지루함과 게으름, 여성의 혼령으로 자신을 괴롭히는 악마를 기도의 힘으로 싸워 물리치곤 했다. 한번은 악마가 그의 금욕적 삶과 열렬한 예배를 시기해 그를 폭행해 의식을 잃게 했는데 마침 마을의 한 친구가 그를 발견해 마을의 교회로 이송해 살려냈다. 성 대 안토니우스는 회복된 후에 나일강 유역의 더 깊은 산으로 들어가 그곳에서 약 20년 동안 엄격히 폐쇄된 생활을 하며 수도 생활에 전념했다. 이때도 여전히 악마가 야수와 늑대, 사자, 뱀, 전갈의 형태로 나타나 그를 괴롭혔으나 성인은 그들을 비웃으며 담대히 이겨 냈다고 아타나시우스는 전한다. 성 대 안토니우스는 버려진 로마의 요새에서 생활했고 오직 벽 틈을 통해 음식을 받으며 바깥세상과 소통했다. 그는 누구도 그의 거처에 들어오게 허락하지 않았으며 그에게 오는 사람은 누구든 바깥에서 그의 조언을 들어야 했다. 사람들은 그가 요새 안에 혼자 유폐되었기 때문에 매우 쇠약해졌거나 미쳐 버렸을 것이라고 짐작했지만, 오히려 그는 건강하고 평온하며 시련을 극복한 사람에게 있는 영적인 활기를 띠고 있었다. 이후 그는 신앙의 영웅으로 찬사를 받았으며, 그에 관한 전설이 퍼져 나가기 시작했다. 안토니우스는 파이윰으로 가서 믿음 때문에 고난을 겪는 형제들을 위로하다가 고문당하고 순교를 당할 뻔했다. 박해 끝에 그가 알렉산드리아를 떠나 로마의 옛 요새로 되돌아간 후에 많은 사람이 그의 가르침을 듣기 위해 찾아왔다.

안토니우스는 방문객들로 인해 수도 생활을 이어 갈 수 없음을 알고 더 깊은 이집트의 동부 사막으로 들어갔다. 그는 3일간 깊은 광야를 여행했는데, 마침내 샘과 종려나무 몇 그루를 발견하고는 그곳에 정착했다. 바로 이곳에 오늘날의 성 대 안토니우스 수도원이 있다. 그는 가끔 교우들을 만나러 나일강 사막의 외곽에 있는 한 수도원으로 가곤 했으나 이내 돌아와 사막에 있는 그의 수도원에서 대부분의 생활을 했다. 문명과 단절하고 금식과 기도와 말씀을 중심으로 하는 단순한 그의 삶을 본받으려 수천 명이 몰려들어 주위에 초막을 짓고 살았는데 이것은 수도원 운동의 효시가 되었다. 성 대 안토니우스는 자신이 떠날 날이 다가옴을 느꼈을 때, 그의 지팡이를 성 대 마카리우스에게 주고, 양피 망토 하나는 성 아타나시우스에게, 다른 양피 망토는 그의 제자 세라피온에게 주라는 유언을 남겼다고 한다. 그는 자신의 시신을 아무도 알아보지 못하는 묘에 비석 없이 묻어 달라는 유언을 제자들에게 남겼다.[1)]

---

1) 성 대 안토니우스는 저서를 남기지 않았으나 그의 삶과 신앙의 가르침은 그와 동시대 인물인 성 아타나시우스(295?~373)가 집필한 전기 《성 대 안토니우스의 생애》와 사막 교부의 많은 말씀 모음집에 기록되

안토니우스의 신앙과 삶이 오늘날 우리에게 주는 중요한 메시지는 그가 순전한 믿음을 가지고 조건 없이 순종하는 '하느님의 종'으로 단순한 삶을 살았다는 것이다. 또한 그는 자신과의 싸움은 물론 악한 영들과의 영적 전투에서 승리한 영웅이자 아리우스주의자들에 맞서 교회를 지킨 수호자였다. 무엇보다 중요한 점은 그가 기도와 금욕의 삶을 통해 홀로 있음의 훈련, 내면 의식의 성찰, 식별의 능력을 갖춘 하느님의 사람으로 변화되어 갔다는 사실이다. 진실하게 하느님을 추구하고 단순한 믿음으로 실천했던 안토니우스의 삶은 물질적 풍요 속에 영적 빈곤을 직면한 현대 그리스도인이 올바른 영성을 지향하는 데 시사하는 바가 크다.

'사막의 등불'로 잘 알려진 이집트의 기독교 수도자이자

어 전해지고 있다. 성 대 아타나시우스는 4세기 무렵에 활동했던 이집트의 수도자이자 가장 큰 교구였던 알렉산드리아의 대주교로서 교회에서 가장 존경 받는 신학자 중 한 명이다. 그는 니케아 신조, 즉 그리스도의 신성과 인성을 함께 강조해 하느님과 그리스도는 한 본성이라고 주장하는 신앙고백을 옹호했으며 예수를 거룩한 인간으로 인정하면서도 그의 신성을 부인해 정통 기독교에 의해 이단으로 정죄를 받은 아리우스파에 강력하게 맞서 싸웠다. 전기에서 그는 안토니우스가 치열한 영적 투쟁과 금욕주의적 수행을 통해 하느님의 사람으로 변모한 상태를 잘 묘사했다. (옮긴이 주)

은수자인 성 대 마카리우스(300?~391)는 북부 이집트에서 태어났다. 그는 어렸을 때 소를 돌보는 일을 했고 젊은 시절에는 집 근처에 방을 지어 그곳에 기거하며 기도와 매트 짜는 일에 전념했다. 수도사가 되기 전 그는 니트리아 부근에서 사막에서 생존하고 여행하는 방법을 가르쳐 주는 일을 했기 때문에 황무지에서의 생존 방법에 대해 매우 잘 알고 있었다. 어렸을 때부터 그는 지혜로 유명해 그의 가까운 친척들과 친구들은 그를 '늙은 젊은이', 즉 '어른의 지혜가 있는 젊은이'로 불렀다. 그는 부모님의 뜻을 따라 결혼했으나 곧 아내를 잃었고 얼마 지나지 않아 그의 부모도 사망했다. 그 후 마카리우스는 자신의 전 재산을 가난한 사람들에게 나누어 주고 마을에서 멀지 않은 스케티스 사막으로 들어갔다.

30세가 되었을 때 사막에서 은수 생활을 시작한 마카리우스는 성 대 안토니우스를 만나 그의 지도를 받게 되었다. 안토니우스는 일찌감치 마카리우스의 사람됨을 간파하고 그가 젊은 나이임에도 불구하고 이미 늙은이와 같은 덕성을 지니고 있다고 칭송했다. 마카리우스는 40세에 사제 서품을 받았으며 치유와 예언의 은사를 받았다. 사제들의 증언에 의하면 그의 얼굴은 놀라운 은총으로 어둠 속에서도 빛났다고 한다. 그의 생활은 극히 엄격해서 한 주에 거의 한 번만 식사를 했고 물도 거의 마시지 않았다. 그는 간단한 몇 마디로 제자들을 가르쳤고 거의 침묵 속에서 지냈다. 그는 제자들에게 "기도할 때는 많은 말을 하지 말라. 다만 '주님, 제게 자비를 베푸시고 인도해 주소서' 하고 반복해 기도하라"라고 가르쳤는데 이는 후에 '예수 기도'의 형성에 결정적인 역할을 했다. 이외에도 마카리우스는 우리 마음의 영역을 잘 조절하고 다스려 성령으로 채워 가야 하며 자기중심성과 세상에 대한 집착을 버리고 그리스도와 함께 살아가며 하느님 나라를 지향하는 살라고 가르쳤다. 그는 신자는 하느님과의 교제와 연합을 통해서 하느님의 성품을 닮아 가야 하며 신성에 참여하는 자가 되어야 한다고 말했다. 그는 은수자들 사이에서 대단한 영적 권위를 가지고 있었음에도 그들을 엄격하고 고정된 규율로 속박하지 않았다. 수도사들은 서로 가까이 살면서도 토요일과 일요일에만 미사를 위해 모였는데 이때 마카리우스는 미사를 봉헌하면서 유익한 강론을 하곤 했다. 마카리우스가 세운 수도원은 그의 가르침을 받아 높은 지혜와 끊임없는 기도로 유명했으며 '광야의 빛나는 등불' 또는 '빛나는 수도원'이라고 불렸다.

성 대 마카리우스는 성 아타나시우스가 죽은 후(373년) 알렉산드리아의 대주교가 된(374년) 아리우스파 누치우스의 박해로 다른 수도원 지도자들과 함께 황제에게 고발당했고 나일강의 한 섬에 유배되었다. 그는 유배에서 풀려난 다음 다시 사막으로 돌아와 살다가 391년에 사망했다.

회개의 중요성, 마음의 정화, 성령의 역할, 점진적인 성화, 그리스도와의 만남을 강조하는 마카리우스의 가르침은 이후 헤시카즘[2]으로 대표되는 동방교회의 영성 전통 형성에 큰 토대가 되었다. 또한 서방 교회에서 신학과 교리가 삶과 실천으로부터 멀어지고 영성이 사변적이고 무미건조한 것으로 변해 가려고 할 때 경종을 울리는 역할을 해 왔다. 오늘날도 신앙생활에서 교리와 실천이 분리되고 신앙과 삶이 괴리되는 현실의 위험 가운데 노출되기 쉬운 신자들에게 마카리우스의 가르침은 큰 교훈과 경고를 준다.

---

2) 어원은 그리스어로 고요, 정적 등을 뜻하는 'ἡσυχία(이시히아)'다. 헤시카즘의 전통은 3세기 북아프리카에서 은둔하며 수도 생활을 실천하던 사막의 교부들로 거슬러 올라간다. 호흡법 등을 통해 외면과 내면을 평온하게 한 상태로 기도와 묵상을 거듭해 궁극적으로는 신과의 합일에 이르는 것을 목적으로 한다. 이후에는 그리스 북부의 아토스산에서 수행하는 수도사들에 의해 행해졌으며, 묵상을 통해 신이 내뿜는 빛을 볼 수 있다고 주장했다. (옮긴이 주)

해 설

그리스서 《필로칼리아》의 러시아어 번역서 《도브로토류비예》는 러시아어로 '선에 대한 사랑'을 의미한다. 《필로칼리아》는 아름다움에 대한 사랑을 뜻하는데, 정교회에서 아름다움과 선함은 동의어로 사용된다.

《필로칼리아》는 4세기부터 15세기 사이에 살았던 동방 정교회의 영적 대가들이 기록한 글을 모아 엮은 책이다. 18세기에 그리스 아토스성산[1]의 성 니코디모스와 고린도의 성 마카리우스가 편집했다. 1782년 베네치아에서 처음 출판되었고 두 번째 판본은 1893년 아테네에서 출판되었다. 세 번째 판본은 아테네의 아스티르 출판사가 총 다섯 권으로 출판했다(1957~1963). 《필로칼리아》에 수록된 글들은 1차적으로 동방 정교회 수도원 전통의 틀 속에서 수도자들의 수행을 돕기 위해 쓰였다. 그러나 성 니코디모스는 서문에서 '쉬지 않고 하는 기도'는 수도자뿐 아니

---

1) 그리스 데살로니카에서 약간 떨어진 섬으로 현재에도 각국의 정교 수도원들이 활동하고 있다. 남성으로만 출입이 제한되는 곳이다. (옮긴이 주)

라 모든 그리스도인이 실천해야 한다고 주장한다.

이후 러시아 수도원 운동의 부흥을 이끌었던 18세기 러시아 수도자 파이시 벨리츠콥스키(Паисий Величковский, 1722~1794)와 그의 제자들이 《필로칼리아》의 본문 중 일부를 발췌해 슬라브어로 번역해 1793년 모스크바에서 출판했다. 그 후 한 세기가 지나 은수자 페오판 주교(Святитель Феофан Затворник Вышенский, 1815~1894)가 무려 20년에 걸쳐 홀로 《필로칼리아》를 러시아어로 번역해 《도브로토류비예》라는 제목으로 출판했다. 그는 《필로칼리아》 원본에는 없던 내용을 추가했고 그리스어 판본의 일부분을 알기 쉽게 의역했다. 은수자 페오판의 번역본은 모스크바에서 다섯 권의 총서로 출판되었다. 첫 권은 1877년에, 나머지 권들은 1883년, 1885년, 1905년, 그리고 1913년에 차례로 출판되었다. 1963년에 뉴욕 조던빌에 있는 성 삼위일체 해외 러시아정교회 수도원 출판부는 1883년 판본을 영어로 번역해 출판했다. 아직까지 《도브로토류비예》는 영어로 완역되지 않았다.

이 책에 수록된 총 34명의 저자 중에는 성 대 안토니우스와 성 대 마카리우스, 에바그리우스, 시라아인 에프렘, 시리아인 이삭, 고백자 막시무스, 신(新)신학자 시메온, 그레고리우스 팔라마스 등 잘 알려진 정교회 성인들이 포함되어 있다. 이 책은 러시아 예술, 문화에 지대한 영향을 끼쳤는데, 특히 도스토옙스키를 비롯한 소설가들과 알렉산드르 블로크 등 시인들이 이 책을 읽고 영감을 받은 것으로 알려졌다. 《도브로토류비예》는 현재 모스크바의 스레첸스키 수도원 출판부 등 많은 러시아 출판사가 앞다투어 출간할 정도로 그 진가를 인정받고 있다. 내용의 차이는 없으나 약간의 구성상의 차이를 보이는 경우가 있다. 한국어 번역 원전으로 사용한 책은 2014년 모스크바 시비르스카야 블라고즈보니차 출판사에서 출간한 것이다.

한국어판 첫 번째 책은 《도브로토류비예》 1권의 앞부분에 실린 성 대 안토니우스와 성 대 마카리우스의 글을 옮긴 것이다.[2] 《도브로토류비예》는 성 대 안토니우스에 관한 현존하는 자료 중 그의 어록을 가장 많이 담고 있다. 제1부 〈성 대 안토니우스〉에는 먼저 성 아타나시우스의 《성 대 안토니우스 전기》와 5세기 팔레스타인 출신 교회사가인 소조멘의 저서 《교회사》 제1권 13장을 토대로 성 대 안토니우스의 삶과 서신에 대해 서문 형식으로 간략하게 소개되어 있다. 그런 다음 이 책의 본론이라고 할 수 있는 〈성 대 안토니우스의 가르침 : 그리스도 안에서의 삶〉에서 본격적으로 그의 어록이 전달된다. 제1장 〈편지와

2) 원전 1권에는 성 이사야, 수행자 마르크, 성 에바그리우스의 글이 함께 수록되어 있다. (옮긴이 주)

말씀〉에서는 성 아타나시우스가 쓴 전기에서 발췌한 그리스도인의 삶에 관한 성 대 안토니우스의 가르침, 그리고 성 대 안토니우스가 남긴 20편의 편지와 20편의 어록 속에 담긴 그의 가르침이 82편의 짧은 글로 제시된다. 제2장 〈선한 행실과 거룩한 삶에 대한 170장의 교훈〉은 제목 그대로 그리스도인이 선을 행하고 거룩한 삶을 살기 위해 필요한 교훈을 170편의 어록으로 소개한다. 제3장 〈은수(隱修)의 삶을 위한 규정〉은 성 대 안토니우스가 본을 보인 은수자의 삶을 살고자 하는 사람들이 따라야 할 규정을 251개의 구체적인 항목으로 정리한다. 제4장 〈성 대 안토니우스의 금언과 그에 대한 일화〉는 은수의 삶을 살아가려는 사람들을 위해 성 대 안토니우스가 남긴 금언과 그의 삶을 60편의 짧은 글로 정리한다. 마지막으로 제5장 〈성 대 안토니우스의 사후 그의 몇 가지 금언에 대한 한 장상의 설명〉에서는 성 대 안토니우스가 죽은 후, 그의 금언을 더 정확히 이해하기 위해 수도사들이 던진 열다섯 개의 질문에 대해서 한 장상이 설명하는 짧은 글이 수록되어 있다. 이제 성 대 안토니우스가 남긴 가르침의 핵심이 무엇인지 간략히 파악해 보기로 하자.

성 대 안토니우스는 인간이 중요하게 생각하는 모든 것이 영원한 삶 앞에서는 아무것도 아니기 때문에, 천국 언약을 가진 그리스도인은 세상의 모든 것을 버렸다고 해서 자랑할 것도 낙담할 것도 없다고 말한다. 그리스도인의 삶은 모든 욕망을 버리고 선행을 위해 애쓰는 삶이 되어야 한다. 즉 분별과 공의, 용기, 사랑을 가지고 가난한 사람과 나그네를 돌보면서 그리스도에 대한 믿음을 추구하고, 하느님을 사랑하고 그분만을 섬기며 하느님 나라의 유산을 받는 자가 되기 위해 애써야만 한다.

하느님만을 따라 살기로 작정한 사람은 죄를 짓지 않기 위해 자신을 매일 죽은 사람으로 여겨야 한다. 창조된 상태 그대로라면 우리는 늘 선을 행하겠지만, 타락한 본성이 요구하는 대로 살려는 욕망이 우리 안에 존재한다. 더구나 사탄과 그의 수하인 악령들이 모든 그리스도인, 특히 영적인 수행에 전념하는 수도사를 유혹하기 위해 온갖 방법을 동원하기 때문에 우리는 깨어 악과 투쟁해야만 한다.

성 대 안토니우스는 우리가 더 이상 죄에 속하지 않게 하시려고 하느님께서 그의 외아들 우리 주 예수 그리스도를 세상에 보내셨다고 말한다. 그리스도는 우리가 이해할 수 없을 정도로 자신을 낮추셔서 인간으로 이 땅에 오셨다. 그리고 우리의 죄로 인해 자신을 아낌없이 내어 주셨다. 그분은 이 땅에서 육신을 입고 있는 동안 우리의 육신과 마음의 모든 병을 치료할 능력이 있는 유일한 우리의 의사셨다. 그리스도가 우리를 구원하신 목적은 하느님의 자녀가 된 우리가 정욕을 이기고 선을 행함으로써 만유의 주재이신 하느님을 높이 찬양하게 하시려는 것이다. 그러므로 우리는 하느님을 두려워하고 애통해하면서 하느님이 기뻐하시는 열매를 맺어 하느님을 기쁘시게 해야 한다.

성 대 안토니우스는 그리스도인이 선을 행하기 위해서는 육체를 배려하는 시간을 짧게 하고 가능한 모든 시간을 영혼을 배려하는 데 사용해 영혼의 유익을 구해야 한다고 말한다. 쉬지 말고 기도하며 성경의 말씀을 공부하고 취침 전후에 〈시편〉을 노래하며, 자신이 믿음 속에 살고 있는지 스스로 살펴볼 것을 우리에게 권고한다. 그리고 우리의 행동과 영적 상태를 마치 남에게 알리려는 듯이 기록하는 습관을 들이라는 구체적인 방법도 제시한다. 기록하는 과정에서 사람들이 우리를 쳐다볼 때 갖게 되는 내면의 부끄러움을 기록하기 때문에, 생각으로라도 악을 품지 않게 될 것이기 때문이다.

성 대 안토니우스는 그리스도인이 자신의 영혼을 사탄에게 내어 주지 않고 영적 전투에서 물러서지 않는다면, 성령의 은혜를 더 충만하게 경험하게 되고 성령의 인도하심과 위로하심을 얻게 되며, 이 세상의 어떤 것에도 집착하지 않을 것이라고 말한다. 그는 자신이 받았던 강한 성령의 불을 모든 그리스도인이 받기를 원한다. 성령을 받기 위해서는 엘리야나 엘리사 같은 예언자들이 그랬던 것처럼 육체노동을 하고, 겸손한 마음으로 하늘을 향해 밤낮으로 기도하면서 겸손하게 성령의 불을 내려 주시기를 간청해야 한다. 간절한 기도를 통해 성령께서는 무엇이 선이고 무엇이 악인지를 구분할 수 있는 식별력과 모든 사람을 포용할 수 있는 사랑을 선물로 주신다.

이러한 영적 수행을 하는 것은 영광스러운 일이지만 그 과정에서 영적 투쟁이 불가피하게 일어나므로, 수행자는 자신의 미지근한 상태를 애통해해야 한다. 그 구체적인 예로 성 대 안토니우스는 영적 수행을 하는 그리스도인이 특히 탐식을 경계해야 한다고 말한다. 음식을 과도하게 섭취하면 육체의 욕망이 일어나고, 영혼은 더러운 음욕으로 기울어지기 때문이다.

진정한 영적 수행자가 되기를 원하는 사람들은 우리 주님이 한적한 산에서 홀로 기도하셨던 것처럼 혼란스러운 인간사를 멀리하면서 하느님과 교제하기 위해서 노력해야 한다. 또한 사탄의 계교를 물리치고 영적 성장을 이루기 위해서 영적 아버지를 찾아서 그의 도움을 받으며 그의 가르침과 교훈에 순종해야 한다.

하느님께서는 시험을 통해서 사람을 깨끗하게 하시고 그의 내면을 강화하기 때문에 우리에게 일어나는 불행과 슬픔을 인내하며 견뎌야 한다. 혹 남을 비방했다면 자신이 비방했던 이에게 용서를 구하고, 혹 남에게 비방을 받으면 모든 것을 온전한 재판관이신 주님께 맡겨야 한다.

사탄의 도구인 헛된 영광을 단호하게 배격하면서 온유와 겸손을 실천하고, 악한 정욕을 멀리하고 정결함을 추구하며, 입술과 혀를 자제하면서 말을 삼가야 한다.

제2장 〈선한 행실과 거룩한 삶에 대한 170장의 교훈〉은 그리스도인이 선행과 거룩한 삶을 사는 것이 진정한 의미에서 지혜로운 삶이라는 점을 강조하면서, 그리스도인이 말과 행실을 어떻게 해야 하는가에 대한 구체적 교훈을 제공한다. 제3장 〈은수의 삶을 위한 규정〉은 은수의 삶을 위한 구체적인 덕목, 즉 세상과 사람을 멀리하기, 은수처의 선택, 독수방에서 할 일과 규칙, 기도, 묵상, 수공예와 노동, 음식, 잠, 의복, 청빈한 삶, 예배, 상호 관계, 대화와 언어 사용, 여행 등 은수 생활의 외적인 규정들과 선행, 삶의 규칙, 언약, 총괄적 수행 등 은수 생활의 내적 규정을 설명하고 있다.

제4장 〈성 대 안토니우스의 금언과 그에 대한 일화〉에서는 수행을 위해 세상을 떠남, 수행자는 어떻게 살아야 하는가, 수행을 유지하는 힘, 열정적인 영적 지도자는 누구인가, 수행의 삶에 대한 열정을 강화하는 방법 등에 대한 금언과 성 대 안토니우스의 일화를 소개하고 있다.

제5장 〈성 대 안토니우스의 사후 그의 몇 가지 금언에 대한 한 장상의 설명〉에서는 "악마가 걸어오는 싸움을 배우기 위해 홀로 은수하라"와 같이 더 자세한 설명을 요하

는 성 대 안토니우스의 열다섯 개 금언에 관한 한 장상의 설명이 담겨 있다.

〈성 대 안토니우스의 가르침 : 그리스도 안에서의 삶〉에는 본향을 향한 순례의 삶을 살아가는 그리스도인들에게 주는 구체적인 수행의 원리와 방식이 보석처럼 담겨 있다. 성인의 실제 삶에 의해 증명된 한 구절 한 구절은 영적 성장을 갈망하며 주님께 나아가기를 원하는 사람들에게 더없이 귀중한 자산이다. 그의 가르침은 유혹 많은 이 세상을 살아가면서 마땅히 나아갈 길을 고민할 때 우리에게 큰 영적인 도움을 제공한다.

제2부 〈성 대 마카리우스〉 서문에서 은수자 페오판은 50개의 담화와 서신으로 이루어진 성 대 마카리우스의 전체 글에서 그의 가르침을 대표할 만한 내용만을 선택할 것이라고 밝힌다. 그리스어로 된 《필로칼리아》는 시메온 메타프라스투스가 그의 담화에서 발췌한 150개의 항목을 수록하고 있는데, 《도브로토류비예》에서는 그것을 여덟 장(章)으로 재구성했다. 여덟 장은 창조부터 부활 이후까지 순서대로 이루어져 있다. 각 장의 제목은 제1장 〈최초의 인간의 빛나는 상태〉, 제2장 〈타락한 인간의 암울한 상태〉, 제3장 〈우리의 유일한 구원이신 예수 그리스도〉, 제4장 〈주님 안에서 구원받고자 하는 확고한 결심〉, 제5장 〈노력의 상태〉, 제6장 〈성령의 역사를 받아들인 상태〉, 제

7장 〈그리스도인의 최고의 완전함〉, 제8장 〈죽음과 부활 이후 미래의 상태〉다.

성 대 마카리우스는 하느님이 인간을 창조한 목적에서 시작한다. 하느님은 인간 안에 거하시고 인간과 교제하기 위해 인간을 창조하셨다. 이것은 모든 피조물 중 인간만이 갖는 특권적인 위치를 설명한다. 3장까지는 딱히 정교의 구별된 특성이 그다지 두드러지지 않고, 가톨릭과 개신교가 공유할 수 있는 보편적인 기독교의 가르침이 주를 이룬다.

그러나 4장부터 정교의 특징적인 시네르기아[3) 개념이 확실히 등장하기 시작한다. 마카리우스는 구원의 시작에서 인간 의지의 중요성과 그에 대한 하느님의 반응을 설명한다. 그에 의하면 인간의 의지 없이 하느님이 하시는 일은 없다. 그는 신적인 본성에 참여하는 것에 대해 자주 강조하는데, 이 일은 하느님의 도우심과 인간의 의지가 결합할 때만 가능하다. 그래서 하느님은 때로 인간의 의지를 시험하시는 분으로 묘사된다. '자신의 의지와 주님의 도

---

3) 구원의 여정에서 하느님의 은혜와 인간의 자유 의지가 협력한다는 개념이다. 인간이 하느님처럼 되는 것은 은혜가 하는 일이지만, 인간 역시 성화를 위해서 스스로 노력해야 한다. 성화를 위한 인간의 노력은 기도하고 성경을 읽으며 사랑의 계명을 실천하는 일로 요약된다. 정교회는 이것을 은혜와 인간 의지 간의 공동 작업이라고 말한다. (옮긴이 주)

우심으로'라는 표현은 시네르기아를 가장 명료하게 정의하고 있다.

마카리우스는 하느님을 자주 왕으로 묘사한다. 하느님은 천상의 빛에 거하는 영광스러운 왕이다. 동시에 그는 인간이 얼마나 고결한 존재인지, 인간의 부름이 얼마나 영광스러운지를 자주 말한다. 한편 그는 영혼의 본질이 창조하신 하느님에게 철저히 의존되어 있음을 끊임없이 강조한다. 그는 하느님의 영과 교제하지 않는 영혼의 가련함과 그 반대의 부요함을 대조한다.

따라서 하느님을 애통해하며 찾고 부르짖는 것이 인간의 본분이며 하느님의 은혜를 경험하는 길이다. 마카리우스는 회개를 강조하는데, 하느님의 자비와 끝까지 회개하지 않은 영혼에 미칠 무서운 심판에 대해 균형을 이루어 설명한다. 또한 하늘의 것에 대한 사랑과 땅(세상)의 것에 대한 사랑을 대조시키고 그 결과를 명확하게 경고한다.

마카리우스의 가르침에 따르면 인간 삶의 목적은 영원한 삶을 획득하는 것이고 그것을 위한 수행의 길은 어렵다. 그러나 그 결과는 분명하며 그 길을 가지 않는 결과도 확실하다. 그는 논리로 설복하지 않고 생생한 언어로 폐부를 파고든다. "많은 이들이 하느님의 왕국을 수고와 수행 없이 땀 흘리지 않고 얻기를 원한다. 그러나 그것은 불가능하다." "우리의 여정에 유혹과 수많은 시련, 환란, 싸움, 땀 흘림이 있는 이유는 모든 마음과 힘을 다하고 심지어 죽기까지 감수하며 주님 한 분을 사랑하고 그분을 향한 사랑 속에서 자신을 위해서는 더 이상 아무것도 원하지 않는 그런 사람이 되기 위한 것이다. 진실로 주님의 말씀에 따라 자기 자신을 부인하고 자신보다 주님 한 분을 더 사랑한 사람이 하늘나라에 들어가는 것이다." 다른 여지는 없다. 성화는 하느님 나라를 얻는 필수 불가결한 조건이며 저절로 이루어지지 않는다. 마카리우스는 성화 없이 하느님 나라를 얻으리라는 기대는 헛된 것임을 일깨운다.

그는 그리스도인의 수행을 싸움으로 정의한다. 세상의 보이는 것들, 내면의 정욕과의 싸움은 영생을 얻는 길에서 피할 수 없는 것이다. "그리스도인들은 공격받을 때 승리하기 위해서 인내를 가지고 환란과 안팎의 싸움을 견뎌 내야 한다. 이것이 그리스도교의 길이다. 성령이 있는 곳에는 박해와 싸움이 그림자처럼 따른다." 그가 수행의 길에서 가장 경계하는 것은 영적인 나태와 태만이며, 그 반대는 영적인 부지런함이다. 여기서 생명과 사망이 갈린다.

마카리우스는 겸손을 그리스도인이 갖춰야 할 가장 중요한 덕목으로 본다. 그는 겸손하지 않으면 받은 은혜를 빼앗길 수 있다고 자주 경고한다. 영혼의 상태는 언제든지 변할 수 있으므로 세심함과 조심성이 늘 요구된다. 완전히 안심해도 되는 상태란 없으므로 아무리 높은 영성에 이르렀다고 해도 완전에 도달했다고 자만해서는 안 된다. 언제든지 유혹에 넘어져 퇴보할 가능성이 있기 때문이다. 그는 이 땅에서 완전함에 이를 가능성이 부정되지는 않지만 실제로 그렇게 될 수는 없다고 말한다. "지금까지 나는 온전하거나 자유로운 그리스도인을 단 한 사람도 본 적이 없다." 완전은 부분적으로, 일시적으로만 도달할 수 있을 뿐이다.

마카리우스는 점진적인 성장 혹은 성화를 주장하며 하느님의 뜻은 많은 시련을 겪은 후에 성취된다고 강조한다. 따라서 그리스도인의 삶에는 인내가 필수 불가결하다. 그는 마지막으로 죽음 이후에 있을 일을 설명한다. 인류는 둘로 명확히 나뉘며 보이지 않던 것이 명확하게 모습을 드러낸다. 천국의 영광과 지옥의 형벌에 대해 직설적으로 말함으로써 그의 글은 읽는 자들의 마음에 거룩한 두려움을 불러일으킨다.

마카리우스는 때로 예기치 않은 탁월한 비유로 영적인 실재를 설명한다. 소금을 치지 않은 고기는 성령을 받지 않은 영혼이며, 주인이 관리하는 집은 하느님이 사시는 영혼이다. 페르시아와 로마의 전투는 사탄과 그에 대항하는 영혼에 대한 비유다. 불에 탄 집, 항해하다가 심한 파도를 만난 사람은 자기 영혼 외에 다른 것을 더 많이 사랑해 파멸한 사람을 생생하게 그려 보여 준다. 가시덤불과 엉겅퀴로 무성한 숲은 조심성과 분별력에 대한 비유이며, 보화를 맡긴 왕의 비유는 우리가 받은 것이 우리 것이 아니라는 사실을 설득력 있게 묘사한다. 가시덤불은 아무리 제거해도 계속해서 자라나는 악이며, 아름다운 꽃이 있는 정원은 그리스도가 사는 영혼이다.

또 다른 마카리우스 글의 특징은 구약을 자주 인용한다는 점이다. 이집트 탈출, 즉 출애굽 사건과 하느님만을 사랑해 이삭을 바친 아브라함, 요셉, 다윗의 생애, 에제키엘이 본 바퀴 달린 마차의 환상 등이 영적인 교훈을 위해 활용된다.

마카리우스의 글은 읽는 것만으로도 영혼을 정화하는 힘이 있다. 그가 묘사하는 영적 실재는 많은 그리스도인에게 아직은 가려 있는 것으로, 우리가 가야 할 길이 멀다는 것을 깨우쳐 준다. 반면 우리의 상상을 초월하는 영적 세계의 풍성함은 고단한 여정을 계속할 용기를 주기에 충분하다. 영적 여정에서 방향을 잃고 헤매는 사람에게 마카리우스의 글은 더할 나위 없는 길잡이가 되어 준다. 성경 옆에 두고 시시때때로 읽어야 할 영성의 샘물로 마카리우스의 글을 적극 추천한다.

《도브로토류비에》는 정교회뿐 아니라 기독교 영성의 보고다. 그러나 현대 가톨릭교회, 특히 개신교회는 이 책의 존재와 그 가치에 마땅한 주의를 기울이지 않고 있다. 국내에서 은성 출판사에 의해 그리스어판인《필로칼리아》가 번역 출간된 것은 참으로 다행한 일이다. 그러나 여전히 대다수 한국 기독교인에게 알려지지 않은 이 책의 가치가 속히 재발견되어 메마른 현대 기독교인들의 마음에 마르지 않는 영성의 원천으로 기능하기를 바라는 마음 간절하다.

10년 전 이 책이 한국어로 번역되어야 한다는 인식을 공유한 러시아기독문화연구회 팀원들이 과감하게 번역 작업을 시작했다. 각자 맡은 분량을 번역한 후, 함께 모여 해결되지 않는 단어, 문구, 문장을 몇 시간의 토론을 거쳐 해독하는 과정을 몇 년 동안 거듭했다. 일반 서적이 아닌 영성의 고전을 평범한 기독 연구자들이 번역해도 되는 것일까, 과연 이 어렵고도 깊은 책을 우리가 번역해 낼 수 있을까, 회의와 낙담의 시간을 무수히 통과했다. 시간이 지나면서 난해하기만 했던 단어의 의미와 한없이 복잡한 러시아 구문이 익숙해지면서 조금씩 자신감을 얻었다. 이후 교정 작업과 출판사를 찾는 어려운 과정을 지나 이제야 무려 10년 만에 첫 결실을 세상에 내놓게 되어 감개무량하다. 그동안 축적된 역량으로 앞으로의 번역 작업은 훨씬 속도를 내게 될 것으로 기대한다. 이 책을 완역할 그날을 바라보며 번역팀은 중단 없이 나아가고자 한다.

옮긴이에 대해

김영숙

오하이오주립대학교에서 러시아 문학 석사를, 모스크바 대학교에서 러시아 문학 박사를 취득했다. 러시아 문학에 드러난 정교의 영향과 바흐틴 미학 공부에 관심을 가지고 연구하고 있다. 주요 논문으로는 〈이반 세르게예비치 쉬멜료프의 〈주님의 해〉에 나타난 정교회력에 대해〉, 〈초기 바흐틴의 존재론과 정교적 인간관〉 등이 있다. 역서로는 《알타이의 민족들》, 《바흐찐과 기독교: 믿음의 감정》(공역) 등이 있다.

최동규

한국외국어대학에서 러시아 문학 석사를, 미시간 주립대에서 러시아 문학 박사를 취득했다. 부산대학교 노어노문과 교수를 역임했으며 현 부산대학교 명예교수다. 저서로 《뚜르게네프 비교문학 비평연구》, 역서로 《투르게네프 : 아름다운 서정을 노래한 작가》 외 다수가 있다. 주요 논문으로 〈투르게네프의 〈햄릿과 돈키호테〉에 나타난 인간관〉, 〈《카라마조프가의 형제들》에 나타난 케노시

스적 삶의 구현〉 등이 있다.

최윤희

모스크바국립대학교에서 러시아 언어학 석 · 박사를 취득했다. 현재 한남대학교 탈메이지교양 · 융합대학 교수로 재직 중이다. 저서로 《기초 러시아어》, 《한 권으로 읽는 러시아 문화 예술》(공저), 《중급 러시어》(공저), 《시사 러시어》(공저)가 있다. 《바흐찐과 기독교: 믿음의 감정》, 《정교 신학 개론》 등을 공역했다. 러시아 문화와 언어에 미친 정교의 영향과 인지 언어학적 의미 고찰에 관심을 가지고 연구하고 있다.

허선화

고려대학교에서 러시아 문학 석사를, 상트페테르부르크 러시아 문학 연구소에서 박사를 취득했다. 현재 한남대학교 탈메이지교양 · 융합대학에서 러시아 문화와 예술을 강의하고 있다. 저서로 《한 권으로 읽는 러시아 문화 예술》(공저)이 있으며, 역서로 《교회는 하나다》, 《러시아 신학의 여정》, 《교리 신학 연구》, 《카라마조프 형제들》, 《구식의 지주들》 등이 있다. 러시아 문학 속의 영성, 심리학, 여성의 주제에 관심을 가지고 연구하고 있다.

홍대화

고려대학교에서 러시아 문학 석사를, 상트페테르부르크국립대학교에서 문학 박사를 취득했다. 경남대학교에서 전임연구강사, 부산대학교에서 시간강사, 도서관 지혜학교 교수를 역임했다. 저서로《도스또예프스끼》외 다수, 역서로《죄와 벌》,《거장과 마르가리따》,《우리 시대의 영웅》,《카라마조프 형제들》,《사람은 무엇으로 사는가》,《닥터 지바고》등이 있다. 러시아 문화에 나타난 악마주의 전통과 러시아 작가들의 종교성 연구를 지속하고 있다.

도브로토류비예, 선에 대한 사랑 1 :
성 대 안토니우스와 성 대 마카리우스

엮은이 은수자 페오판 주교
옮긴이 러시아기독문화연구회
펴낸이 박영률

초판 1쇄 펴낸날 2025년 7월 31일

커뮤니케이션북스(주)
출판등록 제313-2007-000166호(2007년 8월 17일)
02880 서울시 성북구 성북로 5-11
전화 (02) 7474 001, 팩스 (02) 736 5047
commbooks@commbooks.com
commbooks.com

지식을만드는지식은
커뮤니케이션북스(주)의 고전 출판 브랜드입니다.

ISBN 979-11-430-0520-5 03230

책값은 뒤표지에 있습니다.